suhrkamp taschenbuch
wissenschaft 1956

Kaum ein Begriff wird derzeit heftiger diskutiert als der des Politischen, der im starken Kontrast zu dem steht, was gemeinhin unter »Politik« verstanden wird. Oliver Marchart legt nun den ersten systematischen Vergleich der Denker des Politischen vor. Er unterzieht die Schriften von Jean-Luc Nancy, Claude Lefort, Alain Badiou, Ernesto Laclau und Giorgio Agamben einer kritischen Analyse, verortet sie in den breiteren Strömungen eines Linksheideggerianismus und bezieht sie auf den systematischen Horizont eines Denkens ohne Letztbegründungen. In diesem Horizont zeigen sich die philosophischen, politischen und ethischen Implikationen eines Denkens der politischen Differenz: die heutige Rolle politischer Ontologie, die Möglichkeiten einer »minimalen Politik« und eine demokratische Ethik der Selbstentfremdung.

Oliver Marchart

Die politische Differenz

Zum Denken des Politischen bei Nancy, Lefort, Badiou, Laclau und Agamben

Suhrkamp

5. Auflage 2025

Erste Auflage 2010
suhrkamp taschenbuch wissenschaft 1956
Originalausgabe

Umschlag nach Entwürfen
von Willy Fleckhaus und Rolf Staudt
Druck: Libri Plureos GmbH, Hamburg
Printed in Germany
ISBN 978-3-518-29556-4

Suhrkamp Verlag GmbH
Torstraße 44, 10119 Berlin
info@suhrkamp.de
www.suhrkamp.de

Inhalt

Vorwort

Politisches Denken ist gegenwärtig mit einer widersprüchlichen, wenn nicht paradoxen Situation konfrontiert. Bis 1989, so hat es den Anschein, konnten die Regime des demokratischen Westens wie des realsozialistischen Ostens auf eine Reihe spiegelbildlicher Gewissheiten bauen. Wähnten die einen die »Gesetze der Geschichte« und das Prinzip der sozialen Gleichheit auf ihrer Seite, so vertrauten die anderen auf die »Gesetze des Marktes« und das Prinzip der individuellen Freiheit. Die Gewissheitssysteme beider Seiten wurden durch den Eisernen Vorhang weniger getrennt als, wie von einer eisernen Klammer, zusammengehalten. Dieses Zeitalter der Gewissheiten, wie man es nennen könnte, schien mit dem Zusammenbruch des Realsozialismus an ein Ende gekommen.

Doch dieser Eindruck täuscht, denn die Gewissheiten waren alles andere als gewiss, und die wenigsten glaubten blind an sie. Die wirtschaftliche und politische Stagnation der Länder des Ostens sprach der Idee vom unaufhörlichen Fortschreiten des Proletariats in eine leuchtende Zukunft Hohn. Wahrscheinlich war Nicolae Ceausescu der Einzige, der bis zuletzt an der Gewissheit festhielt, in seinem Reich würde, wie im Text der Internationale vorhergesagt, »die Sonn' ohn' Unterlass« scheinen – nicht zuletzt deshalb, weil er sich selbst für die Sonne des rumänischen Volkes hielt. Doch auch in den Ländern des kapitalistischen Westens hatte die Systemkonkurrenz dazu beigetragen, dass ein gewisser Zweifel an der segenhaften Wirkung des freien Spiels der Marktkräfte bestehen blieb, ja im fordistischen Nachkriegskompromiss institutionalisiert war. Spätestens nach 1989, wenn auch vorbereitet durch die neoliberalen Experimente im Chile Pinochets, in Thatchers Großbritannien und in den Vereinigten Staaten Reagans, war für Zweifler kein Platz mehr. Es entstand der Eindruck – geschichtsphilosophisch ausformuliert von Francis Fukuyama –, der kapitalistische Westen, nicht der Osten habe die ehernen Gesetze der Geschichte entdeckt, denn sie erwiesen sich identisch mit den vorgeblichen Naturgesetzen des Marktes. Doch bereits ein Jahrzehnt nach dem Mauerfall machte in Seattle eine weltweite antikapitalistische Bewegung auf sich aufmerksam; ein weiteres Jahrzehnt später brachten die Folgen der Finanzkrise manch kapitalistische Gewissheit ins Wanken (jedenfalls bis auf die eine, dass im Kapitalismus die Gewinne privatisiert und die Verluste sozialisiert werden). Heute wirkt der Fukuyama von damals, in seinem realitätsfremden Glauben an eine leuchtende Zukunft, die bereits gekommen ist, wie ein kapitalistischer Ceausescu. Noch immer nicht scheint die Sonne ohn' Unterlass.

Eher erscheint die Welt in ein durchgehendes *chiaroscuro* getaucht, in ein Zwielicht aus Gewissheit und Zweifel. Die philosophischen, theoretischen und politischen Fundamente, Prinzipien oder Werte, auf denen die Gesellschaft errichtet ist, erweisen sich als brüchig. Das bedeutet aber nicht, dass alle Fundamente verschwunden wären. Etwas anderes ist geschehen: Was in der gegenwärtigen Situation erkennbar wird, ist nicht das völlige Verschwinden aller Fundamente, sondern der strittige, umkämpfte Charakter eines jeden Fundaments. Die historische Konstellation, mit der wir konfrontiert sind, wird daher im Folgenden als *postfundamentalistisch*, nicht etwa als antifundamentalistisch charakterisiert. Prinzipien, Werte und Fundamente werden dauernd erfunden, verteidigt oder fallengelassen. Selbst das Zeitalter der Gewissheit könnte sich bei näherer Betrachtung als ein, wie Zygmunt Bauman sagt, »Zeitalter der Kontingenz« erweisen. Denn wo zwei eherne Gewissheitssysteme in Konflikt miteinander liegen, dort wird bereits offenbar, dass die eigenen Gewissheiten alles andere als selbstverständlich sind, ja dass sie auch *andere* Gewissheiten oder die Gewissheiten *anderer* sein könnten.

Die Politische Theorie, erkennt sie diese postfundamentalistische Konstellation an, steht vor erheblichen Herausforderungen. Wie Philippe Lacoue-Labarthe und Jean-Luc Nancy es formulieren: »Mit dem Zusammenbruch der Sicherheiten, mit dem Verfall ihrer Fundamente und der Auslöschung ihrer Horizonte wurde es möglich – ja sogar notwendig und dringlich, die Frage dessen wieder aufzunehmen, was ›die Essenz des Politischen‹ genannt wurde« (Nancy 1997:144). Anders gesagt: Politisches Denken muss sich als Denken des Politischen neu erfinden. Und zwar deshalb, weil das Politische auf die Frage der Gründung verweist, die sich jeder Gesellschaft stellt, sobald sich die Gewissheiten, Prinzipien und Werte, auf denen sie gebaut ist, als fungibel erwiesen haben.

Unsere herkömmlichen Politikbegriffe sind wenig geeignet, um diese fundamentale Dimension der Gründung unter Bedingungen der Kontingenz, also der Abwesenheit eines letzten Grundes, fassen zu können – zu sehr sind sie einer Art Bereichsdenken, einem Denken in gesellschaftlichen Handlungssphären oder Funktionssystemen verhaftet. Daher hat sich im postfundamentalistischen Denken eine Differenzierung herausgebildet zwischen dem Bereich *der Politik* und der gründenden und zugleich entgründenden Dimension *des Politischen*: Nennen wir sie die politische Differenz. In der einen oder anderen Form findet man sie bei vielen der politischen Denker des Postfundamentalismus. Darunter, um nur jene zu nennen, denen im Folgenden ein Kapitel gewidmet sein wird, Jean-Luc Nancy, Claude Lefort, Alain Badiou, Jacques Rancière, Ernesto Laclau und Giorgio Agamben.

Vor dem Hintergrund der aktuellen Debatten, die sich um deren Werk entsponnen haben, werden mit dem vorliegenden Buch zumindest drei Ziele verfolgt. Zum Ersten wird der Differenz zwischen »Politik« und »dem Politischen« begriffshistorisch nachgespürt. Es werden die philosophischen Umrisse jenes Phänomens gezogen, das wir mit dem Begriff des Postfundamentalismus einzufangen versuchten (Teil I). Ein systematischer Vergleich der eben genannten Denker – sowie einer Reihe anderer – wird uns zweitens ermöglichen, ein Panorama des aktuellen Denkens des Politischen zu entwerfen, oder genauer: dessen Konstellation nachzuzeichnen. Damit sollen die Vorzüge der jeweiligen Ansätze, aber auch die blinden Flecken der Autoren markiert werden (Teil II). Schließlich werden die philosophischen, politischen und ethischen Implikationen eines Denkens entwickelt, das an die genannten Ansätze kritisch anschließt (Teil III).

Dass ein, soweit möglich, systematisches Durchdenken der aktuellen Theorien des Politischen dringend geboten ist, scheint mir unabweisbar. Denn zumeist wird jede für sich, also gleichsam in Isolation diskutiert (gelegentlich werden zwei Ansätze gegeneinandergestellt). Der Sinn und die Bedeutung der politischen Differenz – wie auch des postfundamentalistischen Denkens im Ganzen – erschließt sich jedoch nur, wenn die aktuellen Theorien des Politischen in ihrer Konstellation betrachtet werden. Wie Agnes Heller einmal bemerkte: »Die Kontroverse um den Begriff des Politischen ist von weit ernsterer Natur als nur ein Familienstreit zwischen Paradigmen; sie dreht sich um die Relevanz oder Irrelevanz politischer Philosophie in unserer Zeit« (Heller 1991: 336).

* * *

Die vorliegende Fassung ist eine überarbeitete und stark erweiterte Version von *Post-foundational Political Thought. Political Difference in Nancy, Lefort, Badiou and Laclau*, Edinburgh 2007. Die im Schlusskapitel der englischen Ausgabe nur angerissenen Thesen und Schlussfolgerungen wurden in den Kapiteln des Teils III nun ausführlich entwickelt; darüber hinaus wurde Teil II um einen Exkurs zu Rancière und ein Kapitel zu Agamben ergänzt, das Kapitel zu Laclau wurde stark erweitert. Der Autor bedankt sich bei Edinburgh University Press für die Rückübertragung der deutschen Übersetzungsrechte. Die vorgestellten Argumente haben in der Phase ihrer Formulierung sehr profitiert von Kommentaren von Ernesto Laclau, Chantal Mouffe, Shu-fen Lin, Simon Critchley, Etienne Balibar, Benjamin Arditi, Jeremy Valentine, Linda Zerilli, Majid Yar, Yannis Stavrakakis, Urs Stäheli, Jelica Sumic-Riha, Rado Riha und Kari Palonen. Ihnen allen sei an dieser Stelle herzlich gedankt. Für Kommentare und Anmerkungen zur deutschen Manuskriptfassung bedanke ich mich vor allem bei Nora Sternfeld und Andreas Gelhard. Frühere Versionen der Kapitel 5, 6 und 8 erschienen in *Acta Philosophica* XXI/2 (2000), S. 51-82; *Polygraph* 17 (2005), S. 105-26, sowie in Frank Meier, Janine Böckelmann (Hg.), *Die gouvernementale Maschine. Zur politischen Philosophie Giorgio Agambens*, Münster 2007, S. 10-27.

I.
Grundlagen des Postfundamentalismus

Kapitel 1
Einleitung: Auf dem abwesenden Grund des Sozialen

1.1. Die Erfindung des Politischen

Im Jahr 2001 übernahm Pierre Rosanvallon, ein früherer Schüler Claude Leforts, einen der »modernen und gegenwärtigen Geschichte des Politischen« gewidmeten Lehrstuhl am Collège de France. *Des* Politischen, so betonte Rosanvallon in seiner Inauguralrede, in ausdrücklicher Unterscheidung von *der* Politik: »Indem ich substantivisch von *dem* Politischen [*du* politique] spreche, qualifiziere ich damit sowohl eine Modalität der Existenz des gemeinsamen Lebens als auch eine Form kollektiven Handelns, die sich implizit von der Ausübung *der* Politik unterscheidet. Sich auf das Politische und nicht auf die Politik beziehen, d. h. von Macht und von Gesetz, vom Staat und der Nation, von der Gleichheit und der Gerechtigkeit, von der Identität und der Differenz, von der *citoyenneté* und Zivilität, kurzum: heißt von allem sprechen, was ein Gemeinwesen jenseits unmittelbarer parteilicher Konkurrenz um die Ausübung von Macht, tagtäglichen Regierungshandelns und des gewöhnlichen Lebens der Institutionen konstituiert« (Rosanvallon 2003: 14 [Wenn nicht anders in der Bibliographie angegeben, stammen alle Übersetzungen von O. M.]).

Damit erwies sich eine konzeptuelle Differenzierung zwischen *la politique* und *le politique* bzw. zwischen *der Politik* und *dem Politischen* als endgültig kanonisiert, die in den letzten Jahrzehnten in der politischen Theorie und Philosophie Fuß gefasst hatte. Im deutschen Sprachraum wurde sie von zwei der bedeutendsten historischen Wörterbücher schon seit vielen Jahren registriert (Sellin 1978; Vollrath 1989); inzwischen ging sie auf die eine oder andere Weise in Einführungen in die Politik ein (Meyer 2000, auch Meyer 1994). Sie wurde zu Zwecken der Sozialanalyse produktiv gemacht (Negt/Kluge 1992; Beck 1993) und wird derzeit erneut aufgegriffen (Bedorf/Röttgers 2010; Bröckling/Feustel 2010; Buden 2009). Auch in der englischsprachigen Welt wurde *the political* in Differenz zu *politics* zu einem durchaus geläufigen theoretischen Terminus (Beardsworth 1996; Dillon 1996; Stavrakakis 1999; Arditi/Valentine

1999; Williams 2000). Es kann aber kein Zweifel daran bestehen, dass die Differenz zwischen Politik und dem Politischen ihre maßgebliche Ausarbeitung im französischen Denken erfuhr. Bereits 1957 wurde sie mit Paul Ricœurs Aufsatz »Das politische Paradox« eingeführt (siehe Kapitel 2) und in den 1980er Jahren von Jean-Luc Nancy und Philippe Lacoue-Labarthe an deren *Centre de recherches philosophiques sur le politique* aufgenommen, von wo aus sie weitere Philosophen wie Claude Lefort, Alain Badiou und Jacques Rancière motivierte, ihre politischen Theorien in Begriffen der Differenz von *la* und *le politique* zu reformulieren oder zumindest mit dieser kritisch abzugleichen.

Natürlich produzieren diese Theoretiker – hinzuzufügen wären Ernesto Laclau, Chantal Mouffe, Giorgio Agamben, Roberto Esposito und viele andere – eine große Bandbreite an Spielformen des Begriffs des Politischen. Die unterschiedlichen Spielformen werden nicht durch einen übergeordneten Rahmen zusammengehalten, sondern eher durch Familienähnlichkeiten, die von der gemeinsamen Distanz gegenüber dem landläufigen Politikverständnis bestimmt sind. Die folgende Untersuchung stellt nicht zuletzt einen Versuch dar, diese Familienähnlichkeiten und die theoretische Konstellation, der sie entstammen, etwas systematischer zu erfassen. Im zweiten Kapitel werden wir einen kurzen Abriss der Begriffsgeschichte des Politischen geben. Dabei wird sich zeigen, dass zumindest zwei Traditionslinien – eine auf Carl Schmitt und eine auf Hannah Arendt zurückgehende – unterschieden werden müssen. In den in Teil II versammelten Kapiteln wird dann die Konstellation aktueller Theoretiker des Politischen vorgestellt – darunter Nancy, Lefort, Badiou, Rancière, Laclau und Agamben. Zwar greifen diese gelegentlich auf schmittianische oder arendtianische Denkfiguren zurück, sie bilden aber doch eine eigenständige, im Rahmen der französischen Heidegger-Rezeption situierte Traditionslinie.

Die vergleichende Darstellung dieser Theorien ist zweifelsohne hilfreich, um den Familienähnlichkeiten im Begriff des Politischen auf die Spur zu kommen. Es würde aber nicht ausreichen, verschiedene Begriffsdefinitionen einfach nur aneinanderzureihen. Was man mit Heidegger die »Grundfrage«[1] dieses Denkens nennen

1 Mit Heidegger (Heidegger 1994) lässt sich zwischen der »Leitfrage« in Bezug auf die Kategorie des Politischen und der »Grundfrage« nach der eigentlichen Natur der Differenz zwischen Politik und dem Politischen *als Differenz* unterscheiden.

muss, erfordert einen etwas riskanteren Schritt: Nicht nur soll die konzeptuelle Genealogie des Begriffs des Politischen nachgezeichnet werden, darüber hinaus soll nach dem Grund seiner ursprünglichen Ablösung von jenem der Politik (bzw. des Sozialen) gefragt werden. Warum erweist sich »Politik«, als ein alleinstehendes Konzept, unter Bedingungen aktueller Theoriebildung als unzureichend und muss um einen weiteren Begriff ergänzt werden?

Unserer Hypothese nach verweist die politische Differenz, und als solche soll die Differenz zwischen der Politik und dem Politischen im Folgenden bezeichnet werden, symptomatisch auf die Krise des fundamentalistischen Denkhorizonts. Unter Fundamentalismus (*foundationalism*) sind besonders jene Positionen zu verstehen, die von fundamentalen, d.h. revisionsresistenten Prinzipien, Gesetzen oder objektiven Realitäten ausgehen, die jedem sozialen oder politischen Zugriff entzogen sind. Ein einst wirkmächtiges Beispiel ist der ökonomische Determinismus, also die Annahme ökonomisch bestimmter historischer Entwicklungsgesetze, wie sie von Teilen der marxistischen Tradition verfochten wurde. Letztbegründungsphilosophien und -wissenschaften dieser Art gelten heute als ausgestorben. Doch man darf sich nicht täuschen. Der Fundamentalismus lebt in vielen Ansätzen fort – man denke nur an den Neoliberalismus und dessen Behauptung von den unabänderlichen Naturgesetzen des Marktes oder an all die hochsubventionierten Versuche, soziale und psychologische Identitätsmerkmale in den menschlichen Genen aufzuspüren. Es wäre also ein wenig verfrüht, im wissenschaftlichen und theoretischen Fundamentalismus ein Relikt der Vergangenheit zu vermuten – ganz zu schweigen von den politischen Neo-Fundamentalismen, die alles daransetzen, Gesellschaft wieder auf unwandelbare Prinzipien zu gründen.

Und doch bleibt kein Grundlegungsversuch unhinterfragt. Dem Fundamentalismus macht ein Phänomen zu schaffen, das Claude Lefort mit dem Wort von der Auflösung der »Grundlagen aller Gewißheit« (Lefort 1990a: 296) treffend kennzeichnet. Kein gesellschaftlicher Akteur ist heute in der Lage, ein bestimmtes Zeichen der Gewissheit zum positiven Fundament des Sozialen, der Politik oder des Denkens zu erheben. Was daher an den Bruchstellen des

Doch sollte hinzugefügt werden, dass es sich bei der Passage von der Leit- zur Grundfrage nicht um eine graduelle Passage handelt, sondern, wiederum mit Heidegger, um einen »Sprung,« die Instantiierung eines »anderen Anfangs«.

fundamentalistischen Horizonts sichtbar wird, ist jenes Denken des *Postfundamentalismus*, das im Zentrum unserer Untersuchung steht.[2] Unter Postfundamentalismus wollen wir einen Prozess unabschließbarer Infragestellung metaphysischer Figuren der Fundierung und Letztbegründung verstehen – Figuren wie Totalität, Universalität, Substanz, Essenz, Subjekt oder Struktur, aber auch Markt, Gene, Geschlecht, Hautfarbe, kulturelle Identität, Staat, Nation etc.

Wie in Kapitel 3 ausgeführt wird, erweist sich der Postfundamentalismus aber nicht einfach als Gegenparadigma zum Fundamentalismus (dann würde es sich um einen bloßen Antifundamentalismus handeln). Wenn sich der Postfundamentalismus als neuer Horizont eröffnet, so nur in Form eines sich ausdehnenden Randes des fundamentalistischen Horizonts (Schürmann 1990: 4). Und zwar deshalb, weil im postfundamentalistischen Denken die Notwendigkeit (partieller) Gründungen nicht rundheraus bestritten wird. Eher arbeitet man mit der Hypothese von der Abwesenheit *eines letzten*, nicht *eines jeden* Grundes. In keiner Weise wird von den Postfundamentalisten, die wir im Folgenden diskutieren, also behauptet, wir lebten in Gesellschaften, die aller Fundamente verlustig gegangen wären – das unterscheidet deren Ansätze von einem inzwischen etwas aus der Mode gekommenen *anything goes*-Postmodernismus oder von Simulationstheorien à la Baudrillard. Bestritten wird die Möglichkeit von Letztbegründungen, nicht die Notwendigkeit partieller und immer nur vorläufiger Gründungsversuche. Nicht zu Unrecht spricht Judith Butler (Butler 1992) daher von *contingent foundations* – d. h. von einer Vielzahl kontingenter, umkämpfter und früher oder später scheiternder Versuche, das Soziale mit Fundamenten zu versehen.

Man sieht bereits, dass der Postfundamentalismus die im weitesten Sinne *politische* Dimension des Sozialen in den Vordergrund rückt. Nicht alle sozialen Fundamente haben sich in Luft aufgelöst, so die postfundamentalistische These, sondern der Geltungsanspruch eines jeden Fundaments ist umkämpft und steht prinzipiell zur Disposition. Er kann nur hervorgehen aus dem unabstellbaren Spiel konkurrierender Gründungsversuche. Damit bleibt die Di-

2 Für die im Englischen geläufigeren Begriffe *foundationalism*, *anti-foundationalism* und *post-foundationalism* hat sich bislang keine allgemein anerkannte deutschsprachige Übersetzung eingebürgert.

mension der Gründung selbst dort noch präsent, wo ein letzter Grund abwesend ist. Ja, mit einer für das postfundamentalistische Denken typischen Volte muss man sogar sagen: Nur unter der notwendigen Bedingung der Abwesenheit eines letzen Grundes werden überhaupt plurale und partielle Gründungsversuche möglich. So gesehen bleibt im postfundamentalistischen Denken der »Grund« anwesend in Form notwendiger Abwesenheit (wir werden dieses Argument in Kapitel 3 ausführen). Oder wie Lefort und Gauchet in erkennbar heideggerianischer Terminologie formulieren: »Indem es in seinem Sein offen ist für seine anwesend-abwesende Gründung, ist das Gesellschaftliche *fortgesetzte Stiftung und Institution seiner selbst*« (Lefort/Gauchet 1990: 96).

In diesem, sagen wir ruhig, *fundamentalen* Sinn erscheint der Begriff des Politischen auf der Bühne gegenwärtigen Denkens. Er musste eingeführt werden, so unsere Vermutung, um jene Dimension konzeptuell einzufangen, die sich unübersehbar auftat, nachdem die Gültigkeit aller Fundamente und Prinzipien ungewiss geworden war: die Dimension der immer aufs Neue anstehenden Institution von Gesellschaft. Eine Welt, die sich um stabile Fundamente – z. B. um eine göttlich legitimierte Feudalordnung oder um unhinterfragte Klassenhierarchien – zu organisieren glaubt, benötigt keinen Begriff des Politischen. Erst einer Gesellschaft, der kein archimedischer Punkt, kein substanzielles Gemeingut, kein unhinterfragter Wert verfügbar ist, steht die eigene Institution immer aufs Neue zur Aufgabe. Und zwar deshalb immer aufs Neue, weil diese Gesellschaft nie letztgültig instituiert werden kann. Oder genauer: weil sich zunehmend die postfundamentalistische Gewissheit durchsetzt, die, wenn man so will, Ungewissheitsgewissheit, dass jeder Gründungsversuch in letzter Instanz zum Scheitern verurteilt ist.

Auf diese Weise spiegelt der neu eingeführte Begriff des Politischen der Gesellschaft sowohl die Dimension ihrer eigenen Gründung als auch den Aspekt ihrer Ungründbarkeit zurück. Um seine zwar paradoxe, aber durchaus fundamentale Rolle ausfüllen zu können, muss das Politische freilich vom herkömmlichen Begriff der Politik – im Sinne z. B. eines sozialen Funktionssystems neben anderen – differenziert werden. Dabei handelt es sich um die Grundoperation der postfundamentalistischen Denker des Politischen. Welche konkreten Merkmale und Charakteristika dem

Politischen von so durchaus unterschiedlichen Denkern wie Nancy, Lefort, Laclau, Badiou oder Rancière auch zugeschrieben werden, immer sieht man die Notwendigkeit, den traditionellen Begriff der Politik von innen her aufzusprengen.[3] Es scheint, als könnten sich all diese Denker den fundamentalistischen Denktraditionen, von denen sie selbst kommen – zumeist die szientistischen Traditionen des Marxismus und des Strukturalismus –, nur entwinden, indem sie eine Differenzierung einführen, die allein aus Perspektive philosophischen Denkens, nicht hingegen aus Perspektive der sogenannten strengen Wissenschaft wahrnehmbar ist. Diese Differenzierung zwischen Politik (im Sinne z. B. von *policy*, *polity* oder »Polizei«) auf der einen Seite und dem emphatisch Politischen (im Sinne z. B. von »Ereignis«, Antagonismus oder Institution) auf der anderen dürfte durch das Bedürfnis motiviert sein, die eigene Position von allen ökonomistischen und strukturalistischen, aber auch von allen positivistischen, soziologistischen, empirizistischen, rationalistischen oder spieltheoretischen Politiktheorien abzuheben. *Als Differenz* wird die politische Differenz der empirischen Wissenschaft entwunden und zur Sache einer politischen Theorie, die einen selbstbewusst philosophischen Beobachtungsstandpunkt bezieht.

1.2. Heidegger – ein Denker aus Frankreich?

Und tatsächlich wurde oft bemerkt, dass die aktuelle Unterscheidung zwischen dem Politischen und der Politik auf merkwürdige Weise mit der philosophischen Unterscheidung zwischen Sein und Seiendem korrespondiert. Heidegger zufolge kreist die gesamte abendländische Metaphysik um diese Differenz: auf der einen Seite das ontische Seiende, auf der anderen die Frage nach der ontologischen Seiendheit alles Seienden (*logos*, Idee, Substanz, Wille, Gott, bzw. aktuell: die ökonomische Basis, die Marktgesetze, die Gene). Wird nicht im Postfundamentalismus mit einer analogen Differenzierung gearbeitet? Auf der einen Seite die Politik als be-

3 Das schließt nicht aus, dass – wie bei Badiou und Rancière – gleichsam eine doppelte Volte geschlagen wird und nun wiederum ein emphatisch aufgeladener Begriff von Politik – in Abgrenzung von dem des Politischen – die Rolle übernimmt, auf die instituierende Dimension von Gesellschaft zu verweisen.

stimmte Handlungsform oder soziales Subsystem, auf der anderen die Frage nach der Institution des Gesellschaftlichen selbst.

Diese Analogie oder Parallele, wenn sie denn eine ist, zwischen politischer und ontologischer Differenz wird nicht weiter überraschen, wenn man bedenkt, in welch hohem Ausmaß die in Teil II dieses Bandes vorgestellten Theoretiker Heidegger verpflichtet sind. Sie alle lassen sich einer breiteren Formation zurechnen, die ich mangels einer besseren Formulierung als *französischen Heideggerianismus der Linken* bezeichne.[4] Aus deutscher Perspektive mag der Begriff eines »Linksheideggerianismus« vielleicht befremdlich klingen; nicht aus französischer. Der Einfluss Heideggers auf das französische Denken – gerade auch das Denken der Linken in Frankreich – ist nämlich so weitreichend, dass Tom Rockmore Heidegger »zum bedeutendsten ›französischen‹ Philosophen« (Rockmore 2000: 167) erklären konnte, zum französischen Meisterdenker. Erst durch Erfindung eines linksrheinischen Heidegger bewerkstelligten die französischen Interpreten, was Habermas (Habermas 1998: 392), vielleicht ein wenig verfrüht, Gadamer als Verdienst anrechnete: eine Urbanisierung der Provinz.[5]

4 Der Begriff einer heideggerianischen Linken (*la gauche heideggérienne*) ist Dominique Janicauds monumentaler Studie zur französischen Heidegger-Rezeption entnommen (Janicaud 2001: 291-300). Der Ausdruck »left Heideggerianism« wurde in einem kritischeren Verständnis auch von Richard Wolin (Wolin 2001) verwendet, um Herbert Marcuses Position gegenüber seinem Lehrer Heidegger zu beschreiben. Neben dem zu Unrecht in Vergessenheit geratenen Linksheideggerianismus von Teilen der jugoslawischen Praxis-Gruppe kann auch von einem italienischen Linksheideggerianismus gesprochen werden, in dem Philosophen wie Gianni Vattimo, Massimo Cacciari, Giorgio Agamben und Roberto Esposito maßgeblich sind. Wenn in unserer Untersuchung also von einem »französischen Linksheideggerianismus« die Rede ist, so nicht immer in notwendiger Koppelung an eine bestimmte Nationalität. Agamben und Esposito sind besonders in der früheren Phase ihres Werks stark von der französischen Dekonstruktion Derridas beeinflusst; ähnlich ist Ernesto Laclau, als argentinischer Theoretiker, der seit Jahrzehnten in Großbritannien lebt, stark von Althusser, Derrida und Lacan beeinflusst.

5 Grob lassen sich zwei Phasen geistiger Urbanisierung unterscheiden. War eine erste Phase – bestimmt durch Alexandre Kojève, den frühen Levinas und Sartre – noch geprägt von einer anthropologischen oder humanistischen Lesart des frühen Heidegger, so nimmt man in einer zweiten Phase – die Wasserscheide bildet der an die französischen Leser und gegen Sartres humanistische Interpretation des Existenzialismus gerichtete Humanismusbrief (Heidegger 1996: 313-364) – Heideggers Destruktion des Humanismus und der Subjektphilosophie auf. Foucaults

Dennoch blieb die Sicht auf Heideggers enorme Wirkung lange Zeit verstellt. Wie Jacques Derrida bemerkte, wurde »Heidegger ein Vierteljahrhundert lang von denen, die viel später in Frankreich privat oder öffentlich anerkennen mußten, daß er in ihrem Denken eine wichtige Rolle gespielt hatte (Althusser, Foucault, Deleuze zum Beispiel), nie in irgendeinem Buch genannt« (Derrida 1994: 111). Erst in einem seiner letzten Interviews ringt sich Foucault das Geständnis ab, Heidegger sei für ihn stets »der wesentliche Philosoph gewesen«. Erst durch Heidegger hindurch habe er, Foucault, die Nietzsche-Lektüre als philosophischen Schock erfahren: »Ich habe hier noch die Notizen, die ich mir über Heidegger zu der Zeit gemacht hatte, als ich ihn las – ich habe Tonnen davon! –, und sie sind auch viel wichtiger als die, welche ich mir über Hegel oder Marx gemacht habe. Mein ganzes philosophisches Werden war durch meine Lektüre Heideggers bestimmt« (Foucault 2005: 868, zu Foucault und Heidegger vgl. die Beiträge in Milchman/Rosenberg 2003). Doch gleichgültig, ob Heideggers Spuren nun verwischt wurden oder sein Einfluss mit Händen zu greifen bleibt – wie etwa bei Blanchot, Levinas oder in der Dekonstruktion –, zumeist wurde er in politisch fortschrittliche Bahnen gelenkt. Die Entwicklung der französischen Nachkriegsphilosophie, die in der einen oder anderen Weise von der Erfahrung des Heidegger'schen Denkens berührt wurde, kann überhaupt nur nachvollzogen werden, wenn dieser politische Impuls – der seinen Höhepunkt natürlich in der Allianz vieler Denker mit der Bewegung des Mai 68 fand – Berücksichtigung findet. Die Urbanisierung des Schwarzwalds verdankt sich nicht zuletzt den Straßenkämpfen von Paris.[6]

Verständnis des »Menschen« als eines historischen Konstrukts, das eines Tages wie ein Gesicht am Strand verschwindet, die Dekonstruktion des Humanismus, wie sie von Derrida geleistet wurde, die unnachgiebige Ablehnung jeder Subjektphilosophie durch Deleuze, ja auch der antihumanistische und paradoxe Subjektbegriff Lacans sind wesentlich in dieser zweiten Phase verortet.

6 Deshalb lässt sich kaum leugnen, dass der denunziatorisch intendierte Begriff des »68er-Denkens« – wie er von Luc Ferry gemeinsam mit Alain Renaut geprägt wurde (Ferry/Renaut 1987) – seinen Gegenstand trifft. Zugleich ist es kein Zufall, dass Luc Ferry, der diesen Slogan im Rahmen seines Kreuzzugs gegen das heideggerianische, marxistische und »antihumanistische Denken« der 68er popularisiert hat, 2002 zum Bildungsminister der konservativen Regierung Raffarin avancierte, als deren Mitglied er offenbar dem Humanismus endlich zu seinem Recht verhelfen konnte.

Dass sich der politische Postfundamentalismus auf Heidegger bezieht, erscheint vor diesem Hintergrund erklärlich, sind die meisten postfundamentalistischen Denkfiguren doch in Heideggers Metaphysikkritik vorgeprägt. Vor allem sperrt sich Heideggers »Destruktion« der abendländischen Metaphysik gegen jede Umkehr des Fundamentalismus in einen bloßen Antifundamentalismus. Heidegger zufolge ist es schlichtweg undenkbar, die metaphysischen Grundlegungsfiguren vollständig auszumerzen, ja die Idee einer »Überwindung« der Metaphysik ist ihrerseits nur eine metaphysische Figur. Postfundamentalistische Ansätze folgen diesem Argument. Deshalb zielt die Dekonstruktion des Fundamentalismus nicht auf die Verabschiedung aller Gründe, sondern auf die Schwächung des ontologischen Status dieser Gründe, also auf die Verabschiedung der metaphysischen Idee von einem *letzten* oder *ultimativen* Fundament des Denkens oder der Gesellschaft.[7] Das setzt hinreichendes Kontingenzbewusstsein voraus – denn wenn jede Letztbegründung ausgeschlossen ist, dann könnte immer auch ein anderes Fundament gelegt werden. Und so wird man in allen politischen Theorien der heideggerianischen Linken auf Figuren der Kontingenz treffen, mit denen in vielen Fällen an die Heidegger'sche Begrifflichkeit angeschlossen wird. Man denke nur an den Begriff eines *Ereignisses*, das keiner Grundlegungslogik unterworfen werden kann, sondern auf jenen disruptiven *Augenblick* verweist, in dem die Fundamente kollabieren. Auch *Freiheit* oder *Geschichtlichkeit* lassen sich im strengen Sinn nur unter der Voraussetzung der Abwesenheit eines letzten Grundes denken.

Darüber hinaus erfordert der Postfundamentalismus, sofern er eine Theorie des *Politischen* entwickelt, zweitens aber eine theoretische Konzeptualisierung jenes Moments partieller (wenn auch in letzter Instanz erfolgloser) Gründungsversuche. Das unabstellbare Spiel zwischen Grund und Ab-grund, wie es schon Heidegger gedacht hat, unterhöhlt nicht nur jedes noch so stabil scheinende Fundament, es erzwingt auch ein vorübergehendes Moment der Institution. Es fordert *Entscheidungen* unter der Prämisse ontologischer Unentscheidbarkeit; und da jede Entscheidung – da sie nie im solitären Vakuum völliger Grundlosigkeit getroffen wird – mit

7 Für eine etwas anders konstruierte postfundamentalistische Version »schwacher Ontologie« in der politischen Theorie, besonders mit Bezug auf die Arbeiten George Katebs, Charles Taylors, Judith Butlers und William Connollys vgl. White 2000.

konkurrierenden Kräften und Entscheidungsbemühungen konfrontiert ist, steht Gesellschaft immer vor Phänomenen des *Streits*, der *Teilung* und der *Trennung* – kurzum: des *Antagonismus.* All diesen Begriffen, denen im Lexikon der heideggerianischen Linken ein wichtiger Platz zukommt, werden wir im Laufe der Studie wiederbegegnen.

1.3. Alternative Wege aus dem Fundamentalismus? Oakeshott und Rorty

Keinesfalls soll damit bestritten werden, dass man aus anderen Denkrichtungen zu ähnlichen Ergebnissen kommen könnte. Man muss kein französischer Heideggerianer sein, um zu erkennen, dass wir in einem »Zeitalter der Kontingenz« (Bauman 1996: 51) leben. Denken wir nur an den konservativen Skeptizismus und einen Denker wie Michael Oakeshott, dessen Position durchaus als postfundamentalistisch *avant la lettre* beschrieben werden könnte. Oakeshotts berühmtes Diktum, im politischen Handeln besegelten die Menschen eine »grenzen- und grundlose See« (»there is no harbour for shelter nor floor for anchorage, neither starting point nor appointed destination«, Oakeshott 1991: 60), richtet sich gegen alle Versuche, Politik gründen zu wollen. Zu diesem Zweck fährt Oakeshott das rhetorische Arsenal nicht-fundamentalistischer Topoi auf: das Prädikat »bottomless« dient ihm als Merkmal eines Grundes, der abwesend bleibt und Grundlegungsversuchen keinen transzendenten Ankerplatz jenseits der Immanenz der See bietet. Politik muss akzeptieren, dass sie ein ergebnisoffener Prozess ist ohne klaren Beginn oder bestimmbares Ziel und Ausgang. Da sie, mit unseren Worten, auf nichts gestellt ist, muss sie mit dem Abgrund umgehen lernen, der ihr zugrunde liegt, ohne in der Abwesenheit des Grundes Anlass für existenzialistisches Pathos oder gar Verzweiflung, Resignation und Passivität finden zu wollen – Affekte, die nur dem frustrierten Wunsch nach einem festen Grund entspringen: »that politics are *nur für die Schwindelfreie*, that should depress only those who have lost their nerve« (1991: 60). Auch deshalb sieht Oakeshott keinen Anlass zur Verzweiflung, weil er sich eine bloß *anti*-fundamentalistische Position versagt (damit weist er schon auf den Postfundamentalismus voraus). Wenn die See auch grenzen-

und grundlos sein mag, sie bleibt strukturiert. Sie ist keine *tabula rasa*, sondern das strukturierte Terrain, auf dem wir uns bewegen und günstigen Gelegenheiten wie ungünstigen Bedingungen begegnen (»the sea is both friend and enemy«, 6). Politisches Handeln, so ungründbar es ist, findet in keinem sozialen Vakuum statt, sondern bleibt immer Schichten von Traditionen eingeschrieben, die ihrerseits ungründbar, flexibel und veränderlich sind. An keiner Stelle treffen unsere Aktivitäten auf einen soliden Ankerplatz, und doch folgt daraus kein Voluntarismus, denn wir segeln nie auf einer See ohne Wellen.

Auch der amerikanische Pragmatismus kann zum Ausgangspunkt des Postfundamentalismus werden, wie die Arbeiten Richard Rortys – freilich nicht unbeeinflusst von Heidegger und Derrida – belegen. Rorty zufolge sei die Vorstellung, eine liberale Kultur benötige Grundlagen, nur »ein Überbleibsel des religiösen Bedürfnisses nach der Beglaubigung menschlicher Pläne durch nichtmenschliche Autoritäten,« das im »aufklärerischen Szientismus« fortlebt (Rorty 1999a: 96). Wir müssten uns von der Idee eines archimedischen Punktes verabschieden, von dem aus wir unser eigenes, historisch bedingtes Vokabular beurteilen könnten (1999a: 91). Statt nach philosophischen Begründungen zu suchen, solle man eher literarische Neubeschreibungen entwickeln. Dazu müsse man sich der Kontingenz – also Ungründbarkeit – des eigenen Vokabulars und der eigenen Überzeugungen bewusst bleiben und eine in diesem Verständnis *ironische* Position einnehmen. Das verurteile uns noch lange nicht zum Relativismus, denn wo der Begriff des Objektivismus sich als unplausibel erwiesen hat, macht auch der des Relativismus keinen Sinn mehr (so wie es für jemanden, der nicht an Gott glaubt, auch keine Blasphemie gibt). Rortys an vor allem Wittgenstein und Dewey anschließender »Antifundamentalismus« argumentiert also nicht relativistisch – und somit nicht radikal *anti*-fundamentalistisch. Rorty vertritt zwar die These, dass kein übergreifendes Sprachspiel zu Verfügung steht, welches eine abschließende und rationale Beurteilung der Gültigkeit einzelner Sprachspiele erlauben würde. Die Wahl eines bestimmten Sprachspiels oder Vokabulars lässt sich durch keinen archimedischen Punkt absichern, aber sie wird durch die Zugehörigkeit des Sprechers zu bereits bestehenden Gemeinschaften geregelt, die alles andere als beliebig verfügbar ist. Mit diesem Faktum heiße es umgehen lernen. So erweise man einer liberalen Gesellschaft einen »schlechten Dienst, wenn man versucht, sie mit ›philosophischen Grundlagen‹ auszustatten« (96).

Als Heideggerianer *der Linken* mögen Postfundamentalisten zu anderen Schlussfolgerungen kommen als der konservative Skeptiker Oakeshott, da sie unter Traditionen wohl vor allem machtdurchtränkte Strukturen verstehen würden, in denen vielgesichtige Formen des Ausschlusses und der Unterordnung perpetuiert werden. Auch von Rortys liberalem Pragmatismus – der, auch das eine kontingente politische Entscheidung, gelegentlich in eine Art Linkspatriotismus zu kippen droht (Rorty 1999b) – würden sich die meisten Heideggerianer der Linken wohl distanzieren. Man sieht hier bereits, nebenbei bemerkt, dass sich aus der Abwesenheit des Grundes keine politische Konsequenz mit Notwendigkeit ziehen lässt; ansonsten wäre es möglich, eine partikulare politische Weltsicht zu *gründen*, was *ex hypothesi* ausgeschlossen wurde (folglich kann der Entschluss, eine explizit linke politische Version postfundamentalistischen Denkens zu entwickeln, selbst nur aus einer politischen Entscheidung hervorgehen, siehe dazu Kapitel 9 und 11).

Als *Heideggerianer* der Linken unterscheiden sie sich aber von Oakeshott oder Rorty nicht allein an politischer Radikalität. Sie verfolgen auch eine andere Strategie der Theoriebildung. Selbsterklärtes Ziel der Theorie Rortys ist es nämlich, »den metaphysischen Drang, den Drang zum Theoretisieren, so gut zu verstehen, daß man vollkommen frei von ihm wird« (Rorty 1999a: 163). Aber ist man tatsächlich gezwungen, die Philosophie zu verlassen (und, wie Rorty vorschlägt, sein Heil bei der Literatur zu suchen), um den Diskurs der Letztbegründung zurückweisen zu können? Kann man sich vom »metaphysischen Drang« überhaupt vollkommen befreien? Zu Recht wurde Rorty von Mouffe daran erinnert, dass es »keinen neutralen, vermeintlich durch Philosophie nicht kontaminierten Boden« gibt, von dem aus man sprechen könne (Mouffe 1999b: 24). Metaphysische Grundlegungsfiguren bestimmen nicht nur die Philosophie, sondern auch das Denken des Alltags und die Diskurse der Politik. Wer meint, ihnen sonstwohin entkommen zu können, wird unbemerkt von ihnen eingeholt. Hieße dies aber nicht, dass der Fundamentalismus außerhalb *wie innerhalb* des Terrains der Philosophie (im engeren disziplinären Sinn) unterlaufen werden müsste – ja dass es möglicherweise die Metaphysik selbst sein könnte, die uns das Vokabular ihrer eigenen Dekonstruktion an die Hand gibt?

1.4. Die politische und die ontologische Differenz

Die Postfundamentalisten, deren Ansätze in Teil II besprochen werden, würden dem Nominalismus eines Rorty daher eine philosophische Form der Philosophiekritik entgegensetzen. Wenn Rorty »das Sein aus dem Spiel läßt und denkt, daß das Seiende alles ist, was es gibt« (Rorty 1999a: 189), dann hält Derrida entgegen, eine Position, für die das Seiende »alles ist, was es gibt«, liefere sich dem Empirizismus, Positivismus oder Psychologismus aus. Stattdessen hieße es, in Form eines (quasi-)transzendentalen Denkens, den Blick von der bloßen Ebene der »ontischen« Tatsachen hin zur »ontologischen« Dimension ihrer Möglichkeitsbedingungen lenken.[8] All die von Derrida im Laufe seiner gesamten Theorieentwicklung diskutierten (Quasi-)Kategoreme wie Spur, Supplement, Gabe, Freundschaft, Gerechtigkeit oder Demokratie – und müssten wir hier nicht auch »das Politische« einfügen? – sind auf dieser paradoxen transzendentalen Ebene angesiedelt. Dieses Erbe Husserls und Heideggers ist bei Rorty – trotz intensiver Heideggerlektüre – völlig verlorengegangen, denn er will die Differenz zwischen einer ontischen und einer ontologischen Dimension des Seins nicht gelten lassen.

Damit kommen wir zurück zur notwendig *philosophischen* Beobachtungsperspektive, aus der die politische Differenz überhaupt erst sichtbar wird. Für einen Nominalisten wären »Politik« und »das Politische« auf ein und derselben Ebene verortet: die Natur ihrer Differenz entspräche der anderer konzeptueller Differenzen (etwa zwischen *policy*, *polity* oder Polizei). Erst mit einem an Heideggers Denken geschulten Blick lässt sich feststellen, dass die Differenz

8 Und so formuliert Derrida auch in direkter Kritik an Rorty: »Das, was ich von den großen Persönlichkeiten in der Philosophie gelernt habe, vor allem von Husserl, ist die Notwendigkeit, transzendentale Fragen zu stellen, um nicht in der Fragilität eines empirizistischen Diskurses gefangen zu bleiben; und um Empirizismus, Positivismus und Psychologismus zu vermeiden, ist es notwendig, das transzendentale Fragen zu erneuern. Ein solches Fragen muß aber so erneuert werden, daß es die Möglichkeit der Fiktion, Zufälligkeit und Kontingenz miteinbezieht [...]« (Derrida 1999: 181).

zwischen Politik und dem Politischen von anderen Differenzen differiert. Denn wurde oben gesagt, Heidegger habe in der Differenz zwischen »Sein« und »Seiendem« – in all ihren Varianten – die grundlegende Struktur abendländischer Metaphysik entdeckt, so muss diese Darstellung nun spezifiziert werden: Obwohl die ontisch-ontologische Differenz dem metaphysischen Denken zugrunde liegt, kam sie diesem nie *als Differenz* in den Blick. Heidegger erst lenkt die Aufmerksamkeit auf die ontologische Differenz selbst, auf das *Spiel* zwischen Sein und Seiendem, das nun in Heideggers Denken unterschiedliche Benennungen erfährt: Ereignis, Streit, Wahrheit, Freiheit oder – in Abhebung vom ontologischen Begriff des Seins – *»Seyn«*. Dieses, wie man sagen könnte, *Differieren* der ontisch-ontologischen Differenz gilt Heidegger als unabstellbar: Die Dimensionen des Seins und des Seienden bleiben zwar notwendig aufeinander verwiesen, finden aber nie zu völliger Überlappung. Erst das Ereignis, das »Seyn« oder das Spiel dieser Differenz selbst, also die *Unmöglichkeit* einer endgültigen Übereinstimmung zwischen Sein und Seiendem, eröffnet uns überhaupt einen Zugang zum ontischen Reich alles Seienden (sprich: zum Reich der Differenzen, die das Soziale strukturieren). Und nicht zuletzt – für uns einschlägig – wird dieses Spiel der Differenz von Heidegger als unaufhörliches Oszillieren zwischen Grund und Abgrund gefasst. D.h., erst der unendliche Aufschub eines letzten Grundes eröffnet uns die Möglichkeit, auf die Suche gehen zu können nach immer nur vorübergehenden, partiellen und notwendig kontingenten *Gründen*.[9]

Aus diesen Andeutungen, die erst in Kapitel 3 näher ausgeführt werden können, sollte bereits deutlich werden, weshalb Heideggers Denken von Interesse für die Theorien des Postfundamentalismus ist. Zudem dürfte erkennbar sein, dass unsere Diskussion der *politischen* Differenz vor einer ganz ähnlichen Situation steht wie Heideggers Diskussion der ontologischen Differenz. Seit Carl Schmitt wurden immer neue Definitionen des Politischen entworfen. Dazu

9 Auch dieser Ansatz ist in gewisser Weise transzendentaltheoretisch, denn wird akzeptiert, dass sich Gesellschaft nie endgültig gründen lässt, dann gewinnt genau diese Unmöglichkeit von Gründung einen Status, der in Bezug auf partikulare Gründungsversuche als (quasi-)transzendental bezeichnet werden kann. So teilt sich der Begriff der Gründung in die zusammenhängenden Bedingungen der Unmöglichkeit eines letzten Grundes und die Möglichkeit »kontingenter Gründe«.

musste zwangsläufig das Politische von den traditionellen Begriffen von Politik unterschieden werden. Doch äußerst selten wurde dabei die politische Differenz *als Differenz* thematisiert, und so gut wie niemals wurde nach den Gründen dieser Differenzierung gefragt. Selbst von den französischen Heideggerianern der Linken, die diese Differenz aufgreifen und weiterentwickeln, wird zwar die Frage des Politischen, nicht aber die Frage nach der Differenz zwischen dem Politischen und der Politik *als* Differenz aufgeworfen. Welche Definition das Politische (oder die Politik) auch immer in diesen Theorien erfährt, sie ist von sekundärer Bedeutung, verglichen mit dem Faktum der Differenz selbst: der Notwendigkeit, eine solche Differenz überhaupt in das politische Denken einzuführen.

Deshalb hatten wir eingangs die Vermutung formuliert, dass es sich bei der politischen Differenz um ein Symptom der Auflösung einstmals unerschütterlicher Fundamente, also um ein Zeichen unserer postfundamentalistischen Kondition handeln könnte. Dass die alten Fundamente nicht länger tragen, so hatten wir eingeschränkt, bedeutet jedoch nicht, dass Gesellschaft völlig grundlos geworden wäre, sondern nur, dass neue Fundamente ständig gelegt und alte verteidigt oder angegriffen werden. Die politische Theorie des Postfundamentalismus, so sehen wir nun, zieht daraus die Konsequenzen, wenn sie die »ontologische« Dimension der Gründung, also *das Politische*, konzeptuell zu fassen versucht, was ihr nur gelingt, indem sie es auf einer anderen Ebene verortet als die »ontischen« Bereichsbegriffe wie Politik, *policy*, *polity* oder Polizei. Auf dieser grundlegenden Ebene übernimmt der Begriff des Politischen die Aufgabe, auf die in letzter Instanz unmögliche Institution von Gesellschaft zu verweisen, eine Aufgabe, für die das Konzept der Politik, für sich genommen, nicht hinreichend ausgestattet wäre. So spaltet es sich von innen her auf in Politik eo ipso (bestimmte Formen des Handelns, ein bestimmtes soziales Teilsystem oder Ähnliches) und eine Dimension, die dem Zugriff sozialer und politischer (systemischer) Domestizierung entkommt: *das* Politische. Erst durch diese konzeptuelle Differenzierung, so unsere These, lässt sich der merkwürdige Umstand einfangen, dass Neugründungen notwendig, zugleich aber Letztgründungen unmöglich sind, dass also das Spiel zwischen Politik und dem Politischen unabstellbar ist. Mit anderen Worten: dass weder der Tag »bloßer Politik« noch der Tag eines »reinen Politischen« jemals kommen wird.

Zum jetzigen Zeitpunkt ist diese These freilich nicht viel mehr als das: eine These. Plausibilisieren lässt sie sich nur an der Konstellation postfundamentalistischer Theorien, die wir in Teil II vorstellen: Sie sind vor allem mit den Namen Jean-Luc Nancy, Philippe Lacoue-Labarthe, Claude Lefort, Marcel Gauchet, Alain Badiou, Jacques Rancière, Ernesto Laclau, Chantal Mouffe und Giorgio Agamben verknüpft (doch wäre Platz und Zeit gewesen, hätten selbstverständlich weitere Theoretiker – wie Jean-François Lyotard, Cornelius Castoriadis oder Kostas Axelos – in diese Reihe aufgenommen werden können). Der Diskussion dieser Theorien müssen allerdings vorbereitend einige Überlegungen vorangeschickt werden. Im folgenden Kapitel wird daher zunächst die Begriffsgeschichte des Politischen nachgezeichnet. Ich werde darlegen, wie Politik sich im Zuge der Entwicklung neuzeitlicher politischer Theorien zunächst ihrer Spezifik, dann ihrer Autonomie und schließlich ihres Primats im Verhältnis zu anderen sozialen Handlungssphären versichert. Erst nachdem der letzte Schritt erreicht ist, kann ein starker Begriff des Politischen plausibel formuliert werden. Damit ist ein Name für jenes Erfahrungsmoment gefunden, das ich in Anlehnung an J.G.A. Pococks bahnbrechendes Werk *The Machiavellian Moment* (1975) als *Moment des Politischen* bezeichnen möchte. Dieses Moment ist jedoch nicht, so meine Kritik an rein begriffshistorischen (und also nominalistischen) Ansätzen, auf die letzten rund zweihundert Jahre beschränkt. Als gleichsam »ontologisches« Moment der Erfahrung von Kontingenz und Grundlosigkeit des Sozialen kann es in jeder Zeit hervorbrechen, auch wenn es nicht immer im modernen Sprachspiel der Politik oder des Politischen beantwortet wird. Anhand einer ausführlicheren Diskussion Heideggers und der quasi-transzendentalistischen Struktur des Postfundamentalismus werde ich das in Kapitel 3 zu zeigen versuchen.

Die Begriffsgeschichte des Politischen und die Diskussion der strukturellen Merkmale des Postfundamentalismus in Teil I, wie auch der verschiedenen Spielarten der politischen Differenz in Teil II, lässt allerdings die Frage unbeantwortet: Wozu der Aufwand? Geht ein solches Glasperlenspiel mit philosophischen Begrifflichkeiten nicht meilenweit an unseren sozialen und politischen Problemen vorbei? Folgt überhaupt etwas aus der politischen Differenz, das von allgemeinerem Interesse wäre? In Teil III der Untersuchung werde ich versuchen, diese Fragen zu beantworten. Auch wenn sich aus dem Spiel der politischen Differenz keine positiven Schlussfolgerungen mit eindeutiger Sicherheit ableiten lassen (ansonsten verblieben wir ja nach wie vor im Fundamentalismus), so eröffnet sich doch ein argumentatives Feld, auf dem manche plausibler gemacht werden können als andere.

In Kapitel 9 werde ich in einem ersten Schritt die innerphilosophischen Konsequenzen schildern, die das Denken des Politischen für die traditionellen Disziplinen politische Theorie und politische Philosophie haben mag. Sie betreffen vor allem deren *Status*, also den theoretischen oder philosophischen Status eines politischen Denkens, welches nicht zögert, die vollen Konsequenzen aus der konzeptuellen Innovation der politischen Differenz zu ziehen. In diesem frühen Stadium des Arguments können wir nur den Verdacht formulieren, dass keiner der politischen Postfundamentalisten, die in Teil II diskutiert werden, sich der Konsequenzen seines Denkens voll bewusst ist. Während einige, wie Badiou, der politischen Differenz explizit nur einen partikularen Ort innerhalb ihrer Theoriearchitektur zugestehen (bei Badiou ist Politik nur eine von vier »Wahrheitsprozeduren«, neben Liebe, Kunst und Wissenschaft), tendieren andere dazu, die Implikation ihrer eigenen Verwendung der politischen Differenz zu unterschätzen. Wird aber erst einmal zugestanden, dass das Politische als gründendes Supplement *aller* sozialen Relationen wirkt, dann wird man seine Effekte – und selbst noch die Effekte seiner Abwesenheit – nicht auf das traditionelle Feld der Politik beschränken können. Alle Dimensionen der Gesellschaft (einschließlich der Felder der »Liebe«, »Kunst« und »Wissenschaft« bei Badiou) werden folglich dem konstanten Spiel von Gründung/Entgründung unterworfen bleiben, wie es konzeptuell die politische Differenz einzufangen versucht. D. h. zugleich, dass der Zuständigkeitsbereich einer postfundamentalistischen Theorie des Politischen signifikant ausgeweitet werden muss, ja dass sie womöglich ein Primat gegenüber anderen philosophischen Disziplinen reklamieren kann.

Werden in Kapitel 9 die innerphilosophischen, gleichsam »ontologischen« Konsequenzen des Politischen beleuchtet, so dreht sich Kapitel 10 um Fragen, die die »ontische« Seite der Differenz, also unseren ganz profanen Begriff von *Politik* betreffen. Damit wären wir auch inmitten der sozialen und politischen Problemlagen der Gegenwart angelangt. Denn welcher Begriff von Politik ist einer scheinbar *politiklosen* Zeit, in der Thatchers Slogan »*There is no alternative*« zum Credo nahezu aller Politiker wurde, überhaupt noch angemessen? Droht das Bewusstsein von der Möglichkeit politischen Handelns nicht verlorenzugehen? Ich werde zu zeigen versuchen, dass dies nicht der Fall ist, dass wir nur einer perspektivischen Verzerrung unterliegen, sobald wir den Begriff der Politik zu weit aufblasen. Nicht die Idee von »großer Politik« (auch nicht die von »Mikropolitik«) ergibt sich schlüssig aus den Theorien der politischen Differenz, sondern ein Verständnis *minimaler Politik*. Damit soll zum einen gesagt sein, dass selbst die bescheidensten politischen Handlungsformen (die kleinsten Demonstrationen, die geringsten Proteste, die schwächsten sozialen Bewegungen) potenziell an der instituierenden Dimension des Politischen teilhaben. Zum anderen soll der Versuch unternommen werden, die *Minimalkriterien* solchen Handelns zu ermitteln, also ein Politikverständnis und ein Handlungs- und Subjektmodell zu entwickeln, das dem Machiavell'schen Moment angemessen ist.

In Kapitel 11 werden abschließend die demokratiepolitischen Implikationen des Postfundamentalismus herausgearbeitet. Zwar lässt sich kaum behaupten, dass jedes postfundamentalistische Denken schon demokratisch wäre (aus der Abwesenheit eines letzten Grundes lassen sich keine konkreten Politiken ableiten), aber demokratisches Denken ist in jedem Falle postfundamentalistisch. Das symbolische Arrangement der Demokratie, wie es unter anderen von Lefort beschrieben wurde, gründet nämlich auf der institutionellen Anerkennung der Unmöglichkeit einer letzten Gründung von Gesellschaft. Anders gesagt, keine Gesellschaft und kein politisches Regime kann auf einem festen Fundament gebaut werden, aber Demokratie ist der Name des einzigen Regimes, welches diesen Umstand institutionell akzeptiert und ihm zur Anerkennung verhilft. Wie ich argumentieren werde, lässt sich aus dieser Überlegung eine demokratische Ethik gewinnen, die sich genauer als *Ethik der Selbstentfremdung* konturieren lässt. Damit soll unter anderem gesagt sein, dass unter demokratischen Bedingungen der normative Anspruch geltend gemacht werden kann, nicht an die eigene Identität gefesselt und also – sei es polizeilich, sei es rechtlich, sei es kulturell – in die Selbstidentität gezwungen zu werden.

Und dies deshalb, weil demokratische Verhältnisse die Anerkennung der grundsätzlich selbstentfremdeten Natur sozialer Identität befördern.

Auch wenn zutreffen sollte, dass keine der Schlussfolgerungen unmittelbar aus dem Spiel der politischen Differenz abgeleitet werden kann, ist es doch dieses Spiel – ausgearbeitet in den diversen Spielformen eines Denkens des Politischen –, das überhaupt erst den Horizont eröffnet, vor dem solche und ähnliche Argumente plausibel erscheinen. Auch wenn Philosophie niemals einen letzten Grund finden oder »gründen« können wird, ist doch die Suche nach Gründen im Postfundamentalismus noch lange nicht abgeblasen. Sie wird vielmehr akzeptiert, um eine von Claude Lefort (im Anschluss an Merleau-Ponty 1974) geschätzte Metapher zu verwenden, als unmögliches und doch unvermeidbares Abenteuer. Das postfundamentalistische Denken, das im Zentrum der folgenden Untersuchung steht, unternimmt den womöglich abenteuerlichen Versuch einer Befragung der gründenden wie entgründenden Dimension sozialen Seins.

Kapitel 2
Politik und das Politische: Genealogie einer konzeptuellen Differenz

2.1. Das politische Paradox

1956 besetzten die Truppen des Warschauer Pakts Ungarn und schlugen die Revolution nieder. Dieses Ereignis hatte verstörende Auswirkungen auf das westliche politische Denken, und keineswegs nur auf das des Marxismus. In philosophischer Reaktion auf die Ereignisse in Ungarn veröffentlichte Paul Ricœur einen seiner bekanntesten Essays, »Das politische Paradox« (1974). Darin arbeitet er in deutlicher Absetzung von der Ideologie des Staatsmarxismus die doppelte Originalität des Politischen heraus. Sie besteht in einer spezifisch politischen Rationalität und einem spezifisch politischen Übel. Um diese doppelte Spezifik zu konturieren, muss Ricœur die politikeigene Rationalität von der Sphäre ökonomischer Rationalität unterscheiden, auf die sie durch den Marxismus reduziert wurde. So riefen die Ereignisse in Ungarn bei Ricœur nicht etwa Skepsis bezüglich einer vorgeblichen »Überpolitisierung« von Gesellschaft hervor; im Gegenteil, Ricœurs Ziel war es, der Politik ihre verlorengegangene Spezifität und relative Autonomie zurückzuerstatten. Um dieses Ziel zu erreichen, musste er eine Unterscheidung zwischen dem Politischen und der Politik einführen. Ricœur präsentiert sein »politisches Paradox« in Form der politischen Differenz:

> Diese Autonomie des Politischen [*du politique*] scheint mir in zwei gegensätzlichen Zügen zu gründen. Auf der einen Seite stellt das Politische [*le politique*] ein menschliches Verhältnis her, das sich nicht auf die Klassengegensätze und im allgemeinen auch nicht auf die sozio-ökonomischen Spannungen der Gesellschaft reduzieren läßt […]. Auf der anderen Seite bringt die Politik [*la politique*] spezifische *Übel* hervor, politische Übel eben, Übel der politischen Macht. Diese können nicht auf andere, und schon gar nicht auf das Übel der wirtschaftlichen Entfremdung reduziert werden (Ricœur 1974: 249 [modifizierte Übersetzung O. M.]).

Es ist zuallererst bemerkenswert, dass Ricœur in diesem Absatz den Begriff »das Politische« (*le politique*) auf doppelte Weise verwendet: einmal, um jene Verhältnisse des Zusammenlebens jenseits des

Klassenkonflikts zu bezeichnen, die einem negativen Wesenszug von Macht (Politik genannt: *la politique*) entgegenwirken; und zum anderen, um eine spezifische Form der Autonomie zu bezeichnen, die beide Wesenszüge umfasst: den des »Zusammenlebens« und den der »Macht«. Die Autonomie des Politischen ist daher durch das doppelte Merkmal *des Politischen* und *der Politik* bestimmt, d. h. durch eine ideale Sphäre des Politischen (des rationale Übereinstimmung verkörpernden Gemeinwesens im Sinne des englischen *polity*), die durch eine spezifische Rationalität definiert wird, und eine Sphäre der Macht oder Politik.[1] Doch tragen beide Sphären zur Autonomie des Politischen (*autonomie du politique*) bei. Der Kommunismus zielte darauf ab, politisches Glück und Gerechtigkeit einer Politik ökonomischer Umverteilung unterzuordnen, was zu einem spezifisch politischen Übel auf der Ebene von Politik führte, statt die Autonomie des Politischen als einer Sphäre eigenen Rechts zu respektieren.

Der spätere Ricœur wird an der Annahme einer »doppelgesichtigen Natur« des Politischen festhalten, auch wenn er unter politischer Rationalität zunehmend einen Aspekt des Juridischen versteht. Das Politische ist rational, da der Staat auf einer Verfassung gründet; es sichert die geographische Einheit der Rechtsprechung und verbindet die Geschichte und Tradition der Gemeinschaft mit deren Zukunft, womit die Integration der Generationen gewährleistet werden kann. Andererseits besitzt Rationalität ihre dunkle Seite, die als Rückstand einer konstituierenden oder gründenden Gewalt verstanden werden müsse (Ricœur 1998: 98). Sie habe ihre Spuren in der Gemeinschaft hinterlassen, da wohl niemals ein Staat existierte, der nicht auf militärischer Eroberung, Usurpation oder erzwungener Heirat gegründet worden wäre. Trotz aller Rationalität bleibt diese residuale Gewalt innerhalb des Staates bestehen

1 Fred Dallmayr, der im anglo-amerikanischen Raum der französischen Debatte um die politische Differenz immer am aufmerksamsten begegnete, spricht bei dieser Differenzierung – »zwischen Politik im Sinne von *polity* (*le politique*) und Politik im Sinne von *policy-making* oder dem Treffen von Entscheidungen (*la politique*), oder zwischen einem weitgehend geteilten politischen Rahmenwerk oder öffentlichen Raum einerseits und der Verfolgung parteilicher Strategien und Programme andererseits« (Dallmayr 1993b: 178) – von einer subtilen terminologischen Entscheidung Ricœurs, die reich an theoretischen Implikationen sei. Diese Implikationen werden sich tatsächlich in den verschiedenen Spielformen der politischen Differenz zu erkennen geben, die wir in Teil II analysieren.

und wird von der über Entscheidungsmacht verfügenden Autorität inkorporiert. Jederzeit können von diesen Residuen her frische Gewaltausbrüche ausgehen, die der eigentlichen Struktur des Politischen eingeschrieben bleiben.

Ricœur ist also weit davon entfernt, auf naive Art die politischen Dimensionen der Strategie und der Macht zu denunzieren. Genauso wenig schlägt er vor, das Politische als Reich der gerechten und rationalen Organisation des Zusammenlebens von solcher »Macht-Politik« zu reinigen. Obwohl er auf der spezifischen Rationalität des Politischen (und des Staates) insistiert, akzeptiert er doch genauso die Unausweichlichkeit des Kampfes um politische Herrschaft und Macht. Das Politische und die Politik sind nicht voneinander zu trennen, sondern stehen in einem paradoxen Verhältnis, dessen Erhellung die politische Philosophie zur Aufgabe hat. Oder anders gesagt, Ricœurs berühmtes politisches Paradox konstituiert sich als Paradox genau deshalb, weil das konfligierende Verhältnis seiner beiden Terme – »der Kontrast zwischen Permanenz und Fluss, zwischen rationaler Idee und Kontingenz, zwischen dem theoretischen Konzept und der praktischen Implementierung« (Dallmayr 1993b: 183 f.) – unauflösbar ist: »Für Ricœur besteht der Kern des politischen Paradoxes genau in dieser Überlagerung von Idealität und Realität, von *polity* und *policy*, von Vernunft und Macht« (1993b: 187). Lassen wir aus Platzgründen die weitergehenden philosophischen Implikationen der Ricœur'schen Argumentation beiseite und begnügen uns mit dem bloßen Hinweis, dass Ricœurs Differenzierung zwischen Politik und dem Politischen ihren Zweck im Aufweis der Autonomie und Spezifik des Politischen gegenüber anderen Domänen wie jener der Ökonomie findet.

Darin lässt sich eine der Hauptfiguren einer postfundamentalistischen Idee des Politischen ausmachen. Diese Figur dient der Herausarbeitung der Spezifik des politischen Bereichs sowie der Verteidigung seiner Autonomie gegenüber anderen sozialen Systemen, und zwar nicht in Rückbezug auf einen Grund oder eine Essenz der politischen Domäne (im Sinne etwa einer substanziellen Definition des guten Lebens), sondern durch Einsatz einer paradoxen Formulierung, mit der die fundamentalistische Fassung eines solchen Grundes vermieden oder zurückgewiesen wird. In Ricœurs These, eine spezifische politische Rationalität könne nur definiert werden, wenn sie einer »ökonomisch-sozialen Rationalität« entgegengestellt werde, begegnet man einer der frühesten französischen Formulierungen des Topos einer Opposition zwischen politischer und ökonomischer Rationalität. Dieses Motiv der Opposition einer autonomen politischen Domäne zu anderen Domänen des Sozialen teilt Ricœur mit außerhalb des französischen Kontexts arbeitenden Denkern und Denkerinnen dieser Zeit, wie etwa Hannah Arendt, Hannah Pitkin oder Sheldon Wolin, oder mit dem frühen deutschen Vorläufer Carl Schmitt. Doch während die Arendtianer im Politischen einen Raum der Freiheit und öffentlichen Deliberation sehen, sehen die Schmittianer in ihm einen Raum der Macht, des Konflikts und Antagonismus. Es scheint, als würde jene Spaltung, die Ricœur im Herzen des Politischen entdeckte – die Spaltung zwischen der »Rationalität« eines Gemeinwesens (*le politique*) und den strategischen und konfliktorischen Kämpfen der Politik (*la politique*) –, auch diese beiden Paradigmen oder Denkschulen innerhalb der politischen Theorie voneinander trennen. Ich schlage also vor, im Denken des Politischen eine erste theoretische Orientierung als arendtianische Traditionslinie und eine zweite als schmittianische Traditionslinie zu bezeichnen. Während in der ersten, um es etwas schematisch darzulegen, die Betonung auf dem *assoziativen* Aspekt politischen Handelns liegt, liegt sie in der zweiten auf seinem *dissoziativen* Aspekt.

2.2. Das *assoziative* Politische: die arendtianische Traditionslinie

Hannah Arendt selbst, die ja bekannt ist für ihre häufige Substantivierung des Adjektivs »politisch«, differenziert nicht konsistent zwischen den beiden Kategorien der Politik und des Politischen. Dennoch schrieb ihr der deutsche Philosoph Ernst Vollrath, der sich selbst in der arendtianischen Traditionslinie verortete, die Erfindung der politischen Differenz zu: »Was Arendt entdeckt hat, könnte in Abgrenzung zur Heidegger'schen ›ontologischen Differenz‹ als ›politische Differenz‹ bezeichnet werden, d.h. als Differenz zwischen politisch authentischer Politik und politisch pervertierter Politik, apolitischer Politik als politischer Apolitik« (Vollrath 1995: 48). An dieser Nähe zwischen Arendt und Heidegger ist nichts überraschend; der Einfluss des Heidegger'schen Postfundamentalismus auf Arendts Theorie ist im Detail von Dana R. Villa (Villa 1996) präsentiert worden. Obwohl es schwierig wäre, Arendt selbst in der Konstellation des Linksheideggerianismus zu verorten – nicht deshalb, weil sie keine Heideggerianerin wäre, sondern weil sie keine Linke im üblichen Verständnis des Wortes ist –, muss ihr doch ein entscheidender Anteil an der Überführung des Denkens Heideggers in politische Theorie zugerechnet werden.[2]

Wenn wir Vollraths Hinweis nachgehen wollen, müssen wir zwei Aspekte der politischen Differenz berücksichtigen. Erstens spaltet die Einführung der politischen Differenz das Konzept der Politik in eine *politische* Form von Politik (von Arendt oft substantiviert zu »das Politische«) und eine *apolitische* Form von Politik. Dies impliziert, dass die Bedeutung dessen, was als politisch im »eigentlichen Sinn« gelten darf, erst aus dem Begriff der Politik extrahiert werden muss. Ein notwendiges Kriterium wird erforderlich, und Vollrath zufolge kann nur als Kriterium dienen, was Arendt in einem Brief an Jaspers »einen reinen Begriff des Politischen« (zit. in Vollrath 1995: 47) nannte. Arendts ganzes Denken ist auf der Suche nach diesem Begriff, der in der Philosophiegeschichte schon deshalb nicht gedacht werden konnte, weil Philosophen immer vom Menschen im Singular ausgegangen waren und die Pluralität der Menschen ignoriert hatten (Arendt 1993). Und zweitens muss dieser der Politik abgerungene reine Begriff des Politischen von seiner traditionellen Unterordnung gegenüber dem Sozialen befreit werden, d.h. von bürokratischen, ökonomischen oder instrumentellen Formen von Rationalität. Die politische Differenz wird vor dem Hintergrund der zunehmenden Überwucherung des Privaten wie des Politischen durch das Gesellschaftliche erfunden. Ich werde auf diesen Aspekt in der Diskussion dessen zurückkommen, was ich die Neutralisierungsthese nenne; vorerst gilt es festzuhalten, dass auf der Autonomie des Politischen bestehen muss, wer einen »reinen Begriff« des Politischen in Arendts Sinn entwickeln will. So entfaltet Vollrath etwa (Vollrath 1987: 20) durch die Verbindung von Arendts Ideen mit jenen Ricœurs die »nicht-reduzierbare Qualität oder Modalität« des Politischen, indem er dessen Autonomie gegenüber anderen Domänen des Sozialen herausarbeitet. Erst so gelingt es ihm, den authentisch politischen Charakter bzw. die Rationalität der Politik

2 Für eine ausführliche Diskussion von Arendts politischer Position als nicht-linke, aber radikale Heideggerianerin vgl. Marchart 2005a.

in jenem kommunikativen oder kommunalen Moment zu finden, der aus assoziativer Perspektive das Politische ausmacht.

Nahezu alle Arendtianer scheinen diesen assoziativen Aspekt – den Aspekt des *acting in concert* oder *acting together* – gegenüber dem von der schmittianischen Tradition hervorgehobenen dissoziativen Aspekt zu betonen. Die Definition des Politischen, die vom vielleicht prominentesten jener »Quasi-Arendtianer« vorgeschlagen wurde, die eine konzeptuelle Differenz zwischen Politik und dem Politischen explizit einziehen, ist repräsentativ für das assoziative Paradigma.[3] Nicht nur in seinem klassischen Werk *Politics and Vision* (1960), sondern auch in jüngeren Aufsätzen präsentiert Sheldon Wolin das Politische im assoziatorischen Sinn:

> Ich werde *das Politische* als Ausdruck der Idee verstehen, dass eine freie Gesellschaft, die aus Diversitäten zusammengesetzt ist, sich dennoch Momenten der Gemeinschaftlichkeit erfreuen kann, sobald durch öffentliche Deliberationen kollektive Macht eingesetzt wird, um das Wohlergehen der Kollektivität zu fördern oder zu beschützen. *Politik* bezieht sich auf den legitimierten und öffentlichen Konflikt, vor allem durch organisierte und ungleiche soziale Kräfte, um Zugang zu Ressourcen, die den öffentlichen Autoritäten der Kollektivität zu Verfügung stehen. Politik ist kontinuierlich, ohne Unterbrechungen und endlos. Im Gegensatz dazu ist das Politische episodisch und selten (Wolin 1966: 32).

Obwohl Wolin in der assoziativen Traditionslinie verortet werden muss, geht er in der Abtrennung des Politischen vom Sozialen nicht so weit wie Hannah Arendt selbst (Wolin 1990: 183). Zwar steht er der Ebene materieller Interessen mit Skepsis gegenüber, doch wie Jane Mansbridge (Mansbridge 1996: 49) beobachtet hat, verstößt er sie nicht aus dem öffentlichen Raum, sondern spricht sich nur dagegen aus, sie ins Zentrum der politischen Assoziation rücken zu wollen. Wie Ricœur versucht Wolin, Politik als Kampf um kompetitive Vorteile in das Politische als Raum der Kommunalität zu in-

3 Die seit den späten 1950er Jahren von der University of California, Berkeley, ausgehende Tradition eines Denkens »des Politischen« (*the political*) wird im deutschen Sprachraum kaum gewürdigt, auch wenn sie für die US-amerikanische politische Philosophie (verstanden als Philosophie des Politischen) über akademische Filiationslinien wie Wolin-Connolly-Honig von aktueller Bedeutung ist und sich selbst in der Nähe der Kontinentalphilosophie verortet. Da unsere Untersuchung vor allem an der französischen Theoretisierung der politischen Differenz interessiert ist, kann diese US-amerikanische Tradition eines Denkens des Politischen bedauerlicherweise nur gestreift werden (vgl. überblicksartig Hauptmann 2004).

tegrieren, statt auf einem unüberbrückbaren Graben zu insistieren. Auch gibt er dem Begriff des Politischen einen etwas egalitäreren oder demokratischeren Drall, indem er auf der Dringlichkeit, eine Kultur der Kommunalität zu erschaffen und das Politische in das Alltagsleben unzähliger Menschen zu integrieren, insistiert. Dass die politische Differenz dennoch beibehalten werden muss, folgt bei Wolin, wie bei Arendt, aus seiner Befürchtung, Politik, wie im politischen System praktiziert, werde zu einer unauthentischen, bürokratischen Tätigkeit degradiert. Das authentisch Politische sei umgekehrt durch eine gewisse »*politicalness*« gekennzeichnet, die Sorge und Verantwortungsbewusstsein hinsichtlich unseres gemeinsamen und kollektiven Lebens beinhalte.

Am Beispiel der Wolin'schen Version der politischen Differenz sollte deutlich gemacht werden, dass die Qualifikation »assoziativ« keineswegs nur auf das Phänomen politischer Kollektivität verweisen soll (alle Politik ist kollektiv), sondern auf die Weise, in der ein Kollektiv etabliert wird. Hierin liegt der eigentliche Unterschied zwischen den beiden Traditionslinien: aus einer arendtianischen Perspektive assoziieren sich Menschen in ihrer Pluralität innerhalb eines öffentlichen Raums, motiviert, wie Wolin sagen würde, durch ihre Sorge um das Gemeinsame. Aus einer schmittianischen Perspektive wird eine Kollektivität durch einen externen Antagonismus gegenüber einem Feind oder einem konstitutiven Außen hergestellt, also durch *Dissoziation*. In beiden Traditionslinien wurde das jeweilige Konzept des Politischen eingeführt, um entweder die assoziative oder die dissoziative Dimension politischen Handelns begrifflich abzudecken. Beide Dimensionen dienen innerhalb ihres jeweiligen Kontexts als spezifisches Kriterium, um die *Autonomie* des Politischen, in Abgrenzung vom Sozialen bzw. Ökonomischen, denken zu können.

2.3. Das *dissoziative* Politische: die schmittianische Traditionslinie

Es ist zu einem Gemeinplatz geworden, die »Erfindung« des Begriffs des Politischen auf Carl Schmitts gleichnamiges Buch von 1932 zurückzuführen. Dort versucht Schmitt ein spezifisches Kriterium auszuarbeiten, das die Autonomie des Politischen gegenüber anderen sozialen Sphären garantieren würde, und wie man weiß, lokalisiert er die *Spezifik* des Politischen in der besonderen Unterscheidung zwischen Freund und Feind (Schmitt 1963). Dieses Kriterium kann von keinem anderen abgeleitet werden und steht in einem Analogieverhältnis zu den entsprechenden Kriterien anderer Domänen, etwa der Unterscheidung zwischen Gut und Böse in der moralischen, schön und hässlich in der ästhetischen oder profitabel und unprofitabel in der ökonomischen Sphäre. Trotzdem betont Schmitt, dass das Politische im Unterschied zu anderen Sphären nicht als eine Domäne oder ein Sachgebiet verstanden werden darf. Die politische Unterscheidung sei »selbständig, nicht im Sinne eines eigenen Sachgebietes, sondern in der Weise, daß sie weder auf einem jener anderen Gegensätze oder auf mehreren von ihnen begründet, noch auf sie zurückgeführt werden kann« (1963:27). Dass das Politische nicht auf andere Unterscheidungen zurückgreifen muss, bezeuge die »seinsmäßige Sachlichkeit und Selbständigkeit des Politischen« (28). Obwohl Autonomie im Prinzip auch anderen Unterscheidungen zugestanden werden muss, ist das Politische, da es die »stärkste und intensivste Unterscheidung und Gruppierung« (ebd.) ist, dennoch in einer herausgehobenen Position. Somit muss dem Politischen nicht nur eine relative Autonomie, sondern auch ein gewisser *Primat* gegenüber anderen Unterscheidungen zuerkannt werden.[4] Dieser Primat wird letztlich am Bild des Ausnahmezustands jedes Gemeinwesens gewonnen, d.h. implizit an dem des Krieges, dessen Freund/Feind-Unterscheidung alle anderen Unterscheidungen tendenziell außer Kraft setzt. Als konstitutives politisches Prinzip eines gegebenen Gemeinwesens (jeder *Assoziation*) dient somit eine *dissoziative* Operation: die Trennung in Freund und Feind.[5]

Als Unterscheidung, die in allen sozialen Feldern auftreten kann, hat sich das Politische bei Schmitt emanzipiert vom politischen Feld im engen Sinn – was von Schmitt mit der Unterscheidung zwischen

4 Obwohl Schmitt selbst diesen Punkt nicht macht, ließe sich argumentieren, dass vom Primat des Politischen deshalb ausgegangen werden kann, weil das Politische die »geheime Wahrheit« anderer Unterscheidungen darstellt, das *eigentliche Prinzip von Unterscheidung*, d.h. *Antagonismus.*

5 »Dissoziation« ist selbstverständlich eine Operation, die sowohl eine assoziative als auch eine dissoziative Seite besitzt: »Die Unterscheidung von Freund und Feind hat den Sinn, den äußersten Intensitätsgrad einer Verbindung oder Trennung, einer Assoziation oder Dissoziation zu bezeichnen« (27).

dem Substantiv »Politik« und dem Adjektiv »politisch« angezeigt wird: »Sie stellt ein erstes – wenn auch keineswegs unproblematisches – Werkzeug bereit, um eine deterritorialisierte Konzeption des Politischen zu entwickeln, welche die Grenzen der formalen Sphäre der Politik einschließt, zugleich aber über sie hinausgeht. Der Vorteil dieses Begriffs des Politischen besteht darin, dass er politische Phänomene nicht an ein bestimmtes institutionelles Setting bindet und uns das Politische als ein mobiles und ubiquitäres Feld zu denken erlaubt« (Arditi 1995:13). Während die Differenz zwischen »Politik« und »dem Politischen« in Schmitts Werk auch früher implizit präsent ist, wird sie erst in einer späten Phase seiner Theoriebildung explizit konzeptualisiert, nämlich mit seinem Vorwort zur italienischen Ausgabe seines *Begriff des Politischen* von 1972.

Welche historisch-sozialen Veränderungen veranlassten Schmitt zur Explizierung der politischen Differenz? Für Schmitt zieht das Politische vorzugsweise die *äußeren* Grenzen politischer Einheiten: es definiert das Verhältnis zwischen Staaten. Doch erforderte der historische Moment, in dem *interne* Antagonismen sich auszubreiten begannen und die staatliche oder äußere Freund/Feind-Unterscheidung sich ins Innere einer gegebenen Einheit zurückfaltete, ein Überdenken der Natur von Politik. So begann in Schmitts Theoriebildung eine neue Phase, nachdem eine Vielfalt neuer politischer Subjekte, darunter die Neuen Sozialen Bewegungen, in der Folge des Mai 68, auf der Bühne erschienen waren – ein Prozess, der das klassische politische Monopol des Staates in Frage stellte. In seinem Vorwort von 1972 macht Schmitt deutlich, wie sehr dieser historische Prozess auf theoretischer und konzeptueller Ebene eine Erweiterung jenes Politikbegriffs, mit dem vormals staatliches Handeln beschrieben wurde, erforderlich mache. Die neu auftretenden politischen Subjekte werden nun für Schmitt zum Kernphänomen des Politischen. Jeder politische Akteur, ob staatlich oder nichtstaatlich, müsse sich dem Kriterium des Politischen unterwerfen. Politik wird ihrerseits dann aber zu einem Residualbegriff für die institutionelle Sphäre des Staates. Doch existiert noch ein zweiter Weg, um mit *inneren* politischen Verwerfungen zurande zu kommen. Auf ihn weist Schmitt in seinem deutschen Vorwort zur Ausgabe von 1963 hin: der Weg der *Polizei*. Politik als Polizei charakterisiert die frühmodernen europäischen Staaten, die sich zur Herstellung von innerer Ordnung und Sicherheit mit dem Trauma der Religionskriege auseinandersetzen mussten. In dem – weitgehend idealtypischen – Hobbes'schen Staat des Leviathan ist das Politische in der Tat nur eine Angelegenheit der Außenpolitik zwischen Staaten, während innere Politik zu einer Frage der polizeilichen Überwachung und Regulierung einer bereits etablierten Ordnung wird, d. h. zu einer Frage der »*Polizei*« (Schmitt 1963: 10-11).

Sobald das Freund/Feind-Kriterium nicht länger anwendbar ist, verlieren wir automatisch jede Politik im strengen Sinn und sind allein noch mit der polizeilichen Regulierung von Rivalitäten, Intrigen und Rebellionen konfrontiert. Im äußersten Fall reduziert sich Politik auf das, was Schmitt »Politesse« nennt – eine »höfliche«, spielerische Form der Politik: »*petite politique*« –, so dass sich drei Modulationen des Politischen bei Schmitt unterscheiden lassen: Im Fall der Politesse wird Feindschaft zu einer raffinierten oder konventionalisierten Form von Rivalität sublimiert, wobei das Freund/Feind-Verhältnis durchaus jederzeit reaktiviert werden kann.[6] Dies kann etwa durch die Figur des modernen Revolutionärs angestoßen werden, der aus Abscheu vor der Politesse Polizei wieder in Politik verwandelt. Dieses Beispiel mag, nebenbei gesagt, illustrieren, wie das Politische – im Verständnis einer Logik des Antagonismus oder der Antagonisierung – der Politisierung einer letztlich unpolitisch vorgestellten Politik, Polizei oder Politesse als Katalysator dienen kann.

Chantal Mouffe, auf die wir in Kapitel 7 zurückkommen werden, begibt sich, selbst auf der Linken beheimatet, in kritischen Dialog mit Schmitts Werk und unterstreicht den antagonistischen Aspekt des Politischen. Mit einer an Schmitt erinnernden Bewegung definiert Mouffe das Politische als disruptiven Moment des Antagonismus und Politik als jenes Ensemble aus Praktiken und Institutionen, das eine bestimmte Ordnung organisiert. Im deutschen Sprachraum haben Oskar Negt und Alexander Kluge innerhalb der Linken gleichfalls die politische Differenz in neo-schmittianischer Weise verwendet. Politik wurde von ihnen verstanden als einer von verschiedenen institutionell definierten »Sachbereichen« (Negt/Kluge 1993: 45). Solche Bereiche seien nur partiell politisch,

6 Schmitt unterstreicht, dass spieltheoretische Zugänge zur Politik solche Reaktivierung ausschließen würden, da hier das Freund/Feind-Verhältnis vollständig im Prozess rationaler Kalkulation verschwindet (1963: 121).

da »das Politische«, wie bei Schmitt, den Intensitätsgrad einer Assoziation oder Dissoziation bezeichnet (1993: 91). Diese und andere schmittianische Ansätze der Linken bestehen darauf, dass politischer Antagonismus nur dann positiv zu bewerten ist, wenn er *innerhalb* einer politischen Einheit ausgetragen wird: »Im Unterschied zu Schmitt sollte eine linke Position auf dem unbedingten Primat des inneren Antagonismus des Politischen bestehen« (Žižek 1999: 29). Den totalisierenden Tendenzen des Schmitt'schen Ansatzes soll mit diesem Vorbehalt entgegengewirkt werden. Politik bedeutet hier nicht Homogenisierung des Gemeinwesens gegenüber einem äußeren Feind, sondern Primat der politischen Auseinandersetzung um das Gemeinwohl im Inneren.

2.4. Neutralisierung, Kolonisierung und Sublimierung des Politischen

Die arendtianische und die schmittianische Traditionslinie eint eine These, die wir im Folgenden als Neutralisierungs- oder Sublimierungsthese bezeichnen wollen. Dieser Annahme zufolge wird das Politische zunehmend durch das Soziale neutralisiert bzw. kolonisiert (Schmitt, Arendt) oder in nicht-politische Bereiche sublimiert (Wolin). Wer an dieser Stelle vom Primat des Politischen spricht, zeichnet kein triumphalistisches Bild des Politischen, sondern spricht letztlich von dessen Gefährdung durch das »stahlharte Gehäuse« einer bürokratisierten, technologisierten und depolitisierten Gesellschaft.

Bereits in seinem Essay aus dem Jahr 1929, »Das Zeitalter der Neutralisierungen und Entpolitisierungen«, stützte Schmitt seine Argumentation auf die Hypothese, die Technologie habe im 20. Jahrhundert die Rolle eines gesellschaftlichen Zentralgebiets übernommen. Sie sei die letzte in einer Reihe von Sphären des Denkens, die sich für geschichtliche Stadien als jeweils zentral erwiesen hätten. Zentralität gewinnt eine Sphäre, sofern die Probleme anderer Sphären dazu tendieren, in Begriffen dieser Sphäre gelöst zu werden: im sechzehnten Jahrhundert in Begriffen der Theologie, im siebzehnten in jenen der wissenschaftlichen Rationalität, im achtzehnten in jenen des Moralismus und Humanismus und im neunzehnten in Begriffen des Ökonomismus. Hinsichtlich des

Politischen ist bedeutsam, dass die entscheidenden Freund/Feind-Dispute in Begriffen des Zentralgebiets ausgefochten werden. Dessen Mutation zu einem ideologischen Schlachtfeld setzt wiederum eine erneute Bewegung hin zu einem vorgeblich neutralen Gebiet in Gang. Beispielsweise suchten die Europäer nach den Religionskriegen im Feld der Wissenschaft eine neutrale Sphäre, in der Probleme konfliktfrei gelöst werden konnten. So wurde das frühere Zentralgebiet – die Theologie – dezentriert und reneutralisiert.

Immer wandert die europäische Menschheit aus einem Kampfgebiet in neutrales Gebiet, immer wird das neu gewonnene neutrale Gebiet sofort wieder Kampfgebiet und wird es notwendig, neue neutrale Sphären zu suchen. Auch die Naturwissenschaftlichkeit konnte den Frieden nicht herbeiführen. Aus den Religionskriegen wurden die halb noch kulturell, halb bereits ökonomisch determinierten Nationalkriege des 19. Jahrhunderts und schließlich einfach Wirtschaftskriege (Schmitt 1963: 89).

Gerade aufgrund ihrer Neutralität dient die neutrale Sphäre dem Rest der Gesellschaft als imaginäres Fundament. So glaube man heute, »in der Technik den absolut und endgültig neutralen Boden gefunden zu haben. Denn scheinbar gibt es nichts Neutraleres als die Technik« (1963: 89). Die Neutralisierung des Grundes bleibt allerdings eine Illusion, die nur den politischen Antagonismus verschiebt und verdeckt. Deshalb kann die Bewegung von einer zentralen Sphäre zu einer anderen retrospektiv als Bewegung fehlgehender Politisierung beschrieben werden. Die Technologie diene heute als der ultimativ neutrale, d. h. vorgeblich depolitisierte Grund jenseits der Freund/Feind-Unterscheidung. Das Zeitalter der Neutralisierung und Depolitisierung, von dem der Titel des Aufsatzes spricht, ist unser Zeitalter einer technologischen »nicht-politischen Politik« (Freund 1995: 29).

Neo-schmittianische Linke wie Chantal Mouffe diagnostizieren gleichfalls eine zunehmende Neutralisierung des Politischen: »Wenn wir durch eine Schmitt'sche Linse den gegenwärtigen Zustand demokratischer Politik betrachten, realisieren wir, wie sehr der Prozess der Neutralisierung und Depolitisierung, der bereits von Schmitt bemerkt wurde, vorangeschritten ist. Verkündet nicht einer der modischsten Diskurse heute das ›Ende der Politik‹?« (Mouffe 1999a: 2). Im liberal-demokratischen Kapitalismus habe, Mouffe zufolge, eine »post-politische« Politik des Konsenses, die unter dem Titel der »deliberativen Demokratie« firmiere, den Platz des Politischen eingenommen. Die Dimension des Antagonismus werde aus der politischen Theorie entfernt (nicht jedoch aus der politischen Praxis, wie die Eruptionen des islamischen Fundamentalismus und rassistischer, klar antagonistisch formulierter Politiken beweisen). Mouffe schlägt ihrerseits für die Demokratie ein agonistisches Modell »konfliktuellen Konsenses« vor, das mit der disruptiven Dimension des Politischen umzugehen versucht, statt sie zu verleugnen.

Diese Diagnose findet ihr Spiegelbild innerhalb des arendtianischen Paradigmas in der Unterscheidung zwischen dem Politischen und dem Sozialen. Während in der arendtianischen Tradition das Politische oftmals als Raum öffentlicher Deliberation und Kommunalität definiert wird, wird das Soziale – aus politischer Perspektive – weitgehend negativ porträtiert. Das hat Hannah Pitkin dazu bewogen, Arendts Behauptung einer zunehmenden Kolonisierung des Politischen durch das Soziale mit dem aus B-movies der 50er Jahre gewonnenen Slogan, »*the attack of the Blob*«, zu charakterisieren, denn das Soziale greife laut Arendt unaufhörlich auf das Politische über und verschlinge es geradezu (Pitkin 1998: 3-4). Es sei dahingestellt, ob dies eine treffende Charakterisierung der Arendt'schen Kolonisierungsthese darstellt. Was Pitkin jedenfalls nicht hinreichend würdigt, ist der Postfundamentalismus Arendts, der ihre Polemik gegen »die Gesellschaft« motiviert. Während die zeitgenössischen Sozialtheorien in Gesellschaft nichts anderes als eine Figur des ökonomischen, funktionalistischen oder behavioristischen Grundes sahen, kann Politik aus Arendts Perspektive in keiner ihr äußerlichen Instanz gegründet werden, d. h. in keiner Instanz jenseits des *Zwischen*-Raums, der zwischen all jenen entsteht, die sich zum Handeln zusammenfinden. Deshalb muss für Arendt (Arendt 1994) beispielsweise die Idee der Wahrheit aus dem politischen Raum verbannt werden, könnte sie doch zum potenziellen Fundament werden, in dem öffentliches Handeln und Deliberation verankert und damit zugleich beendet werden. Gleiches gilt für die Kategorie des Sozialen, die für Arendt durchgängig eine fundamentalistische Rolle spielt: Jede bürokratische oder manageriale soziale Logik erfüllt die Funktion eines Grundes, der letztlich wahre Politik, die grundlos bleiben muss, überflüssig macht.

Eine quasi-arendtianische Variante der Kolonisierungsthese findet sich bei Sheldon Wolin. Man kann sie als Sublimierungsthese bezeichnen (vgl. auch Pateman 1989 und Pitkin 1972). In *Politics and Vision* argumentiert Wolin, das neunzehnte Jahrhundert sei Zeuge eines »Angriffs auf das Politische« zugunsten von Gesellschaft geworden: »Die Abdankung des Politischen wurde von fast jedem wichtigen Denker proklamiert, und die meisten Projekte einer Gesellschaft der Zukunft schlossen politische Aktivität von den Routinen des täglichen Lebens aus« (Wolin 1960: 414). Obwohl ein anti-politischer Impuls bereits den Anfängen des politischen Denkens eingelassen sei, bestehe die spezifische Eigenschaft des modernen Anti-Politizismus im Angebot gewisser Substitute, weshalb dieser auf die Sublimierung und nicht so sehr die Eliminierung des Politischen abziele. Die »Gemeinschaft« und die »Organisation« würden zu Ersatzobjekten des Begehrens, womit das Politische durch eine eigentümliche Doppelbewegung sublimiert werde: Einerseits wird das eigentlich Politische, die Sorge um das Gemeinwohl der Gesellschaft, zunehmend bürokratisiert und diskreditiert, andererseits werden immer weitere soziale Sphären (etwa die der großen Konzerne) »politisiert«, wenn auch auf defizitäre Weise: »Was der politischen Ordnung verboten wurde, das wurde an die Ordnung der Organisation assimiliert« (1960: 418). Statt vollständig zu verschwinden, wird die politische Assoziation auf die Ebene anderer sozialer Organisationen reduziert. Diese werden so ihrerseits auf die Ebene der politischen Ordnung gehoben und mit vormals politischen Werten aufgeladen (zum Beispiel werden Manager als »*leader*« oder gar Staatsmänner ihres Konzernes beschrieben). Dieser Prozess speist sich aus zwei Quellen: Zum Ersten haben Pluralisten und Kommunitaristen das Bild einer Gesellschaft gezeichnet, die aus abgekapselten kleinen Inseln besteht; zum Zweiten wurde die »*politicalness*« der politischen Ordnung durch die Scheinpolitisierung dieser Gruppen oder Entitäten gemindert. Solch eine Assimilation politischer Konzeptionen durch nicht-politische Entitäten führe zu einer Art »Placebo-*politicalness*«. Politische Konzepte besitzen jedoch nur Bedeutung in Bezug auf eine allgemeine Ordnung, nicht in Bezug auf multiple und fragmentarische Entitäten.

Im sozialen Postfundamentalismus wird heute die Vorstellung, das Politische sei der Gefahr der Kolonisierung ausgesetzt (was nicht ausschließt, dass es jederzeit zurückkehren kann), von den meisten, wenn nicht allen Linksheideggerianern geteilt. Beispielsweise stellt die in der arendtianischen Traditionslinie zu verortende These vom »Entzug des Politischen«, die von Jean-Luc Nancy und Philippe Lacoue-Labarthe vorgeschlagen wurde (siehe Kapitel 4), eine hoch entwickelte Version der Sublimierungsthese dar.[7] Ob diese These trifft oder nicht, sei dahingestellt. Für uns ist vorerst eine logische Implikation der These von Bedeutung, denn natürlich setzt die Annahme, das Politische werde zunehmend von Kräften der Gesellschaft kolonisiert, die Anerkennung der Autonomie des Politischen voraus. Mit anderen Worten: Die wahrgenommene Heteronomisierung des Politischen setzt voraus, dass das Politische bereits weitgehend autonomisiert wurde. Denn wie könnte es sonst in seiner Autonomie bedroht sein? Eine der Hauptabsichten arendtianischer und schmittianischer Theorien scheint in der Verteidigung der Autonomie des Politischen zu bestehen. Diese Verteidigung mag paradox erscheinen, da die Autonomie des Politischen ja ihrerseits nur Resultat des zunehmenden Unvermögens der Gesellschaft sein kann, die ihr zugeschriebene Rolle des Grundes auszufüllen: Das Politische autonomisierte sich, weil es nicht länger durch eine andere soziale Sphäre oder gar durch die Gesellschaft als solche gegründet werden konnte. Doch ist Gesellschaft hinsichtlich ihrer Gründungsfunktion erst entthront, könnte die Betonung der Autonomie des Politischen uns nun – als beabsichtigte oder unbeabsichtigte Nebenfolge – zu einem Punkt führen, an dem die Bedingungsverhältnisse auf den Kopf gestellt werden und das Politische sich als zumindest *instituierende*, wenn auch nicht fundamentalistisch gründende Funktion von Gesellschaft zu erkennen gibt. Dann wäre das Politische jene Instanz, die das Soziale gründet *wie entgründet*. So wird etwa Claude Lefort (vgl. Kapitel 5) in der arendtianischen Traditionslinie das Politische als jenes Moment identifizieren, in dem Gesellschaft zu ihrer symbolischen Form findet, während für Ernesto Laclau (vgl. Kapitel 7), der in gewissem Ausmaß in der Schmitt'schen Tradition steht, das Politische sowohl das disruptive Moment der Dislozierung des Sozialen als auch das gründende Moment der Instituierung des Sozialen gegenüber einem radikalen Außen markiert. Doch wir wollen nicht vorgreifen. Bevor diese linksheideggerianischen Spielformen des Begriffs des Politischen

7 So ist bereits festgestellt worden, dass Arendt mit Nancy und Lacoue-Labarthe die Annahme eines vom Ökonomisch-Technisch-Sozialen angetriebenen Rückzugs des Politischen teilt (Yar 2000: 25).

im Detail diskutiert werden können, soll ein kurzer Abriss – über die systematische Darstellung der beiden Traditionslinien eines dissoziatorischen und eines assoziatorischen Begriffs hinaus – die Entstehung dieses Konzepts begriffshistorisch nachzeichnen.

2.5. Die konzeptuelle Differenz: eine diachrone Perspektive

Wie also lässt sich der Prozess begriffshistorisch umreißen, in dem das Konzept des Politischen aus der *polis*-Wortfamilie heraustrat und sich vom Konzept der Politik zu differenzieren begann? Eines scheint sich jetzt schon sagen zu lassen: Innerhalb dieser Entwicklung sind drei Aspekte des Politischen und damit drei Schritte in der Ausarbeitung seines Begriffs zu unterscheiden. Erstens wird der Begriff des Politischen als Name für die *Spezifik* von Politik eingesetzt, also für ein spezifisches Kriterium oder die spezifische Qualität oder Rationalität von Politik. Zweitens muss Politik, soll das spezifische Kriterium unabhängig von anderen Kriterien Geltung erlangen, in einem Verhältnis der *Autonomie* gegenüber anderen sozialen Bereichen stehen. Der Begriff »das Politische« bezeichnet nun den autonomen Charakter von Politik vis-à-vis Moral, Ökonomie usw. Drittens wird dem Politischen zu einem bestimmten Zeitpunkt – sobald nämlich die ungründbare Natur des Sozialen offensichtlich wird – ein *Primat* gegenüber dem Sozialen eingeräumt. Es bezeichnet nun das eigentliche Moment der Institution/Destitution von Gesellschaft. Um allen drei Dimensionen des »politischen Moments« gerecht werden zu können, hat es sich als erforderlich erwiesen, zwischen einem »reinen« Konzept des Politischen auf der einen und der Politik (die als soziales Teilsystem der Sphäre der Gesellschaft zuzurechnen ist) auf der anderen Seite zu unterscheiden.

Setzt sich das »Moment des Politischen« tatsächlich aus drei Aspekten zusammen, dann musste für die Entstehung eines eigenständigen Konzepts des Politischen historisch ein klares Bewusstsein der *Spezifik* wie auch der *Autonomie* von Politik entwickelt werden, welches wiederum an einem bestimmten Punkt zur Annahme eines *Primats* des Politischen führte. Wie lässt sich dieser Prozess historisch nachvollziehen? Womöglich ist es hilfreich, auf

Giovanni Sartoris klassischen Aufsatz von 1973, »What is Politics?«, zurückzugreifen. Dort beschreibt Sartori den historischen Autonomisierungsprozess von Politik im Verhältnis zu anderen Sphären:

Wenn wir von der Autonomie der Politik sprechen, dann sollte das Konzept der Autonomie nicht im absoluten, sondern eher im relativen Sinn verstanden werden. Weiter lassen sich vier Thesen im Verhältnis zu diesem Begriff aufstellen: (1) dass Politik *sich unterscheidet*; (2) dass sie *unabhängig* ist, d.h. ihren eigenen Gesetzen gehorcht; (3) dass sie *selbst-genügsam* ist – d.h. autark in dem Sinn, dass sie ausreicht, um sich selbst zu erklären; (4) dass sie eine *erste Ursache* ist, die nicht nur sich selbst generiert, sondern aufgrund ihres kausalen Primats auch alles andere (Sartori 1973: 11).

Wie Sartori anmerkt, gehen die zweite These bezüglich der Unabhängigkeit und die dritte bezüglich der Selbstgenügsamkeit von Politik oftmals Hand in Hand, weshalb es gerechtfertigt ist, beide zusammenzuziehen, womit wir wieder bei einer Dreigliederung angelangt wären: Politik wird von Sartori – übersetzt in die oben entwickelte Begrifflichkeit – beschrieben als spezifisch, da sie sich von anderen Sphären unterscheidet, als autonom, insofern sie unabhängig und autark operiert, und als eine »erste Ursache«, d. h., als allem Sozialen konstitutiv vorgelagert. Wie Sartori bemerkt: »der Begriff der Politik trifft auf alles zu und somit auf nichts im besonderen, solange die Bereiche der Ethik, Ökonomie, Politik und Gesellschaft vereint bleiben und sich nicht in strukturellen Differenzierungen verkörpern – d.h. in Strukturen und Institutionen, die insofern als politisch qualifiziert werden können, als sie sich von denen als ökonomisch, religiös oder sozial bezeichneten unterscheiden« (1973: 6). Für Sartori ist unstrittig, dass in der Geschichte des politischen Denkens die erste klare Trennung der Politik von anderen Handlungssphären – insbesondere von Moral und Religion – mit Machiavelli auftrat.

Doch ist die damit errungene Spezifizierung der Politik, wie Sartori realisiert, zwar eine notwendige, aber noch lange keine hinreichende Bedingung ihrer Autonomie. Im »Machiavell'schen Moment« musste ein darüber hinausführender Schritt vollzogen werden: »Machiavelli behauptet nicht nur die Unterscheidung der Politik von der Ethik, sondern kommt auch zu einer klaren Affirmation ihrer Autonomie« (11). Da die politischen Angelegenheiten vom römischen Denken jurifiziert und vom christlichen Denken theologisiert worden waren, blieb der politische Diskurs vor Machiavelli »unauflösbar ethicopolitisch« (10), d.h., politische Fragen wurden notwendigerweise moralischen, religiösen und juridischen Fragen untergeordnet – so etwa Fragen nach der guten Regierung oder der wohlgeordneten und gerechten Gesellschaft. Unter der historischen Prämisse des Ethicopolitischen machte es nicht viel Sinn, von »Politik« jenseits des Geltungsbereichs ethischer, moralischer und religiöser Diskurse zu sprechen. Erst mit Machiavelli erreicht Politik eine distinkte Identität und Autonomie. Diese neu errungene Autonomie, ja die gesamte mit dem Eigennamen Machiavelli verbundene Revolution wird von Sartori zu einem tautologisch-prägnanten Postulat verdichtet: »*Politics is politics*« (11). Politik ist Politik, weil sie von anderen sozialen Feldern oder Handlungsformen differenziert ist und ihren eigenen autonomen Regeln und Gesetzen gehorcht. Allerdings wurde, in Sartoris Augen, die extremste Ausformung des Autonomiepostulats nicht von Machiavelli, sondern von Hobbes formuliert, dessen »Panpolitizismus« von der absoluten Unabhängigkeit und Selbstgenügsamkeit von Politik ausgeht, von einer »reinen Politik«, die alles durchdringt und alles bedingt: »Wenn der Fürst Machiavellis den Regeln der Politik entsprechend regiert, dann regiert der Leviathan Hobbes', indem er Regeln kreiert und festlegt, was Politik ist« (12). An diesem extremen Punkt panpolitischer Autonomie wird, folgt man Sartori, historisch erstmals etwas von der Priorität oder vom Primat des Politischen sichtbar, wenn auch gefasst in Kausalbegriffen.

Sartori kann ein Primat des Politischen bei Hobbes behaupten, weil er das Moment der Politik auf jenes ursprüngliche *fiat* beschränkt, durch welches Ordnung – die Ordnung des Leviathan – eingerichtet wird. Dabei ignoriert er jedoch den entscheidenden Punkt, dass eine solche Ordnung bei Hobbes nur aus einem einzigen Grund errichtet werden soll, nämlich um Politik abzuschaffen. Der Hobbes'sche Vertrag sanktioniert das Ende der Politik, nicht ihren Anfang. Daher ist Hobbes nur einer von einer ganzen Reihe politischer Denker, die letztlich das Moment des Politischen opfern – vor allem wenn darunter auch ein Moment des Strategischen verstanden werden soll. Im Falle Machiavellis wird Politik nicht, wie bei Hobbes, zur Frage des *alles oder nichts* (des ungegründeten Naturzustands oder des Leviathan), sondern zum strategischen Umgang mit einer Situation, die – auf der »ontologischen« Ebene – immer ungründbar bleiben wird, aber dennoch

– auf der »ontischen« Ebene – partiell gegründet werden muss. So war die politische Theorie des Westens, mit den Worten Ernesto Laclaus, »in einem hohen Ausmaß eine Anstrengung, dieses strategische Moment zu umgehen und die Effekte, die es im Prozess der gesellschaftlichen Reproduktion haben könnte, zu limitieren« (Laclau 1999b: 150).

Wenn die Geschichte des politischen Denkens zugleich eine Geschichte der Vergessenheit im Bezug auf das Politische darstellt (verstanden als strategisches Spiel mit Kontingenz bzw., bei Machiavelli, mit *fortuna*), so kam es nur in bestimmten Momenten und im Besonderen im Machiavell'schen Moment dazu, dass strategisches Kalkül zur Quelle substanzieller Werte erklärt wurde und nicht umgekehrt. Diese Momente spielten eine marginale Rolle im westlichen Denken. So wurde die Annahme eines Primats des Politischen tatsächlich von Machiavelli vorbereitet, aber erst im deutschen Denken der ersten Jahrzehnte des zwanzigsten Jahrhunderts auf eine theoretische und konzeptuelle Grundlage gestellt, um im französischen Nachkriegsdenken aufgenommen zu werden und schließlich zur internationalen Ausbreitung der Idee einer fundamentalen politischen Differenz zu führen.

Retrospektiv stellte die Machiavell'sche Trennungsoperation also einen entscheidenden Schritt dar, doch, Sartori zufolge, nur den ersten. Etwas musste zu dieser Operation hinzutreten, und hier hat Sartori die historischen Emergenzbedingungen, die schließlich eine Konzeptionalisierung des Politischen und seines Primats ermöglichen sollten, in bewundernswerter Klarheit beschrieben, wenn auch nur auf der allgemeinsten historischen Ebene. Diese Vorbedingungen kulminieren in der Trennung der Sphäre der Politik von der Sphäre der Gesellschaft. Mit anderen Worten, wenn Politik sich vollständig emanzipieren sollte, dann musste die Idee einer autonomen Gesellschaft zuvor etabliert werden. Die Voraussetzungen für diese Erfindung der Gesellschaft existierten nicht bis zum Ende des 18. Jahrhunderts, und die Erfindung selbst fand über den Umweg der Autonomisierung der Ökonomie statt (Sartori 1973: 15). Im 19. Jahrhundert markierte die Geburt jener Disziplin, die Comte als Soziologie bezeichnen sollte, den Punkt, an dem der Gesellschaft nicht nur der Status der Autonomie (gegenüber dem Staat), sondern auch ein Primat zugestanden wurde: Für Comte war das politische System nur ein Ausfluss des sozialen Systems. Der

Pansoziologismus Comtes stellte somit nur die andere Seite des von Sartori so genannten Panpolitizismus Hobbes' dar: »Damit haben wir eine 360 Grad-Wendung vollzogen: der Panpolitizismus von Hobbes wird auf den Kopf gestellt und zu einem Pansoziologismus, zur ›Soziokratie‹ Comtes« (1973:16). Lässt man einmal die strittige Frage beiseite, ob Hobbes' Position wirklich als Panpolitizismus bezeichnet werden kann, dann wird man sehen, dass Sartori nichts anderes als die paradigmatische Opposition zwischen Gesellschaft und dem Politischen beschreibt, die in den gegenwärtigen Debatten des politischen Postfundamentalismus immer noch nachhallt. Er macht zu Recht geltend, dass erst nach der Erfindung eines totalisierenden Gesellschaftsbegriffs ein starkes Konzept autonomer Politik und letztlich des Politischen Einfluss gewinnen konnte – und zwar genau deshalb, weil der Oppositionsbegriff des Politischen die Rolle übernahm, soziologistischen oder fundamentalistischen Gesellschaftskonzeptionen entgegenzuwirken. In modernen Theorien des Politischen herrscht folglich ein hochkonfliktuelles Verhältnis zwischen diesen beiden Konzepten, wie die vielfache Behauptung einer Neutralisierung, Kolonisierung oder Sublimierung des Politischen durch das Soziale belegt.

2.6. Die Politisierung der Begriffe und der Begriff des Politischen

Was Sartori entgeht, ist natürlich die eigentliche Differenzierung zwischen dem Konzept des Politischen und jenem der Politik. Wenn er vom Autonomisierungsprozess der Politik spricht, so spricht er von einer strukturellen und institutionellen Differenzierung *innerhalb* der Gesellschaft. Solange unter Politik nur ein beliebiges von vielen sozialen Systemen verstanden wird, kommt das Politische im starken Sinne nicht ins Spiel. Ein Begriff des Politischen, der tatsächlich nicht nur mit Autonomie, sondern mit einem *Primat* ausgestattet ist, betrifft Fragen der ontologischen Natur von Gesellschaft und kann nur diskutiert werden, wenn der (abwesende) Grund von Gesellschaft thematisch wird, nicht allein deren strukturelle oder institutionelle Ausdifferenzierung. Nichtsdestotrotz kann Sartoris allgemein gehaltene Diagnose einer zunehmenden Autonomisierung des modernen Politikbegriffs sachliche Unterstützung in den Forschungen der Begriffsgeschichte finden. Wie Reinhart Koselleck und die deutsche Schule der Begriffsgeschichte gezeigt haben, wurde der Prozess einer langsamen aber konstanten Auflösung »der Grundlagen der Gewißheit« (Lefort) von einer zunehmenden Politisierung der Begriffe begleitet. Koselleck zufolge kam es zwischen 1750 und 1850, in der von ihm als *Sattelzeit* bezeichneten Periode, zu einem großen Horizontwandel: Alte Wörter erlangten neue Bedeutung. Während aus unserer heutigen Perspektive ältere Begriffsverwendungen unüblich oder sogar obskur erscheinen, sind die neuen für uns unmittelbar verständlich und zugänglich. Da in der Sattelzeit, kurz gesagt, die modernen Bedeutungen vieler Begriffe entstehen, markiert sie für Koselleck den Beginn der Moderne.

Es sind vier Kriterien, die laut Koselleck (Koselleck 1972) auf alle Rekonzeptualisierungen dieser Zeit zutreffen. Erstens kommt es zu einer *Demokratisierung* von Begriffen, was bedeutet, dass sich das Anwendungsgebiet politischer Sprache ausdehnt und immer breiteren Sektoren der Bevölkerung verfügbar wird. Vor der Wasserscheide blieb politische Terminologie fest in den Händen der Aristokratie, der Juristen und der Gelehrten, nun aber entsteht eine öffentliche Sphäre, innerhalb der Bevölkerung wächst der Sektor der *literati* an und eine intensive Form von Lektüre (wenige Bücher werden immer wieder gelesen) wird von einer extensiven Lektüre von z. B. Zeitungen und Zeitschriften abgelöst. Zweitens kommt es zu einer *Temporalisierung* von Kategorien, welche die Ideen ewiger Stabilität und Wiederholbarkeit unterminiert und stattdessen prozessuale Bedeutungen und Erfahrungen einzufangen erlaubt. Die Temporalisierung ehemals statischer Konzepte zu Bewegungsbegriffen – wie etwa »Fortschritt« oder »Geschichte« – ermöglicht von da an, soziale Phänomene nicht so sehr als stabile Equilibria, sondern eher als prozessuale Vorgänge zu beschreiben. Drittens nimmt die *Ideologisierbarkeit* von Begriffen immer größere Bedeutung an. In jenem Moment, in dem der statische Grund von Gesellschaft unterminiert wird und nicht länger die mehr oder weniger identische Reproduktion der Sozialstruktur garantieren kann, werden die Begriffe freigesetzt, um abstraktere Bedeutungen anzunehmen. Sie werden zu Kollektivsingularen erhoben, wie »Geschichte als solche« (die in den Singular gesetzt und damit von konkreten Geschichten abstrahiert wird) oder »Freiheit als solche« (die konkrete korporative Freiheiten früherer Zeiten ablöst). Und viertens führt die *Politisierung* der Begriffe zum Bedeutungsgewinn polemischer und zueinander in Opposition stehender Begriffe (wie »revolutionär« vs. »reaktionär«), durch die immer breitere Sektoren der Bevölkerung mobilisiert werden. Aus diesem Grund werden viele Begriffe in konfliktorische Verhältnisse, wenn nicht in Antagonismen verwickelt.

Es scheint, dass alle vier Kriterien auf einer phänomenologischen Ebene die Effekte eines zunehmenden Politisierungsprozesses einzufangen versuchen, der weit über das vierte Kriterium konfliktorischer Politisierung hinausreicht, sind doch *Demokratisierung* und *Ideologisierung* als Kriterien nicht weniger politisch als Politisierung selbst, ja sogar *Historisierung* – die hinter Kosellecks Begriff der Temporalisierung verborgen ist – könnte man zu dieser Serie genuin politischer Phänomene zählen. All diese Phänomene deuten auf einen breiten historischen Prozess der Politisierung und in letzter Instanz auf jenes Moment der Kontingenz, das am Grund aller Begriffe auszumachen ist. Nicht nur wird die Bedeutung von Begriffen neu festgelegt (ein Vorgang, der natürlich in der Geschichte immer vorkommt, da er mit der Iterabilitätsstruktur sprachlicher Bedeutungsproduktion als solcher zu tun hat; vgl. Derrida 2001), sondern der scheinbar stabile Grund von Konzeptualität selbst bricht in sich zusammen. Konzepte werden nun *in praxe* zu *Bewegungsbegriffen*.

Dies muss auch auf den Begriff der Politik selbst zutreffen, erweist sich die heutige Differenzierung zwischen Politik und dem Politischen doch als vorläufiges Endresultat dieser konzeptuellen Innovationen. Kosellecks allgemeine Beobachtungen zur Sattelzeit wurden am Begriff der Politik von Kari Palonen (Palonen 1993) bestätigt. Palonen beschreibt, wie im Zuge dieses Horizontwandels das konventionelle quasi-aristotelische Konzept von Politik als Disziplin, statische Sphäre oder Sektor verschwindet und einer Konzeption von Politik als Aktivität Platz macht. Im Englischen bestehe ein weiteres Zeichen für die während Kosellecks Sattelzeit stattfindende Temporalisierung von Begriffen in der Einführung von Neologismen wie *politicking* oder *politicization*, die deutlich eine prozessuale und performative Bedeutung transportieren, ein Beleg dafür, dass Politik zu einem Bewegungsbegriff wurde. Palonen zufolge ersetzt die Temporalisierung der Politik zu einer Aktivität (zu einem, wie er sagt, Handlungsbegriff) die ältere Vorstellung von

Politik als sozialer Sphäre, die von anderen sozialen Sphären differenziert wäre: »Das Phänomen der Politik entspricht allerdings nur schwerlich den räumlichen Metaphern eines Denkens in Sphären. Wenn es eine zentrale Idee im Politikverständnis nach dem Horizontwandel geben sollte, dann besteht sie nicht länger in Politik als *Ort*, sondern vielmehr in der Qualität von Politik als Aktivität« (Palonen 1999a). So lässt sich zumindest in deutschen und, wenn auch in geringerem Ausmaß, französischen Quellen ein wachsendes Bewusstsein von Politik als einer Aktivität oder Praxis erkennen, selbst wenn britische Quellen eher zur Einordnung politischen Handelns in das metaphorische Arsenal ökonomischer Aktivität tendieren.

Besonders in kontinentalen Quellen, und hier wiederum besonders in den deutschen, entdeckte Palonen Charakteristika, die auf die Erfahrung des Politischen als Ereignis schließen lassen. Politik wird dort in Begriffen des Plötzlichen, des dramatischen Bruchs oder außergewöhnlichen Moments beschrieben. Bereits Nietzsches Idee der *großen Politik* könnte als Versuch verstanden werden, einen Bruch mit Vorstellungen regelbetrieblicher Politik herbeizuführen (wir werden in unserer Diskussion *minimaler Politik* in Kapitel 10 darauf zurückkommen). Später wird der Neologismus *Politisierung* von den deutschen expressionistischen Schriftstellern Ludwig Rubiner und Kurt Hiller eingesetzt, um die Routine gängiger Politik zu kritisieren. Der Begriff des *kairos* als einer außergewöhnlichen Gelegenheit wird bei Helmuth Plessner relevant. Doch am prägnantesten werden Charakteristika des Ereignisses mit Carl Schmitts Konzept des Ausnahmezustands und Walter Benjamins Begriff der *Jetztzeit* (verstanden als Unterbrechung des chronologischen Ablaufs der Dinge) in politischen Diskursen artikuliert. Zu einer ähnlichen Bewegung wird es in Frankreich nach dem Zweiten Weltkrieg kommen, während im anglo-amerikanischen Raum, lässt man den Fall Hannah Arendts bzw. Wolins und Pitkins einmal beiseite, erst später und dann vor allem durch die Rezeption des französischen Poststrukturalismus ein vergleichbares Konzept des Politischen als Ereignis eingeführt werden wird. Einer der Gründe für eine solch ungleichzeitige Entwicklung könnte, von den unterschiedlichen Neigungen der jeweiligen philosophischen Kulturen abgesehen, in folgendem Umstand zu finden sein: »die britische Diskussion hängt mit der alltäglichen Praxis des *politicking* zusammen, während sich die deutsche und teilweise auch die französische Debatte nach dem Zweiten Weltkrieg mehr auf *Politisierung* bezieht, auf die Eröffnung von *Spielräumen* für *politicking* außerhalb normaler *polity*« (1999a). Mit anderen Worten, die britische Diskussion verblieb weitgehend im Rahmen eines auf das politische Feld beschränkten Handlungsbegriffs von Politik, was die Möglichkeit ausschloss, einen radikaleren Begriff des Politischen zu entwickeln, sei es im Sinne einer allumfassenden permanenten Dimension des sozialen Lebens oder im Sinne des Ereignisses der Gründung/Entgründung von Gesellschaft als solcher.

2.7. Die Krise des Sozialen – oder: Warum Begriffsnominalismus nicht hinreicht

Was konnte wohl das unmittelbare Ereignis, wenn es ein solches gab, gewesen sein, welches die Prägung eines reinen Begriffs des Politischen zuerst in Deutschland und dann Frankreich anstieß? Diese Frage scheint nach einer etwas zu spekulativen Antwort zu verlangen, doch Palonen (Palonen 1989: 82) schlägt einen möglichen Lösungsansatz im Anschluss an eine Beobachtung Hannah Arendts vor, die die Parallele zwischen dem Deutschland der 20er und dem Frankreich der 40er und 50er Jahre im Zusammenbruch einer Tradition vermutete, der als Point of no Return erfahren wurde. So gesehen war es die Konstellation der *Krise*, die eine gewisse Parallele im intellektuellen Feld der beiden Länder konstituierte, wenn auch zeitverschoben. Die Krise präsentierte sich in Form eines Zusammenbruchs der Tradition, einer Dislozierung des Sozialen. Kurzum, man musste sich mit der Erfahrung von Kontingenz und der ungründbaren Natur der Gesellschaft auseinandersetzen. Dies, so zumindest Palonens Vermutung, erwies sich als Realitätshintergrund der Rekonzeptualisierung von Politik in Begriffen *des Politischen*.

Natürlich ist die Vermutung, bei politischer Philosophie könnte es sich um ein Krisenphänomen handeln, nicht neu. Wie Sheldon Wolin beobachtete: »die meisten der großen Statements politischer Philosophie sind in Zeiten der Krise getätigt worden, d.h., wenn politische Phänomene institutionelle Formen weniger effektiv zusammenhalten« (Wolin 1960: 8). Aber die Hypothese, konzeptuelle Innovation sei durch soziale Krisen angestoßen, gewinnt an Plausibilität, sobald wir unter einer »Krise« nichts anderes verstehen als das Resultat einer wachsenden Diskrepanz zwischen einem alten Begriffsparadigma und einem sich verändernden institutionellen oder sozialen Kontext, wobei konkurrierende gegenhegemoniale Paradigmen die Funktion des alten Paradigmas zu übernehmen trachten. In Antwort auf die abnehmende Fähigkeit eines Paradigmas, den alten Intelligibilitäts- und Plausibilitätshorizont in einer neuen Situation aufrechtzuerhalten, kommt es zu konzeptueller Innovation. Aus diesem Grund verweist die Erfindung des Begriffs des Politischen und damit der politischen Differenz zwischen Politik und dem Politischen auf die Krise des fundamentalistischen Paradigmas, wie es von so unterschiedlichen Denkrichtungen wie dem ökonomischen Determinismus, Behaviorismus, Positivismus, Soziologismus, etc. repräsentiert wurde. Dieses Paradigma kam unter Druck interner Reartikulationen, als fundamentalistische Theorien zunehmend mit der Unmöglichkeit konfrontiert wurden, das Soziale mit »Grundlagen der Gewißheit« auszustatten, um Leforts Wendung aufzunehmen. Mit Blick auf die rezente *politische Theorie* haben wir eingangs die These vorgetragen, dass die konzeptuelle Differenz zwischen Politik und dem Politischen die Rolle eines Indikators oder Symptoms des abwesenden Grundes der Gesellschaft übernimmt. Sie repräsentiert nichts anderes, so war unsere Vermutung, als eine Spaltung in der traditionellen Idee von Politik, durch die ein neuer Begriff (das Politische) eingeführt werden musste, um auf die »ontologische« Dimension, die Dimension der Institution/Destitution von Gesellschaft zu verweisen, während Politik als Begriff für die »ontischen« Praktiken konventioneller Politik beibehalten wurde: die partikularen und in letzter Instanz immer erfolglosen Versuche, Gesellschaft zu gründen.

Die begriffsgeschichtlichen Studien der Koselleck-Schule und die Einzelstudien Palonens unterstützen diese These. So werden am Ende des konzeptuellen Politisierungsprozesses, wie er von Koselleck und der Begriffsgeschichte beschrieben wurde, nicht nur bestimmte Konzepte politisch (d. h. temporalisiert, demokratisiert, historisiert), sondern die politischen Wurzeln *aller Begriffe* wurden sichtbar. Am Ende der Politisierung der Begriffe steht der Begriff des Politischen. Zusammen mit der Politisierung der Begriffe kam es zur Dislozierung des fundamentalistischen Horizonts jener vormodernen feudalen Ordnung, die in einem semantischen Feld scheinbar statischer Begriffe ihr Fundament suchte. Und nun, nach einem Prozess fortschreitender Autonomisierung der Politik, wird das Politische selbst – als dasjenige an Politik, was nicht innerhalb der Grenzen der Sphäre der Politik eingehegt werden kann – zum neuen Horizont. Wir betrachten nun die eigentliche Konstitution von Gesellschaft durch die Brille des Politischen.

Diese Lehre kann aus der Begriffsgeschichte gezogen werden, und doch liegt in ihr genau der Grund, warum eine begriffsgeschichtliche Untersuchung des Konzepts des Politischen sich nicht mit einem rein nominalistischen Zugang zu ihrem Untersuchungsobjekt bescheiden kann. Denn wenn die Begriffsgeschichte etwas belegt hat, dann Folgendes: Die Logik von Begriffsbildung, ja von Sprache selbst, kann nicht vom Politischen getrennt werden. Nach dem beschriebenen Horizontwandel stehen wir alle innerhalb eines politischen Horizonts, weshalb wir uns bewusst machen müssen, dass nicht allein politische Diskurse, sondern *Sprache als solche* politisch funktioniert. Man könnte das nicht deutlicher ausdrücken als J.G.A. Pocock, der in einer wahrhaft chiasmatischen Formulierung vorschlägt, nicht nur unter Politik ein Sprachsystem, sondern unter Sprache selbst ein politisches System zu verstehen (Pocock 1973: 28). Ähnlich argumentiert James Farr, wenn er festhält, eine politische Theorie konzeptueller Veränderung müsse ihren Ausgangspunkt von der »politischen Konstitution von Sprache und der linguistischen Konstitution von Politik« nehmen: »Sie muss in ihren Prämissen anerkennen, dass politische Akteure, die politisch handeln, Dinge aus strategischen und parteiischen Gründen in und durch Sprache tun; und dass sie solche Dinge tun können, weil die Begriffe in der Sprache teilweise politische Überzeugungen, Handlungen und Praktiken konstituieren. Folglich müssen politische Veränderung und begriffliche Veränderung als ein einziger komplexer und zusammenhängender Prozess verstanden werden« (Farr 1989: 32).

Was sind die Implikationen dieser chiasmatischen Formulierungen? Ist es nicht offensichtlich, dass die Erfindung eines »reinen« *Begriffs des Politischen* ihrerseits den historischen Prozess der *Politisierung der Begriffe* voraussetzt? Anders gesagt, geht nicht die Temporalisierung der Begriffe Hand in Hand mit einem zunehmenden Bewusstsein von Grundlosigkeit und Kontingenz? Und wenn wir schließlich die Differenz zwischen Politik und dem

Politischen als (zeitliche) Differenz zu denken beginnen, d. h. als einen Prozess der Oszillation und Dislozierung, der jeden statischen Grund verunmöglicht, ist dann diese Differenz nicht einfach eine andere Weise, um über Kontingenz zu sprechen? Wenn dem so ist, wenn die politische Differenz nur eine andere (paradoxe) Form des Sprechens über den grundlosen Grund ist, auf dem wir stehen, dann wird es uns unmöglich, dem Konzept des Politischen nur rein nominalistisch zu begegnen (was einem anti-, keinem postfundamentalistischen Zugang entspräche), als beliebigem Begriff unter vielen innerhalb der *polis*-Wortfamilie. Es handelt sich um kein Objekt wie jedes andere, um keinen Begriff, der sich wie jeder andere analysieren ließe, sondern um den eigentlichen Namen des Horizonts der Konstitution aller Begriffe und aller Objekte des Sozialen – einschließlich der Konstitution unserer eigenen Position als Begriffshistoriker oder politische Theoretiker. Die Differenz zwischen Politik und dem Politischen muss deshalb als Zeichen einer Temporalisierung gelesen werden, die Politisierungsprozesse offen und möglich erhält, welche ansonsten, d. h. in einer Gesellschaft, die sich selbst auf einem festen Grund imaginierte, nicht vorgestellt werden könnten. Diese radikale Differenz, die folglich nichts anderes ist als das begriffliche Symptom der temporalen Dislozierung, die mit dem unfixierbaren Prozess der Gründung/Entgründung verbunden ist, darf nicht mit der Ebene »gewöhnlicher« oder »ontischer« Differenzen zwischen Begriffen verwechselt werden und wäre also für einen konsequenten Nominalisten gar nicht wahrnehmbar.[8] Wir werden also zu jenen Trajektorien politischen Denkens zurückkehren müssen, in denen radikale Differenz und Kontingenz auf nicht-nominalistische und somit postfundamentalistische Weise gedacht werden.

8 Mit anderen Worten, eine rein nominalistische Version der Begriffsgeschichte ist nicht in der Lage, die radikale Differenz zwischen Politik und dem Politischen zu würdigen. Selbst wo diese nominalistischen Theorien behaupten, anti-fundamentalistisch zu sein, können sie die Grundlosigkeit des Sozialen nicht »sichern«, da es für eine nominalistische Theorie unmöglich ist, dem »abwesenden Grund« einen quasi-transzendentalen Status zuzuschreiben (für eine nominalistische Theorie existiert *ex hypothesi* nur die Ebene des Ontischen).

Kapitel 3
Ein Heideggerianismus der Linken? Postfundamentalismus und notwendige Kontingenz

3.1. Antifundamentalismus und Postfundamentalismus

Nachdem die historische Entstehung des Begriffs des Politischen in seiner Differenz zu dem der Politik zumindest in Umrissen nachgezeichnet wurde und sich ein bloß nominalistischer begriffshistorischer Zugang als unbefriedigend erwiesen hat, kommen wir nun zu einer systematischeren Analyse der Elemente unserer Ausgangsthese. Diese lautete ja, die politische Differenz müsse als symptomatische Anzeige der in sich zusammenbrechenden Grundlagen des Fundamentalismus verstanden werden. Für die systematische Analyse gehen wir vom Begriff des Postfundamentalismus selbst aus sowie von dem quasi-transzendentalistischen Argument, das im postfundamentalistischen Denken entfaltet wird. Auch sind die heideggerianischen Wurzeln des Postfundamentalismus (wie sie sich in Konzepten wie Ereignis, Augenblick, Freiheit oder Differenz zeigen) freizulegen, was erst die Voraussetzungen schaffen wird, um die Familienähnlichkeiten jener Heideggerianer der Linken, die in den Kapiteln 4-8 diskutiert werden, besser ausmachen zu können. Schließlich werde ich zu zeigen versuchen, auf welche Weise die ontisch-ontologische Differenz im radikalen Begriff von Kontingenz enthalten ist, der das gegenwärtige postfundamentalistische Denken auszeichnet.

Mit dem Begriff des Fundamentalismus sollen – aus Sicht der politischen Theorie und der Gesellschaftstheorie – jene Theorien bezeichnet werden, die behaupten, Gesellschaft und/oder Politik sei auf Prinzipien gründbar, die erstens unbestreitbar und immun gegenüber jeder Revision wären und zweitens außerhalb von Gesellschaft und Politik lägen (Herzog 1985: 20). In den meisten Fällen des politischen und sozialen Fundamentalismus wird ein Prinzip gesucht, das Politik gleichsam *von außen* gründet. Die Funktionsweise von Politik leite sich, so wird behauptet, von diesem transzendenten Grund ab. Denkt man beispielsweise an den ökonomischen Determinismus, dann postuliert dieser zunächst eine Reihe von Prinzipien (die ökonomischen Gesetze), die zur eigentlichen Essenz von Politik erklärt werden (worum es bei Politik »in Wahrheit« geht), und verortet diesen Grund (die ökonomische »Basis«) schließlich jenseits des unmittelbaren Felds der Politik, die dadurch zu einer bloßen Angelegenheit des »Überbaus« degradiert wird.

Vor der Folie dieser Minimalcharakterisierung des modernen Fundamentalismus lassen sich einige der Kriterien der postfundamentalistischen Konstellation entwickeln. Um das zu tun, wird es allerdings nicht ausreichen, Fundamentalismus einfach in Antifundamentalismus zu verkehren. Ein komplexeres Argument ist erforderlich. Das Problem an der Debatte um den (Anti-)Fundamentalismus wird oft in der dualistischen Weise verortet, in der sie formuliert wird: »sie wurde in den streng fundamentalistischen Begriffen einer Wahl zwischen einem letzten Fundament und überhaupt keinem Fundament belassen (die *›one-or-none‹*-These)« (Fairlamb 1994: 12-13). Und tatsächlich, solange die antifundamentalistische Perspektive auf einer simplen Opposition zur fundamentalistischen beruht, teilt sie mit dieser denselben Horizont. Daraus ist jedoch nicht jene Schlussfolgerung zu ziehen, die von Kritikern des Postfundamentalismus zumeist zu hören ist: »Seht ihr nicht«, fragen sie, »dass ihr notwendigerweise auf den Fundamentalismus rekurrieren müsst, um zu einer *anti*-fundamentalistischen Position zu gelangen? Bezeugt ihr so nicht, dass mit der Verleugnung aller Fundamente nur ein neues, letztes Fundament gelegt wird, eine Art Anti-Fundament? Solltet ihr deshalb nicht eure Unfähigkeit eingestehen, den Fundamentalismus vollständig zu überwinden?«

Diese Kritik mag in Bezug auf sehr krude Formen des Antifundamentalismus zutreffen, aber ich vermute, dass sie ein karikaturhaftes Bild selbst seiner real existierenden Varianten (wie jener Feyerabends) zeichnet, ganz zu schweigen von Theorien des Postfundamentalismus. Die *»anything goes«*-Variante des Antifundamentalismus und Postmodernismus kommt als Popanz sehr gelegen, obwohl sie von immer weniger Theoretikern, ja womöglich von überhaupt keinem noch vertreten wird. Man muss daher vermuten, dass die Präsentation der Debatte in dualistischen Begriffen eher Teil einer fundamentalistischen Strategie ist als eine Strategie des Postfundamentalismus. So ist festgestellt worden, dass in dieser

Debatte die negative Zuschreibung »anti« von fundamentalistischer Seite ausgeht, denn so werde »durch einen politischen Akt die Bedeutung von Fundamenten privilegiert, die vom Primärbegriff der Dichotomie evoziert wird« (Doucet 1999: 293-4). Kurzum, die Darstellung der Debatte in Begriffen einer Opposition zwischen Fundamentalismus und Antifundamentalismus privilegiert die Seite des Fundamentalismus.

Doch auch diese Erkenntnis, obwohl zweifellos zutreffend, lässt die Frage unbeantwortet, woher der Fundamentalismus denn die Macht nimmt, die Debatte in seinem Sinne zu bestimmen und jede andere Position als sekundär und parasitär in Bezug auf sich selbst zu definieren. Die fundamentalistische Strategie scheint nur aufzugehen, weil das Paradigma des Fundamentalismus in weiten Teilen hegemonial ist – oder zumindest war. Seine Dominanz erlaubt es Fundamentalisten, die Diskussion in eigenen Begriffen zu führen, während sich die antifundamentalistische Positionen notwendigerweise auf fundamentalistisches Terrain begeben muss. Doch wenn ein antifundamentalistischer Angriff auf den Fundamentalismus Letzterem einen Vorteil zu geben scheint, ihn sogar in seiner Rolle als Primärbegriff stärkt, welche Optionen bleiben dann?

3.2. Die »quasi-transzendentalistische Wende«

Die Antwort, die, wie man sehen wird, auf Heidegger zurückgeht, lautet selbstverständlich: Statt eines offenen Angriffs auf Fundamentalismus oder »Metaphysik« sollte das eigentliche Terrain, auf dem der Fundamentalismus operiert, mitsamt den fundamentalistischen Prämissen subversiv attackiert werden, nicht verleugnet. (Denn wenn es aufgrund seines hegemonialen Status nicht möglich sein sollte, aus diesem Diskurs herauszutreten, dann werden nicht-fundamentalistische Diskurse immer in gewissem Ausmaß auf fundamentalistischem Terrain agieren müssen.) Eine solche Dekonstruktion des Fundamentalismus unterscheidet sich deutlich von dessen simpler Inversion. Deshalb schießt die fundamentalistische Standardkritik am Postfundamentalismus, die ihn unter der Hand zum Antifundamentalismus erklärt, an ihrem Ziel vorbei. Für Gayatri Spivak etwa wäre ein Ansatz wie jener der Dekonstruktion noch nicht einmal ein Beispiel für Nicht-, geschweige denn für Antifundamentalismus. Die Dekonstruktion ist vielmehr »eine wiederholte Inszenierung der Aufmerksamkeit gegenüber der Konstruktion von Fundamenten, die als selbst-evident betrachtet werden«, und ziele auf »eine unaufhörlich geprobte Kritik des europäischen ethico-politischen Universellen« (Spivak 1993:153). In ähnlicher Stoßrichtung argumentiert Judith Butler, dass nicht einfach die Abwesenheit aller Fundamente behauptet werden dürfe, sondern unsere Aufmerksamkeit auf das durch die Errichtung von Fundamenten *Ausgeschlossene* zu lenken sei:

> Es geht nicht darum, Fundamente als solche loszuwerden oder gar eine Position zu vertreten, die unter dem Namen *Antifundamentalismus* firmiert. Beide dieser Positionen gehören zusammen als verschiedene des *Fundamentalismus* und der skeptizistischen Problematik, die er umfasst. Vielmehr sollte gefragt werden, was von der theoretischen Bewegung, die Fundamente etabliert, *autorisiert* wird und was genau sie ausschließt oder verwirft (Butler 1992:7).

Diese Konzeptionalisierung *kontingenter Fundamente* (*contingent foundations*), von Butler als probate Alternative vorgeschlagen, könnte am treffendsten wohl als Strategie der Schwächung des ontologischen Status von Fundamenten beschrieben werden. Von Antifundamentalismus unterscheidet sich ein solcher Postfundamentalismus darin, dass nicht die Abwesenheit *aller* Gründe behauptet wird, sondern die Abwesenheit *eines ultimativen* Grundes, denn erst unter dieser Voraussetzung werden Gründe im Plural möglich.[1] Das Problem stellt sich dann nicht in Begriffen völliger Grundlosigkeit (die »*all or none*«-Logik), sondern in Begriffen *kontingenter* Gründe. Deshalb begnügt sich der Postfundamentalismus nicht mit der Behauptung der Abwesenheit eines letzten Grundes und verwandelt sich in keinen Nihilismus oder Existenzialismus, um die Abwesenheit *aller* Gründe, also etwa vollständige Sinnlosigkeit, absolute Freiheit oder totale Autonomie, zu proklamieren. Noch wandelt er sich zu einem postmodernen Pluralismus, für den alle Meta-Narrative gleichermaßen hinweggeschmolzen sind. Denn

1 Es sollte klargestellt werden, dass das Präfix »post« in Postfundamentalismus nicht auf den historisch letzten Moment in einer temporalen Sequenz referiert, sondern zur Markierung einer Differenz zu sowohl Fundamentalismus als auch Antifundamentalismus und zur Problematisierung ihres dichotomen Verhältnisses dient. Für eine Diskussion von »Postismen« vgl. Derrida 1997.

was aus postfundamentalistischer Perspektive trotz Abwesenheit eines letzten Grundes akzeptiert wird, ist die Notwendigkeit *gewisser Gründe*.

Folglich wird nicht die Existenz von Gründen (im Plural) problematisch, sondern deren ontologischer Status, nun definiert als kontingent. Diese Verschiebung der Analyse von den »real existierenden« Gründen zu ihrem Status, d. h. zu ihren Möglichkeitsbedingungen, kann als quasi-transzendentalistische Bewegung verstanden werden. Sowohl in Spivaks Begriff einer »unaufhörlich geprobten Kritik« als auch in Butlers Begriff der »*interrogation*« implizit mit gemeint, wurde diese quasi-transzendentale Wende von Ernesto Laclau explizit gemacht. Laclau geht von der postfundamentalistischen Prämisse aus, dass »die Krise des essentialistischen Universalismus im Verständnis eines selbst-gesetzten Grundes unsere Aufmerksamkeit auf die kontingenten *Gründe* (im Plural) seines Entstehens und auf den komplexen Prozess seiner Konstruktion gelenkt hat«. Und er zieht die Schlussfolgerung: »Diese Operation ist, *sensu stricto*, *transzendental*: sie involviert eine Wendung weg vom Objekt und hin zu dessen Ermöglichungsbedingungen« (Laclau 1994: 2).

Die Infragestellung der Gründe führt als quasi-transzendentale Unternehmung nicht nur zu einem besseren Verständnis des empirischen Kontexts, in dem bestimmte Gründe Dominanz erlangen, dürfen doch diese Bedingungen der Möglichkeit aller kontingenten Fundamente nicht vorschnell mit »empirischen« Bedingungen verwechselt werden. Was im postfundamentalistischen Denken auf dem Spiel steht, ist der den Fundamenten zuerkannte Status, wobei die primordiale (oder ontologische) Abwesenheit eines letzten Grundes selbst die Ermöglichungsbedingung für Gründe in ihrer Anwesenheit darstellt, d. h. in ihrer Objektivität oder empirischen »Existenz« als ontisch Seiendes. Mit anderen Worten: Die Pluralisierung der Gründe und Identitäten innerhalb des Felds des Sozialen resultiert aus einer radikalen Unmöglichkeit, einem radikalen Graben zwischen dem Ontischen und dem Ontologischen, der postuliert werden muss, will man die Pluralität im Feld des Ontischen erklären.[2]

2 Zur Kritik jener anderen Erklärung ontischer Pluralität, die *keinen* Graben zu einem abwesenden Bereich des Ontologischen annehmen will, zur Kritik des Nominalismus nämlich, vgl. das vorangegangene Kapitel.

Warum macht es Sinn, eine Differenzierung zwischen dem Ontischen und dem Ontologischen einzuführen, selbst wenn manche Proponenten des Anti- oder Postfundamentalismus aus dem Camp des Pragmatismus oder Skeptizismus, wie Rorty oder Oakeshott, diese Differenz als überflüssig erachten? Darauf ließe sich Folgendes antworten: Will man sowohl eine Pluralität kontingenter Gründe, die »empirisch« – wenn auch immer nur temporär – das Soziale gründen, als auch die Unmöglichkeit einer letzten Gründung des Sozialen postulieren, so folgt, dass diese letztgenannte Unmöglichkeit nicht von derselben Ordnung sein kann wie die empirischen Gründe in ihrer Pluralität.

Greifen wir zum besseren Verständnis dieser These auf den *locus classicus* des Poststrukturalismus zurück, Derridas Essay »Die Struktur, das Zeichen und das Spiel im Diskurs der Wissenschaften vom Menschen« (Derrida 1976: 422-442). Dort argumentiert Derrida gegen die strukturalistische Vorstellung einer zentrierten Struktur: »Der Begriff der zentrierten Struktur ist in der Tat der Begriff eines *begründeten* Spiels, das von einer begründenden Unbeweglichkeit und einer versichernden Gewißheit, die selber dem Spiel entzogen sind, ausgeht« (1976: 423). Dieses Konzept gehört einer Periode des Westens an (dem fundamentalistischen Paradigma, wie wir sagen würden), die Sein als Präsenz bestimmt und mit Namen belegt wie: »*eidos, arche, telos, energeia, ousia* [Essenz, Existenz, Substanz, Subjekt] *aletheia,* Transzendentalität, Bewußtsein, Gott, Mensch usw.« (424). Diese metaphysische Matrix war Dislozierungen ausgesetzt, die in einen Moment des »Bruchs« mündeten, der »nicht in erster Linie ein Moment des philosophischen oder wissenschaftlichen Diskurses« sei, sondern »auch ein politischer, ökonomischer, technischer Moment usf.« (427). Der Bruch gehörte ohne Zweifel »der Totalität einer Epoche, der unseren, an, obgleich sie immer schon begonnen hat, sich anzukündigen und *wirksam* zu sein«, und er wird durch Eigennamen wie Nietzsche, Freud und Heidegger markiert (424).

So begegnet man bei Derrida einer doppelten Darstellung des Ereignisses des Bruches im und mit dem Fundamentalismus: Einerseits wird dieser Bruch als Teil der Totalität unserer eigenen Zeit beschrieben, als gegenwärtige Paradigmenverschiebung innerhalb des Fundamentalismus, andererseits als ein »Moment«, das diesem *immer schon* eingeschrieben war. Das erlaubt Derrida, diese

Paradigmenverschiebung zu beschreiben, ohne sie historizistisch auf unsere eigene Zeit zu beschränken. Es ließe sich folgern, dass der Postfundamentalismus auf der einen Seite ein neues (Quasi-) Paradigma darstellt, welches als Unterbrechung oder Störungsmoment innerhalb des Fundamentalismus qua Aktualisierung von Kontingenz operiert (ein Konzept, auf dessen radikale Bedeutung wir zurückkommen müssen). Aus dieser Perspektive könnte eine kontinuierliche Bewegung der Generalisierung von Kontingenz in der Geschichte des (politischen) Denkens ausgemacht werden, die sich im Besonderen in einem Prozess konzeptueller Temporalisierung und Politisierung niederschlägt, der im späten 18. Jahrhundert einsetzte, in jener Periode also, die Koselleck und die Schule der Begriffsgeschichte als Sattelzeit bezeichnen, und von da an das fundamentalistische Paradigma von innen her untergrub. Auf der anderen Seite eröffnet die Bezeichnung dieses Ereignisses als »Moment« – gerade wenn dieses Moment immer schon da war, und sei es *potentialiter* – eine theoretische Perspektive, aus der es nicht ausschließlich als kontemporäre oder moderne Entwicklung gefasst würde, ja schon gar nicht als kontinuierliche Entfaltung eines negativistisch invertierten Weltgeistes oder einer evolutionären Überwindung des einen Paradigmas durch ein anderes: Was, wenn das postfundamentalistische Moment – das wesentlich in der Realisierung der Notwendigkeit von Kontingenz besteht – bereits »vor« dem Postfundamentalismus aktualisiert wurde, etwa im politischen Denken eines Machiavelli, den man anachronistisch der Reihe Nietzsche, Freud, Heidegger hinzufügen könnte? Ich werde auf diese Frage, die in der Tat mit dem Problem des Quasi-Transzendentalismus verwandt ist, am Schluss des Kapitels zurückkommen.

Bleiben wir aber vorerst bei unserer These, die quasi-transzendentale Unmöglichkeit eines letzten Grundes könne nicht von derselben Ordnung sein wie die Pluralität empirischer Fundamente. Dieses Problem kann einer Lösung zugeführt werden – Derrida nennt sie die »klassische Hypothese« –, indem schlicht behauptet wird, ein Feld könne nicht totalisiert werden aufgrund der *empirischen Limitationen* seines »Totalisierers«: des Subjekts. Diesem Lösungsansatz zufolge lässt sich das Feld also deshalb nicht gründen, weil es sich für alle potenziellen Gründer immer als *zu plural* erweisen wird. Derrida zeigt nun, dass dieser Weg nicht die einzig mögliche Lösung bietet, denn Ungründbarkeit kann auch vom Standpunkt eines Begriffs des Spiels her bestimmt werden. Die Natur des Feldes schließt Totalisierung aus, da das Feld Spiel ist und ihm ein Zentrum, welches das Spiel aufhalten könnte, fehlt (437). Nicht aus empirischen Gründen kann das Feld in diesem Fall also nicht gegründet werden, sondern weil ein Grund oder Zentrum fehlt, und dies wiederum nicht zufällig, sondern aufgrund eines konstitutiven Mangels, der umgekehrt zu einem endlosen supplementären Spiel von Substituten führt. Begründet die »klassische Hypothese« die Unmöglichkeit der Totalisierung oder Gründung auf empirischem Weg, und damit, wie ich behaupten würde, in einem voraus-gesetzten positiven Grund des empirisch Zugänglichen, nimmt die »post-klassische« Hypothese den quasi-transzendentalistischen Weg. Die ultimative Gründung eines Systems ist nicht deshalb unmöglich, weil Letzteres zu plural und unsere Kapazitäten zu begrenzt wären, sondern weil etwas von gänzlich anderer Ordnung, von der Ordnung des Mangels nämlich (oder des Überflusses bzw. der Differenz, was auf dasselbe hinausläuft, siehe Marchart 2006b), interveniert. Diese Ordnung ermöglicht Pluralisierung, weil sie zuallererst endgültige Totalisierung verunmöglicht.

Konsequenterweise geht diese post-klassische Hypothese davon aus, dass der ontologische Status der Unmöglichkeit eines letzten Grundes stärker sein muss als der Status irgendeines der multiplen und kontingenten Fundamente, die durch vorübergehende Gründungsversuche gelegt werden. Woraus zieht diese Annahme ihre Plausibilität? Offensichtlich nicht aus der empirischen Wirklichkeit, sondern aus einer Grundsatzüberlegung. Die These von der Unmöglichkeit eines letzten Grundes, *des* »Grundes«, muss als eine Behauptung auftreten, die mit Notwendigkeit für alle empirischen Fundamente Geltung beansprucht. Denn andernfalls – wenn nicht alle Gründe von der Unmöglichkeit ihrer Verwandlung in einen letzten »Grund« betroffen wären – müsste man annehmen, dass einige Gründe (oder zumindest ein Grund) tatsächlich »Grund« werden könnten. In diesem Fall aber wäre der postulierte Status der Unmöglichkeit eines letzten Grundes schwach: Es handelte sich um eine nur residuale, temporäre oder partielle Unmöglichkeit, die nicht alle Grundlegungsversuche kennzeichnen würde. Auf diese Weise wäre die Entdeckung eines positiven, singulären Grundes nicht ausgeschlossen, doch genau von dieser Unmöglichkeit waren wir (wie auch ein pragmatistischer Antifundamentalist wie Rorty) ursprünglich ausgegangen. Somit stehen uns nur zwei Wege offen: Entweder wir geben unsere Ausgangsthese auf und kehren zu einer fundamentalistischen Position zurück, oder wir akzeptieren die Konsequenzen unserer Ausgangsthese, wagen den letzten Schritt und akzeptieren, dass die Unmöglichkeit einer letzten Gründung *alle* Gründe kennzeichnet, womit der ontologische Status dieser Unmöglichkeit stärker sein muss als der Status jedes einzelnen pluralen Grundes. Die Unmöglichkeit ultimativer Grundlegung erweist sich als *notwendige* Unmöglichkeit, als notwendige Abwesenheit eines letzten Grundes.[3] Um dieses Argument auf seinen theoriegeschichtlichen Ursprung zurückzuführen, müssen wir uns Martin Heideggers Werk zuwenden.

3.3. Die »Grundfrage« bezüglich der ontologischen Differenz

Mit der Behauptung, der Grund bleibe in seiner Abwesenheit anwesend, soll unterstrichen werden, dass dessen Abwesenheit den Gründungsprozess nicht stillstellt. Der Grund bleibt in gewissem Ausmaß *als* Grund nur aufgrund seiner eigenen Abwesenheit operativ, die keineswegs auf eine völlige Ausschaltung oder Verwerfung jeder Gründungsdimension hinausläuft. Dieses Argument ist in einem Ausmaß Heidegger verpflichtet, dass es kaum übertrieben wäre, Heidegger als wichtigsten Wegbereiter des Postfundamentalismus zu bezeichnen. Um dies würdigen zu können, ist es unumgänglich, dass wir uns dem Heidegger'schen Jargon zumindest kurz ausliefern, um dann erst zu einer etwas technischeren Sprache zurückzukehren. Es ist unbestritten, dass Heideggers Jargon tatsächlich oft ins Eigentliche abdriftet, was auf die fundamentalistischen Restbestände im Heidegger'schen Denken hinweist. Man sollte aber nicht vergessen, dass sein Zweck in der Produktion eines – wenn auch oftmals altertümelnden – Verfremdungseffekts besteht: Es soll etwas im Ontischen spürbar gemacht werden, was jedem ontischen, besonders jedem szientifischen Zugriff entkommt.

3 Eine Abwesenheit, die, wie unterstrichen werden muss, als produktiv verstanden werden muss und nicht als bloß logische Negation. Was als »abwesender Grund« bezeichnet werden kann, ist weder »Non-Grund« logischer Negation noch »Anti-Grund« im Sinne einer Art sozialer Antimaterie.

Ob das der Heidegger'sche Jargon auf günstige Weise leistet, sei hier dahingestellt. Allerdings sollte man sich vor der Illusion hüten, Jargon sei in der Philosophie vermeidbar. Der logische Positivismus etwa sah ja, wie andere Spielarten des Szientismus, im Jargon nichts als einen Parasiten, der aus der Wissenschaftssprache, den Protokollsätzen oder dem Formelkalkül, entfernt werden muss. Solange Wissenschaft sich aber einer *Fachsprache* bedienen muss, so lange wird auch sie zum einen mit den Charakteristika von Sprache selbst zurande kommen müssen (zu welchen untrennbar das Phänomen der nie endgültig arretierbaren Signifikation gehört) und zum anderen mit der Ritualisierung dieser Fachsprache – und damit ihrer Jargonisierung – zu kämpfen haben. Es gibt keine Sprache, schon gar keine Philosophie ohne ein Element der Jargonhaftigkeit. Bedienen wir uns also kurzfristig des Heidegger'schen Jargons, denn in ihm sind Kategorien vorgeprägt, die ihre Zentralität bis in den heutigen Postfundamentalismus hinein beweisen werden.[4]

Für Heidegger ist der Grund selbst *gründend* und *grundlos* zugleich. So kommt es einerseits nach wie vor zu Gründungsereignissen; die Funktion der Grundlegung verschwindet nicht spurlos. Und doch kommt es nur unter der Bedingung dazu, dass der Grund selbst keinen Grund besitzt, dass er also gleichsam durch einen Abgrund hindurchgeht, welcher aber nichts anderes ist als *der Grund selbst*: »Der Grund gründet als *Ab-grund*« (Heidegger 1994: 29). Für Heidegger ist jeder Grund ab-gründig. Darin besteht die notwendige Bedingung seiner Gründungsfunktionen. Man muss also verstehen, dass dieser seltsame Ort eines abwesenden Grundes oder Ab-grundes nicht im gewöhnlichen Verständnis des Begriffs leer

4 Damit ist jargonhafter Theorie keine Carte blanche ausgestellt. Aus der Tatsache, dass Jargon in der Philosophie nicht vermeidbar ist, folgt keineswegs, dass in der Philosophie alles Jargon sei, ja nicht einmal, dass die Dimension des Jargons theoriebestimmend werden müsste. Auch wenn die Gefahr der Jargonisierung von Theorie nie ausgeschaltet werden kann, ja jede Fachsprache einen notwendigen Anteil an Jargon generiert, so heißt dies nicht, dass ein Jargon so gut sei wie der andere. Die Kritik an bestimmten Aspekten des Jargons Heideggers und der Heideggerianer durch Adorno – dessen eigene Idiosynkrasien ja ihrerseits zum Jargon wurden – bewahrt eine gewisse Gültigkeit, ohne dass das Heidegger'sche Denken im Ganzen deshalb schon verabschiedet werden müsste. Oder wie es Barthes einmal ausdrückte: »bei der Wahl zwischen dem Jargon und der Platitüde ziehe ich den Jargon vor. [...] Es gibt kein unschuldiges Vokabular. Jeder hat seine Sprachticks« (Barthes 2002: 48).

bleibt. Wenn er leer oder un-erfüllt bleibt, dann in einer außergewöhnlichen und originären Weise: als ausgezeichnete »Art der Eröffnung« (1994: 379). Denn genau indem er seine eigene Er- bzw. Aus-Füllung aufschiebt, ermöglicht der Grund eine Eröffnung und *Lichtung* (379). Der Heidegger'sche Begriff des Ab-grunds ist also in keinem Fall als eine bloße Antithese zum Grund vorzustellen, bleibt doch etwas von der Natur des Letzteren immer auch in Ersterem präsent: »Der *Ab*-grund ist Ab-*grund*« (379).

In dieser Sentenz verknüpft Heidegger Ab-grund und Grund in der für sein Denken so typischen Figur des Chiasmus, die von Jean-François Mattéi, der 220 verschiedene Fälle dieser Figur in Heideggers Werk untersucht hat, definiert wurde als »Figur der Umkehrung eines Satzes, dessen Teile sowohl im ursprünglichen Satz als auch im invertierten enthalten sind und ein distinktes Muster gekreuzter Überlappung erzeugen« (Mattéi 1995: 41). Durch Kursivierung auf der einen Seite des »Ab« und auf der anderen des »grund« wird von Heidegger der Umstand betont, dass beide Dimensionen desselben Begriffs auf irgendeine Weise differenziert werden müssen und trotzdem nicht sauber abgegrenzt werden können, da sie unaufhörlich ineinander überwechseln. In Form der untrennbaren Verknüpfung zwischen Grund und Ab-grund kann die Seite des Grundes als Ab-grund anerkannt werden und dennoch etwas von ihrer fundamentalen Natur behalten. Die Figur des Chiasmus erlaubt Heidegger also, sowohl die Untrennbarkeit und Reversibilität beider Begriffe als auch deren Nicht-Identität zu betonen.

In gewisser Weise fungiert der abwesende Grund, von dem wir in unserer Diskussion des gegenwärtigen Postfundamentalismus gesprochen hatten, also nach wie vor als Grund. Doch kann dieser Grund seine Funktion nur auf der Basis seines ab-gründigen Charakters erfüllen, d.h. nur aufgrund seiner eigenen Abwesenheit, die sich, heideggerianisch, als *Abwesen* schreiben würde oder ein wenig prosaischer als Ent-gründung. Ab-grund bezeichnet den nicht abstellbaren Aufschub und Rückzug oder genauer »Entzug« des Grundes, ein Entzug, der zum eigentlichen Wesen des Grundes gehört und nicht von ihm getrennt werden kann. D. h., dass Gründungsprozesse, und hierin erweist sich Heidegger tatsächlich als einer der Wegbereiter des Postfundamentalismus, in Form einer, um im Jargon zu bleiben, konstanten »Zögerung«, eines leichten Zurückweichens des Grundes operieren. Wenn dies der Fall ist, wird der Tag des letzten Grundes nie kommen, und alles, was sich nach Heidegger je entbergen wird, ist das Sich-Zurückziehen des Grundes. Es ist dieser Entzug, der sich zeigt oder eröffnet in Form einer ursprünglichen *Lichtung* (Heidegger 1994: 379-80). Und in dieser Lichtung des *Ereignisses* – womöglich der wichtigste Begriff des späteren Heidegger – entbirgt sich die Wahrheit des »Seyns« der Differenz, die in nichts anderem besteht als in seinem Entzug, in genau dieser Zögerung des Grundes.[5]

Lässt man dieses Argument, wenn es denn ein Argument ist, vor sich vorüberziehen, dann wird verständlich, warum jede Untersuchung des Postfundamentalismus realisieren muss, dass der Rück- oder besser Entzug des Grundes nicht dessen Verschwinden bedeutet, da wir es mit keinem bloß logischen Vorgang der Verneinung des Grundes zu tun haben.[6] Heidegger dekonstruiert die Instanz des Grundes, indem er zeigt, wie wir in dieser Instanz einem Ab-grund begegnen. Grund und Ab-grund bleiben unlösbar ineinander verkeilt. Deshalb verschwindet Grund – als Dimension der Gründung/Entgründung – nicht einfach, sondern wird von Heidegger (Heidegger 1996: 367) typographisch durchstrichen. Wie schon im Fall des Wortes Sein, das Heidegger ebenfalls gelegentlich durchstreicht, entspringt diese Geste der postfundamentalistischen Absicht, die Dimension des Grundes nicht vollständig unsichtbar zu machen (das Wort bleibt hinter der Durchstreichung sichtbar), sondern dessen Status als *fundamentum inconcussum* oder als eine separate, definierbare Entität zu problematisieren.

Für das Argument unserer Untersuchung – die politische Differenz verweise auf die Abgründigkeit des Sozialen – ist es nun

5 Heidegger greift auf die archaische Schreibweise Seyn zurück, um den ereignishaften Aspekt von *Seyn-als-Differenz* von der ontologischen Ebene des *Seins* unterscheiden zu können.

6 Es muss nochmals betont werden, dass weder für Heidegger noch für Derrida der These von der Abwesenheit des Grundes irgendetwas »Nihilistisches« anhaftet. Die »Negativität« des Grundes impliziert, wie gesagt, keine Abwesenheit *aller* Gründe (»Grundlosigkeit«), noch kann sie auf eine logische Negation von Grund reduziert werden. Was sie vielmehr impliziert, ist eine *Affirmation*: die Affirmation des Grundes gerade in seinem Aufschub oder Rückzug. Dennoch trifft zu, dass, obwohl man nicht von einfacher Negation oder Negativität sprechen kann, es für Heidegger ein primordiales (wenn auch nicht einfach negatives) *Nichts* gibt, das in dem Chiasmus aus Grund/Ab-grund impliziert ist und dem Seyn wie auch dem Ereignis als solchem zugehört.

von entscheidender Bedeutung, das innere Verhältnis zwischen der Frage des Grundes und der Frage der ontisch-ontologischen Differenz bei Heidegger zu erfassen. Wie geht Heidegger bezüglich der Frage der Differenz vor? Zuallererst erkennt er in der ontologischen Differenz – verstanden als Differenz zwischen der ontischen Ebene alles Seienden und der ontologischen Ebene des Seins – die »Leitfrage« der gesamten abendländischen Metaphysiktradition. Diese Leitfrage bezog sich immer auf die eigentliche *Seiendheit* alles Seienden, die wiederum als Grund, etwa als stabiler Ankerpunkt einer Substanz alles ontisch Seienden, konzipiert wurde. Metaphysik verstand sich als Rettungsexpedition auf der Suche nach einem solchen Grund, der verschiedenste Namen annehmen konnte: Logos, Idee, Substanz, Objektivität, Subjektivität, Wille oder, theologischer, höchstes Sein oder Gott. Obwohl die Metaphysik, Heidegger zufolge, immer schon eine Differenz zwischen Sein und Seiendem in verschiedensten Ausformungen einzog, kam ihr diese Differenz *als* Differenz selbst nie in den Blick. Für Heidegger hingegen stellt dieser »Unter-Schied« – die Differenz *als* Differenz (Heidegger 1957b: 37) – die eigentliche »Sache des Denkens« dar. So sei vom Denken zu verlangen, von der Leitfrage zur *Grundfrage* überzugehen. Die Grundfrage stellen heißt, das Problem der Gründung unter Bedingung der Abwesenheit des Grundes zu denken und zugleich metaphysische Versionen der ontologischen Differenz aus Perspektive der Differenz *als* Differenz zu dekonstruieren. Die Grundfrage will nicht einfach auf irgendwelche positiv oder relational gegebenen Differenzen hinaus, sondern auf eine originäre oder fundamentale Differenz: »Als ›Grund‹ aller Differenz, die auf Relation und Unterscheidung beruht, steht Differenz *als* Differenz nicht nur in einer Position der Vorgängigkeit zur Differenz, sondern differiert auch in ihrer Natur vom vulgären Differenzbegriff« (Gasché 1994: 92).

Um das fundamentalistische Konzept von Sein vom ursprünglicheren Spiel *zwischen* Sein und Seiendem (als deren Differenz selbst) unterscheiden zu können, greift Heidegger in einer bestimmten Phase seines Werks auf die archaisierende Schreibweise »Seyn« zurück. Seyn indiziert nun weder die ontologische noch die ontische Seite der ontologischen Differenz, sondern vielmehr das Ereignis ihrer Differenzierung als solches. Wir müssen daher sorgfältig darauf bedacht sein, Differenz (oder wie Heidegger auch schreibt: »Unter-Schied«) nicht im Sinne von Distinktion oder Unterscheidung fassen zu wollen, würde dies doch bedeuten, dass das Differente zwischen ontologischem Sein und ontisch Seiendem zur Differenz einfach hinzugezählt würde, was Letztere zu einem weiteren Seienden unter vielen reifizieren würde. Vielmehr kreist die Grundfrage um Seyn selbst, wobei dies nichts anderes wäre als das entbergende Ereignis der Differenz zwischen dem Seienden und dem Sein *als Differenz*.[7]

Ein Aspekt der ontologischen Differenz ist dabei von besonderer Bedeutung. Weder kann man sich nämlich dem Spiel des Seyns (als Spiel der Differenz zwischen Sein und Seiendem) in seinem Reinzustand annähern, noch lässt sich die ontologische Ebene des Seins von der historischen Spezifik ihrer Manifestationen ablösen – die wiederum ontisch sind. Während also das Seyn in all seiner »Autonomie« gedacht werden muss, ohne Rekurs auf irgendein ontisch Seiendes, ist es zugleich und paradoxerweise unmöglich, über das Seyn ohne solchen Rekurs überhaupt irgendetwas zu sagen: »Einerseits muss die Wahrheit des Seyns von sich selbst und nicht vom Seienden her gedacht werden; doch andererseits muss die Wahrheit des Seyns im Seienden aufbewahrt und in diesem Sinne immer noch – wenn auch different – mit gewissem Blick auf Seiendes gedacht werden« (Sallis 2001: 187). Damit ist gesagt: Zur ontologischen Ebene lässt sich kein unvermittelter Zugang finden, da sie in diesem Falle als solider Grund (als Sein) konzipiert werden müsste. Um seine Gründungsfunktion überhaupt erfüllen zu können, muss sich der Grund zugleich als Ab-grund zu erkennen geben. Da es keinen Grund des Seyns (der Differenz-als-Differenz) gibt, bleibt die ontologische Ebene aufgrund des Spiels dieser Differenz unaufhebbar getrennt von der ontischen. Und genau weil wir

7 Im Ereignis kommt es zu einem Prozess der Gründung und zugleich Entgründung. Von Heidegger als *singulare tantum* eingesetzt, bezeichnet Ereignis die allgemeinste Dimension des »Seyns«: Seyn *west* als Ereignis (Heidegger 1994: 260); und darin entbirgt sich seine Wahrheit. Dennoch handelt es sich bei dieser Dimension um keine vage Allgemeinheit. Der Ereignisbegriff konnotiert nämlich auch die absolute Singularität dessen, was sich ereignet (Heidegger 1957a: 25). Darüber hinaus muss unterstrichen werden, dass das Ereignis nicht durch Menschen bzw. durch das Dasein (definiert vom späten Heidegger als das Verhältnis des Menschen zum Sein) hervorgebracht wird. Das Ereignis »geschieht« dem Menschen. Auf diese Weise eröffnet sich – wie Heidegger in erstaunlicher begrifflicher Nähe zu Benjamin und Adorno sagt – die *Konstellation* zwischen Mensch und Sein.

zur ontologischen Ebene keinen *direkten* Zugang besitzen, müssen wir notwendig die ontische Ebene durchqueren, um zumindest auf etwas deuten zu können, das unserem Zugriff immer entkommen wird aufgrund des unüberbrückbaren Grabens zwischen dem Ontologischen und dem Ontischen, dem Grund und dem (partiell) Gegründeten.

Es kann kein Zweifel darüber bestehen, dass es unmöglich ist, das postfundamentalistische Denken zu diskutieren, ohne dieses Heidegger'sche Erbe in irgendeiner Weise in Betracht zu ziehen. Wie es Reiner Schürmann in seiner klassischen Studie der Begriffe von Sein und Handeln bei Heidegger ausgedrückt hat: »Mit dem Ereignis im Kern jedes Phänomens ›bröckeln die Fundamente‹, es ist *grundstürzend*.« Dies besitzt sehr reale Konsequenzen für Theorie wie Politik, denn es frustriert unsere Suche nach einem sicheren Grund (unser eigentliches »Begehren nach einem unerschütterlichen Grund für Theorie und Handeln«, Schürmann 1990:155). Diese postfundamentalistische Bewegung des Heidegger'schen Denkens – die »fundamental« ist, ohne fundamentalistisch zu sein (vgl. O'Neill 1993) – kann und will eine *fundamentale Dimension* jenseits der Ebene ontischer Vorgänge keineswegs verleugnen, hieße dies doch, sich beispielsweise dem logischen Positivismus, dem Nominalismus oder irgendeiner Spielart des Fundamentalismus anzuschließen.

Wie aber lässt sich Heideggers theoretischer Ansatz dann aus heutiger Sicht am treffendsten charakterisieren? Ich würde behaupten, dass Heideggers Form der Theoriebildung am ehesten als quasi-transzendentalistisch bezeichnet werden kann. Obwohl Heidegger selbst zögerte, sich in der Traditionslinie des Kantischen Transzendentalismus zu verorten, ist David Kolbs Einschätzung zuzustimmen: »Heidegger gibt die Suche nach Gründen auf. Doch die Betonung seiner Distanz gegenüber dem Fundamentalismus kann auch seine Nähe zur transzendentalistischen Suche nach den Bedingungen der Möglichkeit verdunkeln« (Kolb 1986:173). Diese Suche hat freilich nichts mit jener der Erkenntnistheorie zu tun. Wie Heidegger (Heidegger 1973) in seiner Kant-Lektüre exemplifizierte, kann eher umgekehrt die transzendentalphilosophische Argumentationsform als eine versteckt *ontologische* Form des Philosophierens betrachtet werden. Ein transzendentalphilosophisches Argument zielt jedenfalls nicht notwendigerweise auf die Bedingungen der Erfahrung oder Erkenntnis, sondern kann auch eingesetzt werden, um die ontologischen Bedingungen des Seins freizulegen – und genau auf eine solch »ontologische« Weise wollen wir das transzendentalphilosophische Vokabular in unserer weiteren Argumentation verwenden.

Allerdings beantwortet dies noch nicht die Frage, wo genau innerhalb des Heidegger'schen Ansatzes diese nicht-fundamentalistisch gefassten Bedingungen der Möglichkeit verortet werden sollen. Und obwohl wir nicht den Fehler begehen sollten, Seyn einfach zur transzendentalen Bedingung alles Seienden zu erheben, ist es doch zulässig, im Seyn, d. h. der Differenz-als-Differenz, jene Ermöglichungsbedingung zu vermuten, auf deren Grund sich der eigentliche Zirkulationsraum zwischen Sein und Seiendem zuallererst öffnet (so Sallis 2001: 185). Zugleich wird, wie Derrida bei vielen Gelegenheiten bemerkte, ein solcher Transzendentalismus immer und mit Notwendigkeit ein Quasi-Transzendentalismus bleiben, wobei zwei Bedeutungsschattierungen dieses Begriffs zu unterscheiden sind. Die eine Bedeutung des Prädikats »quasi« verweist darauf, dass Grund und Ab-grund, Bedingung der Möglichkeit und Bedingung der Unmöglichkeit, untrennbar ineinander verwoben sind. Die andere verweist darauf, dass alle transzendentalen Bedingungen immer aus konkreten empirisch-historischen Bedingungslagen hervorgehen.

3.4. Kontingenz

Vermittels dieses kleinen Exkurses in die Heidegger'sche Variante des Arguments sollte durch allen Jargon hindurch veranschaulicht werden, dass nur das Postulat eines Grundes, der *in seiner Abwesenheit* anwesend bleibt, (a) die Möglichkeit kontingenter Gründe (*contingent foundations*) im Plural garantieren und (b) die Prozeduralisierung eines jeden positiven »Grundes reiner Präsenz« zu einem Prozess des *Gründens* (in Form des Abwesens/Anwesens von Grund) ermöglichen kann. Doch (a) mit (b) zu kombinieren und von pluralen und prozeduralen *Gründungen* zu sprechen, das setzt wiederum die Annahme der Unmöglichkeit eines präsenten Grundes im Singular voraus. So wie die Unmöglichkeit eines solchen Grundes die notwendige Bedingung der Möglichkeit von

Gründen im Plural darstellt, gilt die Kontingenz aller Gründe mit Notwendigkeit.

Auf diese Weise verstanden wird Kontingenz, und damit lassen wir das pastorale Vokabular Heideggers hinter uns, zu jenem operationalen Terminus, der auf die notwendige Unmöglichkeit eines letzten Grundes verweist. Damit wenden wir uns einem Schlüsselbegriff, wenn nicht *dem* Schlüsselbegriff gegenwärtiger postfundamentalistischer und poststrukturalistischer Theorien zu (Bonacker 2000; allgemeiner Makropoulos 1997). Wie auch das Präfix »post« (in Postmoderne, Poststrukturalismus, Postmarxismus, etc.) wurde Kontingenz zu einem Zeichen unserer Zeit, zu einem Bestandteil unseres intellektuellen Horizonts und zum operationalen Schlüsselbegriff innerhalb des Theorieparadigmas des Postfundamentalismus. In Zygmunt Baumans Worten: »Postmoderne ist der Zustand einer Kontingenz, die nun als irreparabel verstanden wird« (Bauman 1996: 51). Von irreparabler Kontingenz zu sprechen, kommt dem Eingeständnis gleich, dass Kontingenz in unserer Zeit – dem »Zeitalter der Kontingenz« (Bauman) – als ihrer Natur nach notwendig erfahren wird. Was hier als irreparabel gilt, ist sowohl unser Zeitalter, das mit seiner eigenen Kontingenz zurande kommen muss, als auch die Idee eines ultimativen, fundamentalistischen Grundes; oder anders gesagt: dieser Grund selbst ist es, der unwiderrufbar »aus den Fugen« geraten ist (Derrida 1995).

Heute wird häufig behauptet, das Phänomen der Kontingenz strahle in immer weitere Bereiche der Gesellschaft aus und werde als Abwesenheit jedes notwendigen Fundaments von Wahrheit, Glauben oder Politik erfahren. Doch obwohl außer Frage steht, dass der Horizont der Erfahrung von Kontingenz sich in der Moderne signifikant erweitert hat, ist Kontingenz alles andere als eine moderne Erfindung. Ähnlich wie die Erfahrung des Paradoxen stand sie früheren Perioden bereits zu Verfügung, selbst wenn ihre Effekte auf einzelne Diskursgenres begrenzt blieben. Niklas Luhmann zufolge (Luhmann 1996: 62 f.) verwies die Erfahrung des Paradoxen im frühen europäischen Denken auf die Idee, dass in Wertbegriffen ein ultimativer Grund nicht erreicht werden könne. Zwar begegnete das frühe europäische Denken seinen eigenen paradoxen Grundlagen in Residualdiskursen wie jenen des Mystizismus, der Theologie, Rhetorik und Philosophie, doch war es den Paradoxa der (Selbst-)Gründung nicht erlaubt, die unangreifbaren normativen Grundlagen der Gesellschaft zu berühren. Ja, die potenziell paradoxe Natur des Grundes musste gerade deshalb durch Klassifikationen und Normen eingehegt werden, *weil* sie jederzeit sichtbar werden hätte können.

Es ist also nicht der Fall, wenn wir uns Luhmann in diesem Punkt anschließen wollen, dass die Idee der Unmöglichkeit letzter Grundlegungen einer vormodernen europäischen Kultur nicht verfügbar gewesen wäre und in der Moderne erst mühsam hätte erfunden werden müssen. Ganz im Gegenteil, diese Idee war immer schon präsent, wenn auch nur im Rahmen bestimmter Diskurse, und erst mit dem Ende des 18. Jahrhunderts – Koselleck und der Begriffsgeschichte zufolge – breitete sich diese Logik über immer weitere Diskurse aus und generalisierte sich innerhalb der Gesellschaft, nicht zuletzt in Form zunehmender Temporalisierung und Politisierung von Begriffen. So lässt sich mit Luhmann festhalten, »dass nun alle Verbindungen als *kontingent* beschrieben werden. Sie sind *temporal* kontingent, sofern sie nicht länger durch die Vergangenheit determiniert werden, durch eine unwandelbare Natur, durch soziale Herkunft; sie sind *objektiv* kontingent, sofern sie immer auch anders sein könnten; und sie sind *sozial* kontingent, sofern sie nicht länger von Konsens abhängig sind (Stichwort ›Demokratie‹)« (1996: 64). Diese Auflösung stabiler normativer Fundamente – die zurückverfolgt werden kann zu jenem Augenblick, in dem die (reflexive) Realisierung von Kontingenz sich zu generalisieren begann – führt zu einer Situation, in der konkurrierende Wertordnungen nicht länger auf ein höheres Legitimationsprinzip rekurrieren können. Wir befinden uns auf Max Webers Kampffeld streitender Götter. Jede Entscheidung für oder gegen eine dieser Wertordnungen muss von ihrer Natur her, d. h. mit Notwendigkeit, kontingent sein.

Mit Sicherheit spricht nichts an diesen Überlegungen gegen eine historische Genealogie des zunehmenden Kontingenzbewusstseins und der zunehmenden Verfügbarkeit postfundamentalistischer Motive zum Zwecke der Selbstbeschreibung der Gesellschaft. Eine solche Genealogie müsste die sich verschiebenden Grenzen zwischen dem fundamentalistischen und dem antifundamentalistischen Paradigma nachzeichnen, sowohl innerhalb verschiedener Diskurse (oder sozialer Systeme) als auch über die Diskursgrenzen hinweg. Um erfolgreich zu sein, müsste eine Genealogie dieser Art aber wenigstens zwei Engführungen vermeiden:

Zum Ersten sollte man nicht in die (antifundamentalistische) Falle tappen, die hegelianische Idee eines teleologischen Fortschritts hin zum zunehmenden Bewusstsein der Notwendigkeit in ihr exaktes Gegenteil eines teleologischen Fortschritts in Richtung zunehmenden Kontingenzbewusstseins invertieren zu wollen. Diese Tendenz kann an Modernisierungstheorien beobachtet werden, und die Luhmann'sche Systemtheorie folgt dieser Tendenz, wenn sie die Generalisierung von Kontingenz an einen Prozess gesellschaftlicher Evolution knüpft, in dem die zunehmende Differenzierung und Autonomisierung sozialer Teilsysteme mit der Unausweichlichkeit eines Naturgesetzes vor sich zu gehen scheint.

Auf den zweiten Holzweg würde man sich mit einem gewissen Historizismus oder Nominalismus begeben. Ein solcher Zugang würde unter Kontingenz einen Signifikanten verstehen, dessen historische Modulationen (seine sich verschiebende Verbindung zu diversen Signifikaten) im Detail nachgezeichnet werden können. Ein Zugang dieser Art, selbst wenn er sich wie der bereits diskutierte begriffsgeschichtliche Zugang innerhalb des postfundamentalistischen Paradigmas verorten sollte, übersieht etwas, das für einen Theoretiker wie Luhmann sehr wohl sichtbar ist: Worauf der Signifikant »Kontingenz« deutet, ist nicht allein ein spezifisches Signifikat. Es ist vielmehr ein Ereignis, das Ereignis der Krise nämlich, d. h. einer gewissen Dislozierung des Signifikationsprozesses selbst: der Augenblick, in dem Signifikation zusammenbricht und die Grundlosigkeit aller Signifikation – und ergo von Gesellschaft als (unmöglicher) Totalität aller Signifikationspraxen – erfahren wird.

Wie Luhmann sehr wohl weiß, kann solch ein Zusammenbruch von Signifikation (bei Luhmann Beobachtung) in Form eines Paradoxon erfahren werden. Systemtheoretisch gefasst entsteht ein Paradoxon, wo die Bedingungen der Möglichkeit einer Operation zugleich Bedingungen ihrer Unmöglichkeit sind. Was die Dekonstruktion dem hinzufügt, ist, dass ein Paradoxon (als Name für quasi-transzendentale (Un-)Möglichkeitsbedingungen) keinen bedauerlichen Zwischenfall darstellt, der in manchen Situationen auftreten kann und in anderen nicht. Vielmehr betrifft das paradoxale Zusammenfallen von Ermöglichungs- und Verunmöglichungsbedingung alle Systeme und alle Signifikation. Damit Signifikation überhaupt möglich wird, ist deren Zusammenbruch nicht nur ein potenzielles Resultat des Signifikationsprozesses, der auch glücken könnte, sondern dessen notwendige Vorbedingung (Stäheli 2000). Damit wird auf die »Unumgänglichkeit« verwiesen, »die transzendentalen Bedingungen der Möglichkeit auch als Bedingungen der Unmöglichkeit zu definieren« (Derrida 1999: 182). Mit der notwendigen Simultaneität, wenn nicht Identität der Ermöglichungs- und Verunmöglichungsbedingungen aller Signifikation erweist sich Kontingenz als notwendig. Signifikation ist *mit Notwendigkeit* kontingent, was nur ein weiteres Mal den quasi-transzendentalen Status der Kategorie der Kontingenz unterstreicht. Damit lassen wir einen schwachen (logischen) Begriff des Kontingenten hinter uns und wenden uns einem wesentlich stärkeren, wenn auch paradoxalen Begriff notwendiger Kontingenz zu.

Beide Kontingenzbegriffe unterscheiden sich voneinander in ihrem Verhältnis zur Notwendigkeit, sind aber auch verwandt. Der traditionelle, schwache Kontingenzbegriff bezieht sich auf Umstände, die weder unmöglich noch notwendig sind und sich folglich auch anders verhalten könnten. Vor diesem Hintergrund wäre keineswegs ausgeschlossen, dass man zumindest hypothetisch auf nicht-kontingente Umstände von Notwendigkeit träfe. Damit aber hätten wir das Terrain des Fundamentalismus noch nicht verlassen. Im Unterschied zu dieser Vorstellung impliziert der radikale Kontingenzbegriff, dass das modale Merkmal, weder unmöglich noch notwendig zu sein, selbst *notwendigerweise* auf *alle* Umstände zutrifft. Was damit ausgeschlossen wird, ist die Möglichkeit irgendeiner sozialen Entität, die nicht kontingent wäre. Somit verschränkt der starke Kontingenzbegriff die Möglichkeit von Identität als solcher untrennbar mit der Unmöglichkeit ihrer vollständigen, also nicht-kontingenten Konstruktion, wobei von der paradoxen oder aporetischen Notwendigkeit dieses Bandes zwischen Möglichkeit und Unmöglichkeit ausgegangen werden muss. In diesem Verständnis kann der Begriff der Kontingenz eingesetzt werden als ein operationaler Term, der die notwendige Unmöglichkeit systemischer Schließung oder, in ontologischer Terminologie, die Unmöglichkeit einer ungebrochenen Seiendheit des Seins oder Grundes bezeichnet.[8]

8 Ein ähnliches Argument bezüglich der Notwendigkeit von Kontingenz – und der Inversion dieser Relation – wurde von einem weiteren Heideggerianer der Linken geführt, Giorgio Agamben: »Die Welt ist nun auf immer notwendig kontingent und kontingent notwendig« (Agamben 2003: 42), was wiederum einen Begriff des Seins als notwendig kontingent und kontingent notwendig impliziert.

Das führt uns zu der zweiten Bedeutung des Prädikats »quasi« im dekonstruktiven Konzept des Quasi-Transzendentalismus. Die erste, um zu rekapitulieren, besteht in jener Doppelbewegung, in der sowohl die transzendentalphilosophische Befragung betont und somit ein philosophischer gegenüber einem rein empirischen Zugang gestärkt *als auch* von innen her geschwächt wird, insofern sich die Bedingung der Möglichkeit von etwas zugleich als Bedingung seiner Unmöglichkeit definieren lässt. (Der entscheidende Punkt an dieser Strategie ist, dass der traditionelle Begriff von Möglichkeit nur geschwächt werden kann, indem er *gestärkt* wird durch seine notwendige Verbindung mit dem der Unmöglichkeit. Es ist diese Verbindung, die, in Derridas Worten, nicht aufgelöst werden kann.) Doch dieses »quasi« kann nun auch auf einen Aspekt des Verhältnisses zwischen Transzendentalität und Empirizität, oder besser: *Historizität* hinweisen. In einer selbst-reflexiven Wendung auf ihren eigentlichen Status hin kann die quasi-transzendentalistische Theorie ihr »quasi« als Indikator der eigenen historischen und kontextuellen Entstehungsbedingungen verstehen und dem notwendig »überhistorischen« Status der von ihr behaupteten Quasi-Transzendentalia gegenüberstellen. Denn natürlich müssen selbst die bewusst aporetisch konstruierten (Un-)Möglichkeitsbedingungen – als Bedingungen von Signifikation oder sozialer Identität *als solcher* – über-historische oder supra-kontextuelle Geltung beanspruchen. Diese Affirmation eines überhistorischen Geltungsanspruches mag vielleicht extravagant und wenig plausibel klingen, nachdem gerade jede Form historischer Teleologie und Geschichte in Großbuchstaben verabschiedet wurde. Doch man sollte die Alternative bedenken, denn noch absurder wäre es, wollte man behaupten, ein vollständig geschlossenes und totalisiertes Signifikationssystem sei zwar heute nicht möglich, aber irgendwann in der Vergangenheit oder zu anderen Zeiten und in anderen Kontexten schon. Wäre dies der Fall, dann könnte das notwendige Band zwischen Möglichkeit und Unmöglichkeit getrennt werden – und wir wären wieder beim gewöhnlichen traditionellen Begriff von Kontingenz angelangt.

Obwohl also selbst eine quasi-transzendentalistische Theorie überhistorische Geltung beanspruchen muss, ist andererseits sowohl die Erfahrung der Krise (der Abwesenheit des »Grundes«) als auch die Realisierung dieser Krise in Form notwendiger Kontingenz immer historisch und kontextuell lokalisiert und lokalisierbar. Die Realisierungsbedingungen dieser oben entwickelten quasi-transzendentalen Bedingungen sind historisch und kontextspezifisch: Nur unter bestimmten historischen Bedingungen wird man der notwendigen Kontingenz und Grundlosigkeit von Gesellschaft begegnen, und nur innerhalb eines spezifischen Kontexts, d. h. von der ontischen Beobachtungsposition eines spezifischen Diskurses lässt sich die Abwesenheit des Grundes in jeweils von diesen Diskursen bereitgestellten Begriffen realisieren. »Kontingenz« ist letztlich nur der Name, der dem abwesenden Grund aus Perspektive theoretischer Diskurse und auf Basis des traditionellen Vokabulars und konzeptuellen Lagerbestands von Theorie und Metaphysik bzw. Modallogik gegeben wird. So kommt es nicht zur leisesten Inkohärenz, wenn behauptet wird, Kontingenz sei eine allgemeingültige Transzendentalie und von überhistorischem Status, während sowohl die Erfahrung von Kontingenz als auch deren reflexive Realisierung bestimmten historisch-empirischen Bedingungen unterworfen bleiben (weshalb Kontingenz *quasi*-transzendentalistisch im erwähnten zweiten Sinn von »quasi« ist).

An diesem Punkt erweist der bereits andiskutierte Begriff des »Moments« seine ganze Produktivität. Selbst für einen Evolutionisten wie Luhmann steht fest, dass die Begegnung mit dem Kontingenten und Paradoxen historisch immer schon möglich war, auch wenn sie nur in wenigen Systemen oder Diskursen (wie in der Mystik und der Rhetorik) realisiert wurde. Wenn die Begegnung mit Kontingenz immer schon möglich war, jedoch nicht immer aktualisiert wurde, dann muss es von spezifischen Umständen abhängen, damit Kontingenz realisiert wird. Es muss von einer gegebenen historischen *Konstellation* abhängen, ob das Moment der Kontingenz auftritt und aus Perspektive bzw. mithilfe der Sprachspiele jener Diskurse, auf die es trifft, realisiert wird. Dieses Moment der Begegnung mit Kontingenz kann – aus Perspektive der politischen Theorie – als *Moment des Politischen* bezeichnet werden (in Anlehnung an Pocock 1975, Palonen 1998). Politisch an Kontingenz ist genau die Erfahrung, dass die Dinge auch anders liegen können, dass Gesellschaft auch anders geordnet sein kann. Und diese Erfahrung entspringt nicht nur Momenten allgemeiner Krise, sondern im Besonderen Momenten des Konflikts, in dem das Aufeinanderprallen sozialer Kräfte Kontingenzbewusstsein erzeugt.

Um zusammenzufassen: Im ersten Abschnitt dieses Kapitels, das der Diskussion des Fundamentalismus gewidmet war, hatten wir behauptet, die quasi-transzendentalen (Un-)Möglichkeitsbedingungen sollten nicht mit empirischen Möglichkeitsbedingungen verwechselt werden; nun wurde diese Behauptung um den Hinweis ergänzt, dass umgekehrt die Realisierung der quasi-transzendentalen Bewegung ihrerseits empirischen Ermöglichungsbedingungen unterliegt. Nachdem wir zuerst einen radikalen Graben zwischen dem Empirischen und dem Transzendentalen entdeckt hatten, entdecken wir nun einen Zirkel: Das Historische ist selbst die (sich immer verändernde) Entstehungsbedingung des Transzendentalen. Von dieser Anerkennung des Geschichtlichen legt das »quasi« Zeugnis ab – und damit von der immer spezifischen Konstellation, welche vom Erscheinen des postfundamentalistischen Moments, d. h. der Realisierung der transzendentalen Notwendigkeit von Kontingenz und der Unmöglichkeit eines letzten Grundes, vorausgesetzt wird. Diese ermöglichende Konstellation ist radikal historisch-empirisch und gehört, heideggerianisch gesprochen, dem Bereich des Ontischen an, was bedeutet, dass die Realisierung der Notwendigkeit von Kontingenz ein selbst *nicht-notwendiges* Resultat historischer Umstände ist. Nur aufgrund einer partikularen historischen Konjunktur ist es überhaupt möglich geworden, den fundamentalistischen Horizont in Frage zu stellen und ein postfundamentalistisches Gegenkonzept von Kontingenz bzw. von Grundlosigkeit zu entwickeln.

3.5. Moment und Konstellation

Welche Schlussfolgerungen müssen aus dem eben Gesagten für eine Untersuchung der Geschichte postfundamentalistischen Denkens gezogen werden, vor allem eines Denkens des Politischen? Ein entsprechender Ansatz wird nach dem Moment des Politischen *innerhalb* des historischen Kontinuums politischer Theorien suchen, wie er etwa von der Begriffsgeschichte beschrieben wurde, ohne deshalb den quasi-transzendentalen Anspruch, den er mit diesem Moment *als Moment* verknüpft, aufzugeben. Denn soweit dieses Moment die Begegnung mit den quasi-transzendentalen Bedingungen *aller* Identität markiert, muss es streng genommen *außerhalb* des historischen Kontinuums lokalisiert werden. Damit ist gesagt: Statt im Postfundamentalismus eine neue Erfindung unserer modernen oder postmodernen Zeit zu sehen, muss darauf bestanden werden, dass ein Moment radikaler, d. h. notwendiger Kontingenz immer schon durch gewisse Diskurse realisiert wurde. Doch auch wenn der transzendentale Status des radikalen Kontingenzbegriffs von historizistischen oder nominalistischen Beschreibungen nicht eingefangen werden kann, macht das Begriffsgeschichte noch nicht überflüssig. Denn dieses im »Außen« verortete Moment ist seinerseits wiederum nur realisierbar *innerhalb* einer bestimmten historischen Konstellation. Und da es immer nur im Inneren eines historischen Kontinuums wahrgenommen und realisiert werden kann, wird man die Konstellation beschreiben müssen (besonders die theoretisch-konzeptuelle Konstellation, doch ebenso deren Verbindung zu nicht-theoretischen Diskursen), in welcher dieses Moment aufbricht, in ein immer spezifisches konzeptuelles Licht getaucht wird und dabei unterschiedliche Namen annimmt, darunter »Ereignis«, »Freiheit« oder »Antagonismus«. Den methodologischen Implikationen einer solchen historiographischen Unternehmung werden wir uns in Kapitel 9 zuwenden.

Aus diesem Grund wird man sowohl die anti- oder postfundamentalistischen Kämpfe gegen das fundamentalistische Paradigma (bzw. innerhalb des fundamentalistischen Paradigmas) analysieren müssen als auch deren langsame und doch stetige Ausweitung zu den Rändern hin und zu Bruchstellen eines neuen Intelligibilitätshorizontes. Diese Auseinandersetzungen können in gramscianischer Metaphorik als eine Art Stellungskrieg beschrieben werden, in dem das postfundamentalistische Paradigma nur graduell Gelände gewinnen konnte (siehe hierzu Kapitel 10). Im Rahmen einer solchen Unternehmung mag es immer Gegenstand von Interpretationen bleiben, ob ein bestimmter Autor tatsächlich den radikalen Kontingenzbegriff oder nicht eher eine Version des traditionellen Kontingenzbegriffs formulierte – und vieles spräche dafür, Machiavelli als den historisch Ersten zu benennen, der mit seiner Konzeption politischer Autonomie auf eine kohärente Version des radikalen Kontingenzbegriffs stieß. Es könnte sogar argumentiert werden, dass der Begriff der Kontingenz in seiner Radikalität nur aus unserer eigenen historischen Erfahrung heraus retrospektiv früheren Zeiten zugeschrieben werden kann. Und dennoch, der Umstand, dass es sich bei diesem Begriff selbst um ein historisches Produkt mit einem bestimmten Herstellungs- und, womöglich, einem bestimmten Verfallsdatum handelt, schwächt in keiner Weise dessen Anspruch, die überhistorisch quasi-transzendentalen Bedingungen der (Un-)Möglichkeit aller signifikatorischen Systeme oder sozialen Identitäten zu beschreiben. So muss eine klare Unterscheidung getroffen werden zwischen notwendiger und nicht notwendiger Kontingenz. Historisch-kontextuelle Schattierungen oder Abstufungen bezüglich dieser Unterscheidung sind unzulässig: Entweder ist Kontingenz ontologisch notwendig, oder sie ist es nicht (behaupten zu wollen, sie sei nur »ein wenig« oder »nicht ganz« notwendig und immer noch von notwendiger Kontingenz sprechen zu wollen, wäre absurd, da man Kontingenz auf diese Weise auf eine ontische Kategorie reduzieren würde und damit jenen Unterschied verneinte, den man eigentlich zu definieren beabsichtigt). Deshalb lautet die entscheidende Frage bezüglich der quasi-transzendentalen Bedingungen jeder Identität nicht so sehr, ob frühere Perioden von Kontingenz gezeichnet waren, sondern wie die *Begegnung* mit Kontingenz – zum Beispiel in Form von Paradoxa, im Bild der *fortuna* oder des *kairos*, im Begriff der Freiheit, des Antagonismus oder der »Demokratie« – jeweils realisiert und akzeptiert oder verleugnet oder gar verworfen wird.

Daher ist es von entscheidender Bedeutung, den Diskurs der Geschichtswissenschaft um jenen der Philosophie zu ergänzen, denn die quasi-transzendentale Dimension ist am besten beschreibbar mithilfe der konzeptuellen Ressourcen, die vom philosophischen Diskurs zur Verfügung gestellt werden. Was ein historizistischer Blick – der durch die Selbstbeschränkung auf die ontische Ebene des historischen Auftretens eines bestimmten Begriffs bestimmt ist – nicht erfassen kann, ist die Quelle oder der Grund/Ab-grund solcher Quasi-Begriffe. Denn im Moment des Politischen entsteht nicht nur eine Krise innerhalb eines spezifischen Diskurses (die alleine nur zu einer Begriffsverschiebung führen würde), sondern es kommt zu einer Begegnung mit der Krise bzw. dem Zusammenbruch diskursiver Signifikation als solcher – in politischen Begriffen: zur Begegnung mit dem abwesenden Grund der Gesellschaft. Es ist diese Realisierung der Grundlosigkeit des Sozialen in der Gesamtheit alles Diskursiven, nicht nur die Realisierung der Grundlosigkeit einiger Diskurse in ihrer Partikularität, die die emergente postfundamentalistische Konstellation charakterisiert. Die sogenannte Moderne besteht in wesentlichem Ausmaß in der Generalisierung des Moments des Politischen als Moment von Grundlosigkeit und von Kontingenz. In dieser Krise des fundamentalistischen Horizonts beginnt sich, ausgehend von den Rissen und Brüchen in den alten Fundamenten, ein neuer Horizont zu entwickeln. Mit den Worten Ernesto Laclaus:

> Das Verschwinden des Mythos von den Grundlagen lässt nicht das Phantom ihrer eigenen Abwesenheit verschwinden. Diese Abwesenheit ist – zumindest im letzten Drittel des 20. Jahrhunderts – Bedingung der Möglichkeit, um die historische Validität unserer Projekte und deren radikale metaphysische Kontingenz zu affirmieren. Diese doppelte Einschreibung konstituiert den Horizont postmoderner Freiheit, wie auch das spezifische Metanarrativ unserer Zeit (Laclau 1989: 81).

II.
Spielformen der politischen Differenz

Kapitel 4
Der Entzug des Politischen: Jean-Luc Nancy

4.1. Philosophie und das Politische: die Dekonstruktion des Politischen

Jede Untersuchung des sozialen Postfundamentalismus und der konzeptuellen Differenz zwischen Politik und dem Politischen wird berücksichtigen müssen, was am *Centre de recherches philosophiques sur le politique* zwischen 1980 und 1984 präsentiert wurde. Das *Centre*, gegründet von Philippe Lacoue-Labarthe und Jean-Luc Nancy, erwies sich als der bislang einflussreichste Diskussionskontext, in dem der Begriff des Politischen bzw. die Differenz zwischen Politik und dem Politischen bearbeitet wurde. Die Weise, in der etwa Claude Lefort oder Alain Badiou ihre eigenen Spielformen der politischen Differenz entwickeln (oftmals in Distanzierung zu Nancys und Lacoue-Labarthes Version), ist entscheidend von den Diskussionen am *Centre* beeinflusst. Der in den folgenden Kapiteln eingeschlagene theorievergleichende Zugang wird uns ein tiefer gehendes Verständnis jener Spielformen der politischen Differenz ermöglichen, die sich von den unterschiedlichen, wiewohl zueinander in Verhältnis stehenden Ansätzen des Linksheideggerianismus herschreiben. Bei diesen Ansätzen handelt es sich, in der einen oder anderen Weise, um Kontingenztheorien; sie teilen einen starken Begriff des Ereignisses; sie gestehen Teilung und Antagonismus eine zentrale Rolle zu; sie alle verneinen die Möglichkeit eines ultimativen Fundaments des Sozialen und »gründen« sich dennoch auf einer je spezifischen Variante der ontologischen Differenz im Gewand der politischen. Die Theoretiker, die in diesen Kapiteln diskutiert werden, repräsentieren unterschiedliche Orientierungen des Linksheideggerianismus, und dieser Umstand bestimmt zugleich die spezifische Theoretisierung der politischen Differenz in ihrem Werk: Während Nancy und Lacoue-Labarthe aus der Perspektive der Dekonstruktion arbeiten, ist Claude Leforts Werk von Maurice Merleau-Ponty, Lacan und Heidegger beeinflusst. Alain Badious Werk kann als ein lacanianischer Beitrag zur Diskussion verstanden werden, und Ernesto Laclau und Chantal Mouffe beginnen mit einer dekonstruktiven Denkbewegung, die einige Foucault'sche Elemente einschließt und bald lacanianische Theorieimporte forciert. Jacques Rancière, der vielleicht am weitesten von Heidegger entfernte Autor, entwickelt eine an Foucault geschulte Version der politischen Differenz, während Giorgio Agamben einen benjaminianisch-heideggerianischen Ansatz verfolgt.

Wenn wir uns nun der dekonstruktiven Spielform zuwenden, dann muss das Kolloquium zu Jacques Derridas Text »Fins de l'homme«, das kurz vor der Eröffnung des *Centre* 1980 stattfand, als Präludium zu Nancys und Lacoue-Labarthes späterer Arbeit zum Politischen gelten (Lacoue-Labarthe/Nancy 1981a). Die Frage des Politischen wurde in einem Seminar aufgebracht, in dem Derridas Werk hinsichtlich seiner politischen Relevanz bzw. seiner Relevanz in Bezug auf das Politische diskutiert werden sollte, doch die Teilnehmer und Teilnehmerinnen gingen mit ihrer Befragung der eigentlichen Natur des Verhältnisses zwischen Politik und Philosophie über die bloße Interpretation des Derrida'schen Werks hinaus. Besonders wurde diese Problematik in Lacoue-Labarthes Beitrag zum Seminar aufgebracht, und sie sollte in den Folgejahren im Zentrum des gemeinsamen theoretischen Projekts von Nancy und Lacoue-Labarthe stehen, ja als eine Art Generalbass durchdringt sie die Arbeiten Nancys bis heute.

Lacoue-Labarthe forderte mit seiner Intervention eine Dekonstruktion des Politischen und zugleich – was damit Hand in Hand zu gehen habe – eine Neubestimmung der Frage des Politischen ein. Dies auf Basis der für Lacoue-Labarthe und Nancy essenziellen Frage »des Bandes, das untrennbar das Politische mit dem Philosophischen verknüpft« (Lacoue-Labarthe/Nancy 1997: 95). Diese Dekonstruktion des Politischen (in Hinsicht auf das Philosophische) folgt der Spur dessen, was von nun an in Nancys und Lacoue-Labarthes Arbeit als »Entzug des Politischen« (*retrait du politique*) bezeichnet werden sollte (siehe besonders Lacoue-Labarthe/Nancy 1981b; 1983). Dies bedeutet, »dass die eigentliche *Frage* des Politischen sich zurückzieht und einer Art Öffentlichkeit der Politik oder des Politischen Platz macht – einem ›alles ist politisch‹« (Lacoue-Labarthe/Nancy 1997: 97), dem wir uns, Lacoue-Labarthe zufolge, nicht nur in totalitären Staaten, sondern auch in liberalen Demokratien unterwerfen. An der Moderne diagnostiziert er, Hannah Arendts Totalitarismusdiagnose folgend, die bedingungslose

Herrschaft des Politischen. Das *totalitäre Faktum* – das sowohl den Einparteienstaat als auch die »psychologische Diktatur« (worunter er das Regime westlich-liberaler Demokratien versteht) umfasst – begleitete historisch das Ende der Philosophie oder die *Vollendung des Philosophischen*. Die bedingungslose Herrschaft des Politischen repräsentiert in all ihren Formen daher die Vollendung eines philosophischen Programms. Mit anderen Worten, das philosophische Begehren par excellence besteht immer in dem Versuch, das philosophische Programm praktisch (i. e. politisch) zu realisieren. Das totalitäre Faktum, in dem alles politisch wird, stellt nichts anderes dar als den Versuch einer solchen Realisierung.

Um nun das Politische *als Frage* neu zu etablieren, müsse diese politische Offensichtlichkeit des »Alles-ist-politisch« reaktiviert werden, die einer wirklichen Neubestimmung des Politischen im Wege stehe. Wollen wir das Politische dekonstruieren, müssen wir uns vom philosophischen Begehren nach praktischer Realisierung distanzieren. Unter »Entzug des Politischen« versteht Lacoue-Labarthe im Wesentlichen eine »Geste der Dissoziation« vom Philosophischen. Doch dürfe solch eine Dissoziation keinen sicheren Hafen suchen, da es kein Rückzugsgebiet (eine weitere Bedeutungsschattierung von *retrait*) außerhalb oder jenseits des Philosophischen gibt. Aus diesem Grund kann der Entzug nicht so verstanden werden, als hieße es, »sich vom Politischen abzuwenden und zu etwas anderem überzugehen« (1997: 96). Man habe sich mit dem Entzug im Medium der Philosophie auseinanderzusetzen via *Dekonstruktion des Politischen*. Dies ist natürlich eine Aufgabe von immensem Ausmaß, die, da das Politische und das Philosophische wesentlich miteinander verschränkt sind, nach Lacoue-Labarthe das Gesamte der Philosophie umfasst.

Was hier, am Kolloquium zu Derridas »Fins de l'homme« präsentiert wurde, enthielt *in nuce* viele der zentralen Themen, die Nancys und Lacoue-Labarthes spätere Texte bestimmen sollten: die notwendige Verschränkung des Philosophischen mit dem Politischen, die Dringlichkeit einer Dekonstruktion des Politischen, sowie dessen Befragung auf Basis des historischen Faktums seiner Omnipräsenz. Diese Themen wurden nur kurz nach dem Kolloquium wieder aufgenommen, als das *Centre* im November 1980 an der École Normale Supérieure in Paris eröffnete. In ihrem Inaugurationsstatement formulierten Nancy und Lacoue-Labarthe die zentrale Frage, deren Beantwortung zur Aufgabe dieser Institution wurde: »Wie lässt sich (wenn man das überhaupt kann) heute befragen, was provisorisch als *Wesen des Politischen* bezeichnet werden muss?« (Lacoue-Labarthe/Nancy 1981b: 105)

4.2. Der »Entzug« des Politischen

Unter »Wesen« dürfen wir selbstverständlich keine ewige oder unwandelbare platonische Idee des Politischen verstehen. Was die Autoren Wesen nennen, enthüllt sich nur als etwas, das abwesend bleibt oder, heideggerisch gesprochen, *abwest/anwest* in der Bewegung seines Sich-Zurückziehens. Es empfiehlt sich daher, mit einer kurzen Überlegung zu Nancys und Lacoue-Labarthes Umkreisen des Begriffs *retrait* zu beginnen. Der Begriff wird zumindest in zweierlei Bedeutungen verwendet. Erstens, im Sinne der blendenden Offensichtlichkeit des »Alles ist politisch«: Das Politische zieht sich vor unseren Augen zurück, und wir sind vom Umstand geblendet, dass wir es *nicht nicht sehen können*. Genau darin besteht sein »Entzug«. Im zweiten Sinne konstituiert dieser Entzug ein »Wiederverfolgen der Spur des Politischen durch dessen Wiedermarkierung, indem die Frage auf neue Weise aufgebracht wird« (Lacoue-Labarthe/Nancy 1997: 112). Das Politische verschwindet nicht spurlos, vielmehr folgt es seiner eigenen Spur in Form einer Frage, die sich aufs Neue aufdrängt. Die Behauptung der Autoren läuft daher auf etwas anderes hinaus als auf ein triviales: »Wo alles politisch ist, ist nichts mehr politisch«. Die Gleichung geht nicht ohne Rest auf, denn es wird immer ein wenig mehr geben als »nichts mehr«, nämlich die Spur von Abwesenheit bzw. des Entzugs selbst. Der Entzug in diesem zweiten Sinn würde also den Konturen der verlorenen Spezifik des Politischen nachspüren und nach Gelegenheiten für eine Neuerfindung seiner tatsächlichen Bedingungen suchen. Wir sind so mit einer doppelten Bewegung konfrontiert, deren konzeptuelle Aspekte mit dem Namen Heidegger verbunden sind.

Heideggers Begriff *Entzug*, der offenbar Pate für Nancys und Lacoue-Labarthes Begriff des *retrait* gestanden hat, korrespondiert mit seinem Begriff von *Seinsverlassenheit*. Aus Heideggers Sicht zieht sich, um es etwas schematisch darzustellen, Sein zurück aufgrund unserer allzu intensiven Konzentration auf den Bereich des

Seienden, was zur Vergessenheit in Bezug auf Sein führt. Doch kann das Sein nur der Vergessenheit anheimfallen, weil es sich bereits zurückgezogen hat. Hinter unserer Konzentration auf das Seiende vergessen wir nicht nur Sein, sondern auch die epochale Tatsache, dass das Sein sich gewissermaßen immer schon entzogen hat. Somit darf *Seinsvergessenheit* nicht nur verstanden werden als Vergessenheit in Bezug auf das Sein, sondern muss, was wesentlich schwerer wiegt, verstanden werden als Vergessenheit in Bezug auf *Seinsverlassenheit*, auf den Entzug des Seins (so dass die *Seinsvergessenheit* des Menschen die ontologische und historische Bedingung der *Seinsverlassenheit* voraussetzt, Heidegger 1994: 114).[1] Nancys und Lacoue-Labarthes Projekt wird in großem Ausmaß in einer kritischen politischen Reformulierung dieser Heidegger'schen Themen bestehen. Im Besonderen impliziert ihre Anlehnung an Heideggers Ideen von Seinsverlassenheit und Seinsvergessenheit, dass sich die Differenz zwischen Politik und dem Politischen mit der ontologischen Differenz begründet assoziieren lässt (auch wenn Nancy und Lacoue-Labarthe dies nicht ausdrücklich tun), weil Seinsvergessenheit für Heidegger in letzter Instanz nicht so sehr von der Vergessenheit in Bezug auf das Sein handelt als von Vergessenheit in Bezug auf die ontologische Differenz – die Differenz zwischen Sein und Seiendem – *als Differenz*.

Bleiben wir, bevor wir einige der quasi-transzendentalen Aspekte des Entzugs des Politischen, wie sie von Nancy und Lacoue-Labarthe hervorgehoben wurden, genauer untersuchen (ich denke vor allem an solche Begriffe wie Grund, Endlichkeit, Relation, Gemeinschaft, Mit-Sein usw.), für einen Augenblick bei der Idee einer »sich selbst-verbergenden Geschichte«, in der sich der Rückzug des Politischen entfaltet. In einem Zeitalter, in dem »alles politisch« geworden sei, werde das Politische ja gerade unter Bedingungen seiner Offensichtlichkeit, so argumentieren Nancy und Lacoue-Labarthe, *unoffensichtlich* oder *unscheinbar* – eine Unscheinbarkeit, die »in

1 Doch ist wichtig zu verstehen, dass nach Heidegger, selbst wo er von einer destinalen Struktur von *Geschick* spricht, wir in keiner Weise einem unentrinnbaren Schicksal ausgeliefert sind: Weder müssen wir uns dem Rückzug des Seins blind anschließen, noch macht es Sinn, dass wir uns ihm blind verweigern oder dagegen rebellieren. Vielmehr ist entscheidend, darüber nachzudenken, was sich durch sein Entbergen gerade verbirgt, denn, so Heidegger, »das Seyn *verbirgt sich* in der Offenbarkeit des Seienden« (1994: 111).

direkter Relation zu seiner Allmächtigkeit steht« (Lacoue-Labarthe/Nancy 1983:188). Nancy und Lacoue-Labarthe nehmen das Offensichtliche ernst, beschreibt es doch die eigentliche Kondition einer Zeit, »in der das Politische sich bis hin zu jenem Punkt vollendet hat, an dem es jeden anderen Referenzbereich ausschließt« (Lacoue-Labarthe/Nancy 1997:111). Somit gleicht das Politische dem, was sie – mit Rekurs auf Hannah Arendt – als das *totalitäre Phänomen*, als den »unüberschreitbaren Horizont unserer Zeit« (ebd.) bezeichnen. Bevor wir also weitergehen, müssen wir fragen, worin genau Nancys und Lacoue-Labarthes Verständnis von Totalitarismus besteht.

Im weiten Sinn bezeichnet Totalitarismus die Verschmelzung des Politischen mit unterschiedlichen autoritären Diskursen, worunter sich sozio-ökonomische, technologische, kulturelle oder psychologische Diskurse zählen lassen. Zugleich mutiert das Politische selbst – unter anderem aufgrund des Verschwindens des öffentlichen Raumes oder seine Verwandlung ins Spektakel – zu »technologischen« Formen des Management oder der Organisation; ein Prozess, der genuin politische Stimmen zum Schweigen bringt. Liberale Demokratien, hierin unterscheidet sich Nancys und Lacoue-Labarthes Verständnis von Totalitarismus von den sogenannten Totalitarismustheorien, werden nicht vom Kreis der Regierungsformen ausgenommen, die diese Mutation vorantreiben (was ohnehin eine wenig überzeugende Ausnahme darstellen würde, bedenkt man ihr Argument bezüglich der *all-umfassenden* epochalen Natur der »ungeteilten Herrschaft des Politischen«, Lacoue-Labarthe/Nancy 1983:188). Der »neue Totalitarismus« kann, in einem ersten Schritt, an drei grundsätzlichen Merkmalen erkannt werden: zum Ersten am Sieg des *animal laborans*; zum Zweiten an der »Rückgewinnung des ›öffentlichen Raums‹ durch das Soziale« (1983:192), was impliziert, dass das soziale Leben nicht länger durch öffentliche oder politische Zielsetzungen bestimmt ist; und zum Dritten durch den Verlust an Autorität und Freiheit gegenüber der Transzendenz eines Grundes. Der letzte Punkt markiert eine Differenz zwischen dem »neuen« und dem »klassischen Totalitarismus«. Inkorporierte Letzterer jede Form von Transzendenz (Nancy und Lacoue-Labarthe geben das Beispiel der Vernunft der Geschichte im Fall des Stalinismus und der Politik als plastischer Kunst im Fall des Nazismus), löst Ersterer Transzendenz in alle Lebensbereiche auf. Zurück bleibt ein Zustand der Immanenz, ein Regime (im weitesten Sinne des Wortes), das von Nancy später *Immanentismus* genannt werden wird.

In Nancys und Lacoue-Labarthes Argument bezüglich der »totalen Immanenz oder der totalen Immanentisierung des Politischen im Sozialen« (Lacoue-Labarthe 1995: 115) wird man leicht wiedererkennen, was wir in Kapitel 2 als jene Kolonisierungsthese beschrieben haben, die auf die eine oder andere Art in fast allen Theorien, die die politische Differenz kennen, aufscheint. So wird üblicherweise die Diagnose erstellt, das Politische, das Öffentliche oder die *polis* würden zunehmend von den Kräften des Sozialen und der Gesellschaft kolonisiert. Auch bei Nancy und Lacoue-Labarthe ist es der »öko-sozio-techno-kulturelle« (Lacoue-Labarthe/Nancy 1983: 191) Komplex, der die *polis* zu übernehmen droht und den Rückzug des Politischen antreibt. Die Kolonisierungsthese trägt in den entsprechenden Theorien wesentlich dazu bei, die Differenzierung zwischen Politik in einem defizitären Sinn und einem starken Begriff des Politischen zu plausibilisieren und mit Evidenz auszustatten.[2] Bevor wir auf Nancys und Lacoue-Labarthes Version der politischen Differenz zu sprechen kommen, müssen wir zuerst die Gründe identifizieren, warum sie dem philosophischen Diskurs verpflichtet bleiben (auch wenn Philosophie an ein Ende gekommen ist und, worauf sie zugleich bestehen, *nicht aufhört*, an ein Ende zu kommen), statt sich der Politikwissenschaft oder der politischen Theorie zuzuwenden. Diese Entscheidung hat etwas zu tun mit dem von Nancy und Lacoue-Labarthe diagnostizierten Entzug des Politischen und dem Voranschreiten des Sozialen. Alles in allem ist das, was sie den »neuen Totalitarismus« nennen, gekennzeichnet von der totalen Erfüllung und restlosen Herrschaft des Politischen – und damit »der Erfüllung des Philosophischen« (1983: 188).

An diesem Punkt des Arguments entsteht eine gewisse Komplikation, da in Analogie zur Unterscheidung zwischen dem Politischen und der Politik, auf die wir gleich kommen werden, eine Unterscheidung zwischen dem Philosophischen und der Philosophie ein-

2 Es sei hier dahingestellt, ob die »Evidenzen« nicht möglicherweise täuschen könnten, ob also von einer Kolonisierung und Zurückdrängung des Politischen durch das Soziale tatsächlich die Rede sein kann. Andere Indikatoren, etwa das Aufblühen Neuer Sozialer Bewegungen, könnten in eine andere, optimistischer stimmende Richtung weisen.

geführt wird.[3] Lacoue-Labarthe und Nancy erklären, sie hätten den Begriff des Philosophischen eingeführt, um den Heidegger'schen Begriff der Metaphysik zu vermeiden (und damit der Sprache des Heideggerianismus zu entkommen), auch wenn Letzterer, wie sie zugeben, »tatsächlich die gleiche Sache ist« (185). Das Philosophische soll – wie der Begriff der Metaphysik bei Heidegger – keine bestimmte philosophische Disziplin bezeichnen, sondern vielmehr eine allgemeine, historisch-strukturelle Konstellation des Westens. Es wird zugestanden, man könne für dieselbe Konstellation auch andere Begriffe verwenden (wie etwa »Zivilisation«, »Kultur« oder »Ideologie«), diese seien aber nicht unschuldiger und genauso vom philosophischen Diskurs markiert, während der Begriff des Philosophischen wenigstens für das stehe, was er ist. Philosophie hingegen sei »jedesmal die Thematisierung, die Präfiguration oder Antizipation, die Reflexion (kritisch oder nicht), die Kontestation« *des Politischen*, »das die Grenzen eines im Grunde weitgehend eingehegten Feldes der Operationen tatsächlichen Philosophierens übersteigt« (186).

Wenn wir nun unter dem Philosophischen nichts rein Akademisches verstehen, sondern einen von mehreren möglichen Namen für die strukturelle Kondition unserer Gesellschaften, dann wird es möglich, aus Perspektive unserer eigenen Untersuchung, in dieser historisch-systematischen Struktur wiederzufinden, was wir in der Einleitung den *fundamentalistischen Horizont* genannt hatten. Das Philosophische müsste als Diskurs, ja Instanz der Grundlegung verstanden werden. Die postfundamentalistische Alternative bestünde hingegen darin, in den Spalten und Brüchen des Philosophischen zu navigieren. Das erklärt, warum Philosophie als eine akademische Unternehmung – als *disziplinärer* Diskurs des Fundamentalismus – für Nancy und Lacoue-Labarthe das Wesen des Politischen nicht befragen kann.[4] Und doch ist es unmöglich, das diskursive Feld der

3 Das Bild wird besonders konfus dadurch, dass Nancy und Lacoue-Labarthe sich nicht an ihr eigenes Lexikon halten. Während sie beispielsweise in der Eröffnungsadresse des *Centre* klar zwischen dem Philosophischen und der Metaphysik unterscheiden, sagen sie zwei Jahre später, beides würde aufs Gleiche hinauslaufen und müsse vielmehr von Philosophie unterschieden werden. In dieser Untersuchung verstehe ich diese zweite Position als Klarstellung und behandle die Begriffe Metaphysik und »das Philosophische« als Synonyme, womit die Betonung auf der Differenz zwischen dem Philosophischen und Philosophie liegt.

4 Lacoue-Labarthe und Nancy fassen das Problem folgendermaßen: »Es ist, als hät-

Philosophie gänzlich hinter sich zu lassen, auch wenn die Philosophie an ihrem Endpunkt angekommen ist. Denn wohin sollten wir uns *zurückziehen*? Nancy und Lacoue-Labarthe insistieren, dass es kein Sich-Entziehen vom Sich-Entziehenden gibt, keinen Rückzug (kein Rückzugsgebiet) außerhalb des Rückzugs.

Aus der notwendigen Zusammengehörigkeit des Politischen mit dem Philosophischen folgt, dass die Antwort auf den Rückzug des Politischen für Nancy und Lacoue-Labarthe nicht in einer frontalen Kritik der Philosophie bestehen kann – was eine fruchtlose Unternehmung wäre –, sondern nur in einer philosophischen Befragung des Philosophischen hinsichtlich des Politischen und umgekehrt: »Tatsächlich eröffnet sich das Politische selbst, seine Frage und Dringlichkeit, *aus* dem Rückzug des Politischen *heraus*. Und es eröffnet sich als unvermeidlich *philosophisch*« (195). Aus den gerade erwähnten Gründen stellt die traditionelle Subdisziplin der politischen Philosophie kein angemessenes Medium für eine solche Befragung dar, aber die Disziplin der Politikwissenschaft wäre noch unangemessener, denn die Frage des Politischen kann nicht empirisch behandelt oder gar beantwortet werden.[5] Auch wenn der Horizont des Philosophischen sich also entzieht und zu einem Ende kommt, kann man nicht einfach aus ihm heraustreten. Man muss, mit einer Bewegung, die in der Lacan'schen Psychoanalyse wohl als »Durchquerung des Phantasmas« bezeichnet werden würde, den Horizont von innen her befragen und in Frage stellen – und sofern der Diskurs des Empirischen selbst Bestandteil des fundamentalistischen Horizonts ist, würde ein rein szientifischer Zugang zum

te es Philosophie in der Bewegung ihrer eigenen Destitution nicht gewagt, an das Politische zu rühren, oder als hätte das Politische nicht aufgehört, in welcher Form auch immer, sie einzuschüchtern. [...] Und als wäre das Politische letztlich, paradoxerweise, der *blinde Punkt* des Philosophischen geblieben« (Lacoue-Labarthe/Nancy 1997: 112).

5 Nancy und Lacoue-Labarthe versuchen tatsächlich beide Alternativen zu umgehen. Beide werden als Sackgassen identifiziert: Die politische Philosophie ist jenes Genre, das mit der normativen Grundlegung sozialer Ordnung beschäftigt ist, die Politikwissenschaft wiederum ist dem Empirizismus verfallen. Wie Nancy unterstreicht, ist »der Typ von Operation, mit dem hier begonnen werden muss, weder auf empirische Untersuchungen noch auf ausschließlich ›inner-philosophische‹ Analysen reduzierbar« (in Lacoue-Labarthe/Nancy 1998: 136 f.). Die Befragung des Politischen geschieht daher in Absetzung von beiden Zugängen zu »politischen Fragen«.

Politischen nur auf die Verleugnung des Philosophischen, nicht auf dessen Befragung hinauslaufen.

4.3. *La politique* und *le politique*

Wenn wir uns, anders gesagt, diesem Problem aus Perspektive der ontologischen Differenz *als Differenz* annähern – die sich, vor dem Hintergrund des Nancy'schen Modells, nun als Entzug des Philosophischen verstehen lässt –, dann darf unser Denken sich nicht auf die ontische Ebene konzentrieren, sondern muss das Spiel zwischen dem Ontischen und dem Ontologischen berücksichtigen. So gesehen darf es nicht verwundern, dass Nancy und Lacoue-Labarthe proklamieren, sie hätten keine »Ambitionen auf *politische Theorie* und damit auf nichts, was eine ›Politikwissenschaft‹ oder ›Politologie‹ heraufbeschwören könnte« (Lacoue-Labarthe/Nancy 1997: 108). Aber machen damit Nancy und Lacoue-Labarthe nicht den spiegelbildlichen Fehler, jede Verbindung zum Ontischen, zum Bereich der Empirie und zur Wissenschaft zu kappen? Andere Vertreter des Postfundamentalismus versuchen dies jedenfalls zu vermeiden und, wie Laclau, Philosophie und Theorie mit Methoden empirischer politischer Analyse zu verbinden. Stellen wir die Diskussion unseres Verdachts eines gewissen Philosophismus Nancys noch kurz zurück und wenden uns dem eigentlichen Kern der politischen Ontologie Nancys zu: der Differenz zwischen *la politique* und *le politique*.

Nancys und Lacoue-Labarthes Version der Differenz zwischen *la politique* oder Politik und *le politique* oder dem Politischen – die auf spätere Debatten bezüglich der politischen Differenz großen Einfluss ausüben sollte – muss vor dem Hintergrund ihrer Kritik des Fundamentalismus in seinen »philosophischen« (im disziplinären Sinn des Begriffs, einschließlich der Disziplin politischer Theorie) wie szientistischen Varianten verstanden werden. Wenn sie zu Wachsamkeit in Bezug auf die szientistische Reduktion von Phänomenen auf positiv gegebene empirische Fakten aufrufen, so aufgrund der Reduktion des Politischen und dessen Rückzug auf Politik als einer distinkten Subdomäne des Sozialen – eine Reduktion, in der wir nichts anderes als eine metaphysisch-technologische Variation der Reduktion des Spiels des »Seyns« auf die Ebene des Seienden sehen dürfen: »Wachsamkeit ist sicherlich vonnöten, heute mehr denn je, was jene Diskurse betrifft, die Unabhängigkeit vom Philosophischen heucheln und entsprechend behaupten, das Politische wie eine distinkte und autonome Domäne zu behandeln« (1997:109).

Insofern sie darauf bestehen, sich dem Politischen nur in Form seines Rückzugs anzunähern, müssen Nancy und Lacoue-Labarthe darauf bedacht sein, es vom positiv gegebenen Raum der Politik zu differenzieren. Indem sie also den Begriff *des Politischen* verwenden, zielen sie explizit darauf ab, von etwas anderem als von *Politik* zu sprechen (110). Beispiele für Letztere wären die Politiken »der Chinesischen Kaiser, der Benin-Könige, Ludwig des Vierzehnten oder der deutschen Sozialdemokratie« (125). In all diesen Fällen beschreibt Politik eine gewisse Domäne oder Handlungsform, die bestimmten sozialen Akteuren zugeschrieben wird. Man kann sogar einen Schritt weiter gehen und annehmen, Politik sei eine Form technologischen Handelns und Denkens, die heute hauptsächlich in institutionalisiertem Sozialmanagement besteht, sowie in den von Foucault beschriebenen *gouvernementalen Technologien* oder der Polizei, während das Politische keinesfalls auf Administrationsaufgaben reduziert werden könne. Politik gehört dem Bereich der Kalkulation an, in dem sich alle auftretenden Probleme durch administrative Maßnahmen »lösen« lassen, während alles Fragenswerte, d.h. *Fragwürdigkeit als solche*, verschwindet.

Die meisten Kommentatoren Nancys und Lacoue-Labarthes verstanden die politische Differenz auf diese Weise. Patrice Loraux etwa schlug in einer Diskussion mit Nancy und Lacoue-Labarthe vor, Politik folgendermaßen zu definieren: »Wenn *das Politische* das ist, worauf in einem Rückzug gezielt wird, dann wäre *Politik* der Zustand des ›alles ist politisch‹ und *eine* Politik ... Organisation, Bricolage, Institution (*eine* Politik wäre keine Spezies des Genre ›*Politik*‹)« (in Lacoue-Labarthe/Nancy 1997:141-2). Für Simon Critchley (Critchley 1993:74) bezieht sich »*le politique* auf die Essenz (ein Wort, das anscheinend mit geringer dekonstruktiver Zurückhaltung eingesetzt wird) des Politischen – was man vor Heidegger vielleicht als philosophische Befragung der Politik bezeichnet hätte –, während *la politique* sich auf die Faktizität oder das empirische Ereignis der Politik bezieht«. Fred Dallmayr, der die Aufmerksamkeit stärker auf den Öffentlichkeitsaspekt des Politischen lenkt, auf die Arena also, in der politische Kämpfe ausgetragen werden, verweist uns ebenfalls auf jene Unterscheidung, »die im jüngsten kontinentalen Denken geläufig wurde: die zwischen ›Politik‹ und ›dem Politischen‹, wobei ersteres parteiliche Strategien und konkrete institutionelle Maßnahmen und letzteres die Arena oder ›*mise en scène*‹ bezeichnet, die von diesen Strategien vorausgesetzt wird« (Dallmayr 1997: 182). Und Christopher Fynsk, Nancy paraphrasierend, bezeichnet als »*le politique*: den Ort, an dem die Bedeutung dessen, was es heißt, gemeinsam zu *sein*«, auf dem Spiel stehe, und als »*la politique*: das Spiel der Kräfte und Interessen, die in einem Konflikt um die Repräsentation und Regierungsweise sozialer Existenz stehen« (Fynsk 1991: x). Es könnte sein, dass Philosophen und politische Theoretiker Nancys und Lacoue-Labarthes Version politischer Differenz deshalb mit Aufmerksamkeit begegnen, weil es, wie ich behaupten würde, diese Differenz ist, um die das postfundamentalistische politische Denken kreist: Die Differenz zwischen Politik und dem Politischen kann als der symptomatische Verweis auf den abwesenden Grund von Gesellschaft und Gemeinschaft verstanden werden. *Als Differenz* markiert sie die Präsenz des Grundes *in seiner Absenz*. Diese frühe Fassung des Rückzugs des Politischen in Begriffen der politischen Differenz durch Nancy und Lacoue-Labarthe sollte von Jean-Luc Nancy in seinen späteren Arbeiten zur Frage der Gemeinschaft, des Gemeinsam-Seins oder Mit-Seins, der Singularität und der Freiheit ausgebaut werden.

4.4. Gemeinschaft und die politische Differenz

Wenn wir zusammenfassen, was bislang zur ontologischen Differenz und zum Rückzug des Politischen gesagt wurde, und dies in Beziehung zu Nancys Denken der Gemeinschaft setzen, dann können wir zu einer ähnlichen Schlussfolgerung bezüglich des Verhältnisses zwischen dem Ontischen und dem Ontologischen kommen wie Christopher Fynsk: Es dient Nancy als *Kluft* und *Brücke* zugleich, nicht nur zwischen der Politik und dem Politischen, sondern auch als *Kluft und Brücke* »zwischen seinem Denken der Gemeinschaft und jeder existierenden politischen Philosophie bzw. jedem politischen Programm« (Fynsk 1991: x). Im Unterschied zu traditionellen Vorstellungen der Linken, die von der Entwicklung eines konkreten politischen Programms ausgehen würden, besteht

Nancys Zugang zur Frage der Gemeinschaft, wie Fynsk betont, darin, »den Begriff von ›Gemeinschaft‹ auf eine Weise auszuarbeiten, die sich auf Heideggers Differenz zwischen dem Ontischen und dem Ontologischen bezieht – und uns dazu zu zwingen, auf Basis dieser Differenz zu denken« (1991: x). Mit anderen Worten, Nancys Befragung des Begriffs des Politischen (als differenziert von Politik) entwickelte sich zu einer postfundamentalistischen Theorie von Gemeinschaft, die besonders in *Die undarstellbare Gemeinschaft* (1988, sowie 2007), in »Das gemeinsame Erscheinen« (1994) und in *Singulär Plural Sein* (2004) ausgearbeitet wurde.

Bei all dem sollte man in Erinnerung behalten, dass Nancys Befragung von Gemeinschaft immer eine Befragung des Politischen bleibt. So liest man bereits im Vorwort zur *Undarstellbaren Gemeinschaft*: »Das Politische ist der Ort, an dem Gemeinschaft als solche ins Spiel gebracht wird« (Nancy 1991: xxxvii). Bereits auf den ersten Seiten der *Undarstellbaren Gemeinschaft* wird also deutlich, dass Gemeinschaft (als Gemeinsam-Sein) auf der Differenz zwischen Politik und dem Politischen gegründet ist. Ohne diese Differenz könnte Nancy seinen radikalen Gemeinschaftsbegriff nicht entwickeln.[6]

Untersuchen wir die unterschiedlichen Aspekte von Gemeinschaft, indem wir die *via negativa* einschlagen und ausloten, was Gemeinschaft im radikalen Verständnis *nicht ist*. Um zu dieser »Rückseite« von Gemeinschaft zu gelangen, müssen wir uns eine Welt vorstellen, deren Ordnungsfunktionen auf Politik (unter Auslöschung aller Spuren des Politischen) reduziert wären. In Nancys Theorie liefe das auf eine *Gesellschaft ohne Gemeinschaft* hinaus. Deshalb ist Gesellschaft die erste der Antithesen zu Gemeinschaft, vorausgesetzt, sie wird verstanden als »der trennende Zusammenschluß von Kräften, Bedürfnissen und Zeichen« (Nancy 1988: 30). Dennoch warnt Nancy sofort vor jeglichem Sozialromantizismus à la Tönnies. Nancys Philosophie hat nichts mit Modernisierungstheorien zu tun und postuliert kein verlorenes Paradies eines gemeinschaftlichen Zusammenseins, das wiederzuentdecken wäre. Dies würde nur auf einen weiteren Versuch hinauslaufen, eine vorgebliche Essenz von Gemeinschaft zu realisieren. Die Gemeinschaft, nach der er Ausschau hält, kann nicht in einer Realität, die dem

6 Auf das komplizierte Verhältnis der Nancy'schen Gemeinschaftstheorie zu jener Batailles und vor allem Blanchots kann hier nicht im Detail eingegangen werden. Vgl. hierzu Blanchots Reaktion auf Nancy (Blanchot 2007).

Erscheinen der Gesellschaft vorausginge, gefunden werden. So liegt wenig Sinn darin, einer Gemeinschaft sentimental nachzutrauern, die nie existiert hat. Statt historisch von Gesellschaft abgelöst worden zu sein, erscheint Gemeinschaft unaufhörlich *im Schwinden* von Gesellschaft. Wiederum begegnet man dem bereits bekannten Topos der Kolonisierung des Politischen (in Form von Gemeinschaft) durch das Soziale (in Form von Gesellschaft) – nur dass für Nancy Gesellschaft selbst einem Ende entgegenstrebt, da sie, wie Politik, inzwischen überall ist. Ein »Ende«, sei es das Ende der Philosophie oder das Verschwinden des Politischen oder die Schließung von Gesellschaft, ist für Nancy und Lacoue-Labarthe niemals ein *dead-end*. Es ist immer zugleich Öffnung und Neubeginn.

Nun wurde bereits gesagt, dass die moderne Regierungsform, die der Herrschaft der Gesellschaft entspricht, von Nancy »Immanentismus« genannt wird, worunter das moderne Regime des Totalitarismus in einem durchaus weiten Sinn zu verstehen ist. Es gibt zwei symmetrische Figuren des Immanentismus: zum einen die sogenannten klassischen Formen des Totalitarismus; zum anderen die liberalistische Ideologie unverbundener Individuen. Unter Immanentismus versteht Nancy folglich den allgemeinen Horizont unserer Zeit, der nicht zuletzt die Demokratien einschließt. Was den klassischen Totalitarismus betrifft, so zitiert Nancy das Beispiel des »real existierenden Kommunismus«, dessen Hauptziel darin bestanden hatte, eine vorgebliche Essenz der Gemeinschaft zu produzieren und ins Werk zu setzen: »Folglich repräsentieren das ökonomische Band, die technologische Verfahrensweise und die politische Verschmelzung (zu einem *Körper* oder unter einer *persönlichen Herrschaft*) an sich schon notwendig dieses Wesen oder vielmehr bieten sie es dar, exponieren und realisieren es« (1988:14). Was den demokratischen Liberalismus betrifft, so argumentiert Nancy pointiert: »Im übrigen machen einzelne Atome noch keine Welt. Es bedarf eines *clinamen*« (16). D.h., es muss ein Prinzip der Relation existieren zwischen diesen Atomen, über welches der liberalistische Individualismus keine Auskunft zu geben vermag.[7] Was alle Versionen des Immanentismus miteinander verbindet, ist das

7 Auf der eigentlichen Ebene von Gemeinschaft hat man es, wie wir sehen werden, nicht mit dem Individuum zu tun, sondern mit der Frage der Singularität. Dieser Begriff verweist auf keine Identitäten, sondern ist auf der Ebene des *clinamen* selbst verortet, das tatsächlich unidentifizierbar ist.

fundamentalistische Prinzip der Immanenz, d. h. die Verleugnung jeder Transzendenz im Sinne eines konstitutiven Außen. Stattdessen behauptet der Immanentismus eine *interne* Inkarnation der Transzendenz (die bei Lefort, wie man sehen wird, die Partei oder der Körper des Führers übernehmen) als Prinzip einer gemeinschaftlichen Verschmelzung, die Nancy als »Kommunion« bezeichnet.

Somit lässt sich ein doppeltes Charakteristikum des Immanentismus ausmachen: »Werk« und »Kommunion«. Wenn Nancy beispielsweise vom Totalitarismus als einem Regime spricht, das den Rückzug der Gemeinschaft *ignoriert*, womit »das politische Management auf Macht (und auf das Management von Macht und auf die Macht des Management)« (Nancy 1991: xxxix) reduziert wird, dann korrespondiert dem eine Gemeinschaftsform, die auf technologisch-metaphysischen Begriffen von »Operation« oder »Werk« (im Gegensatz zur Nancy'schen Idee einer *entwerkten,* inoperativen Gemeinschaft) basiert. Gemeinschaft muss heute – in der Epoche von Gesellschaft – organisiert und also produziert werden. Sie ist Gegenstand von technologischer Planung und Management, nicht von Politik im eigentlichen Sinn. Deshalb darf das Resultat dieser Operation auch nicht mit Gemeinschaft im eigentlichen Sinn verwechselt werden. Bei jenem zweiten Charakteristikum, das Nancy »Kommunion« nennt, handelt es sich schließlich um die zu einer Figur *des Einen* – wie die des sozialen Körpers, des Vaterlands oder des Führers – verschmolzene Gemeinschaft. Das *Eine* figuriert als gänzlich immanente Repräsentation von Transzendenz. Diese beiden Charakteristika von Gemeinschaft in ihrem defizitären Modus – »Werk« und »Kommunion« – sind keineswegs voneinander zu trennen, denn Verschmelzung kommt nicht so natürlich oder organisch zustande, wie es ihr Endprodukt womöglich nahelegen könnte; vielmehr wird sie durch organisatorische und damit sozio-technologische Mittel hergestellt. Alle unsere politischen Programme, so Nancy, basierten auf diesem Begriff des »Werks«, »entweder als Produkt der Gemeinschaft der Arbeit oder der Gemeinschaft selbst als Werk« (1991: xxxix).

Was haben wir uns aber dann unter einer *entwerkten* Gemeinschaft vorzustellen? – einer Gemeinschaft, die nicht als ein organisches *œuvre* konstituiert wäre. Nancy wird behaupten, es sei schwierig, Gemeinschaft in diesem radikalen Sinn irgendeinen positiven Inhalt zuschreiben zu wollen. Sie ist nichts anderes als der *Widerstand gegen Immanenz*, und in ihrem Widerstand gegen die Logik der Immanenz und der gemeinschaftlichen Fusion ist sie *Transzendenz*. Sie befindet sich in einem Seinszustand, »der in Exteriorität ›gesetzt‹ wird, gemäß einer Anexteriorität, die mit einem *Außen in der eigentlichen Intimität* eines Innen zu tun hat« (xxxvii). Es sollte nun verständlich geworden sein, warum wir unsere Exposition der Nancy'schen Gemeinschaftskonzeption mit den Begriffen des Immanentismus und des Werks begonnen haben, also mit »Antithesen« zur Gemeinschaft. Es stellt sich nämlich heraus, dass Nancy selbst sich der Gemeinschaft über die *via negativa* nähert. Denn Nancys Denken zielt nicht so sehr auf dasjenige, *was* sich im und vom fundamentalistischen Horizont zurückzieht, sondern auf den *Entzug selbst*. Weder besitzt dieses Sich-Entziehen einen definitiven Ort, noch besitzt es einen positiven Inhalt. Es kann deshalb nur in seinen Spuren verfolgt werden, durch Befragung seiner eigentlichen Bewegung.

Nur solch eine »inoperative« Gemeinschaft, die sich nur in der Bewegung des Sich-Entziehens zeigt, wird der Tatsache gerecht, dass Existenz, wie Nancy (Nancy 2004) nicht zu betonen müde wird, im wesentlichen *Ko*-Existenz ist. Gemeinschaft kommt nicht über einen Prozess der Fusion zustande (über die Immanentisierung des *Kommunen*), vielmehr entsteht sie in dem *Zwischen* des Mit-Seins, das von der Unmöglichkeit vollständiger Immanenz und »dem unendlichen Mangel unendlicher Identität« (Nancy 1991: xxxviii) herrührt, der heideggerianisch als Endlichkeit definiert ist.[8] Endlichkeit steht in einer Reihe von Kategorien, mit deren Hilfe Nancy die Spur von Gemeinschaft nachzuziehen versucht: Hinzu kommen Teilung (*partage*), Mit-Erscheinen (*comparution*) und Singularität. Alle diese Kategorien treten unter anderem in der folgenden Beschreibung des Wesens endlichen Seins auf: »Die Endlichkeit schreibt das Wesen des Seins, sofern es Endlich-Sein ist, *a priori* als Mit-Teilung der Singularitäten ein« (Nancy 1988: 63). Was müssen wir unter *Teilung (partage) von Singularitäten* verstehen? Offen-

8 Umgekehrt ist es unmöglich, das Schicksal der Gemeinschaft vom Schicksal des Politischen abzulösen. Ein Denken der Gemeinschaft als Wesen oder Immanenz führt notwendigerweise zu einer Schließung des Politischen, da es der Gemeinschaft ein *gemeinsames Sein* zuspricht, während Gemeinschaft doch im *Gemeinsam-Sein* besteht und daher der Reabsorption in eine gemeinsame Substanz widersteht.

sichtlich nähern wir uns damit der Natur des *clinamen*, der sozialen Relation und der Grundelemente von Gemeinschaft, bei denen es sich um keine Individuen handeln kann.

Nancy warnt davor, ein solches Verhältnis mit der traditionellen Idee des sozialen Bandes zu verwechseln. Teilung oder Mit-Erscheinen ereignet sich gerade im gemeinschaftlichen *Zwischen* von Singularitäten, ohne dass irgendeine Form von Kommunion hergestellt würde. Es gehe darum, die Bewegung des Sich-Entziehens von Gemeinschaft zu denken, nicht deren Wesen zu bestimmen; es gehe um eine Beschreibung der spezifischen Phänomenalität des endlichen (und damit gemeinschaftlichen) Seins. Um diesem nur schwer illustrierbaren Sachverhalt näherzukommen, greift Nancy auf den Begriff des *gemeinsamen Erscheinens* (*comparution*) zurück und spricht davon, »daß die Endlichkeit *zusammen-erscheint* und nur *zusammen-erscheinen* kann: Darunter soll man verstehen, daß sich das endliche Sein immer gemeinsam, also (zu) mehreren darstellt, und daß sich zugleich die Endlichkeit stets im Gemeinsam-Sein und als dieses Sein selbst darstellt« (1988: 64). Diese endliche Relation in Form des Mit-Erscheinens kommt dem abwesenden Grund näher als die des sozialen Bandes, welches durch Machtverhältnisse etabliert wurde, weshalb Nancy es zum Bereich des Ontischen zählt, während das Erscheinen des Zwischen von Gemeinschaft einem gänzlich anderen Register angehört:

> Sie besteht im Erscheinen des *Zwischen* als solchem: du *und* ich (das Zwischen-uns); in dieser Formulierung hat das *und* nicht die Funktion des Nebeneinandersetzens, sondern die des Aussetzens. Im Zusammen-Erscheinen wird folgendes exponiert – und dies sollte man in allen denkbaren Kombinationen zu lesen wissen: »du (b(ist) / und) (ganz anders als) ich«; oder einfacher gesagt: *du Mit-Teilung ich* (65).

Singularitäten haben, mit anderen Worten, nichts gemeinsam, sie haben »kein gemeinsames Sein, sondern sie erscheinen zusammen [com-paraîssent] jedesmal gemeinsam angesichts des Entzugs des gemeinsamen Seins« (Nancy 1993: 68). Nur im Sich-Zurückziehen von Gemeinschaft (oder Immanenz bzw. »Werk«) erscheint Gemeinschaft. Endliches Sein ist also singuläres Sein. Der Begriff des Singulären wird von Nancy in einer kritischen Bewegung gegen den Immanentismus des Individuums ins Spiel gebracht. Der Unterschied liegt darin, dass das Individuum nach dem Modell des sich selbst genügenden modernen Subjekts gestaltet ist, welches in seiner monadischen Existenz auf keine anderen Individuen angewiesen ist: Es *verhält* sich nicht, es erscheint nicht *zusammen*, es *teilt* nicht. Singularitäten hingegen sind dem Zwischen in ihrem Verhältnis der Teilung exponiert. Sie werden konstituiert durch »die Mit-Teilung, die sie zu *anderen* macht, verteilt und *im Raum verstreut*: Sie werden so füreinander jeweils andere und sind andere, unendlich andere für das Subjekt ihrer Verschmelzung, das in der Mit-Teilung, in der Ekstase der Mit-Teilung, verschwindet, und ›mitteilt‹, daß es nicht ›vereint‹« (Nancy 1988: 57). Doch werden die Orte, von denen aus singulär Seiende miteinander »kommunizieren«, nicht länger als Orte der Fusion definiert, sondern vielmehr als Orte der *Dislokation*: »So wäre das Kommunizieren der Mit-Teilung diese dislocatio selbst« (ebd.).

4.5. Das Moment des Politischen: Ereignis und Freiheit

Singularitäten sind *disloziert*. Wenn sie keinen spezifischen sozialen oder gemeinschaftlichen Ort bewohnen, da sie nur durch den Akt des Teilens entstehen, wenn sie sich nicht auf das Ganze der Gemeinschaft beziehen (auf die Gemeinschaft als Eine), sondern vielmehr auf den eigentlichen Entzug der Gemeinschaft als eines Ganzen, dann wird man gezwungen sein, die Fragen der Relation aus dem Blickwinkel der Teilung, die der Verbindung aus dem Blickwinkel der Trennung und die der Gemeinschaft aus dem Blickwinkel ihres Entzugs, schließlich die der Kommunion aus dem Blickwinkel ihrer Störung anzugehen (»was uns trennt, ist uns gemeinsam gegeben: der Entzug des Seins«, Nancy 1993: 69). Ein wichtiger Aspekt des von Nancy und Lacoue-Labarthe sogenannten Entzugs verkapselt sich daher im Phänomen einer *disruptiven* Überraschung, die ihrerseits den Entzug in seiner Dimension als *Moment* und *Ereignis* ausmacht. Und man wird hinzufügen, dass dies, soweit es für die Frage der Gemeinschaft gilt, auch für das Politische gelten muss, da »die Frage einer Disjunktion oder einer Disruption dem Politischen wesentlicher ist als das Politische selbst« (Lacoue-Labarthe/Nancy 1997: 119). D. h., die Frage des *Entzugs selbst* (als Frage der *Relation*) impliziert ein Denken der *Dissoziation*. So könne es sein, »dass der Entzug die – theoretische und praktische – Geste der Relation selbst ist« (1997:140). Nancy und Lacoue-Labarthe behaupten sogar, die meisten Beiträge zu der Reihe an Veranstaltungen, die am *Centre* organisiert wurden, seien durch ein Denken von Relation im Sinne eines konstitutiven Bruchs oder einer Unterbrechung gekennzeichnet.

Nancy hat die *dis-soziierende* Ereignishaftigkeit von Gemeinschaft bzw. des Politischen in einer Reihe weiterer Schriften ausgearbeitet. Wie für die meisten poststrukturalistischen und post-heideggerianischen Ereigniskonzeptionen ist das Ereignis »nicht was geschieht (der Inhalt oder das nicht-phänomenale Substrat), sondern *die Tatsache, dass* es geschieht«. In dieser Tatsache sei das Wesentliche und also die Ereignishaftigkeit des Ereignisses auszumachen (Nancy 1998:92-3). Vor dem Hintergrund der epochalen Schließung der Metaphysik, d.h. der Dislozierung des fundamentalistischen Horizonts, wird es Nancy möglich, ein Denken des Ereignisses eo ipso zu wagen, das wiederum selbst ein Ereignis der Öffnung darstellt. Wenn das Ereignis kein Objekt der Machination und Kalkulation ist, dann kann es nur aus dem Überraschenden hervorgehen, »oder es ist kein Ereignis« (1998:97). Und genau aus diesem strukturellen oder ontologischen Grund seiner notwendigen Unvorhersehbarkeit geht das Ereignis Hand in Hand mit Dissonanz, Konflikt und Uneinigkeit: »Es gibt Zwietracht zwischen Sein und Seiendem [étant]: Sein steht in Konflikt mit der gegenwärtigen, gegebenen und registrierten Seiendheit des Seins [étant]: Sein steht in Konflikt mit der substanziellen, gründenden Wesenhaftigkeit des Seins« (101).

Ein weiteres Mal begegnet man der ontologischen Differenz in ihrer radikalen Fassung *als* Differenz. In Nachfolge Heideggers wird das Ereignis von Nancy als Konflikt, *Streit* oder *Austrag* zwischen Sein und Seiendem, zwischen dem Ontologischen und dem Ontischen beschrieben.[9] Das Ereignis der Differenz wirkt, anders gesagt, disruptiv in Bezug auf alle Immanenz und Identität. Wir können, und Nancy tut dies, von diesem Moment der Unterbrechung als *Moment des Politischen* sprechen, als *Moment* oder *Ereignis* des Gemeinsam-Seins. Damit wäre man bei einer möglichen Definition des *Moments des Politischen* angelangt, das sich mit Nancy zu erkennen gibt als das disruptive Ereignis des Mit- oder Gemeinsam-Seins,

9 Zuvor wurde der Streit als *Spiel* beschrieben, was jedoch auf dasselbe hinausläuft, sind doch sowohl *Spiel* als auch *Konflikt* nichts anderes als Kontingenzfiguren.

wobei Letzteres in seinem Aufbrechen die techno-strukturellen Verhältnisse des Sozialen und der Politik (im depravierten Sinn) stört und unterbricht. Gemeinschaft ginge dann aus der gestörten und dislozierten Struktur des fundamentalistischen Horizonts hervor.

Der auf diese uns besonders interessierende Ebene des Grundes zielende Name für das überraschende Ereignis des Gemeinsam-Seins der Singularitäten lautet nun für Nancy *Freiheit* (Nancy 1993: 78). Freiheit ist einer der Namen für das Ereignis der Gemeinschaft und des Politischen. Diese Feststellung geht davon aus, dass Freiheit auf der gleichen ontologischen Ebene lokalisiert werden muss wie all die anderen Kategorien, mit deren Hilfe Gemeinschaft bislang umkreist wurde. So besitzt Freiheit beispielsweise das Merkmal der Endlichkeit (1993: 13), aber sie besitzt ebenfalls das Merkmal der Singularität. Freiheit steht in reziprokem Verhältnis zu Teilung, Gemeinsam-Sein und Singularität, selbst wenn Nancy gelegentlich den einen oder anderen Aspekt zu präferieren scheint. Dennoch möchte ich behaupten, dass all diese Begriffe unterschiedliche Annäherungsweisen an eine einzige Sache darstellen: die Abwesenheit des Grundes. Bevor wir diese Behauptung untermauern werden, sollten wir kurz innehalten, um zu sehen, wie Nancy sein Argument mit der Kategorie der Freiheit politisch auszubauen vermag. Es ist offensichtlich, dass Nancy diesen Begriff aus dem Lexikon emanzipatorischer Politik bezieht und darüber hinaus mit der Frage nach dem politischen Raum, nach Gleichheit und Brüderlichkeit verknüpft.

Gestehen wir vorerst einmal zu, dass Freiheit als ein weiterer Name für die grundlose Natur von Gemeinschaft zu verstehen ist, als Name für den abwesenden Grund, dann öffnet sich dieser grundlose Grund des Sozialen qua Freiheit zu einem politischen Raum bzw. einem Raum des Politischen. Dieses Argument Nancys erinnert nicht zufällig an Hannah Arendt. Freiheit ist der Raum – oder die Verräumlichung (heideggerisch: das »Räumen«) – des Politischen: »das Politische besteht nicht in erster Linie in der Komposition und Dynamik von Mächten […], sondern in der Eröffnung eines Raumes. Dieser Raum wird geöffnet durch Freiheit – initial, inaugural, aufgehend –, und Freiheit präsentiert sich selbst durch Handlung« (78). Dieser Raumbegriff steht in deutlichem Gegensatz zu einem jeglichen Ort, an dem es zur immanenten Inkarnation von Transzendenz (etwa durch den Körper des Führers) kommen könnte. Freiheit kann nicht aufgezwungen werden, noch kann sie einfach gewährt werden durch irgendeine der Gemeinschaft äußerliche oder innerliche Instanz, sondern »sie erscheint als genau interne Exteriorität der Gemeinschaft: Existenz als Teilung des Seins« (75). Genau dies wird von Nancy auch als Bedingung der »Transimmanenz« bezeichnet. Der »Ort«, der ihr gemäß ist – »der öffentliche oder politische Raum« –, ist nichts anderes als eine solch interne Exteriorität. Als solcher Nicht-Ort konstituiert Freiheit einen Raum, der keine bestimmte Lokalisierung besitzt, sondern den eigentlichen Nicht-Raum der *Dis-lozierung* darstellt: die Bewegung der *Ver-räumlichung*. In diesem erweiterten oder ontologischen Sinn lässt sich sagen, dass das Politische den originären Raum der Freiheit ausmacht, die »Räumlichkeit« von Freiheit.

Darüber hinaus sind zumindest noch zwei weitere politische Charakteristika der grundlosen Gemeinschaft auszumachen. So sieht Nancy keinerlei Unvereinbarkeit zwischen Freiheit und Gleichheit. Im Gegenteil, Freiheit sei unmittelbar an Gleichheit geknüpft, ja Freiheit würde Gleichheit »gleichkommen« (71). Zudem distanziert sich Nancy von jedem Kalkulationsbegriff von Gleichheit, mit dem Subjekte einer bestimmten Maßeinheit kommensurabel gemacht würden. Gleichheit liege jenseits des Messbaren, da sie nicht auf Maß basiere, sondern auf Überschuss: einem Überschuss, der wiederum *geteilt* wird. Und schließlich redefiniert Nancy auch den traditionellen Begriff der Brüderlichkeit, indem er Brüderlichkeit in ein Verhältnis zu dem sich entziehenden Grund setzt: Brüderlichkeit sei auf keine gemeinsame und vereinende (familiäre) Substanz hin orientiert, denn eine solche Substanz sei bereits verschwunden. Wir werden nicht durch Kommunion mit dem sozialen Körper der Familie zu Brüdern, sondern durch das Teilen eines bereits zergliederten Körpers. Wiederum ist das, was geteilt wird, die eigentliche Abwesenheit von Immanenz, Substanz oder eines gemeinsamen Maßes: »Brüderlichkeit ist Gleichheit im Teilen des Inkommensurablen« (72).

Diese quasi-transzendentalen »Modi« von Freiheit, Gleichheit und Brüderlichkeit haben gemeinsam, dass sie nicht in Verhältnis zu irgendeinem substanziellen, positiven, empirisch gegebenen oder messbaren Inhalt bestimmt werden, sondern nur »negativ« in ihrem jeweiligen Verhältnis zu einer Figur der Schließung, die sich nun ihrerseits zu entziehen beginnt: Immanenz, Substanz, das Subjekt, totale Gemeinschaft. Dennoch muss man sehen, dass das Sein gerade aufgrund der Bewegung des Entzugs allen Grundes auch für Nancy (partiell) gegründet wird – weshalb wir es bei Nancy mit keiner simplen Form von Antifundamentalismus zu tun haben, sondern mit den Bewegungen eines postfundamentalistischen Denkens: »Freiheit *ist* der Entzug des Seins, aber der Entzug des Seins ist das Nichts des Seins, welches das Sein der Freiheit ist. Aus diesem Grund *ist* Freiheit *nicht, sondern sie befreit Sein und befreit von Sein*, was zusammen hier geschrieben werden kann als: *Freiheit zieht Sein zurück und gibt Relation*« (68). Nochmals anders gesagt: Freiheit – welche über keine eigene Substanz verfügt (sie »ist nicht«) – gründet (oder »befreit«) Sein-als-Relation (i. e. Gemeinsam-Sein), indem sie Sein (oder die Seiendheit des Seins im Sinn von Grund) zurückzieht. So kann Freiheit als entgründender Grund des Teilens, der Singularität und der Relation bezeichnet werden. Doch von welcher Natur ist dieser entgründende Grund? Natürlich kann es sich nicht um einen weiteren Grund handeln: Weder könnte Freiheit als das neue Fundament dienen, noch kann sie ihrerseits mit Notwendigkeit gegründet werden. Vielmehr ist Freiheit »die eigentliche Sache, die sich davor bewahrt, gegründet zu werden« (12). Sie ist der Name für Grundlosigkeit als Bewegung des Gründens/Entgründens. Aus dieser Perspektive kann Freiheit schließlich von Nancy definiert werden als

> *die Gründung, die für sich sich nicht als Grund* (Ursache, Vernunft, Prinzip, Ursprung oder Autorität) sichert, sondern sich durch ihr Wesen (oder durch ihren Entzug des Wesens) auf eine Gründung ihrer selbst bezieht. Diese andere Gründung wäre Sicherung jeden Grundes – doch kann sie dies gerade nicht nach dem Modell irgendeines anderen Grundes sein, da kein anderer Grund sich selbst *fundamental* sichert. Die Gründung des Grunds gründet folglich in einem Modus, der zugleich der ihrer Nicht-Sicherung ist, aber diesmal klar auf den Entzug ihres eigenen Wesens Bezug nimmt und darauf, was wir die definitive Un-Abhängigkeit ihrer eigenen Abhängigkeit nennen würden. Die Gründung des Grunds gründet daher, in Heideggers Begriffen, im Modus eines »Ab-Grunds«: *Abgrund*, der der *Grund* jedes anderen *Grunds* ist, sowie natürlich seine eigene *Gründlichkeit* als *Abgründlichkeit* (83).

Aus diesem Zitat geht deutlich hervor, dass Grundlosigkeit, wie bereits im vorigen Kapitel angesprochen, nicht mit der bloßen Abwesenheit eines Grundes oder mit dem einfachen Gegensatz zu Grund im Singular verwechselt werden darf. Der Ab-Grund kann nicht die Funktion eines neuen Grundes, und sei es eines Anti-Grundes übernehmen, es sei denn im paradoxen Sinn einer Bewegung des Sich-Zurückziehens und Entzugs von Grund:[10] »die Logik des Entzugs ist, wie man sagt, ab-gründig [*abyssale*]: dasjenige, von dem wir uns zurückziehen, zieht seine Spur in jedem Entzug« (Lacoue-Labarthe 2002:160).

Wir sind nun an einem Punkt angekommen, an dem deutlich geworden sein sollte, dass bei Nancy – wie generell im Denken der heideggerianischen Linken – der Entzug des Grundes nicht auf dessen bloße Abwesenheit hinausläuft. Nancys Standpunkt ist postfundamentalistisch, nicht antifundamentalistisch. Wollen wir immer noch Grund im Sinne seiner eigenen Abwesenheit denken, dann nur im Sinne einer Abwesenheit, die *anwesend* bleibt in und durch eine Bewegung des Sich-Zurückziehens. In dieser Perspektive des sich entziehenden Grundes laufen Nancys Kernbegriffe der Freiheit, des Ereignisses, der Gemeinschaft, der Teilung (Relation), der Endlichkeit und der Singularität zusammen. Diese Quasi-Transzendentalien der Grundlosigkeit fungieren als, wenn man so will, Tropen der Kontingenz, d.h. als approximative Versuche, innerhalb des Diskursiven etwas einzukreisen, dessen konstitutive Abwesenheit jeden unmittelbaren Zugang versperrt und dennoch durch die Bewegung des eigenen Entzugs anwesend bleibt. Sind diese Begriffe innerhalb des Diskurses lokalisiert, so kann der Entzug selbst nur erfahren werden als ein Ereignis, das alle fundamentalistischen Diskurse stört und unterbricht. Die eigentliche Abwesenheit des Grundes erscheint oder »materialisiert« sich nur in Form eines Ereignisses, dem erst post factum ein Name zugesprochen wird – im Falle Nancys der Name der Freiheit, der Teilung oder des

10 Gleiches kann über die Ereignishaftigkeit des Ereignisses gesagt werden, so Nancy: »Die Überraschung des Ereignisses ist daher Negativität als solche – aber nicht Negativität als eine Ressource, als ein zugängliches Fundament, als Nichts, als ein Abgrund, aus dessen Tiefen das Ereignis hervorsteigen würde: denn ein solches ›Ereignis‹ wäre immer noch eine Art Resultat. Das Nichts (um dieses harsche Wort und seine ätzenden Effekte, das es bezüglich aller ›Abgründe‹ und ihrer Tiefen zeitigt, beizubehalten), das Nichts, das ›am Grunde‹ nichts ist und nur das Nichts eines Sprungs ins Nichts, ist die Negativität, die keine Ressource darstellt, sondern die Affirmation der ek-sistenten Spannung: ihrer Intensität, der Intensität des überraschenden *Tons/Tonus* der Existenz« (Nancy 1998:102).

Gemeinsam-Seins. Dies erfordert jedoch, und davon legt Nancys Werk Zeugnis ab, die konstante Anstrengung, etwas diskursiv zu befragen, was sich letztlich nur in Form der Erfahrung eines Ereignisses »denken« lässt.

Die epochale Verschiebung hin zum Postfundamentalismus konstituiert selbst ein solches Ereignis, und sie wird durch etwas angekündigt, das Nancys Denken unablässig beschäftigt: das Ende, die Grenze und Begrenzung von Philosophie im Sinn aller fundamentalistischen Diskurse. Nancy versteht, in den Worten eines seiner Kommentatoren, unter dem Ereignis des Endes der Philosophie »den Zusammenbruch aller fundamentalistischen Diskurse und die Heraufkunft der Moderne und Postmoderne« (Fynsk 1991: viii). Dieses Ende oder besser *Enden* der Philosophie »wäre eine *Befreiung von Grund*, indem es Existenz von der Notwendigkeit der Gründung zurückzieht«, aber auch indem es sie der ungegründeten Freiheit überlässt (Nancy 1993: 12). Denken bestünde dann nicht länger in der Suche nach soliden Fundamenten, sondern im Sich-Aussetzen und Befragen des Entzugs des Grundes.

4.6. Die Gefahr des Philosophismus und die Notwendigkeit einer »Ersten Philosophie«

Obwohl Nancys Arbeiten zu den gegenwärtig prominentesten Theorien eines postfundamentalistischen und linksheideggerianischen Konzepts des Politischen zählen, demonstrieren sie doch zugleich einige der Probleme und Gefahren, die eine Praxis des Denkens birgt, die alle Reste politischer Philosophie als Disziplin abzuschütteln versucht. Eine der Gefahren, die ein solch rein »philosophischer« Zugang zum »Denken« – selbst wenn dieses auf der Prämisse des philosophischen *Endes* der Philosophie basiert – birgt (im Unterschied zu einem politischen Zugang zum Denken, wie ihn etwa Antonio Gramsci vertreten würde), kann in Nancys Tendenz zu einem gewissen Philosophismus ausgemacht werden. Darunter verstehe ich eine Theorie- oder Argumentationsform, deren Endzweck in der Philosophie oder im Denken selbst, nicht in der *Sache*, um die es der Philosophie gehen sollte, liegt, und die daher jede Subdisziplin, die einen konkreten Gegenstand aufweist, besonders aber die Subdisziplin der politischen Philosophie zurückweist.[11] Im Philosophismus wird Denken tendenziell von Politik entkoppelt und zum Selbstzweck. Kehren wir, um diese Kritik auszuführen, zu Nancys wohl fundamentalster theoretischer Intervention zurück: dem dünnen Buch – das nichtsdestotrotz als sein *magnum opus* auftritt – mit dem Titel *Singulär Plural Sein* (2004).

Nancy erklärt offen, mit diesem Text »die gesamte ›prima philosophia‹« neu aufrollen zu wollen, indem er ihr »das ›singulär Plurale‹ des Seins als Grundlegung gibt« (Nancy 2004: 13). Unter »erster Philosophie« ist Ontologie zu verstehen, die Wissenschaft nicht dieser oder jener Spezies des Seienden, sondern des Seins im Allgemeinen. Doch Sein im Allgemeinen kann nicht länger als eine universelle, alles einschließende, homogene Kategorie verstanden werden. Sie ist in sich zersprungen, verstreut in eine primordiale Pluralität von Seiendem, eine Pluralität, die auf keinen tiefer liegenden Ursprung zurückgeführt werden kann. Pluralität ist primär; sie ist die unumgehbare Vorbedingung des Seins: »*Die Pluralität des Seienden steht am Grund des Seins*. Ein einziges Seiendes ist den Begriffen nach ein Widerspruch. Tatsächlich bliebe ein solches Seiendes, das an sich selbst sein Fundament, seinen Ursprung und seine Intimität hätte, unfähig *zu sein*, in jedem Sinn, den dieser Ausdruck hier annehmen kann« (2004: 34).

Nancy insistiert deshalb so sehr auf der Pluralität immer singu-

11 Was den Philosophismus – die »Philosophistik« – nebenbei von der Sophistik unterscheidet, die in ihrer historischen Form ja gerade nicht philosophisch selbstzweckhaft war, sondern etwa politisch-juristischen Zwecken diente. Eine häufige Begründungsfigur des Philosophismus besteht in der halbwahren Behauptung, Philosophie sei *an sich schon* politisch oder jedes Denken sei bereits eine Form des Handelns – eine Figur, die sich bereits bei Heidegger findet und von manchen Linksheideggerianern wie Nancy oder Badiou nachvollzogen wird. Daran trifft zu, dass philosophische Diskurse von politischen durchzogen sind und, wittgensteinisch gesprochen, die theoretische von der pragmatischen Seite des philosophischen Sprachspiels nicht getrennt werden kann. Allerdings kann, wie so oft, eine Halbwahrheit schädlicher sein als eine Unwahrheit, denn sie kann antipolitischem Denken dazu verhelfen, sich politisch zu gerieren (wäre doch jede Philosophie ex officio politisch), ohne jene zusätzliche Passage der Politisierung durchlaufen zu müssen, die politische Philosophie notwendig auszeichnet (siehe dazu Kapitel 9). Eine vergleichbare Operation findet sich übrigens im Kunstdiskurs, wenn behauptet wird, alle Kunst sei an sich schon politisch, um damit letztlich nichts anderes zu bezwecken als die Delegitimierung tatsächlich politischer Kunst (vgl. Marchart 2010 im Erscheinen).

lärer Momente des Seins, weil diese Pluralität der differenziellen Struktur des Seins eingeschrieben ist. Nancys Ontologie ist eine Ontologie des *Zwischen*-Seins und des *Zusammen*-Seins als *Mit*-Sein. Der letzte Begriff wurde bekanntlich von Heidegger eingeführt, ohne von ihm in zureichender Weise entwickelt worden zu sein. Wenn Nancys Projekt darin besteht, die erste Philosophie als eine Ontologie des singulär-pluralen Seins neu zu beginnen, dann muss der Ort, von dem aus die erste Philosophie neu begonnen wird, die Heidegger'sche Fundamentalontologie sein, wobei wir diesmal jedoch auszugehen hätten »*vom singulär Pluralen der Ursprünge,* d.h. ausgehen vom *Mit-Sein*« (53). Mit anderen Worten, wenn »das Mit im Zentrum des Seins« steht (59), müssen wir die Reihenfolge der ontologischen Exposition in der Philosophie umkehren: *Mitsein* geht *Dasein* ontologisch voraus. Das *Zwischen*, das *Mit* und das *Gemeinsam* sind irreduzible Aspekte des Seins – welches deshalb nur als *singulär plurales Sein* gedacht werden kann.

Wenn auch nichts gegen diese Umkehr des Prioritätsverhältnisses zwischen Dasein und Mitsein spricht (und wir werden in Kapitel 9 einen ähnlichen, wenn auch politischeren Vorschlag unterbreiten), so verfällt doch Nancy einem gewissen Philosophismus, sofern die politischen Implikationen dieser Annahme – auf der Ebene der Politik wie auf der Ebene des Politischen – ignoriert werden. Sicherlich muss Nancys jüngere Ontologie des Mit-Seins im Lichte seiner früheren Idee eines Rückzugs des Politischen gesehen werden, der nicht das Verschwinden des Politischen bedeutet, sondern das Verschwinden der »philosophische[n] Voraussetzung von allem Politisch-Philosophischen« (67) (etwa im Sinne einer substanziellen Gemeinschaft oder im allgemeinen Sinne des Fundamentalismus). Doch während Heideggers Kritik der politisch-philosophischen Ordnung fundamentalistischer Metaphysik oder »Philosophie« im traditionellen Verständnis – sowie ihrer Implementierung durch selbsternannte Philosophenkönige in Form einer »philosophischen Politik« – mit Sicherheit gerechtfertigt ist, tendiert Nancy dazu, alle Ressourcen der Disziplin der politischen Philosophie mit dem metaphysischen Badewasser auszuschütten. Zwar ist unbestreitbar, und innerhalb der heideggerianischen Linken viel kritisiert, dass politische Philosophie zumeist dem Ziel der Depolitisierung und als nützliches Mittel zur Legitimierung einer »wohlgeordneten«

Gesellschaft gedient hat, doch Nancys Philosophismus scheint ihn in die entgegengesetzte Falle tappen zu lassen.

Politische Philosophie ist ein Name für die intellektuelle Anstrengung, die Unmöglichkeit und zugleich Notwendigkeit des Ziehens von Grenzlinien zu verstehen und zugleich die Herstellung einer *gewissen* Ordnung, einer *gewissen* Gemeinschaft, einer *gewissen* civitas und einer *gewissen* Fundierung zu denken. Da Nancy den dislozierenden Moment des Politischen (in seinem Entzug) betonen möchte, versucht er den instituierenden Moment des Politischen herunterzuspielen, der üblicherweise als ureigenste Angelegenheit der Theorien politischer Philosophie betrachtet wird. Das Ergebnis ist, dass Nancy sich nur noch auf Philosophie »als solche« beziehen kann, denn Philosophie müsse »neu-beginnen, ausgehend von ihr selbst gegen sie selbst, das heißt gegen die politische Philosophie und die philosophische Politik« (52).

Dass solch ein Philosophismus – der Versuch, Mit-Sein ausschließlich von der Philosophie her zu denken, während zugleich das Ganze der *politischen* Philosophie denunziert wird – keine gangbare Strategie darstellt, wird noch deutlicher, sobald wir Nancys grundlegende Kategorien genauer untersuchen. Nancy besteht darauf, dass Sein (welches immer schon Mit-Sein ist) vom Mit gegründet wird und nicht umgekehrt, weshalb das Mit-Sein als solches zu denken sei. Entsprechend ist die *polis* »nicht zuerst eine Form der politischen Institution, sondern zuerst Mit-Sein *als solches*« (61). Der Philosophismus dieser Behauptung besteht in dem zum Scheitern verurteilten Versuch, so etwas wie »Mit-Sein *als solches*« fassen zu wollen, also unabhängig von der *polis* in ihrem eher *politischen* als philosophischen Sinn. Die Tatsache, dass in der *polis* Sein geteilt wird in Form des Mit-Seins erklärt nicht die Logik hinter dieser Teilung *innerhalb der polis*. Anders gesagt, die Kategorie des »Mit« kann in ihrem rein philosophischen Modus nicht erklären, warum die *polis* als *polis* zusammengehalten wird und was sie zusammenhält. Das gleiche Problem drängt sich anhand von Nancys Begriff des »Wir« auf. Da Sein wesenhaft Mit-Sein ist, lasse sich von ihm nicht länger in der dritten Person sprechen, sondern »Sein läßt sich dann nur auf diese singuläre Weise sagen: ›Wir sind‹. Die Wahrheit des *ego sum* ist ein *nos sumus*« (63). Aber wer ist dieses »Wir«, und woher kommt es, wenn nicht aus einem politischen Konstruktionsprojekt, das die verstreute Pluralität des Seins vorübergehend homogenisiert? Nancy scheint zu denken, ein singulär plurales »Wir« könne auch abseits seiner Einschränkung durch konkrete Politik existieren. Aber eine solche »singulär plurale« Identität wäre weder ein »Ich« noch ein »Wir«, sondern wohl ein schwerer Fall der Persönlichkeitsstörung, einer Art Psychose, in der keine Bedeutung stabilisiert und keine Identität aus der reinen Verstreuung von Elementen konstruiert werden könnte.

Nancys Probleme, die Logik hinter diesem *instituierenden* Aspekt des Politischen zu erklären, erwachsen wohl der Traditionslinie des Assoziativ-Politischen. Geht man, wie Hannah Arendt es in vergleichbarer Weise tut, vom Primat der Pluralität aus, so läuft man Gefahr, die Welt in allzu friedlichen Farben darzustellen und die konstitutive Rolle von Konflikt und Antagonismus zu unterschätzen (so überrascht es nicht, dass Nancy zur quasi-christlichen Metapher der wechselseitigen Teilhabe zurückkehrt). Obwohl Nancy gelegentlich auf solche Konzepte zu sprechen kommt, bleiben die Phänomene der Trennung oder des Streits untertheoretisiert und in permanenter Gefahr, »philosophisiert« zu werden, d. h. entleert von aller Politik und also reduziert auf den rein philosophischen Topos des *Denkens*. Der disruptive Aspekt des »Entzugs des Politischen« wird zwar von Nancy umfassend ausgeleuchtet, doch der *instituierende* Moment des Politischen, der immer in Form einer bestimmten ontischen Politik realisiert werden muss, wird in weit geringerem Ausmaß erfasst. Wenn wir jedoch nicht in die Falle des Antifundamentalismus gehen wollen, werden wir immer eine *gewisse* Gründung benötigen, und das impliziert, dass das Spiel der ontologischen Differenz und der Rückzug des Politischen temporär gestoppt werden müssen (wenn es auch unmöglich sein mag, sie für immer zu stoppen).

Sollte diese Kritik an Nancy aber zutreffen, dann kann Pluralität nicht unumschränkt herrschen. Aus einer stärker dissoziatorischen Sicht auf das Politische könnte daher argumentiert werden, dass ein vollständig plurales Universum auch vollständig entleert wäre – und zwar nicht nur entleert von Politik, sondern auch vom Politischen. Es entspräche einem Universum unverbundener Monaden, und so kommt es wohl nicht von ungefähr, dass Nancy seine Ontologie in der Tradition der Leibniz'schen Monadologie verortet (70). Solch ein Pluralismus, wie ein Vertreter der dissoziativen Tradition argumentieren könnte, ersetzt nur den metaphysischen Essenzialismus des Zentrums mit einem Essenzialismus der Elemente, den Fundamentalismus des Grundes mit einem Fundamentalismus der völligen Grundlosigkeit bzw. mit dem Antifundamentalismus einer pluralen Verstreuung von Gründen. Was sich in diesem Fall nicht mehr denken lässt, ist die Notwendigkeit, Verknüpfungen zwischen diesen Elementen herzustellen, um eine *bestimmte* Ordnung, einen *bestimmten* Grund gründen zu können. (Nancys bloße Verkündung der Notwendigkeit irgendeiner Art von *clinamen* stattet uns nicht mit den theoretischen Mitteln aus, um die Logik einer solchen Verknüpfung bestimmen zu können). Und da dies nur durch einen Prozess der Exklusion anderer möglicher Ordnungen, anderer Gründe bewerkstelligt werden kann, lässt sich das Moment des Antagonismus nicht länger aus dem Bild drängen. Wird die »Pluralität« der Welt als gegebenes Faktum hingenommen, so wird dieser antagonistische und instituierende Moment des Politischen verleugnet, um einem pazifizierten und depolitisierten Begriff des Politischen Platz zu machen.

Nancys Philosophismus trägt zu solch einem depolitisierten Begriff des Politischen bei, da er vor der einzigen realistischen Konsequenz zurückschreckt, die aus seiner Ontologie des Mit-Seins gezogen werden müsste: deren Definition und Reartikulation nämlich als *politische* Ontologie. Nancy selbst zögert aufgrund seiner Aversion gegen regionale philosophische Disziplinen und regionale Ontologien – eine Aversion, die aus seinem Projekt resultiert, eine neue erste Philosophie zu entwickeln, die sich auf keine regionale Ontologie reduzieren lässt.[12] Die Tatsache jedoch, dass es abseits des Philosophismus kein Mit-Sein »als solches« geben kann, entwertet Nancys Projekt der Ontologie als erster Philosophie keineswegs. Bedenkt man die gründende Funktion des Politischen, dann würde eine solche erste Philosophie durchaus Sinn machen, wenn auch

12 Es könnte argumentiert werden, Nancy würde trotz dieses Zögerns ohnehin keine »ontologische Ontologie« oder Ontologie »als solche« entwickeln wollen, sondern eine *Sozial*-Ontologie. Doch selbst wenn wir dieses Argument akzeptieren wollten, würde diese Ontologie, indem sie *Sozial*-Ontologie ist, immer noch zu sehr der modernen Unterordnung des Politischen unter das Soziale gehorchen, während ein postfundamentalistischer Zugang, der den eigentlichen Prozess (kontingenten und temporären) *Gründens* denken will und damit die *Instituierung* des Sozialen, von der umgekehrten Annahme des Primats des Politischen gegenüber dem Sozialen ausgehen muss (wir werden zu dieser Frage in unserem Kapitel zu Laclau und in Kapitel 9 zurückkehren).

ausschließlich als *politische* Ontologie. So müssen wir nicht nur die übliche Reihenfolge philosophischer Exposition umkehren, wir müssen auch die Rangordnung der »Disziplinen« umkehren, denn nur als politische Ontologie kann Ontologie die Natur des »Mit« erklären, ohne der einen oder anderen Form des Philosophismus zu verfallen. Obwohl Nancy klar erkennt: »das Sein als solches ist jedes Mal das Sein als Sein *eines* Seienden« (79), ist er nicht bereit einzugestehen, dass Ontologie als solche dann konsequenterweise nur Ontologie sein kann als die Ontologie *eines bestimmten ontischen Bereichs*; und dass sie folglich immer nur eine »ontische Ontologie« (des Seins eines *bestimmten* Seienden) und keine Ontologie »als solche« (des Seins des Seins) sein kann. Will sie dennoch ihren Status als Ontologie – als Wissenschaft vom Sein im Allgemeinen – bewahren und damit zugleich den Status einer ersten Philosophie, dann wird sie in diesem *double bind* gefangen bleiben, bei dem es sich um nichts anderes handelt als um das *double bind* der ontologischen Differenz als politischer Differenz. Ontologie muss in ihrem Anspruch darauf abzielen, Ontologie des Seins im Allgemeinen zu sein, und kann doch immer nur von einer partikularen, »ontischen« Region ausgehen. Jede *prima philosophia* ist notwendigerweise eine *philosophia secunda* – und muss dennoch den Anspruch einer ersten Philosophie erheben.[13] Diese notwendige und doch unmögliche Rolle einer postfundamentalistischen *prima philosophia* kann vor dem Hintergrund der Konstellation der heideggerianischen Linken, wie ich an späterer Stelle ausführen werde, plausiblerweise nur von der bislang marginalisierten Subdisziplin einer *philosophia politica* ausgefüllt werden.

Die These, eine regionale Ontologie des Politischen müsse die (letztlich unmögliche) Aufgabe übernehmen, Ontologie als erste Philosophie zu repräsentieren, ist freilich genau das: eine These, soll heißen: eine Setzung. Sie lässt sich nicht von einem tiefer liegenden Grund ableiten, denn dann hätte die in Frage stehende »erste Philosophie« ihren eigenen grundlegenden Status aufgegeben. Die These von einem ontologischen Primat des Politischen und der politischen Philosophie aufzustellen, ist also in sich selbst eine *politische*

13 *Secunda philosophia* selbstverständlich nicht im aristotelischen Sinn der Physik, sondern im Sinne einer *prima philosophia*, die auf konstitutive Weise *weniger* als eine *prima philosophia* darstellen wird, ohne jedoch den Anspruch auf deren Status aufzugeben.

Setzung. Eine erste Philosophie muss als Erste gesetzt, eine Entscheidung muss getroffen werden bezüglich des Grundes oder Ausgangspunkts weiteren Philosophierens. Da der Zugang zum reinen, ontologischen Sein aufgrund des Spiels der ontologischen Differenz – und also aufgrund der notwendigen Verschmutzung des Ontologischen durch das Ontische – für immer versperrt bleibt, wird eine ontische Disziplin (oder Regionalontologie) die unmögliche Rolle einer »Fundamentalontologie« spielen müssen.[14] Und wenn Pluralität reduziert werden muss, so bedingt dies irgendeine Form des Ausschlusses oder des Antagonismus. Das Werk Claude Leforts wird diesem Argument, auf das wir in Kapitel 9 zurückkommen werden, den Weg bereiten.

14 Dies geschieht auch dort, wo es nicht offen eingestanden wird. Auch Heideggers Entwurf einer sich von allen Regionalontologien abgrenzenden Fundamentalontologie in *Sein und Zeit* nähert sich letztlich doch wieder einer »ontischen« Disziplin an, weshalb sie – und zwar nicht ganz zu Unrecht – vor allem in der ursprünglichen französischen Rezeption als eine *Anthropologie* verstanden werden konnte.

Kapitel 5
Die doppelte Teilung der Gesellschaft: Claude Lefort

5.1. Das Ereignis denken

»Mein Anliegen ist die Wiederherstellung der politischen Philosophie; dazu möchte ich beitragen und anregen« (Lefort 1990a: 281). Diese Worte eröffnen einen der prominentesten Artikel Claude Leforts, basierend auf einem Vortrag, den Lefort an Nancys und Lacoue-Labarthes *Centre de recherches philosophiques sur le politique* gehalten hatte. In der Tat kann hinsichtlich der Bedeutung, die Leforts Werk für die gegenwärtige politische Philosophie und im Besonderen die Demokratietheorie besitzt, kein Zweifel bestehen. Lefort hat eine der gewichtigsten Theorien des Politischen, der Demokratie und des Totalitarismus entwickelt, die uns den Primat des politischen Denkens in seinem Verhältnis zur Wissenschaft einerseits und andererseits zu einem Denken des Philosophismus, zu dem letztlich Nancys Zugang tendiert, zu fassen hilft. Seine Theorie ist von unschätzbarem Wert für jede tiefer gehende Analyse der politischen Differenz, da Lefort, abgesehen von einer »ontologischen« Theorie des Politischen, eine historische Genealogie des Machiavell'schen Moments – des Moments der Gründung und Entgründung von Gesellschaft – anzubieten hat.[1]

Unglücklicherweise wurde Leforts Theorie Opfer dessen, was zum Schicksal aller erfolgreichen Theorien zu gehören scheint: Sie wurde auf Slogans reduziert. Im Besonderen kann man zwei Lefort'schen Phrasen oder Topoi in unzähligen Artikeln begegnen. Die erste Phrase porträtiert unsere Gegenwart als von der »Auflösung der Grundlagen aller Sicherheit« gekennzeichnet. Die zweite besteht in der These, in der Demokratie sei »der Ort der Macht leer«. Die meisten Darstellungen Leforts geben sich mit diesen beiden Gemeinplätzen bereits zufrieden, ohne Kontext und Hintergrund der Theorie vorzustellen. Von diesen »Slogans« wird erwartet – und zeichnet nicht genau das einen Slogan aus? –, dass sie für sich

1 Zur deutschsprachigen Einführung vgl. van Reijen 1992 und Gaus 2004.

selbst sprechen. Doch sind sie davon weit entfernt. Sie besitzen für Leforts Theorie die grundlegendere Funktion, auf eine Dimension des Sozialen hinzuweisen, die wir mangels besserer Alternativen als dessen ontologische Dimension bezeichnet haben. Wird dies übersehen, besteht die Gefahr, dass sie als ontische Feststellungen zu unseren heutigen modernen Lebensbedingungen missverstanden werden. Doch darf die Behauptung einer »Auflösung der Grundlagen aller Sicherheit« nicht auf die Banalität reduziert werden, dass in unserer modernen Zeit vieles unsicher sei. Ähnlich trivialisierend könnte die These vom »leeren Ort der Macht in der Demokratie« auf die simple Behauptung reduziert werden, arbiträrer Machtgebrauch sei in Demokratien ausgeschlossen. In den Kontext von Leforts Theorie gestellt, verraten diese Thesen hingegen etwas über die quasi-transzendentale Bedingung von Gesellschaft. Im Fall des leeren Ortes der Macht ist offensichtlich, dass Macht nicht verschwindet, sondern präsent bleibt als Ort, der entleert wurde, als Dimension, deren tatsächlicher (oder ontischer) Inhalt verschwinden kann, während die Dimension als solche operativ bleibt. Und ihrerseits ist die »Auflösung der Grundlagen von Sicherheit« bei Lefort kein partikulares Phänomen, sondern definiert den universalen, d. h. wiederum ontologischen Horizont unserer Welt.

Im starken Sinn verstanden, also die ontologischen Ermöglichungsbedingungen von Gesellschaft betreffend, erzählen uns diese Thesen etwas über Leforts Theorie. Zum Ersten deuten sie darauf hin, dass es sich um eine Kontingenztheorie handelt. Unsere eigentliche Sicherheit bezüglich der Auflösung aller Sicherheit weist bereits darauf hin, dass die Wurzeln dieses Phänomens auf einer tieferen ontologischen Ebene gesucht werden müssen, als man dies womöglich vermuten würde. Aus diesem Grund verbirgt sich hinter dem ontologisch scheinbar weichen Begriff der *Unsicherheit* der starke von *Kontingenz* als notwendiges Merkmal jeder sozialen Identität. Und in einem zweiten, damit verbundenen Sinn ist Lefort Postfundamentalist. Sein Kontingenzbegriff wie auch die These von der Leere des Ortes der Macht deuten darauf hin, dass Gesellschaft auf keinem stabilen Grund gebaut ist. Sie bezeichnen die Abwesenheit sozialer oder historischer Notwendigkeit, die Abwesenheit eines positiven Fundaments von Gesellschaft; und dennoch weisen sie zugleich darauf hin, dass die Dimension des Grundes nicht einfach verschwindet, sondern als abwesende anwesend bleibt. In diesem

Kapitel werde ich zu zeigen versuchen, warum Leforts Theorie innerhalb des post-fundamentalistischen Paradigmas verortet werden muss, in welchem Ausmaß sie auf einem starken Begriff des Antagonismus (im Sinne einer ursprünglichen Teilung) aufruht und in welchem Verhältnis die von Lefort konzeptionalisierte Differenz zwischen *la politique* und *le politique* – Politik und dem Politischen – zu seinem Postfundamentalismus steht.[2] Um die Stichhaltigkeit unserer Hauptthese an der Theorie von Lefort zu erweisen, werden wir demonstrieren müssen, dass diese Differenz *als Differenz* auch bei Lefort symptomatisch auf die grundlose Natur von Gesellschaft verweist.

Will man Lefort innerhalb des Denkens des 20. Jahrhunderts situieren, so kommen zwei Namen unmittelbar in den Sinn: Hannah Arendt und Maurice Merleau-Ponty. Lefort gesteht erstaunliche Parallelen zwischen seinem Werk und dem Arendts ein. Auch wenn er es erst relativ spät in seiner Karriere entdeckte (Lefort 1981: 159), war es ihr Werk, dem Lefort sich von da an am nächsten sah (Lefort 1999: 17; siehe auch Lefort 1998). Die tiefste Übereinstimmung findet sich nicht so sehr in den Inhalten als im *Modus* des Denkens, in der *Praxis* des Philosophierens.[3] In dieser Hinsicht fasziniert ihn Arendts Denk*weise*, die nicht auf den Hochplateaus abstrakter begrifflicher Systeme voranschreitet, sondern ihren Ausgang von konkreten politischen Ereignissen nimmt (von welchen für Arendt der Sieg des Nazismus 1933 das einschneidende, jedoch bei weitem nicht das einzige war). Niemand sonst, in Leforts Augen, »hat

2 Man sollte an dieser Stelle Leforts frühen Mitstreiter Cornelius Castoriadis erwähnen, der ebenfalls eine spezifische Version der politischen Differenz entwickelt hat. Kurz gefasst: Für Castoriadis soll das Politische die Dimension *expliziter Macht* beschreiben, unter welcher jene sozialen Instanzen zu verstehen sind, die sanktionierbare Forderungen erheben können, während wahre Politik gerade in der expliziten Infragestellung der etablierten Institutionsweise von Gesellschaft besteht (Castoriadis 1991: 156-9).

3 Was Arendts Darstellung der Philosophiegeschichte betrifft, meldet Lefort hingegen Bedenken an. Für Lefort beginnt die Geschichte (politischer) Philosophie nicht, wie Arendt meint, mit einer ursprünglichen Verleugnung der *vita activa* durch Platon und findet ihr definitives Ende bei Marx. Im Gegenteil, diese Geschichte manifestiert sich in einer andauernden Befragung, die alle partikularen sozialen Felder durchquert. So übersteigt auch philosophische Arbeit die Grenzen ihrer eigenen Disziplin: Ihre Bedeutung strahlt in die verschiedensten Richtungen aus. Aus diesem Grund lehnt es Lefort ab, mit der philosophischen Tradition vollständig zu brechen.

auf so rigorose Weise das Band zwischen dem Denken und dem Ereignis« benannt, und niemand war sich des »unbekannten, des unerwarteten Elements, das unsere Überzeugungen unterbricht«, so bewusst wie Arendt (Lefort 1986a: 61). Sie habe die Bezeichnung »Philosophin« zurückgewiesen, um sich die Freiheit zu bewahren, auf Ereignisse reagieren und dem Unbekannten entgegentreten zu können, ohne es sofort philosophischen Systemen einzugliedern. Darin besteht ihr berühmtes »Denken ohne Geländer«: Nicht philosophische Systeme, sondern das Aufbrechen des Unbekannten treibt ihr Denken an. Umgekehrt wird Denken zu einer responsiven Aktivität, die Offenheit gegenüber dem Ereignis beweisen muss. Darin sieht Lefort eine klare Parallele zwischen Arendts Denkweise und der Maurice Merleau-Pontys.

1941 bis 1942 war Merleau-Ponty Leforts Gymnasiallehrer für Philosophie. Von da an entwickelte sich eine intellektuelle Freundschaft und Zusammenarbeit. Nach dem Tod Merleau-Pontys wurde sein posthumes Werk von Lefort herausgegeben – *Le visible et l'invisible* 1964 und *La prose du monde* 1969. Man sollte sich allerdings nicht davon täuschen lassen, dass Merleau-Ponty den Ausgangspunkt der intellektuellen Entwicklung Leforts bildet. Leforts Theorie hat wenig mit einer bloßen Anwendung der Merleau-Ponty'schen Phänomenologie auf das Feld der Politik zu tun. Als philosophisches Projekt oder »Schule« lässt Lefort die Phänomenologie hinter sich, und somit vermeidet er es, seine Arbeit als »politische Phänomenologie« oder »Phänomenologie des Politischen« zu bezeichnen. Was er jedoch in seinen Ansatz integriert, sind gewisse Merleau-Ponty'sche Denkfiguren, die sich im Laufe dieses Kapitels immer wieder zu erkennen geben werden. An prominentester Stelle rangiert jene des *Chiasmus*: jene unlösbare Verknüpfung zweier Terme, die diese zugleich verbindet und trennt, womit sie ein Verhältnis der *Reversibilität* (eine weitere Figur Merleau-Pontys) herstellt. Ursprünglich eine rhetorische Figur der Inversion einer parallelen Ordnung (A-B/B-A) haben wir den Chiasmus als grundlegende Denkweise Heideggers kennengelernt, die nicht zuletzt das Verhältnis zwischen ontischer und ontologischer Ebene beschreibt. Bei Merleau-Ponty (Merleau-Ponty 1994), der die Figur nutzt, um das besondere Verhältnis zwischen dem Sichtbaren und dem Unsichtbaren (auch zwischen dem Innen und dem Außen) zu fassen, taucht sie nun wieder auf. Sie liegt auch Leforts Argumentationsbewegungen zugrunde, was diese oft in überraschende Nähe zu Derridas dekonstruktiven Doppelbewegungen (»auf der einen Seite/auf der anderen Seite«), die gleichfalls keine Auflösung finden, rückt. Wie wir sehen werden, wird das Verhältnis zwischen Politik und dem Politischen von Lefort in chiasmatischen Begriffen gedacht.

Abgesehen von solchen Denkfiguren ist Lefort von Merleau-Pontys philosophischer Praxis beeindruckt. Sie ist, ähnlich wie die Arendts, dem von Ereignissen ausgehenden Neubeginnen verpflichtet (Lefort 1986a: 61), und so ist auch Leforts Denken in seinem Kern ein Denken des Ereignisses.[4] Letzteres geht nicht aus der ontischen Ebene empirischer Fakten oder historischer Gegebenheiten hervor. Philosophie beginnt erst, wenn diese Fakten zu einer Befragung der Geschichte oder Politik und unseres Verhältnisses zu Geschichte, Politik und letztlich Sein artikuliert werden. Das Ereignis kann schon allein deshalb nicht als empirisches Faktum innerhalb eines historischen Horizonts gegeben sein, weil es das Ereignis selbst ist, das diesen Horizont inauguriert. So kann der Philosoph[5] nicht außerhalb oder oberhalb des Ereignisses stehen, als würde er von oben darauf blicken, denn seine Position ist notwendigerweise innerhalb des Horizonts, wo er vom Ereignis »berührt« wird, von dem das Denken seinen Ausgang nimmt: »Das Ereignis berührt ihn, weil es ihm sein Denken gibt.« Das Ereignis ist eine Gabe, die der Philosoph *nicht nicht akzeptieren* kann: »Es steht nicht in der Macht des Philosophen, sich dem Anspruch des Ereignisses zu entziehen« (Lefort 1978: 60). Darüber hinaus erlaubt das Ereignis, sofern es alte Denkweisen unterbricht und einen neuen sozialen Horizont installiert, dasjenige zu denken, was vormals undenkbar war.

Für ein solches Ereignis schlechthin steht in Leforts Theorierahmen die »demokratische Erfindung«. Durch das Ereignis der Französischen Revolution wurde, wie wir noch sehen werden, ein neuer Horizont sozialer Bedeutung eröffnet bzw. »erfunden«. Zu Leforts Lebzeiten wurde *sein* Denken hingegen angerufen durch

4 Man könnte hier anmerken, dass aus Heideggers Perspektive Chiasmus und Ereignis zusammengehören. Denn als Figur der Überkreuzung markiert der Chiasmus jene »Lichtung« im Zentrum bzw. im Zwischen des Gevierts – also der Kreuzung zwischen Himmel, Erde, Sterblichen und Göttlichen –, in dem das Ereignis lokalisiert ist.

5 Ich verwende hier paraphrasierend die männliche Form, wie ich sie bei Lefort vorfinde.

das Phänomen des Totalitarismus. Es waren Ereignisse wie die Enthüllungen der Stalin'schen Verbrechen und die Aufstände in Ostberlin, Ungarn, Polen und der Tschechoslowakei, so John B. Thompson (Thompson 1986: 3), aber auch der Indochinakrieg, der Algerienkrieg oder der Aufstieg des Gaullismus, die sich Leforts Denken aufgezwungen haben. Vor diesem historischen Horizont, der zugleich den Ausgangs- und Referenzpunkt seiner politischen Philosophie darstellt, unterscheidet Lefort drei Perioden seines Denkens: Die erste ist bestimmt von der Verteidigung des Marxismus gegen die dogmatische, nationalistische und szientistische »Abweichung« des Stalinismus. Sie beginnt spätestens 1943 mit Leforts Eintritt in die IV. (trotzkistische) Internationale. Gemeinsam mit Cornelius Castoriadis kritisiert er jedoch zugleich Trotzkis Beitrag zum Aufbau einer bürokratischen Parteiherrschaft in der Sowjetunion und seine Vorstellungen von einer revolutionären Partei, denen die Trotzkisten immer noch anhingen. Diese Kritik wird zum Ausgangspunkt der zweiten Periode Leforts, die im Bruch mit der IV. Internationale und der Gründung (gemeinsam mit Castoriadis, Jean-François Lyotard und anderen) der Gruppe *Socialisme ou Barbarie* kulminiert. Im Rahmen von *Socialisme ou Barbarie* arbeitet er seine Bürokratie- und Totalitarismuskritik weiter aus, bis er 1958 auch mit dieser Gruppe bricht, der er vorwirft, entgegen der offiziellen Parteiideologie der Arbeiterautonomie eine revolutionäre Führung formen zu wollen. Dieser Bruch – der sich zugleich als Bruch mit dem Marxismus und dessen Ideen von Revolution erwies – eröffnete den Weg in Leforts dritte Periode, in der er eine Theorie des Politischen (wie auch der Demokratie) erarbeitete, die Phänomene der sozialen Teilung, der Unbestimmtheit und Unsicherheit ins Zentrum seines Denkens rückte.

5.2. Politik und das Politische

Leforts Definition des Politischen – als differenziert von Politik – ist eng mit seiner Theorisierung von Philosophie in Differenz zu Wissenschaft verknüpft. Um das Politische denken zu können, so Lefort (Lefort 1990a: 284), müssten wir »mit dem Standpunkt der Wissenschaft im allgemeinen und mit jenem Standpunkt, der sich in den so genannten Politikwissenschaften und der politischen Soziologie durchgesetzt hat«, brechen. Denn während der Marxismus die Politik von der ökonomischen Basis determiniert sieht, unterliegen Politologie und Soziologie einer anderen Illusion: Angetrieben vom »Willen zur Objektivierung« (1990a: 284) und den Imperativen der Exaktheit und Definierbarkeit konstruieren sie politische Wissensobjekte in Abgrenzung von ökonomischen, rechtlichen, technischen und anderen und ordnen all diese zum übergreifenden Relationssystem der Gesamtgesellschaft. Um die Gesellschaft als Ganzes denken zu können, muss das Subjekt des Wissens Distanz zu ihr gewinnen: es betrachtet die Gesellschaft aus der Vogelperspektive; doch lässt sich, wie schon gesagt wurde, der Horizont der Wahrnehmung nicht überfliegen. Das Subjekt des Wissens ist selbst Teil jener Gesellschaft, die es untersucht, da jedes Denken der Gesellschaft *in* genau dieser Gesellschaft immer schon die Bedingungen seiner eigenen Konstitution vorfindet. Zu seinen Konstitutionsbedingungen gehören mithin Grundunterscheidungen wie Gerechtigkeit/Ungerechtigkeit, Legitimität/Illegitimität, Wahrheit/Lüge oder Privatinteresse/Gemeinwohl, die das wissenschaftliche Denken mit dem fadenscheinigen Argument abweist, ihr Kriterium sei nicht anzugeben. Die Wissenschaft legt sich selbst ein »Denkverbot« (285) auf, dem ein Verbot des Urteilens bezüglich dieser Grundunterscheidungen entspricht. Allerdings kann niemand diesen Grundunterscheidungen entkommen, da erst durch sie die Welt für uns mit Bedeutung erfüllt wird. Wenn die bürgerliche positivistische Wissenschaft nach einem Ort jenseits des Horizonts des Sozialen sucht, dann verleugnet sie – und hierin folgt Lefort der Wissenschaftskritik Merleau-Pontys –, dass sie selbst in jener Welt situiert ist, die sie beobachtet. Philosophie hingegen akzeptiert, dass man aufgrund der notwendigen Situiertheit im Horizont des Sozialen das Risiko des Urteilens eingehen muss.

Das wirft allerdings die Frage auf, worin dann der eigentliche Unterschied zwischen der Position des Philosophen und jener des Wissenschafters besteht. Beide stehen innerhalb des Horizonts der Gesellschaft, weshalb der Unterschied nur in ihrer jeweiligen *Einstellung* diesem Faktum gegenüber bestehen kann: Verleugnung oder Akzeptanz. Philosophie akzeptiert die Notwendigkeit, in einer Welt, die von Wertunterscheidungen durchzogen wird, Urteile zu treffen. Lefort zögert jedoch nicht, seiner Wissenschaftskritik die Kritik an einer Philosophie zur Seite zu stellen, die vom »Phantom eines reinen Denkens« heimgesucht wird (Lefort 1992: 11). Darunter ist ein Denken zu verstehen, das in Form konzeptueller Systeme organisiert ist, deren innere Konsistenz unter allen Umständen intakt bleiben soll, da sie vorgeblich unabhängig von jedem Verhältnis zur Welt, also unberührt von historischen Ereignissen, konstruiert wurden. Gegen diese Vorstellung von Philosophie fordert Lefort ein *Denken* in Form einer »unlokalisierbaren und unabstellbaren Frage, die jede Erfahrung der Welt begleitet« (1992: 353). Gerade weil Denken – als eine infinite Form der Befragung – nicht mit einem dem Denken positiv gegebenen Objekt befasst ist, sondern vielmehr auf der konstitutiven Abwesenheit eines ultimativen Fundaments aufbaut, kann Lefort darunter ein »Abenteuer« verstehen. Es lässt sich auf keine definitive Antwort hoffen, man kann sich auf keinem soliden Grund ausruhen und muss doch das Risiko des Urteilens eingehen. In Form der Befragung ist es dem Denken unmöglich, seine Konzepte und Kriterien ausgehend von einem positiven Fundament zu entwickeln. Im Gegenteil, wie Lefort (Lefort 1978: 20) sagt, kann und muss die Abwesenheit eines solch positiven Fundaments als einziges Fundament oder Gesetz dienen, das dem philosophischen Denken überhaupt zur Verfügung steht. Trifft dies zu, dann dürften Leforts zentrale Begriffe – besonders natürlich der Begriff des Politischen als differenziert von jenem der Politik – wohl nicht die Funktion x-beliebiger Begriffe besitzen. Vielmehr deuten sie, indem sie ein unbestimmtes Feld für Befragungen eröffnen, auf die Abwesenheit eines positiven Fundaments, das unserem Denken und Handeln zugrunde liegen könnte.

Die Wissenschaft hingegen, sofern sie eine vom sozialen Ganzen abgelöste Position erstrebt, kann auf das Ereignis nicht antworten, d. h., sie ist nicht mehr in der Lage, »zu denken, was selbst danach strebt, gedacht zu werden« (Lefort 1992: 10). Wonach das Subjekt der Wissenschaft ja sucht, sind wertneutrale und positive Fakten oder Gesetze, die sozialen Domänen korrespondieren. So wird die eigentliche Domäne der Wissenschaft durch Abgrenzung sozialer Domänen zueinander und durch Abgrenzung von Disziplinen etabliert. D. h., dass der Unterteilung des Sozialen in partikulare Domänen und Sub-Domänen eine interne Unterteilung der Wissenschaft in Disziplinen und Teildisziplinen korrespondiert. Aus solch einer Perspektive wird Politik – als ein soziales Teilsystem – zum Gegenstand einer positiven Wissenschaft, sei es der Politikwissenschaft, sei es der politischen Soziologie. Auf der anderen Seite besteht die Tradition der Philosophie in der Befragung dessen, was die Grenzen jeder partikularen sozialen Domäne überschreitet. Und genau an diesem Punkt beginnt Lefort einen dem philosophischen Denken angemessenen Begriff des Politischen als »Feld der Befragung« zu entwickeln.

In seinem Beitrag zu einem der Sammelbände Lacoue-Labarthes und Nancys zum Rückzug des Politischen[6] beschreibt er seine Version der politischen Differenz als eine bewusste Reaktion sowohl auf das marxistische Verständnis von Politik als Angelegenheit des Überbaus als auch auf den soziologischen Ansatz, der Politik auf ein bestimmtes soziales Teilsystem neben vielen anderen reduziert, indem säuberlich politische Fakten von anderen Fakten getrennt, dann in spezifische Relationssysteme gezwängt und diese schließlich zu einem übergeordneten System der Gesellschaft kombiniert werden. Diese szientistische »Fiktion« verleitet Lefort zufolge dazu, demokratische Gesellschaften »durch die Abgrenzung einer bestimmten Sphäre von Institutionen, Beziehungen und Tätigkeiten als politische« zu charakterisieren, »die sich von den anderen unterscheidet, die wiederum als ökonomische, rechtliche usw. erscheinen« (Lefort 1990a: 283 f.). So muss die Einführung einer Differenzierung zwischen *la* und *le politique* bei Lefort im Lichte seiner Wissenschaftskritik und vor dem Hintergrund seiner Verteidigung des philosophischen Denkens als »Denken des Politischen« (»*la pensée du politique*«) gesehen werden. Ein solches Denken des Politischen distanziert sich von einer bloßen Wissenschaft der Politik, indem es nach dem Ursprung oder den Prinzipien der eigentlichen Differenzierung zwischen den sozialen Sphären (oder Systemen) in der Moderne fragt, also nach ihrer ontologischen Fundierung, statt deren Differenzen in bloß ontischen Begriffen zu beschreiben. Es nimmt seinen Ausgangspunkt von jenem Ereignis, welches diese Differenzierung zuallererst konstituierte, nicht von einer Beschreibung der vorgeblichen Objektivität dieser Systeme. Lefort besteht darauf, dass dieses Ereignis der Ausdifferenzierung partikularer Sozialsysteme – und damit das moderne Verständnis von Politik als Teilsystem – selbst eine politische Bedeutung be-

6 Leforts Konzept eines »Denkens des Politischen [*du politique*]« – und darin implizit die systematische Differenzierung zwischen *le politique* und *la politique* – wird von Hugues Poltier (Poltier 1998: 126) bis in die späten 1970er Jahre rückverfolgt.

sitzt, was die Frage nach der Form und Institution von Gesellschaft aufkommen lässt:

Doch die Tatsache, daß sich so etwas wie *die* Politik in einer bestimmten Epoche im gesellschaftlichen Leben abzugrenzen begann, hat gerade eine politische Bedeutung, die als solche nicht partikular, sondern allgemein ist. Mit diesem Ereignis kommt nichts Geringeres ins Spiel als die Konstitution eines gesellschaftlichen Raumes, die gesellschaftliche *Form* oder das Wesen des »Gemeinwesen« (*la cité*), wie es ehemals hieß. Somit enthüllt sich das Politische nicht in dem, was gemeinhin politisches Handeln genannt wird, sondern in der doppelten Bewegung des Erscheinens und Verbergens der Art und Weise, wie sich Gesellschaft instituiert. Ein Erscheinen in dem Sinne, daß der Prozeß, durch den sich die Gesellschaft ordnet und durch ihre Teilungen hindurch vereinigt, sichtbar wird, Verbergung aber in dem Sinne, daß das generische Prinzip der Konfiguration der Gesamtgesellschaft verschleiert wird, sobald sich ein Ort der Politik als partikular bezeichnet (jener Ort, an dem sich der Wettstreit der Parteien vollzieht, an dem sich die allgemeine Machtinstanz ausbildet und erneuert) (1990a: 284).

Lefort weist auf die das Politische – als eigentliche Form und Institutionsweise von Gesellschaft – auszeichnende Doppelbewegung seiner Ver- und Ent-bergung hin. Darin besteht die spezifische kategoriale Ausformung, die Lefort dem Wort vom »Rückzug des Politischen« gibt, das nun auf die Vergessenheit bezüglich der Differenz zwischen Politik – als Teilsystem oder Handlungsform – und dem Politischen als der der Gesellschaft *Form gebenden* Gründungsdimension referiert. Die »Interpretation des Politischen« erfordert eine Untersuchung der Frage, die einst politische Philosophie inspirierte und bereits in der griechischen Theorie der *politeia* angekündigt wurde: Was ist die Natur der Differenz zwischen den verschiedenen Gesellschaftsformen? Ein solches Denken des Politischen erfordere einen »Bruch mit dem Standpunkt der politischen Wissenschaft, die gerade aus der Streichung jener Frage entstanden ist«. Die für die Politikwissenschaft typische Form der Vergessenheit besteht nämlich in deren Objektivierungsbegehren, womit sie vergisst, »daß es keine Elemente oder Elementarstrukturen, keine Wesenheiten (Klassen oder Klassensegmente), keine gesellschaftlichen Beziehungen, keine ökonomische und technische Bestimmung, keine Dimension des gesellschaftlichen Raumes gibt, die ›vor‹ ihrer Formgebung existierten« (ebd.).

Wir können somit das Politische als Moment der Institution

des Sozialen definieren, als Ensemble der »generative[n] Prinzipien seiner ›Form‹« (Lefort 1992: 326). Die »Form« des Sozialen wird ihrerseits von Lefort als »symbolisches Dispositiv« einer gegebenen Gesellschaft bezeichnet – und wir werden gleich in größerem Detail sehen, wie das symbolische Dispositiv in der modernen Gesellschaft strukturiert ist und welchen Mutationen es unterliegt. Vorerst muss der Hinweis auf einige wenige Elemente der symbolischen Instituierung der modernen Gesellschaftsform genügen. Dabei muss unterstrichen werden, dass Lefort die historische Entstehung eines partikularen Felds der Politik nicht vollständig abstreitet – auch wenn diese moderne Ausdifferenzierung sozialer Sub-Sphären nicht an das Enigma der Institution von Gesellschaft rührt. Die Entstehung eines spezifischen Felds der Politik basiert auf einer Reihe institutioneller Voraussetzungen, die sich – im fundamentalsten Sinne – um Fragen der Macht und des Konflikts drehen. Lefort bemerkt, dass »die Eingrenzung des eigentlich politischen Handelns zur Folge hat, daß dadurch eine *Bühne* errichtet wird, auf welcher der Konflikt (von dem Augenblick an, als die *Citoyenneté* nicht mehr einer kleinen Zahl vorbehalten ist) sich vor aller Augen als notwendig, unreduzierbar und legitim darstellt« (Lefort 1999: 52). Die Form moderner demokratischer Gesellschaften ist daher charakterisiert durch die Institutionalisierung des Konflikts. Und der Ursprung von Macht ist in modernen demokratischen Gesellschaften nicht länger mit dem Feld der Religion verknüpft, noch ist er, wie wir sehen werden, mit Recht und Wissen verknüpft. Die Auflösung dieser Verknüpfungen ist umgekehrt geradezu Vorbedingung für das Entstehen von Politik. Was dennoch verdunkelt bleibt, ist *die Form und Bedingung der Möglichkeit, zwischen sozialen Sphären unterscheiden zu können*: »es ist folglich wahr, daß etwas wie *die Politik* (*la politique*) sich eingrenzt. Das einzige, was dem wissenschaftlichen Beobachter verborgen bleibt, ist die symbolische Form, die unter der Wirkung einer Mutation der Macht diese neue Unterscheidung möglich macht, ist die Essenz *des Politischen* (*du politique*)« (53).

In diesem Zitat vollzieht Lefort eine quasi-transzendentalistische Bewegung. Auf dem Spiel steht, was möglich macht, dass Politik als eine spezifische Handlungsform oder partikulare soziale Sphäre überhaupt erst entsteht: das Politische (respektive die Differenz zwischen Politik und dem Politischen). Aus diesem Grund sind die

Vorbedingungen von Politik nicht allein historische Emergenzbedingungen, sondern zugleich strukturelle Möglichkeitsbedingungen. Politik und das Politische stehen einander nicht als zwei getrennte ontische Reiche gegenüber, sondern sind vielmehr untrennbar ineinander verkeilt, wobei das Politische nur aufgrund seiner eigentlichen Abwesenheit als ontisch Seiendes zur Bedingung der Möglichkeit von Politik werden kann. Wie Dick Howard beobachtete, besitzt das Politische »eine *symbolische* Präsenz, deren Existenz als eine reale Abwesenheit politische Veränderung möglich macht« (Howard 1989: 8). Um das Argument etwas präziser zu fassen, könnte man sagen: Politik und das Politische fungieren als Bedingungen ihrer *wechselseitigen* Ermöglichung/Verunmöglichung aufgrund des Spiels ihres Abwesens/Anwesens. Erst in der Moderne wird dieses Spiel in jenem Moment enthüllt, in dem Politik sich als autonome Aktivität emanzipiert und von ihr heteronomen Quellen der Legitimation abhebt: in jenem Ereignis also, das wir als Moment des Politischen bezeichnet haben. Politische Theorie, als eine Theorie des Politischen (chiasmatisch differenziert von Politik), übernimmt somit jene Rolle, die, wie bereits im vorigen Kapitel angedeutet, eine erste Philosophie spielen würde, deren genauere Qualifikation wir allerdings auf die Diskussion in Kapitel 9 verschieben müssen. Politisches Denken kann diese Aufgabe übernehmen, da sie ihr Objekt nicht in der Politik im engen Sinne findet, sondern in der die Gesellschaft *instituierenden* und *formgebenden Dimension* als solcher. Jenseits dieser Gründungsdimension des Politischen gibt es weder Form noch Bühne, noch Bedeutung.

5.3. Konflikt als Fundierung: die doppelte Teilung der Gesellschaft

Kehren wir zu den Fragen von Macht und Konflikt zurück, die für Lefort im Zentrum des Problems des Politischen liegen. Im Kern des Formierungsprozesses von Gesellschaft wird man einer noch grundlegenderen Teilung als Bedingung der (Un-)Möglichkeit jeder Formierung oder jedes formgebenden Prozesses begegnen. Die Teilung ist primordial, da sie auf keine ihr vorausliegende Gründung zurückgreifen kann. Wie es Leforts früherer Mitarbeiter Marcel Gauchet pointiert fasst: »*Die Teilung ist weder ableitbar noch auflösbar*« (Lefort und Gauchet 1990: 224). Will man also die Suche nach einem dem Politischen selbst vorgelagerten Ursprung des Politischen aufgeben, ist ein »radikaler *Interpretationssprung*« vonnöten, da Gesellschaft auf einer originären Teilung gründet, die nichts anderes ist als die Teilung zwischen der Gesellschaft und dieser selbst *als ihrem anderen*. So ist es »eben jener antagonistische Gegensatz der Gesellschaft zu sich selbst, der die Gesellschaft als solche begründet, ihr zu existieren erlaubt, sie zusammenhält. Die Gesellschaft ist wesentlich gegensätzlich verfaßt, sie setzt sich nur im Gegensatz zu sich selbst, d. h., indem sie sich zum Anderen ihrer selbst macht« (ebd.).

Mit ihrer These, die Möglichkeit von Gesellschaft sei bedingt durch ihre Selbst-Teilung, bringen Lefort und Gauchet ein weiteres Mal ein transzendentalistisches Argument in Anschlag: In ihrer (Selbst-)Teilung liegt die Ermöglichungsbedingung von Gesellschaft. Aber was macht dieses Argument postfundamentalistisch und damit *quasi*-transzendentalistisch? Natürlich die Tatsache, dass Gesellschaft nicht auf einem positiven Prinzip aufruht, sondern auf einer unauflösbaren Negativität im Verhältnis zu ihrer Selbstidentität. Diese Negativität – diese *Teilung* – kann nicht von empirischen, »positiven« Fakten abgeleitet werden. Aus diesem Grund lässt sich soziale Identität in nichts anderem gründen als in der Abtrennung dieser Identität von sich selbst: in ihrer Selbstexternalisierung. Nur indem Gesellschaft sich teilt und zu ihrem eigenen Anderen macht, kann sie überhaupt einen bestimmten Grad an Identität erreichen. Dieses Argument ist allgemeingültig und besitzt Implikationen für jede Form von Identitätsbildung. Obwohl es bei Lefort und Gauchet innerhalb des Horizonts von Merleau-Pontys Denken – von daher die Betonung eines unauflösbaren Chiasmus zwischen innen und außen – formuliert ist, besitzt es zugleich deutliche Ähnlichkeiten mit der dekonstruktiven Denkfigur. Beide Ansätze (und man könnte den dritten des Lacanianismus hinzufügen) stehen in der Tradition des Heidegger'schen Denkens des Chiasmus, und sie postulieren, dass es keine Identität geben kann, die nicht von ihrem eigenen Außen differenziert wäre; und doch besitzt dieses Außen kein unabhängiges Leben jenseits des Innen, sondern bleibt, als dessen Ermöglichungsbedingung, im Inneren präsent (dieses »kontaminierend«, wie Derrida gesagt hätte), womit wiederum die Grenze zwischen innen und außen hybridisiert wird. Somit ist jede

Identität zu einem gewissen Grad prekär, denn sie bleibt auf etwas angewiesen, das ihr notwendigerweise entkommt.

Daran wird ersichtlich, dass die originäre Teilung – die, wie gleich deutlich werden wird, genauso an der »äußeren Grenze« der Gesellschaft wie im Inneren der Gesellschaft, in dem, was Merleau-Ponty deren »Fleisch« genannt hätte, operiert – als notwendige Voraussetzung dafür fungiert, dass Gesellschaft überhaupt eine Form und ein Verständnis ihrer selbst entwickeln kann. Philosophische Befragung muss mit der »konstitutive[n] Aufspaltung des gesellschaftlichen Raums« (Lefort 1999: 49) beginnen, mit dem »Enigma« des Verhältnisses zwischen innen und außen. Dieses Enigma des Chiasmus zwischen innen und außen eröffnet sich in den symbolischen Gesten, welche die *Macht* gegenüber dem Außen vollzieht. Die Rolle der Macht besteht genau darin, Gesellschaft zu instituieren, indem sie soziale Identität *signifiziert* – und nur indem sie sich in ein Verhältnis zu dieser Repräsentation/Signifikation von Identität setzen, können die Menschen sich zu dem Raum verhalten, in dem sie in Form mehr oder weniger kohärenter Konfigurationen leben.[7] Macht arbeitet innerhalb und durch die symbolische Ordnung. Und wenn die Instituierung/Fundierung von Gesellschaft auf der symbolischen Ebene vonstatten geht, dann wird sie notwendigerweise *inszeniert* werden müssen: Das genau meint Lefort, wenn er von *mise-en-scène* spricht. Gesellschaft mag in unterschiedlicher Weise auf die Bühne gebracht werden: die »Fabrikation von Louis XIV« (Burke 1992) etwa unterscheidet sich eklatant von der Weise, in der Macht in Demokratien als jener Ort inszeniert wird, der institutionell nicht besetzt werden kann. Im Fall der Demokratie wird, so könnte man sagen, ein Spiel mit offenem Ausgang auf einer leeren Bühne inszeniert, und doch wurde das Theater der Macht noch keineswegs geschlossen. So wie eine Gesellschaft ohne Macht unvorstellbar ist, so kann es keine Macht ohne Repräsentation geben – ergo: kein sozialer Raum ohne die Inszenierung einer »Quasi-Repräsentation seiner selbst« (Lefort 1990a: 285).

So führte jenes irreversible Ereignis, das Lefort als »demokratische Erfindung« bezeichnet, nicht zum Verschwinden von Macht als solcher. Was sich historisch ereignete, war etwas anderes: eine

7 Was umgekehrt impliziert, dass ein völlig von Macht entleerter sozialer Raum keine Orientierungspunkte bieten würde, ja dass die Signifikation sozialer Identität als solche nichts anderes als *Macht ist*.

Mutation auf der symbolischen Ebene, die die Weise, in der die Einheit von Gesellschaft inszeniert wird, ihre *mise-en-scène*, modifizierte. Zugleich veränderte sie die Weise der Formung von Gesellschaft – ihre *mise-en-forme* – und die Weise, in der Gesellschaft mit Bedeutung ausgestattet wird – ihre *mise-en-sens*. Diese drei Aspekte können nicht voneinander getrennt werden: die Weise, in der Gesellschaft durch die Instanz der Macht inszeniert wird, gibt ihr zugleich Form (ohne Macht wäre Gesellschaft eine amorphe Masse) und Bedeutung, da die Grundunterscheidungen zwischen wahr und falsch, gerecht und ungerecht, legitim und illegitim den sozialen Raum für uns erst intelligibel machen. Es ist diese Dimension »des Politischen« – im Sinne der instituierenden Prinzipien eines gegebenen symbolischen Dispositivs –, die das Soziale formt und mit Bedeutung ausstattet, indem sie nämlich das Soziale dem Sozialen selbst gegenüber repräsentiert.

Hierauf bezieht sich Lefort mit seiner berühmten These, in der Demokratie bleibe der symbolische Ort der Macht leer: Im Moment der demokratischen Revolution – als das monarchische Dispositiv zum demokratischen wurde – ereignete sich diese Mutation auf der Bühne der Macht. Im monarchischen Dispositiv verwies die Macht »auf einen unbedingten, außerweltlichen Pol«, mit dem König als »Garanten und Repräsentanten der Einheit des Königreichs« (1990a: 292). Der König war in der Lage, diese Rolle auszufüllen, da er mit *zwei Körpern* ausgestattet war. Lefort bezieht sich hier auf Kantorowicz' (Kantorowicz 1957) Darstellung der mittelalterlichen Theorie von den beiden Körpern des Königs. Das *Ancien Régime* repräsentierte sich im Bild des Körpers des Monarchen, der in Analogie zum *Corpus Christi* gedacht wurde als geteilt in einen irdischen, sterblichen Körper und einen himmlischen, unsterblichen, kollektiven Körper, der die Einheit des Königreichs legitimierte. Seine beiden Körper erlaubten es dem Monarchen, zwischen der Sphäre der Immanenz (der »Erde« bzw. Gesellschaft) und jener der Transzendenz (der göttlich verbürgten Legitimität der sozialen Ordnung) zu vermitteln. Zum einen gehörte der Körper des Monarchen einer Sphäre außerhalb der Gesellschaft an, zum anderen lag hierin der Grund, warum Gesellschaft ihre imaginäre »organische« Einheit auf seinen Körper projizierte. Dieser stand – als Synekdoche – für den Körper der mystischen Gemeinschaft des ganzen Königreichs.

Die zwei Körper des Königs ermöglichten eine effektive Vermittlung zwischen innen und außen und machten den König selbst zum Vermittler zwischen den Menschen und den Göttern bzw. jenen transzendenten Instanzen, die später die Rolle der Götter einnehmen sollten, nämlich die souveräne Justiz und die Vernunft. Trotz allem ist das monarchische Dispositiv wesentlich instabiler, als es den Anschein haben mag. Die Bedingungen seiner Desintegration sind bereits im Dispositiv angelegt. Denn diese Form der Inkarnation von Gemeinschaft musste mit einem inneren Widerspruch zurande kommen: Die simple Notwendigkeit einer Vermittlung zwischen der Gesellschaft und ihrem Außen legt bereits eine ursprünglichere Teilung nahe. So versetzen seine beiden Körper den König nicht nur in die Lage, das soziale Ganze zu inkarnieren, sie legen zugleich offen, dass der König *nicht identisch mit sich selbst ist* – und daher auch Gesellschaft nicht identisch mit sich selbst sein kann.

Die Verknüpfung zwischen dem Irdischen und dem transzendenten Legitimationsgrund von Gesellschaft, die ehedem im Körper des Königs inkarniert war, wird im Moment seiner Disinkorporation endgültig gekappt. Im Zuge der demokratischen Revolution kondensiert dieser Moment – ein Moment des Politischen, wie er seinesgleichen sucht – symbolisch in der Guillotinierung von Louis XVI. Man muss sich vor Augen halten, dass in diesem Spektakel nicht nur die Köpfung eines irdischen Körpers inszeniert wurde, sondern auch und besonders die Disinkorporation des mystischen, transzendenten Körpers des Königs. Sie wird den Ort der Macht leer hinterlassen und das Band zwischen der Gesellschaft und ihrem transzendenten Legitimationsfundament durchtrennen. Und dennoch, obwohl Macht in diesem Augenblick von jedem positiven oder substanziellen Inhalt befreit wird, verschwindet sie nicht als Dimension des Sozialen:

> Vielmehr ist sie weiterhin jene Instanz, kraft derer die Gesellschaft sich in ihrer Einheit erfaßt und sich in Zeit und Raum auf sich selbst bezieht. Allerdings wird die Machtinstanz nicht mehr auf einen unbedingten Pol zurückbezogen. In diesem Sinne markiert sie eine Spaltung zwischen dem gesellschaftlichen *Innen* und *Außen*, die zugleich deren Beziehung begründet. Stillschweigend gibt sie sich so als rein symbolische Instanz zu erkennen (Lefort 1990a: 293).

Was nicht übersehen werden sollte, ist das zirkuläre oder chiasmatische Verhältnis zwischen der ontologischen Kondition primordialer Teilung und den immer historischen Formen ihrer Inszenierung. Da Letztere der ontologischen Kondition notwendigerweise eingeschrieben bleiben, muss selbst der Grund des Sozialen in seiner Abwesenheit, soll dieser abwesende Grund als ein vom Körper des Königs entleerter Ort der Macht konzipiert werden, als das kontingente Resultat eines historischen Ereignisses verstanden werden: als Resultat der demokratischen Revolution. Wie in Kapitel 3 diskutiert, haben die transzendentalen oder »ontologischen« Bedingungen der Möglichkeit ihrerseits historische (»ontische«) Ermöglichungsbedingungen zur Prämisse. Und doch, vielleicht paradoxerweise, verwandelten sich diese kontingenten historischen Bedingungen zu einem unüberschreitbaren Horizont, der den Status einer scheinbar »harten« Transzendentalie annahm. Nachdem die demokratische Revolution sich ereignet hatte, musste jedes Regime – demokratisch oder nicht – mit der Abwesenheit eines ultimativen Grundes und mit dem unüberbrückbaren Graben, der sich an der Stelle dieses Grunds öffnet, umgehen lernen.[8]

Bevor wir auf den Aspekt der Inszenierung und Institutionalisierung des demokratischen Dispositivs zurückkommen, bleibt noch die zweite Dimension der Teilung zu diskutieren. Lefort argumentiert, dass das Hauptmerkmal des demokratischen Dispositivs in der Akzeptanz sozialer Teilung zu sehen sei. Aber es ist nicht allein die Teilung zwischen der Gesellschaft und ihrem Außen, die akzeptiert werden muss; mehr als diese sind es die *inneren* Teilungen der Gesellschaft, die inneren Konflikte zwischen unterschiedlichen Interessen, Klassen und Gruppen. So machen Lefort und Gauchet eine weitere Achse sozialer Negativität und Konflikt aus, so dass das Soziale letztlich entlang *zweier* Achsen des Politischen konstruiert wird. Die erste wurde gerade beschrieben als Achse der gesellschaftlichen Selbstentfremdung: In jenem Moment, in dem Gesellschaft sich ihrer Selbstidentität versichert, teilt sie sich und errichtet ein Außen, das durch die Instanz der Macht inkarniert wird. Es bildet sich ein Antagonismus zwischen der Gesellschaft und ihrem Außen. Nun stellen wir fest, dass eine zweite Trennung oder Teilung im In-

8 Damit wird die Möglichkeit nicht ausgeschlossen, dass der Bruch mit früheren Legitimationsquellen nicht total ist und die Moderne partiell von Gespenstern des transzendenten Körpers des Königs heimgesucht wird. Leforts Idee von der Fortdauer des Theologisch-Politischen (Lefort 1999) scheint exakt in diese Richtung zu deuten.

neren der Gesellschaft operiert: Hier zeigt sich der Antagonismus in Form der unauflösbaren Spannung oder Opposition zwischen ihren Mitgliedern. Gemeinsam machen diese Teilungsachsen, diese zwei primordialen Dimensionen, den »Kern des politischen Seins der Gesellschaft« (Gauchet 1990: 225) aus. Nach der Untersuchung der ersten Achse originärer Institution – der Selbst-Externalisierung von Gesellschaft – können wir uns nun der zweiten Achse zuwenden: der unüberwindbaren inneren Teilung von Gesellschaft.

5.4. Das Machiavell'sche Moment

Der Klassenantagonismus wird von Lefort und Gauchet nicht als etwas verstanden, das an einem fernen Punkt in der Zukunft, nach der Sozialisierung der Produktionsmittel und dem Absterben des Staates, auflösbar wäre. Dieser Konflikt ist nicht nur unauflösbar, sondern auch notwendig für die Selbstinstituierung von Gesellschaft. Er stellt eine der Hauptquellen sozialer Kohäsion dar. So konterintuitiv oder paradox es scheinen mag, dass Konflikt – als unauflösbarer Kampf zwischen den Menschen – zur Quelle sozialer Kohäsion wird, Individuen und Gruppen finden erst durch Konflikt zu ihrer Selbstsetzung innerhalb einer gemeinsamen Welt. Durch ihren Antagonismus, mit dem die Organisationsform, die *raison d'être* und die Ziele der Gesellschaft zur Verhandlung gestellt werden, affirmieren die Antagonisten sich selbst als Mitglieder ein und derselben Gemeinschaft.

Weit entfernt davon, Gesellschaft in ihrer integralen Ganzheit zu zerstören, impliziert Teilung folglich eine Dimension von Totalität, »die durch eine Abwesenheit eingeführt wird« (1990: 233). Diese Abwesenheit geht hervor aus der nicht überwindbaren Inkapazität sozialer Akteure, die Bedeutung der Gesellschaft in ihrer Ganzheit zu meistern, da das unendliche Spiel sozialer Teilung jeden Akteur immer daran hindern wird, diese Bedeutung auf Dauer zu monopolisieren. So entsteht aus dem inneren Antagonismus in der Tat eine Dimension der Totalität, obwohl diese nicht Produkt der positiven Präsenz eines sozialen Grundes ist, sondern Ergebnis der Absenz einer solchen Präsenz. Denn wenn die Dimension des radikalen Antagonismus garantiert, dass niemand die Bedeutung des Ganzen zu inkarnieren vermag, dass jede derartige Anmaßung herausgefordert werden kann und wird, dann legt das die Schlussfolgerung nahe, dass die Wahrheit der sozialen Totalität nur in der Debatte als solcher liegen kann. Die Dimension der Totalität wird somit nicht als solche zurückgewiesen, vielmehr wird sie als Effekt einer nicht endenden Debatte verstanden, die es jeder Gruppe unmöglich macht, die Bedeutung des sozialen Ganzen zu meistern. Die Bedeutung des Sozialen entsteht aus dem *Zwischen* der debattierenden Parteien.[9]

Wenn wir verstehen wollen, aus welchen Quellen sich Leforts positive Beurteilung von Konflikt speist, müssen wir uns seinen frühen Studien zu Machiavelli zuwenden, denn es war vor allem Machiavellis Denken, das es Lefort erlaubte, mit dem Marx'schen Postulat der sekundären Natur von Konflikt zu brechen. Mit diesem Bruch schreibt sich Lefort, als Vertreter des sozialen Postfundamentalismus, in das Machiavell'sche Moment ein (Pocock 1975). Denn niemand anderer als Machiavelli »könnte eine größere Rolle dem Ereignis, der unaufhörlichen Mobilität der Dinge in der Welt, dem immer neuen Test der Komplexität zuschreiben« (Lefort 1992:160).

Zwischen 1956 und 1972 arbeitete Lefort an seiner *thèse d'état*, einer Befragung des Machiavell'schen *œuvre*, die sich zu einem 800 Seiten starken Buch entwickeln sollte (Lefort 1986b). Für Lefort ist Machiavelli, dies wäre an sich noch keine originelle Einsicht, der Erfinder des politischen Denkens im eigentlichen Sinn. Darüber hinaus baut Lefort seine Interpretation jedoch auf eine radikalere These. Machiavelli entdeckte – eine Entdeckung, die ihm erst die Begründung des modernen politischen Denkens ermöglichte –, dass im Zentrum jedes Gemeinwesens ein radikaler Konflikt insistiert. So wurde Machiavelli zu einem Vorläufer des Moments des Politischen, das historisch erst mit der demokratischen Revolution pertinent wurde. Im neunten Kapitel des *Fürsten* erklärt Machia-

9 Dieses Denken des Zwischen erinnert nicht nur an Merleau-Ponty und Heidegger, sondern auch an Hannah Arendts Öffentlichkeitskonzeption. Nach Arendt ist Öffentlichkeit jener Raum, der sich zwischen den Handelnden im Augenblick ihres Handelns und Sprechens öffnet. Allerdings scheint Arendt ihre Idee eines Zwischen irreduzibler Pluralität der Teilung des Sozialen vorzuordnen, während Lefort und Gauchet von einem ursprünglichen Antagonismus ausgehen, was sie mit solchen Vertretern der Antagonismustheorie wie Ernesto Laclau und Chantal Mouffe verbindet.

velli, die Noblen auf der einen und das Volk auf der anderen Seite seien aufgrund ihrer gegensätzlichen *umori* in einen unauflösbaren Kampf verstrickt. Gehöre es zum Begehren der Noblen, zu kommandieren und zu unterdrücken, so gehöre es zum Begehren des Volkes, nicht kommandiert und nicht unterdrückt zu werden (1986b: 382). Diese konstitutive und irreduzible Opposition zwischen dem Volk und den Noblen geht allen partikularen sozialen Umständen oder Traditionen voraus, in die sie eingebettet ist. D. h. zugleich: Konflikt, als negativer Grund von Gesellschaft, geht allen tatsächlichen Gründen für Konflikte (im Plural) voraus. Und wenn Konflikt diese Rolle als negative Fundierung von Gesellschaft übernehmen soll, so folgt daraus, dass die Differenz zwischen Konflikt als Grund und Konflikten von radikaler Natur sein muss: Konflikt als Grund kann nicht einfach einer von vielen faktischen Konflikten sein, sondern muss auf einer anderen ontologischen Ebene angesiedelt werden. Wenn wir uns den Rückgriff auf philosophische Terminologie erlauben wollen, dann lässt sich dieser Umstand ein weiteres Mal in Begriffen der ontologischen Differenz beschreiben: Die ontologische Bedingung des Antagonismus geht den ontischen Umständen, unter denen sich dieser ausdrückt, voraus. Wo immer es Gesellschaft gibt – gleichgültig, wie diese empirisch strukturiert ist –, dort ist sie von einem inneren Antagonismus auf der ontologischen Ebene gekennzeichnet.[10]

Auf der anderen Seite muss solch ein (»ontologischer«) originärer Konflikt – als letzter Kern des »Seins« des Sozialen – ein symbolisches Ventil finden, soll Gesellschaft nicht zerstört werden. Am

10 Wir greifen hier auf Heideggers Quasi-Konzept der ontologischen Differenz nicht allein aus heuristischen Gründen zurück. Die Spuren des Einflusses Heideggers können in Leforts eigenen Texten verfolgt werden, auch wenn dessen Name nur gelegentlich Erwähnung findet. Diesbezügliche Parallelen zwischen Lefort und Heidegger wurden auch von Hugues Poltier (Poltier 1998: 147) und Bernard Flynn (Flynn 1992: 182) beobachtet. Der Umstand, dass Lefort Heidegger nur gelegentlich zitiert, wird von Flynn (1992: 183) darauf zurückgeführt, dass Lefort Heideggers »systematische Verleugnung der Emergenz des Politischen« suspekt war. Lefort selbst (Lefort 1978: 110) hat gerade in Bezug auf die Differenz zwischen Sein und Seiendem eine Nähe Merleau-Pontys zu Heidegger ausgemacht, zugleich aber darauf bestanden, dass Merleau-Pontys Konzept des Fleisches (*la chair*) – das zum Bereich des Sichtbaren, der Welt und Geschichte gehört – kein Äquivalent bei Heidegger und letztlich kein Äquivalent im gesamten traditionellen philosophischen Diskurs besitzt.

äußersten Punkt käme eine Gesellschaft des *reinen* Antagonismus, eine Gesellschaft ohne symbolische Dimension der Machtregulierung im Lefort'schen Sinn, dem Hobbes'schen Naturzustand gleich und könnte wohl kaum noch als Gesellschaft bezeichnet werden. So drängt sich wiederum die Annahme eines Chiasmus oder einer wechselseitigen Verstrebung zwischen der Politik und dem Politischen auf. Lefort bezeichnet das Verhältnis zwischen der Politik und dem Politischen im Rückgriff auf Merleau-Ponty als Verhältnis der *Reversibilität*:

> Die Analyse der Formen politischer Gesellschaft führt somit zur Untersuchung der Formen des Handelns, und vice versa. Es gibt zwei Pole der Erfahrung und zwei Pole des Wissens, und der Graben ist unüberbrückbar. Oder in moderne Sprache gefasst: das Nachdenken über das Politische [*le* politique] überschneidet sich mit dem Nachdenken über Politik [*la* politique] im gleichem Ausmaß, in dem es sich von ihm unterscheidet (Lefort 1992: 177).

Es ist offensichtlich, dass die Lefort'sche Demokratietheorie innerhalb des »Machiavell'schen Moments« verortet werden muss. Für Machiavelli ermöglicht das symbolische Dispositiv der Republik – als ein auf der Souveränität der Gesetze basierendes Regime der Freiheit – die Anerkennung des Konflikts wie auch die Regulierung der Opposition zwischen Volk und Noblen, was es beiden Parteien verunmöglicht, die jeweils andere zu beherrschen/zu unterdrücken. In gewisser Hinsicht macht dies Machiavelli nicht nur zum ersten Antagonismustheoretiker, sofern er den unauflösbaren Konflikt am Grunde jeder möglichen Gesellschaft betont, sondern zum Ersten, der eine Theorie des *Agonismus* als (etwa durch das Arrangement einer republikanischen Mischverfassung) symbolisch regulierter Form des Antagonismus entwickelt, wobei ein weiteres Mal betont werden muss, dass unter Regulierung keinesfalls eine Art Aufhebung der Opposition zwischen Noblen und Volk zu einer harmonischen oder sogar homogenen Gemeinschaft verstanden werden darf. Der radikale Antagonismus verschwindet nie; er muss akzeptiert werden als eigentliche Ermöglichungsbedingung jeder Gesellschaft. Und doch wirkt, dekonstruktiv gesprochen, diese Bedingung der Möglichkeit von Gesellschaft zugleich als deren Verunmöglichungsbedingung. Aus Perspektive der Begriffsgeschichte wurde dies deutlich erkannt, so etwa von Gisela Bock in ihrem

Essay zum »zivilen Konflikt« bei Machiavelli: »Nur in der republikanischen Ordnung kann und muss der Konflikt zwischen den verschiedenen menschlichen *umori* Ausdruck finden; andererseits sind es genau diese Meinungsverschiedenheiten, die sie dauernd bedrohen. Sie sind sowohl Leben als auch Tod der Republik« (Bock 1990:201).

5.5. Das Reale als Störung und abwesender Grund

In seiner Analyse der prominenten Rolle der *umori* bei Machiavelli unterstreicht Lefort, dass Machiavelli von keinerlei anthropologischen Vorannahmen bezüglich der menschlichen Natur ausging. Selbst wenn dies der Fall gewesen wäre, würde der »positive« Inhalt solcher Annahmen das Argument bezüglich der originären Teilung nicht berühren, da Letzteres auf rein negative Weise konstruiert ist. Denn Lefort beobachtet, dass die Natur der beiden *umori* und, als Konsequenz, der beiden Klassen gänzlich relational ist. Löst man diese originäre Konfrontation auf, verschwindet die Identität der beiden Klassen – zusammen mit der Identität der Gesellschaft –, da sie nur aufgrund ihrer wechselseitigen Konfrontation existieren. Betrachten wir die Angelegenheit aus dieser Perspektive, dann scheint das Verhältnis zwischen den beiden Klassen keine ihrer Identität zugrunde liegende positive Substanz zu erfordern, sondern ergibt sich vielmehr aus einem primordialen Mangel an einer solch positiven Substanz, weshalb Lefort behaupten kann, eine Klasse existiere nur durch den Mangel, der sie im Verhältnis zu einer anderen Klasse konstituiere (1986b:382).[11] Jedes soziale Band müsse durch die kon-

11 Es könnte eingewendet werden, das Unterdrückungsbegehren sei in gewisser Hinsicht aktiv und positiv, während das Begehren, *nicht* unterdrückt zu werden, nur reaktiv und negativ sei. Dann könne es sich in Bezug auf den Mangel um ein asymmetrisches Verhältnis handeln. Doch bei genauerer Betrachtung dieser Machiavell'schen Frühform der Hegel'schen Herr/Knecht-Dialektik zeigt sich, dass auch die Identität der Noblen von einem Mangel geplagt wird, der im Lichte der Theorien Laclaus oder auch Foucaults deutlicher wird: Denn wenn die Noblen einem Begehren nach Unterdrückung gehorchen, dann deshalb, weil sie nicht über totale Macht oder Kontrolle verfügen. Ohne Widerstand gäbe es keine Notwendigkeit der Beherrschung und umgekehrt. Oder in Lacan'schen Begriffen: Gerade ihr Unterdrückungsbegehren belegt, dass auch die Noblen von einem konstitutiven Mangel erfasst sind.

fliktorische Erfahrung dieser Leere hindurchgehen, durch die Erfahrung einer konstitutiven Abwesenheit im Herzen der Gesellschaft.

Die Zentralität der Kategorie des Mangels lässt einen heimlichen Lacanianismus Leforts vermuten, denn aus einer lacanianischen Perspektive ist jedes Subjekt von einem primordialen Mangel am Grunde seiner Identität gezeichnet (siehe hierzu genauer Kapitel 10). Die lacanianische Theorie des gebarrten Subjekts, die auf Freuds Kategorie der Subjektspaltung zurückgeht, erlaubt es, die »menschliche Natur« auf nicht-essenzialistische Weise neu zu definieren und den Spielarten eines anthropologischen Fundamentalismus (der bestimmte positive Eigenschaften dem Menschsein als solchem zuschreibt) aus dem Weg zu gehen. Würde eine lacanianische Interpretation Leforts Arbeiten Gewalt antun? Lefort gesteht den Einfluss, den die Psychoanalyse auf sein Denken des Politischen und der Demokratie hatte, ein, lenkt unsere Aufmerksamkeit aber zugleich darauf, dass ja die Psychoanalyse selbst aus dem demokratischen symbolischen Dispositiv hervorging: »Denn ist es nicht wahr, dass man, um an der Zerreißprobe der Subjektspaltung festzuhalten, um den Referenzpunkt des *Selbst* und des *Anderen* auszuhebeln, um die Positionen der Macht und des Wissens zu verabschieden, Verantwortung für eine Erfahrung der Institution von Demokratie zu übernehmen hat, der Unbestimmtheit, die aus dem Verlust der Substanz des politischen Körpers geboren wurde?« (Lefort 1981: 176) Daraus muss man schließen, dass das Verhältnis zwischen dem Gegenstand des Lefort'schen Denkens – dem Politischen – und der Psychoanalyse *reversibel* ist: Einerseits basiert seine Theorie der Demokratie im Sinne eines symbolischen Dispositivs, das, wie wir gleich sehen werden, den politischen Körper disinkorporiert, in gewissem Ausmaß auf dem konzeptuellen Apparat der Psychoanalyse. Andererseits wurde Psychoanalyse erst innerhalb eines »disinkorporierten« sozialen Dispositivs möglich, d. h. erst im Zuge der demokratischen Erfindung. Es scheint also ein reversibles Verhältnis zwischen der Kategorie der Subjektspaltung, bzw. ihrer Theorie in der Psychoanalyse, und jener der sozialen Teilung, bzw. der politischen Theorie, zu bestehen. Wenn die Psychoanalyse ihre eigenen historischen Ermöglichungsbedingungen verstehen will, muss sie – in welcher Form auch immer – auf ein Denken des Politischen zurückgreifen, während Letzteres sich auf psychoanalytische Einsichten stützen kann.

Ohne diese Frage der Reversibilität von politischer Theorie und Psychoanalyse hier weiter zu verfolgen, muss doch der Frage nachgegangen werden, welche weiteren psychoanalytischen Kategorien, abseits der Kategorie des Subjekts, für Lefort eine Rolle spielen. Und natürlich gehört zu den offensichtlichsten Kandidaten die Kategorie des Symbolischen selbst. Nach Lefort kann keine Gesellschaft ohne eine symbolische Dimension existieren. Wie Bernard Flynn beobachtet, wird Lacans Konzept der symbolischen Ordnung aber eine Merleau-Ponty'sche Wendung gegeben: »Für Lefort ist die symbolische Ordnung das, was mit dem ›Innen und Außen‹ operiert; es operiert mit dieser Unterscheidung – die symbolische Struktur der Gesellschaft selbst ist weder innen noch außen« (Flynn 1992:185). Man könnte sagen, das Symbolische bestimmt, auf welche Weise die chiasmatische, institutionalisierende Dimension von Gesellschaft – ihre Selbstexternalisierung – jeweils operationalisiert und institutionalisiert wird. Grundlegend lässt sich die Dimension des »symbolischen Systems« der Gesellschaft spezifizieren als »eine Konfiguration der Signifikanten von Recht, Macht und Wissen« (Lefort 1986c:186). Während im monarchischen Dispositiv diese Signifikanten im singulären Signifikanten des Körpers des Königs vereinheitlicht und inkarniert sind, werden sie im symbolischen Dispositiv der Demokratie voneinander getrennt. Das Verhältnis, welches wir mit oder gegenüber der Dimension originärer Teilung herstellen, kann nur symbolischer Natur sein.

Dies könnte in einem weiteren Schritt nahelegen, die ursprüngliche Teilung in Begriffen der Figur des Lacan'schen Realen zu denken, also jener Instanz, die sich vollständiger Symbolisierung entzieht (so Žižek 1998 bezüglich der Laclau'schen Kategorie des Antagonismus). Ungeachtet der Tatsache, dass Leforts Verwendung der Begriffe des »Realen« und der »Realität« nicht immer konsistent ist, nähert er sich dennoch in manchen Passagen einem lacanianischen Verständnis des Realen, um damit auf die radikale Kontingenz, den abwesenden Grund des Antagonismus, der den Prozess jeder Symbolisierung stört, hinzuweisen. In einem dritten Schritt könnte es schließlich erforderlich werden, eine weitere Kategorie einzuführen, die den komplementären Prozess der Verleugnung und Verbergung der originären Teilung benennt. Denn wenn Gesellschaft nur in einem Prozess der Abtrennung von sich selbst gegründet werden kann, da sonst keinerlei soziale Kohärenz entsteht, dann wird sie nie den Zustand völliger Versöhnung mit sich selbst erreichen können. Immer wird es Versuche geben, den Umstand zu verschleiern, dass das Einzige, was wir am Grunde der Gesellschaft zu erkennen vermögen, deren eigener Ab-Grund ist. Diese »Verschleierungen«, die Lefort (Lefort 1986c: 202) auch als »Rückfaltung des sozialen Diskurses auf sich selbst« bezeichnet, operieren durch die Dimension des »Imaginären«. Dennoch müssen solche Verbergungsversuche, die von einer profunden Unfähigkeit zeugen, die instituierende Distanz der Gesellschaft zu sich selbst akzeptieren zu können, letztlich immer scheitern, und zwar aufgrund des ontologisch notwendigen Charakters der Störungsursache des Realen. Dieses »Scheitern« und die daraus folgenden Diskordanzen innerhalb aller Okkultierungsversuche bringen das, »was wir nun mit Recht das *Reale* nennen können«, zur Erscheinung. Ähnlich wie Lacan und von Lacan beeinflusste Theoretiker definiert Lefort hier das Reale (bzw. einen bestimmten Aspekt des Realen) in negativer Weise als »das, was die Unmöglichkeit markiert, Verbergung zu erzielen« (1986c: 197).

Diese »Markierungen« der Unmöglichkeit einer letzten (imaginären) Schließung und damit Überwindung der Teilung des Sozialen besitzen ihrerseits eine symbolische Funktion, auch wenn sie auf keinen positiven Referenten verweisen. Lefort beschreibt sie dennoch als *Zeichen*, wenn er betont, dass das Bemühen um imaginäre Verschleierung »alle Zeichen unterdrückt, die den Sinn der Sicherheit in Bezug auf die Natur des Sozialen zerstören können«. Sie sind, will man Leforts berühmtes Diktum bezüglich der »Auflösung der Zeichen der Sicherheit« weiterdenken, *Zeichen der Unsicherheit*, oder besser: der Kontingenz, »Zeichen historischer Kreativität, dessen, was keinen Namen hat, was den Aktionen der Macht verborgen bleibt, was aufgrund der zerstreuten Effekte der Sozialisierung auseinanderbricht – Zeichen dessen, was eine Gesellschaft, oder Menschheit als solche, von sich selbst entfremdet« (203). Diese minimale oder »negative« symbolische Funktion wird diesen Zeichen vom demokratischen Dispositiv gegeben. In ihm zählen sie nicht allein als bloße Störungen, sondern gerade *weil* es sich um Störungen imaginärer Okkultierungen handelt, lassen sie sich als Markierungen verstehen, die auf eine Dimension jenseits des Symbolischen verweisen: auf den abwesenden Grund der Gesellschaft.

5.6. Ideologie als imaginäre Verbergung der Teilung

Durch Berücksichtigung der imaginären Dimension werden wir also in die Lage versetzt, die Grundfrage bezüglich der originären und instituierenden Teilung der Gesellschaft nochmals zu stellen, diesmal aber gleichsam von ihrer Rückseite her, der Seite ihrer Verbergung oder Okkultation. Für diese Seite behält Lefort den traditionellen Terminus Ideologie bei, worunter man die diskursive Aktualisierung der imaginären Dimension als solcher verstehen kann. Diese Aktualisierung mag die unterschiedlichsten Formen annehmen, doch das Kernproblem aller Ideologie besteht darin, nicht nur mit der »logischen« Unmöglichkeit von Schließung zurande kommen zu müssen, sondern zugleich mit dem irreversiblen *historischen* Ereignis der demokratischen Revolution. Weder lässt sich das Ereignis der demokratischen Revolution rückgängig machen, noch lassen sich die von ihm angestoßenen Paradoxa auflösen – auch wenn Ideologie genau auf solch eine De-Paradoxisierung abzielt.

Selbst der Totalitarismus, die radikalste Form ideologischer Verbergung, bleibt auf die demokratische Revolution verwiesen. Er stellt nichts anderes dar als eine Mutation und Verlängerung ihrer wesentlichen Merkmale, die er zugleich invertiert und radikalisiert, weshalb er nicht mit prädemokratischen Regierungsformen wie jener der Tyrannei oder Despotie verwechselt werden darf, wie Lefort – ähnlich wie Arendt – nicht zu betonen müde wird. Vielmehr ist Totalitarismus der Name für eine der beiden Richtungen, in die sich die demokratische Revolution entwickeln kann: zur Demokratie hin oder zum Totalitarismus. Da der Totalitarismus in der demokratischen Revolution wurzelt, lässt er sich nicht definitiv von Demokratie trennen. Dies hat seinen Grund darin, dass Gesellschaft, sobald sie im Moment ihrer Instituierung (oder »Erfindung«) auf sich selbst zurückgeworfen wird, notwendigerweise Ausflucht in Fantasien totaler Beherrschung des sozialen Raums sucht, in Fantasien eines allmächtigen Wissens und einer allwissenden Macht.

Wie schon im Fall imaginärer Verbergung muss das einschlägige Definitionskriterium des Totalitarismus in der Okkultation der originären Teilung und des leeren Ortes der Macht gesucht werden. Indem Totalitarismus Gesellschaft mit der Dimension der Macht verschmilzt, schließt und homogenisiert er den sozialen Raum. Es kommt zur Reinkarnation von Macht. Ihr Ort wird zuerst von einer Partei besetzt, die behauptet, sich von allen traditionellen Parteien zu unterscheiden und das Volk als Ganzes zu repräsentieren. Letzteres wird mit dem Proletariat identifiziert, das wiederum mit der Partei identifiziert wird, sodann mit dem Politbüro und schließlich mit dem, was Lefort, einen Ausdruck Solschenizyns aufnehmend, den »Egokraten« nennt. Im Unterschied zum Monarchen, der mit sich selbst nicht identisch war, besitzt der Egokrat, der den Ort der Macht *innerhalb* der Gesellschaft vollständig auszufüllen versucht, nur einen einzigen Körper: *corpus mysticum* und *corpus naturale* sind ununterscheidbar. Der Egokrat fällt mit sich selbst in eins, so wie die totalitäre Gesellschaft mit sich selbst in eins fällt.

So besteht das Hauptmerkmal des Totalitarismus in seinem Verhältnis zum gründenden Konflikt darin, dass jede Form des Antagonismus verdeckt und eine homogenisierte und sich selbst gegenüber transparente Gesellschaft hergestellt werden soll; so wird »die gesellschaftliche Teilung in allen Formen geleugnet, werden alle Zeichen des Unterschieds zwischen Glaubensansichten, Meinungen und Sitten bestritten« (Lefort 1990a: 287). D. h., der innere Antagonismus wird überschrieben, indem der Egokrat das »Eine-Volk« und damit Gesellschaft als ungeteilte zu inkarnieren vorgibt. Doch da sich die Teilung als eine ontologische Dimension nie vollständig auslöschen lässt und weiterhin in Form von Störungen der imaginären Verbergung zutage treten wird, muss sie *verschoben* werden. Damit das Eine-Volk als Totalität und volle Identität präsentiert werden kann, ist ein Verhältnis zu irgendeinem Außen unabdingbar. Dieses Außen findet eine Reihe interner Substitute, die den »inneren Feind« repräsentieren sollen: die Kulaken, die Bourgeoisie, die Juden, Spione und Saboteure. Damit verstrickt sich der Totalitarismus in ein weiteres Paradoxon. Sein Ziel ist es, die innere Teilung loszuwerden, doch um dieses Ziel erreichen zu können, muss ein Feind produziert werden: »Teilung wird verneint (...), und während sie noch verneint wird, wird eine andere Teilung auf der Ebene des Phantasmas affirmiert, die Teilung zwischen dem Einen-Volk und dem Anderen« (Lefort 1986c: 298). Der Totalitarismus benötigt den Feind als Referenzpunkt, stützt sich noch in jenem Moment auf Teilung, in dem er Teilung verleugnet.

Derselbe Widerspruch operiert auf der externen Achse der Teilung zwischen Gesellschaft und ihrem Außen. Im Totalitarismus referiert Macht »hier nicht mehr auf ein ›Jenseits des Gesellschaftlichen‹; vielmehr herrscht sie so, als gäbe es nichts ›außer‹ ihr, als wäre sie gleichsam grenzenlos« (Lefort 1990a: 287). Es handelt sich um eine Gesellschaft totaler Immanenz, der jede Dimension der Transzendenz (einschließlich einer »leeren« oder negativen Transzendenz) verlorengegangen ist: der Chiasmus zwischen innen und außen wurde aufgetrennt zugunsten des Innen. Das Immanenzprinzip wird vom Egokraten symbolisiert, in dessen Körper die soziale Totalität kondensiert. Da aber auch in diesem Fall irgendein Referenzpunkt benötigt wird, um die Totalität zu konstituieren, muss auch diesmal ein neues Außen ge- oder erfunden werden. So entsteht aus der Idee der Organisation, auf der die totalitäre Ideologie aufbaut, das Gegenüber der Idee der Desorganisation. Die notwendige, wir können sagen: quasi-transzendentale Bedingung von Gesellschaft, nämlich ihre Selbstexternalisierung und Teilung in und von sich selbst, wird imaginär mit der Gefahr des Chaos (der Sabotage, der Subversion, etc.) in Verbindung gebracht. Genau dies aber impliziert, so Leforts Pointe, dass der Totalitarismus in sich selbst die Keime seines eigenen Zusammenbruchs trägt: Denn wenn die totalitäre Idee der Organisation die der Desorganisation voraussetzt und auf ihr aufbaut, dann kommt der Totalitarismus nur zur Existenz in Form eines unauflösbaren Widerspruchs. Er ist zum Scheitern verurteilt, wie Lefort in Bezug auf die Regime des Ostblocks bereits in den 60er-Jahren vorhersagte.

Jede moderne Form von Ideologie besteht, zusammenfassend gesagt, in der Verleugnung sowohl der instituierenden Rolle von Teilung als auch der Leere des Ortes der Macht. Doch mit der demokratischen Revolution wurde es unmöglich, den Ort der Macht, der unumkehrbar desinkorporiert worden war, auf Dauer zu besetzen. War dieser externe Ort in der Vergangenheit von den Göttern und, auf supplementäre Weise, vom transzendenten Körper des Monarchen besetzt, ist solch ein transzendentes oder fundamentalistisches Außen – ein tatsächlich existierendes Außen mit positivem Inhalt und unabhängig von der Identität der Gesellschaft – innerhalb des demokratischen Dispositivs undenkbar geworden. Niemand könnte legitimerweise noch behaupten, ein natürliches Anrecht auf die Besetzung dieses Ortes und somit auf die Inkarnation eines transzendenten Referenzpunktes der Gesellschaft zu besitzen. Das Außen wurde von den Göttern verlassen, und Macht als repräsentationale Form dieses Außen wurde »entleert«. Genauso wenig könnte nach dem Niedergang des Fundamentalismus noch jemand vorgeben, ungehinderten epistemischen Zugang zu einer transzendenten Sphäre des Wissens zu besitzen. Solch epistemologischer Fundamentalismus – der Versuch, »die ultimativen Fundamente des Wissens in jeder Sphäre zu produzieren und zu fixieren« (Lefort 1986c: 299) – wäre nichts anderes als die wissenschaftsförmige Version von Ideologie.

5.7. Demokratie als »ontische Institutionalisierung« ursprünglicher Teilung

Nachdem das Phänomen der ursprünglichen Teilung von seiner »Rückseite« her – der imaginären Verbergung – diskutiert wurde, lässt sich rekapitulieren, worin genau die Differenz zwischen dem demokratischen Dispositiv und den verschiedenen Formen von Ideologie besteht. Sowohl im demokratischen als auch im nichtdemokratischen Dispositiv kann sich Gesellschaft nur im Rekurs auf die Instanz der Macht, die ihr Außen repräsentiert, als *eine* imaginieren. In beiden Fällen bietet ihr Macht einen Bezugspunkt, der außerhalb des Sozialen liegen muss (d. h. als dem Sozialen äußerlich repräsentiert werden muss), um als Referent des sozialen Ganzen dienen zu können, denn die Totalität eines Systems (einer Identität) lässt sich nur errichten in Bezug auf einen Punkt oder Ort, der nicht selbst Teil dieser Totalität ist und somit außerhalb ihrer liegen muss. *Jede* Gesellschaft, sei sie nun demokratisch oder nicht, erzielt ihre Identität durch solch eine Teilung. Doch wenn diese Logik für jede Gesellschaft gleichermaßen gilt, worin besteht dann der Unterschied zwischen einem demokratischen und einem nicht-demokratischen Dispositiv?

An dieser Stelle muss erneut betont werden, dass die postfundamentalistische Antwort auf diese Frage nicht mit der antifundamentalistischen verwechselt werden darf. Die Auflösung der »*Grundlagen aller Gewißheit*« (Lefort 1990a: 296) führt nicht zum Verschwinden *aller Grundlagen*, nicht zur Auflösung der symbolischen Dimension als solcher. Daher ist die Standardkritik am Antifundamentalismus unplausibel: Ohne stabilen Grund, ohne leitende Prinzipien (letztgültige Werte, rationale Wahrheit etc.), ohne irgendwelche Sicherheit bezüglich unserer sozialen Angelegenheiten, so die Standardkritik, sei alles erlaubt und wir seien dazu verurteilt, eines symbolischen Rahmens beraubt, innerhalb dessen wir uns orientieren könnten, in totaler Verwirrung zu leben. Für Lefort, und deshalb handelt es sich bei ihm um einen Post-, keinen Antifundamentalisten, ergibt sich dieses Szenario keineswegs aus der Auflösung des Grundes. Zwar trifft zu, dass jene Instanz, die als das Andere der Gesellschaft fungiert, nichts mit einem positiven, transzendenten Prinzip oder Grund zu tun hat, doch andererseits kann die Dimension des Außen – des instituierenden »Grundes« – genauso wenig verschwinden, soll Gesellschaft überhaupt eine Identität entwickeln; und wer wollte bestreiten, dass eine Gesellschaft einen minimalen Grad an Identität benötigt? Wenn also ein externer Bezugspunkt nach wie vor für den Gesellschaftseffekt vonnöten ist, dann wird dieser Bezugspunkt von einem demokratischen Regime auf vollkommen nicht-substanzielle Weise etabliert werden müssen. Das demokratische Dispositiv wird folglich dadurch charakterisiert, dass es den Ort der Macht leer hält und davon Abstand nimmt, irgendeinen anderen Grund als seine eigene Selbst-Teilung postulieren zu wollen. Zugleich aber hat uns die Betrachtung der unterschiedlichen Formen von Ideologie gelehrt, dass die Grundlosigkeit des Sozialen und die Leere des Ortes der Macht sehr wohl verleugnet und okkultiert werden können. Also ist zur Realisierung des demokratischen Dispositivs noch ein weiterer Schritt erforderlich: Die Leere des Ortes der Macht muss *institutionell* anerkannt werden (so wie die Grundlosigkeit der Gesellschaft vom politischen Denken im Feld der Theorie akzeptiert werden muss). Das demokratische Dispositiv muss ein institutionelles *framework* entwickeln, das Akzeptanz bezüglich der Grundlosigkeit des Sozialen garantiert.

Wie kann dieses paradoxe Ziel der Institutionalisierung von Grundlosigkeit innerhalb des demokratischen Dispositivs erreicht werden? Eine Reihe institutionell-symbolischer Arrangements – die jedoch nicht als rein mechanische Applikationen des Grundlosigkeitspostulats verstanden werden dürfen – werden von Lefort erwähnt. Das Erste wurde bereits angesprochen. Die Disinkorporation des Ortes der Macht wird begleitet von der Trennung der Sphären der Macht, des Rechts und des Wissens. Macht ist auf der dauernden Suche nach ihrer eigenen Legitimationsbasis, da die Prinzipien der Gerechtigkeit und des Wissens (der Wahrheit) nicht länger von der Person des Herrschers inkorporiert werden (1990a: 293). Im demokratischen Dispositiv müssen daher die Grenzen zwischen diesen Handlungssphären anerkannt werden. Und im Zuge der Autonomisierung der Sphären der Macht, des Rechts und des Wissens entwickeln und definieren diese ihre eigenen Normen und Legitimitätsprinzipien, während umgekehrt der Totalitarismus danach trachtet, die Mauern zwischen den Sphären wieder einzureißen und Gesellschaft um das Projekt der Wiedererrichtung eines einzigen legitimatorischen Grundes zu rezentrieren.

Man sieht, dass der Umstand des Verschwindens eines solch einzigen Grundes nicht das Verschwinden der *Fragen* nach der institutionellen Grundlegung des Sozialen impliziert. Nur wandeln sich diese Fragen, insofern sie sich nicht länger auf eine äußere Quelle der Gründung richten können, zu Fragen der autonomen *Selbst*-Institution von Gesellschaft. Alle Fragen autonomer Selbst-Institution müssen nun innerhalb der Gesellschaft verhandelt werden, was ermöglicht wird durch die Abtrennung einer Zivilgesellschaft vom Staat. In einem weiteren Schritt entsteht in dem im Prozess der Abtrennung gerissenen Spalt zwischen Zivilgesellschaft und Staat ein öffentlicher Raum, in dem kein Monarch, keine Mehrheit und kein oberster Richter entscheiden kann, welche bestimmte Debatte legitim ist und welche nicht. Die Unabstellbarkeit der Debatte, die den öffentlichen Raum formt, wurde durch die Erklärung der Menschenrechte sichergestellt (Gauchet 1991). Der Begriff der Menschenrechte deutet auf ein Territorium, das aufgrund der Entknüpfung von Macht, Recht und Wissen jenseits des Einflussbereiches der Macht angesiedelt ist. Die Menschenrechte werden innerhalb und durch die Zivilgesellschaft selbst erklärt und sind Bestandteil ihrer Auto-Institutionalisierung. Sie konstituieren keinen neuen positiven Grund und bestehen daher aus keinen ewigen Prinzipien, deren Existenz ihrer Artikulation als Forderung vorangehen würde. Sie sind daher auf charakteristische Weise offen hinsichtlich ihres Inhalts. Obwohl die universelle Instanz der Menschenrechte alle partikularen, bereits etablierten positiven Rechte potenzieller Kritik und Revision aussetzt, garantiert sie doch, dass *ein* Recht nicht in Frage gestellt wird: das *Recht, Rechte zu haben*, wie Lefort in Anlehnung an Hannah Arendt formuliert. Einmal anerkannt, erlauben es die Menschenrechte immer mehr sozialen Gruppen, ihr Recht auf

Rechte einzufordern (Lefort 1990b: 262-4). Leforts Pointe ist, dass die Ausweitung des Einzugsgebiets der Menschenrechte auf immer weitere Gruppen unabdingbar für die Existenz von Demokratie ist. Der andauernde Ruf nach Inklusion weiterer Gruppen (man denke an die heutigen Kämpfe, etwa um die Rechte von Homosexuellen, Arbeitslosen oder Papierlosen) in die Kategorie des Rechts auf Rechte generiert Demokratie immer aufs Neue.

Dieses generative Prinzip des Kampfes um weitere Inklusionen in einen sich ausdehnenden Raum, der ursprünglich durch die Erklärung der Menschenrechte eröffnet wurde, ist offensichtlich konfliktorischer Natur und wird daher von der *Institutionalisierung des Konflikts* in der Demokratie begleitet (Lefort/Gauchet 1990). Das allgemeine Wahlrecht gehört aus diesem Grund zu den wesentlichsten Elementen des demokratischen Dispositivs. Das mag trivial klingen, aber die demokratische Letztbedeutung des allgemeinen Wahlrechts besteht für Lefort nicht darin, Repräsentanten des Volkes zu bestimmen; dies wäre nur die eine Seite der Instituierung allgemeiner und freier Wahlen. Seine wirkliche Bedeutung besteht darin, erstens den politischen Wettbewerb mit Regeln zu versehen, die eine periodische Evakuierung des Ortes der Macht garantieren, womit dessen »leerer« Status immer neu in Erinnerung gerufen wird, und zweitens den sozialen Konflikt (den Interessen- wie den Klassenkonflikt) auf die symbolische Bühne der Politik zu heben.

All diese Aspekte des demokratischen Dispositivs tragen zur Institutionalisierung der originären Dimension von Gesellschaft bei: der Dimension ihrer Teilung. Weil die Identität der Gesellschaft nicht auf einem positiven Grund errichtet werden kann, muss Gesellschaft ihren Grund in sich selbst finden, und zwar durch einen Prozess der Abtrennung von sich selbst. Diese quasi-transzendentale These macht nur Sinn, wenn sie auf *jede* moderne Gesellschaft zutrifft. Den Unterschied zwischen Demokratie und Totalitarismus macht folglich nicht aus, dass Letzterer Zugang zu einem positiven Grund besäße und Erstere nicht. Was Demokratie von Totalitarismus und anderen Formen von Ideologie unterscheidet, ist, dass in einer Demokratie die allgemeine Bedingung der Abwesenheit eines positiven Grundes nicht verdunkelt, sondern institutionell anerkannt und diskursiv aktualisiert wird.

Dies lässt sich nur in einem paradoxen Unterfangen bewerkstelligen, da man etwas rein Negatives und in seiner Anwesenheit

Abwesendes wohl kaum vollständig institutionalisieren kann. Würde dieser Institutionalisierungsversuch vollständig gelingen, dann wäre ein Zustand voller Präsenz hergestellt und die Dimension von Abwesenheit wäre verloren. Wenn Abwesenheit als solche sich nicht institutionalisieren lässt, muss ihre diskursive Aktualisierung auf etwas anderes zielen: die *Anerkennung* von Abwesenheit als Abwesenheit, d. h. die Anerkennung der Unmöglichkeit, Gesellschaft ein für alle Mal zu gründen. Es muss ein symbolisches Rahmenwerk zu Verfügung gestellt werden, welches erlaubt, Befragung, Debatte und Konflikt als Instanzen zu akzeptieren, die Demokratie zuallererst generieren. Grundlosigkeit wird in der Demokratie institutionell inszeniert, während zugleich die konstitutive Rolle der Teilung kulturell akzeptiert wird und ins »Fleisch des Sozialen« Eingang findet. So lassen sich wesentliche Argumente dieses Kapitels in der These zusammenfassen, die bereits auf unsere Diskussion einer demokratischen Ethik in Kapitel 11 vorausweist, dass die Logik von Grundlosigkeit und Selbst-Teilung nicht selbst schon das Hauptcharakteristikum von Demokratie darstellt. Das besteht vielmehr in der *Anerkennung* der konstitutiven Funktion dieser Teilungslogik. Solche Anerkennung lässt die Dimension des Grundes noch nicht verschwinden. Eher wird der Grund seines positiven Inhalts entleert und zugleich als etwas bewahrt, das abwesend bleibt. Darin ist Demokratie – wie auch Leforts Demokratietheorie – postfundamentalistisch. Denn im Unterschied zu jeder anderen Gesellschaftsform ist Demokratie gegründet auf der Anerkennung der eigentlichen Abwesenheit eines letzten Grundes.

Leforts Demokratietheorie wurde mit der Absicht entwickelt, das politische Denken zu erneuern. Das wird nur gelingen, wenn Philosophie ihrerseits erneuert wird, ja, wenn sie zu einer Form *politischer* Befragung wird. Diese Schlussfolgerung legt Leforts Denken nahe (wir werden in unserer Diskussion der Rolle politischer Ontologie in Kapitel 9 auf sie zurückkommen). Denn wenn Philosophie immer innerhalb von Gesellschaft lokalisiert ist – und nicht über ihr kreist –, und wenn, was hinzukommt, das symbolische Rahmenwerk von Gesellschaft immer *politisch* instituiert ist, dann folgt daraus, dass die philosophische Befragung eines jeden Phänomens, das innerhalb des Horizonts der Gesellschaft erscheint, notwendigerweise die Befragung der politischen Institution dieser Gesellschaft einschließen muss. In dem Ausmaß, in dem philosophische Befragung innerhalb von Gesellschaft stattfindet, und sie findet gänzlich innerhalb der Gesellschaft statt, wird sie auf fundamentalster Ebene als *politische* Philosophie bezeichnet werden können, denn sie wird die symbolischen und imaginären Instituierungsweisen berücksichtigen müssen, die alles soziale Sein auf die Bühne bringen, mit Bedeutung versehen und politisch formen.

Kapitel 6
Der Staat und die Politik der Wahrheit: Alain Badiou

6.1. Gegen politische Philosophie als eine Philosophie *des Politischen*

Badious Werk repräsentiert in der gegenwärtigen Theorielandschaft den seltenen Fall eines postfundamentalistischen Systems. Es existiert jedoch kein Widerspruch zwischen einem postfundamentalistischen Ansatz und systematischer Philosophie. Für Badiou ist wahre Philosophie immer systematisch, aber nicht etwa deshalb, weil sie auf einem soliden Fundament aufruhen würde: »Wenn Sie unter ›System‹ verstehen, erstens, dass Philosophie als eine argumentative Disziplin mit Kohärenzerfordernis zu verstehen ist, und zweitens, dass Philosophie nie die Form eines einzigen Wissenskörpers annimmt, sondern, um mein eigenes Vokabular zu verwenden, im konditionellen Verhältnis zu einer komplexen Menge an Wahrheiten existiert, dann liegt es im eigentlichen Wesen von Philosophie, systematisch zu sein« (Badiou 1994:85). Ziel dieses Kapitels kann es natürlich nicht sein, eine umfassende Darstellung des Badiou'schen Systems zu unternehmen. Stattdessen werde ich versuchen, Badious Einstellung gegenüber und seine Rolle in der gegenwärtigen politischen Philosophie nachzuzeichnen. Das ist insofern keine leichte Aufgabe, als Badiou – in genauem Gegensatz zu Lefort – nichts weniger als die *Zerstörung* der politischen Philosophie beabsichtigt. Ist es Claude Leforts Ziel, politischer Philosophie neues Leben einzuhauchen, so stellt Badiou die Gegenwartsphilosophie vor die grundsätzliche Aufgabe, »mit der ›politischen Philosophie‹ Schluss zu machen« (Badiou 2003a:25). Dennoch werde ich behaupten, dass Badiou legitimerweise in jener Gruppe postfundamentalistischer Theoretiker verortet werden kann, die wir in Ermangelung eines besseren Ausdrucks als die heideggerianische Linke des gegenwärtigen politischen Denkens bezeichnet haben. Doch wird man ebenso feststellen, dass die postfundamentalistischen Effekte seiner Theorie durch einige fundamentalistische Engführungen begrenzt werden, die ihren Ausdruck in einem gewissen

Philosophismus und einer bestimmten Form des Ethizismus finden – beides Nebenfolgen seiner Verwerfung politischer Philosophie.

Vielleicht mag die Behauptung überraschen, Badiou sei innerhalb des Felds des Heideggerianismus einzuordnen, da er sich selbst oft als Anti-Heideggerianer präsentiert. Doch wie wir eingangs gesehen haben, bleiben im französischen Denken der Nachkriegszeit die Spuren des Einflusses Heideggers selbst bei jenen sichtbar, die sie nach außen hin verleugnen. Da ich hoffe, dass im Laufe dieses Kapitels einige der heideggerianischen Themen bei Badiou deutlich werden, sei hier nur auf die offensichtlichste Filiationslinie hingewiesen: Badious Entscheidung, seinem *magnum opus* den Titel *Das Sein und das Ereignis* (*L'être et l'événement* 1988, dt. 2005) zu geben, kann als Verbeugung vor seinem frühen Vorbild Jean-Paul Sartre, Mitglied der ersten Generation französischer Heideggerianer, und dessen Hauptwerk *Das Sein und das Nichts* (1962) verstanden werden, welches seinerseits selbstverständlich auf Heideggers *Sein und Zeit* bezogen war. Was in dieser Serie von Titeln an seinem Platz bleibt, ist der Begriff *Sein*, während der zweite Begriff jeweils die differenzielle Perspektive markiert, durch die Sein gesehen wird. In Badious Fall handelt es sich dabei um den Begriff des Ereignisses, der selbst wiederum einen zutiefst heideggerianischen Klang besitzt (auch wenn Badiou die Idee einer Fundamentalontologie oder »ersten Philosophie« auf das Feld mathematischer Mengentheorie verschiebt). So lässt sich Badiou durchaus der Gruppe linksheideggerianischer Theoretiker zuordnen, denen eine Reihe theoretischer Tropen oder Theoriefiguren gemeinsam ist, die zum philosophischen Erbe Heideggers zählen, am prominentesten die konzeptuelle Differenz zwischen Politik und dem Politischen, *la politique* und *le politique*. Bereits am Titel von Badious Hauptwerk kann man einen ersten Eindruck davon gewinnen, wie diese Differenz von ihm philosophisch konstruiert werden wird.

Im Folgenden möchte ich in Form einer systematischen Darstellung des politischen Denkens Badious, genauer: seiner Beschreibung der politischen Wahrheitsprozeduren illustrieren, in welchem Ausmaß dieses Denken tatsächlich die postfundamentalistischen Familienähnlichkeiten aufweist, die bereits anhand der Kategorien von Kontingenz, Ereignis, Konfliktualität und Grundlosigkeit diskutiert wurden, und zwar ungeachtet der Badiou'schen Selbstdarstellung als anti-heideggerianischer und *anti*-postfundamentalistischer Platoniker. Zugegebenermaßen steht Badiou als selbsternannter Platoniker am äußersten Ende des Spektrums postfundamentalistischer Theoriebildung. Manche würden sogar behaupten, er vertrete eine antagonistische Position gegenüber den meisten anderen sozialen Postfundamentalisten. Peter Hallward (Hallward 1998: 88) etwa behauptet, Badious reifes Werk vertrete »die stärkste Alternative zu den verschiedenen Formen des Postmodernismus, die aus dem Zusammenbruch des Marxismus hervorgingen«. Ganz ähnlich behauptet Jean-Jacques Lecercle (Lecercle 1999: 7), Badious Position eines Platonismus des Mannigfaltigen sei »ein einsamer Ort, denn er stellt sich gegen alles, was die Kontinentalphilosophie der post-strukturalistischen Variante ausmacht«. Dieser Eindruck kann nur entstehen, wenn man Badious Selbsterklärungen wörtlich nimmt. Eine genauere Betrachtung wird ergeben, dass es sich bei Badious Platonismus, der vorgeblich in radikaler Opposition zum Postfundamentalismus steht, um eine, gelinde gesagt, sehr eigentümliche Form des Platonismus handelt. Das Ausmaß an Provokation in Badious Statements sollte nicht unterschätzt werden. Oft sind diese im Geiste strategischer Koketterie verfasst: »Unser Jahrhundert ist grundsätzliche anti-platonisch. Also gibt es ein Element der Koketterie, wenn ich mich als Platoniker bezeichne, was ich durch und durch bin« (Badiou 1994: 87). Doch wie kann man kokett und zugleich durch und durch Platoniker sein? Ich hoffe in diesem Kapitel zeigen zu können, dass weitaus mehr Ähnlichkeiten zwischen Badiou und seinen vorgeblichen Rivalen, den modernen »Sophisten« (einschließlich Lyotard, Derrida, Lacoue-Labarthe und Nancy), bestehen als Unvereinbarkeiten – selbst wenn auf einige dieser Unvereinbarkeiten am Ende des Kapitels hinzuweisen sein wird.

Beginnen wir mit einer Bestimmung der Prämissen, von denen Badious Attacke auf die politische Philosophie ihren Ausgang nimmt. Unter Betrachtung der politischen Differenz ist auffallend, dass Badiou die Kategorie des Politischen (*le politique*) gerade der traditionellen politischen Philosophie zuschreibt, während er die Kategorie der Politik (*la politique*) für seine eigene Unternehmung reserviert. Für Badiou (Badiou 2003a: 25) beschreibt politische Philosophie ein Programm der Reifizierung von Politik zu einer invariablen und objektiv gegebenen universellen Erfahrung, zum *Politischen*, sowie deren Überführung in das Reich ethischer Normen. So begab sich politische Philosophie in der klassischen Tradition auf die permanente Suche nach dem »guten Staat«. Politik wurde normativen Bewertungskriterien unterworfen und auf Fragen der Legitimation von Souveränität reduziert. Der politische Philosoph wird auf dreierlei Weise zum Nutznießer dieses Prozesses: Erstens wird er zum Analytiker der brutalen und verwirrenden Empirizität von Realpolitik; zweitens rückt er in die Position dessen ein, der die Prinzipien »guter« Politik oder eines »guten« Gemeinwesens, die mit Erfordernissen der Ethik übereinstimmen, festzustellen in der Lage ist; drittens kann er das Risiko vermeiden, sich in den Militanten eines wahrheitsorientierten politischen Prozesses (der, Badiou zufolge, von der Intervention des Denkens/Handelns ausgelöst wird) zu verwandeln, da er sich auf die Nicht-Aktivität des Urteilens zurückzieht. In diesen Fällen beschreibe Politik nicht – wie für Badiou – den subjektivierenden Wahrheitsprozess von Aktivisten, sondern werde auf »freies Urteilen« und den Austausch von Meinungen in einer öffentlichen Sphäre reduziert.

Es ist Hannah Arendt, die zu Badious Hauptzielscheibe wird und für politische Philosophie als ganze einstehen muss, denn Wahrheit stellt für Arendt bekanntlich keine zulässige Kategorie der politischen Sphäre dar. Aus Badious Perspektive heißt das: »›Politik‹ ist weder der Name eines Denkens (wenn man darin übereinstimmt, daß in der Ordnung seiner philosophischen Identifizierung jedes Denken sich in der einen oder anderen Weise mit dem Thema der Wahrheit verbindet) noch der eines Handelns« (2003a: 26). Eine politische Philosophie, die eine Pluralität von Meinungen postuliert, indem sie den Begriff der Wahrheit ausschließt, sei in letzter Instanz dazu verurteilt, die partikulare Politik des Parlamentarismus zu verteidigen (»Die Rede von ›dem Politischen‹ dient hier als philosophische Maske für die Verteidigung einer Politik«, 31), wie sie durch den Begriff des Pluralismus und die Vorstellung einer Pluralität von Meinungen innerhalb der öffentlichen Sphäre legitimiert wird. Gegen die ontologische Charakterisierung des Politischen als Pluralität tritt Badiou für die *Singularität* von Politik ein. Doch das heißt nicht, dass es für Badiou nur eine Politik gäbe. Vielmehr existiert eine Pluralität von Pluralitäten (ebd.), die immer von verschiedenen Subjekten angestoßen wird. Jedes dieser Subjekte wird aber definiert durch sein singuläres Verhältnis gegenüber einem Wahrheitsereignis, keinesfalls aufgrund des Austausches von Meinungen gemäß der geteilten Norm des Pluralismus.

Die heutigen parlamentarischen Staaten werden Badiou zufolge durch drei Normen reguliert: die Ökonomie, weshalb Badiou auch von »Kapitalo-Parlamentarismus« spricht, die Nation und die Demokratie als solche. Letztere werde als Norm gegenüber Despotismus und Diktatur konstruiert und beinhalte die Freiheit der Meinung, der Assoziation und der Bewegung. Der durch diese Normen regulierte »Kapitalo-Parlamentarismus« beschreibt nicht einfach ein politisches Regime oder eine Regierungsform, sondern den parlamentarischen Modus *des Staates*, der von Badiou ontologisch definiert wird als spezifische Ordnung von Elementen (oder Untermengen) innerhalb einer Situation.[1] Es ist evident, dass Badiou der repräsentativen Demokratie in ihrem parlamentarischen Modus ausgesprochen feindlich gesonnen ist. Demokratie – und im Besonderen die Spielart westlicher liberaler Demokratien – sei intrinsischer Bestandteil und Element des Kapitalismus (»sie ist immer in die Herrschaft der Eigentümer verwickelt«, Badiou 1991:31), da sie das Privateigentum an den Produktionsmitteln unterstütze und absichere. Obwohl die Geschichte andere Verwendungsweisen des Demokratiebegriffs kennt (die athenische, die republikanische der Französischen Revolution, die sozialistische-revolutionäre der Arbeiterräte usw.), bedeute Demokratie heute eine auf den Parteienstaat reduzierte Regierungsform.

Nach dem Zusammenbruch der früheren Parteienstaaten des Ostens habe Badiou zufolge der »Kapitalo-Parlamentarismus« als Einziger überlebt. Doch das Verschwinden der marxistischen Staaten überdecke nur den tatsächlichen Triumph des Vulgärmarxismus, der kapitalistischen Version des Ökonomismus nämlich, durch den der absolute und schrankenlose Primat des Marktes postuliert werde. Der Pluralismus, auf den die westlichen Demokratien so stolz sind, verberge nur ein Regime des Einen: »Wir leben politisch unter dem Regime des Einen, nicht unter dem des Vielfältigen« (1991:37). Politik könne nur noch in Begriffen des »Kapitalo-Parlamentarismus« gedacht werden. Als Regime des Einen impliziert dieser die Unterordnung der Politik unter eine einzige Sphäre: den

1 Man erkennt bereits deutlich, wie sehr politische Fragen verknüpft sind mit Badious allgemeiner Ontologie, der gemäß Teilmengen durch den, wie er sagt, Status einer Situation als Elemente ebendieser Situation kategorisiert werden. Die Multiplizität einer Menge wird, wie wir sehen werden, durch den Status/Staat einer Situation *als eine* gezählt.

Staat, womit Politik im eigentlichen Sinne, nämlich »*la politique comme pensée*« (36), annulliert werde. Wahre Politik werde auf diese Weise dem Staat subsumiert und letztlich mit diesem verwechselt. Nur unter Bedingung des Ruins des Staates (etwa in den Ruinen, wenn man so will, des kriminellen Staats des »real-existierenden« Sozialismus) könne die Geschichte der Politik, die weit davon entfernt ist, mit dem Kollaps der osteuropäischen Regime geendet zu haben, aufs Neue beginnen.

Die drei »kapitalo-parlamentaristischen« normativen Funktionen der Ökonomie, der Nation und der Demokratie charakterisieren das parlamentarische Modell als *eine* Politik (*une politique*), die auf den Staat hin orientiert ist. Aus diesem Grund müsse *eine* Politik, die von Natur aus immer partikular und »staatlich« ist, Badiou zufolge von *der* Politik (*la politique*) im Allgemeinen unterschieden werden. Aber was ist *die* Politik? Bevor eine detailliertere Darstellung von »*la politique*« geliefert wird, sollte betont werden, dass Badiou nicht definitorisch arbeitet, da Definitionen Politik mit einem bestimmten Objekt verknüpfen würden. Badiou spricht sich gegen jeden objektifizierenden Zugang zur Politik aus, da aus seiner Perspektive Philosophie, wie auch Denken schlechthin, kein Objekt besitzt: »Insbesondere das ›politische‹ Objekt existiert für sie nicht« (Badiou 2003a: 75). Dies ist einer der Gründe, weshalb Philosophie nicht mit politischer Theorie, die ja *la politique* zu *le politique* objektifiziert, verwechselt werden dürfe, da weder Politik noch Philosophie »den Normen der Objektivität unterliegt« (2003: 76). Da es also kein Objekt der Politik gibt (es gibt nur das militante Subjekt), kann es auch keine Definition von Politik geben. Natürlich wird Badiou selbst nicht müde, ständig Definitionen bereitzustellen, doch nicht im Sinne objektiver Prädikationen, sondern in Form von Axiomen, die sich auf keinerlei empirischen Gegenstand außerhalb des Denkprozesses beziehen. Konsequenterweise lehnt Badiou auch die Politikwissenschaft ab, die unter Politik bekanntlich kein gegenstandsloses Feld, in dem Wahrheit erscheinen kann, versteht, sondern sie auf das extrinsische Objekt des Parteienstaats reduziere und somit objektifiziere. In diesem Anti-Positivismus und Anti-Objektivismus sind Spuren der Heidegger'schen Metaphysik- und Technikkritik – jedenfalls in einer gewissen Lesart – erkennbar. Ähnlich behauptet Badiou, die eigentliche Politik dürfe nicht mit der heutigen »technologisierten«

Politik verwechselt werden, mit der bürokratischen Verwaltung der Staatsangelegenheiten, die nur Teil eines breiteren Technologisierungsprozesses sei und nichts mit den von Badiou so bezeichneten Wahrheitsprozeduren und den Bedingungen von Philosophie zu tun habe.

An diesem Punkt kommt Badiou Heidegger am nächsten, einem gewissen Heidegger jedenfalls. Für Badiou resultiert die große Kraft des Heidegger'schen Denkens aus dessen Versuch, Philosophie an das Poem zu »nähen«, dem Versuch, Dichtung gegen positivistische Objektifizierung ins Feld zu führen: »Die große Kraft Heideggers entstammt seiner Verkreuzung einer eigentlich philosophischen Kritik positivistischer Objektivität, der Entwicklung der Technologie und der Vergessenheit in Bezug auf das Denken des Seins, mit einem profunden Verständnis dessen, was aufgrund dieser eigentlichen Fragen mit dem Poem auf dem Spiel steht« (Badiou 1990: 4). Obwohl Badiou sich selbst von dieser Strategie zu dissoziieren versucht (für Badiou muss unsere eigene Epoche die Naht zwischen Philosophie und dem Poem auflösen), bleibt er der Heidegger'schen Unterscheidung zwischen Wahrheit und Wissen treu (1990: 10), die von Badiou schließlich transformiert wird in den lacanianischen Begriff eines unsymbolisierbaren Realen, das von Sprache und Wissen subtrahiert werden müsse. Für Badious Heideggerianismus ist diese Übertragung heideggerianischer Themen in post-lacanianische Terminologie typisch, wodurch die Rückverfolgung dieser Themen zu ihren heideggerianischen und sartreanischen Ursprüngen oft erschwert wird.[2]

6.2. Politik des Realen

Aus Perspektive der Politik (*la politique*) gelten Badiou sowohl Politik als auch Totalitarismus als Figuren des Staates. Was liberale, marxistische und faschistische Konzeptionen vereine, sei die Unterdrückung realer Politik und deren Ersetzung durch den die Totalität

2 Einschlägig ist der Badiou'sche Subjektbegriff (eines Subjekts des Mangels), der in der originalen lacanianischen Formulierung auf die Sartre'sche Idee eines unaufhebbaren Seinsmangels zurückverweist, die wiederum auf der über Heidegger vermittelten Hegellektüre Kojèves basiert (siehe Marchart 2006b).

des Sichtbaren vollständig einnehmenden Komplex Staat/Ökonomie. Doch der Staat selbst, obwohl ein Begriff des politischen Felds, ist von *a*-politischer Natur (Badiou 1985: 108 f.). So führen Demokratie und Totalitarismus gemeinsam – und trotz ihres scheinbaren Gegensatzes – zum Überhandnehmen des Politischen. Das Sowjetparadigma wurde auf nichts anderem als dem Politischen in Form der universalen Prätentionen des Staates gebaut, wie auch die parlamentarischen Demokratien, die diesen Umstand nur durch Verweis auf ihren Gegner, den Totalitarismus, verbergen konnten: »Demokratie und Totalitarismus, zwei epochale Versionen der Vollendung des Politischen [*du politique*] in seiner doppelten Natur einerseits des sozialen Bandes, andererseits der Repräsentation. Unsere Aufgabe betrifft Politik [*la politique*] in dem Ausmaß, in dem sie Ereignisse der Ent-bindung in einer Ordnung des Unrepräsentierbaren positioniert« (1985: 17 f.).

So müsse man Politik (*la politique*) von der Fiktion des kommunitären oder sozialen Bandes genauso entkoppeln wie von der Fiktion der Repräsentation, also von den beiden Hauptfiktionen des Politischen (*le politique*). Was letztere Fiktion betrifft, so repräsentiert Politik Badiou zufolge nichts Soziales: kein Proletariat, keine Klasse oder Nation. Als Prozedur der *Irrepräsentation* berührt Politik nur in dem Ausmaß das Reale, in dem sie der Logik der Repräsentation entkommt. So entspricht sie der zeitlichen Logik des *futur antérieur* (107). Soll heißen, ein politisches Subjekt – etwa das Proletariat – lässt sich nicht repräsentieren, da es in keinem der politischen Konstruktion vorgängigen sozialen Raum existiert, sondern als Subjekt erst retroaktiv erzeugt wird durch einen Prozess der Treue zu einem Wahrheitsereignis (etwa der Revolution). Folglich bedeutet wirkliche Politik immer Politik *des Realen*, und politische Organisation die Organisation des *futur antérieur* (109).

Im Werk Lacans muss das Register des Realen freilich streng von jenem der Realität unterschieden werden, weshalb für den Lacanianer Badiou die Politik des Realen nicht ins Verhältnis zu empirischen Fakten oder sozialen Daten gesetzt werden darf. Deren Reich sei nicht das Register der Politik, sondern jenes der *Polizei*, wenn wir unter Polizei den »Verstärker« des bereits Gegebenen, das Management bereits etablierter Fakten verstehen (96). Ein Denken/Handeln der Politik hingegen müsse sich immer von der Ordnung des Seins, des Staats oder der Polizei – d. h. von der Ordnung der Notwendigkeit – subtrahieren[3] und wortwörtlich das Unmögliche wollen. Um also möglich zu machen, dass ein Ereignis eintritt, müsse man alle Fakten beiseitelassen und Treue gegenüber etwas beweisen, das kein gegebenes Faktum der Realität sei, sondern ein evaneszenter Einbruch des Realen:

Die Möglichkeit des Unmöglichen ist der Grund von Politik [*de la politique*]. Sie richtet sich massiv gegen alles, was uns heute beigebracht wird, einschließlich der Behauptung, Politik sei die Verwaltung des Notwendigen. Politik [*la politique*] beginnt mit derselben Geste, mit der Rousseau den Grund der Ungleichheit leer räumt: durch Beiseitelassen aller Fakten. Damit ein Ereignis erscheint, ist es wichtig, alle Fakten beiseitezulassen (Badiou 1985: 78).

Wieder zeigt sich, dass mit einer wahren Politik im Sinne Badious, die dem Register des Realen angehört, der Begriff des sozialen Bandes unvereinbar ist. Politik gehört wie das Reale zur Ordnung des Ereignisses, nicht zur Ordnung des Bandes (1985: 20), und politische Philosophie läuft für Badiou auf nichts anderes hinaus als auf die Fiktion des Politischen in Form des sozialen Bandes. Um eine Fiktion handelt es sich, da politische Philosophie auf ihrer Suche nach dem *legitimen* Band Politik in die narrative und lineare Figur des Romans überführt, in die Fiktion eines philosophischen Normen entsprechenden Maßstabs des guten Staates oder der guten Revolution. Das verstörende Ereignis der Politik wird auf diese Weise sublimiert zur Fiktion des Politischen im Gewand einerseits des sozialen Bandes, andererseits der Repräsentation unter einer Autorität oder politischen Souveränität.

Der Name für den Ort aller Relationen ist *das Soziale*, der Ort, an dem die Unterdrückungs- und Ausbeutungsverhältnisse lokalisiert sind. Das impliziert für Badiou, dass das Soziale zugleich als Ordnung von Differenzen organisiert ist, die, in unseren Worten, der »ontischen« Ebene angehört, die für Badious Theoretisierung des Ereignisses, seinerseits verstanden als Störung und Unterbrechung des Ontischen, von keinerlei Bedeutung ist. Die Ebene des Sozialen wird durch Riten, *Mores*, Traditionen und Glaubensvorstellungen charakterisiert, durch imaginäre Formationen wie jene der Reli-

3 Subtraktion ist ein *terminus technicus* Badious: »Der Punkt, an dem Denken sich vom Staat subtrahiert und auf diese Weise diese Subtraktion dem Sein einschreibt, macht das eigentlich Reale einer Politik [*d'une politique*] aus« (Badiou 1991: 57).

gionen oder der sexuellen Repräsentationen. Diese Ebene werde, so Badiou kritisch, heute vom Multikulturalismus hoch geschätzt. Badiou hingegen ist an Differenzen als solchen überhaupt nicht interessiert, da jede Wahrheit alle Differenzen von sich abschüttelt. Mit bemerkenswerter Nüchternheit schreibt er: »Es gibt in jeder modernen kollektiven Formation überall Leute, die verschieden essen, mehrere Sprachen sprechen, verschiedene Hüte tragen, verschiedene Riten ausüben, im Verhältnis zum Sex komplizierte und wechselnde Beziehungen unterhalten, die Autorität oder Unordnung lieben, und das ist der Lauf der Welt« (Badiou 2003b: 43). Badiou lässt unbeeindruckt, was die Proponenten des Multikulturalismus faszinieren würde. Diese unendliche Vielfalt, die Badious Interesse kaum wecken kann, gehört zur Ebene des Seienden (»*ce qui est*«), während Wahrheit zum völlig heterogenen Register des Ereignisses gehört (»*ce qui advient*«): »Nur eine Wahrheit ist, als solche, *indifferent in Bezug auf Differenzen*« (ebd. [modifizierte Übersetzung O. M.]). Es steht zu vermuten, dass wir damit ein weiteres Mal bei Badiou auf einen radikalisierten Begriff der ontologischen *Differenz als Differenz* treffen, und zwar in Form seiner Leitunterscheidung zwischen »Sein« und »Ereignis«. Badious originelle These lautet, würde er denn der Verwendung dieses heideggerianischen Vokabulars zustimmen, dass diese *radikale* Differenz, deren Spiel alle ontischen Differenzen gründet, der ontischen Ordnung dieser Differenzen entkommt und somit indifferent bleiben muss gegenüber allen Differenzen.

Ereignis, womöglich der Schlüsselbegriff in Badious System, bezeichnet nichts weniger als die Unterbrechung dieser Ordnung des Ontischen oder, in Badious Worten, die Unterbrechung des *Status* (*état*) einer Situation. Das Eintreten eines Ereignisses kann nicht vorhergesagt werden, da es einen Bruch mit allem verfügbaren Wissen, mit allen Prozeduren oder Kalkulationen herbeiführt, die Vorhersagen möglich machen würden. Ereignisse, wie Lecercle schreibt, »*flash like bolts of lightning, and truths emerge*« (Lecercle 1999: 8). Aus diesem Grund gehört das Ereignis nicht selbst zu einer Situation, sondern tritt ein als deren Supplement. Wäre es Bestandteil der Situation, dann könnte es den Regeln dieser Situation subsumiert werden, und nichts Neues entstünde. So muss das Ereignis gleichsam von außen her eintreten und dennoch, um »effektiv« zu sein, einen Platz innerhalb der Situation einnehmen. In ein und demselben Moment muss das Ereignis innerhalb der Situation platziert sein *und* diese supplementieren.

Jedoch ist Vorsicht geboten, soll das Ereignis nicht substanzialisiert werden. Als Supplement ist das Ereignis zugleich seine eigene Eklipse. Es kann nur als etwas erfahren werden, was verschwunden ist; es existiert nur in Form seines Vergehens. Badiou schlägt vor, das Ereignis als »das Evaneszente« zu denken, als etwas, »in dessen eigentlichem Sein es liegt, zu verschwinden«: »Ich denke das Ereignis im Sinne des total Zufälligen, Inkalkulablen, des von einer Situation abgetrennten Supplements. Es wird in seinem eigentlichen Verschwinden nur in Form einer linguistischen Spur aufgezeichnet, der ich den ›Namen‹ des Ereignisses gebe, und wird eine Situation mit so gut wie nichts supplementieren« (Badiou 1994: 87). Was also streng genommen eine Situation supplementiert, ist nicht das Ereignis selbst, sondern der *Name* des Ereignisses: Es muss zu einer *Intervention der Benennung* dessen kommen, was an sich verschwunden ist. Daraus lässt sich der womöglich paradoxe Schluss ziehen: Ein Ereignis ist mit einer politischen Intervention der Benennung verbunden, und ob ein Ereignis eintritt oder nicht, ist zugleich eine Frage des Zufalls, denn letztlich handelt es sich um eine Kontingenzfigur.[4] Sobald es erscheint – oder »sich ereignet« –, hat es sich bereits zurückgezogen. Und dennoch besitzt es einen Ort innerhalb der Situation, der im Verhältnis zur Situation überzählig ist.

Wenn wir nun fragen, was genau durch das Ereignis gestört und unterbrochen wird, so sind wir bereits auf den Komplementärbegriff des *Status* (im weitesten Sinn auch von Staat) gestoßen. Der Badiou'schen Nomenklatur entsprechend konstituiert ein Ereignis einen Bruch oder eine Störung im Bezug auf den Status einer Situation. Eine Situation ist immer ein unendlich Mannigfaltiges. Sie besteht aus einer unendlichen Reihe von Elementen, die ihr zugehören – unabhängig davon, ob es sich nun um eine mathematische, eine historische, eine politische oder eine künstlerische Situation handelt. Wenn aber jede Situation per definitionem offen ist (dies ist Badious Zugeständnis an den Poststrukturalismus), wie lässt sich dann bestimmen, ob ihr ein bestimmtes Element angehört oder nicht? Der Staat oder Status ist nichts anderes als die Operation, durch die Elemente oder Teilmengen einer Situation als dieser

4 Auch wenn Kontingenz, wie sogleich hinzugefügt werden muss, im politischen Verständnis nicht völlig deckungsgleich mit Akzidenz ist.

zugehörig kodiert werden, wodurch die Situation als Eine gezählt werden kann (Badiou 2003a: 153). Der Status einer Situation besitzt somit gleichsam Definitionsmacht über Relationen, Qualitäten und Eigenschaften der Elemente dieser Situation. Er stellt die Ordnung der Teilmengen einer gegebenen Situation her und konstituiert die Sprache der Situation, die darauf abzielt, »zu zeigen, wie ein Element dieser oder jener Teilmenge angehört« (Badiou 1994: 87).

Wird diese Ereignistheorie nun auf Badious Begriffe der Politik und des Politischen rückübertragen, dann lässt sich provisorisch das Ergebnis in folgende Formel fassen: Politik ist, was die Fiktion des Politischen unterbricht. Sie verhindert alle Repräsentation und ent-knüpft alle sozialen Verhältnisse. Sie liegt damit jenseits des Reichs des Sozialen und konstituiert eine Ausnahme in Bezug auf das Soziale.[5] Diese Theoretisierung der politischen Differenz ist inspiriert von den Debatten am *Centre de recherches philosophiques sur le politique*. In seinem kleinen Buch *Peut-on penser la politique?*, das auf zwei Konferenzen des Centre in den Jahren 1983 und 1984 zurückgeht, stimmt Badiou der Hypothese Nancys und Lacoue-Labarthes zu, dass es zu einem Rückzug oder einer Krise des Politischen genau im Moment der Überhandnahme des Politischen gekommen sei. Zwar lässt sich, Badiou zufolge, diese Krise des Politischen am deutlichsten an der Krise des Marxismus ablesen, doch stehe ein sehr viel weitreichenderes Phänomen auf dem Spiel (»die planetarische Krise des Politischen«, Badiou 1985: 21), das genau zur Auflösung der Repräsentationsverhältnisse und des sozialen Bandes führe: »Was die Krise des Politischen enthüllt, ist, dass alle Ensembles inkonsistent sind, dass es so etwas wie Frankreich oder das Proletariat nicht gibt und aus demselben Grund die Figur der Repräsentation, wie auch umgekehrt die der Spontaneität, selbst inkonsistent ist« (1985: 13).

Dem »Entzug des Politischen« im Badiou'schen Sinne entspricht eine allgemeine Krise geschlossener Ensembles bzw. der Souveränität des Einen. Der Text am Rücken des kleinen Buches verdeutlicht dies: »Politik [*la politique*] zu denken, d. h. zuallererst das Po-

5 Soweit Politik nur im Moment der Ausnahme erscheint (Badiou 1985: 19), lässt sich eine gewisse strukturelle Parallele zu Schmitts Ausnahmezustand feststellen – eine Parallele, die Badiou selbst wohl nicht eingestehen würde, auch wenn es seine Position der eines offener linksheideggerianischen Denkers annähern würde, der Giorgio Agambens.

litische [*le politique*] zurückweisen: es als (imaginäre) Illusion der ›Herstellung des Einen‹ in Form von Identifikationen (die Partei, die Gewerkschaft, die klassenlose Gesellschaft) zurückweisen, in Form eines eingrenzbaren Faktums, einer verlässlichen Vorhersage«. Was Badiou von Nancy und Lacoue-Labarthe unterscheidet, ist daher nicht die Diagnose eines Entzugs des Politischen, sondern seine Verwendung der politischen Differenz unter umgekehrten Vorzeichen. Politik bezeichnet nicht, wie für Nancy und Lacoue-Labarthe, die Ordnung der Macht und der Polizei, sondern im Gegenteil die Ordnung der Wahrheit und des Ereignisses. Und doch, von entscheidenderer Bedeutung bleibt, dass Badiou die politische Differenz zwischen *la* und *le politique* beibehält. Wohin wir uns auch immer innerhalb der Gruppe politischer Linksheideggerianer wenden, sei es nun zur lacanianischen oder zur dekonstruktiven Seite, immer begegnen wir dieser Differenz – und sei es in Form einer »Umkehrung« der gängigen Verwendungsweise. So warnt auch Etienne Balibar vor der Transformation von *Politik* – deren emanzipatorische Wege immer singulär seien – zu einer »Vorstellung des Politischen« (Balibar 2006: 47). Und auch bei Jacques Rancière, auf dessen politische Theorie wir in einem Exkurs zurückkommen werden, erfährt – wie bei Badiou – gerade die von Polizei zu unterscheidende Politik (*la* politique) eine emphatisch-emanzipatorische Aufladung.

6.3. Eine »Politik« der Wahrheit: Gleichheit und Gerechtigkeit

Bevor wir uns näher mit den postfundamentalistischen Aspekten des Badiou'schen Politikbegriffs beschäftigen, sollten wir Letzteren ins Verhältnis zum konzeptuellen Rahmen des philosophischen Systems Badious setzen (vgl. auch Badiou 1985: 76-7). Eine prä-politische Situation wird von Badiou als Komplex aus Fakten und Aussagen definiert, in der das Regime des Einen in die Defensive geraten und eine irreduzible Zwei aufgetreten ist (von Badiou auch beschrieben als ein Punkt der Unrepräsentierbarkeit oder als leere Menge). Da Badiou jenen Mechanismus, durch den eine Situation *als eine* (als *diese* Situation) gezählt und damit in der Sphäre der Repräsentation lokalisiert wird, als Status oder Struktur der Situation bezeichnet, muss ein Ereignis umgekehrt als *Dysfunktion* des Regimes des Einen theorisiert werden. Es ist der Rest, der aus einem Interpretationsakt resultiert und nicht vom System absorbiert werden kann. Was Badiou schließlich eine Intervention nennt, setzt sich aus den überzähligen Fakten und Aussagen zusammen, durch die das Ereignis *als Ereignis* interpretiert wird.[6] Denn wie bereits gesagt, muss ein Ereignis immer erst als Ereignis benannt werden, wobei sein Name der Situation nicht angehören darf. Als Politik kann gelten, was durch eine Intervention dem Ereignis Konsistenz verleiht.

Das letzte benennbare politische Ereignis stellt in Badious Augen die Oktoberrevolution von 1917 dar. Die politischen Ereignisse der Zeit zwischen 1968 und 1980 – denen Badiou als Maoist selbst anhängt – haben noch keinen definitiven Namen gefunden. Sie bleiben »dunkel«, sofern sie die vorausgegangenen Protokolle politischer Benennung in Frage stellen, doch schließt dies die Möglichkeit nicht aus, dass sie in Zukunft irgendwann noch ihren Namen finden und damit als Ereignis fixiert werden. Badiou zufolge lässt sich, allgemein gesprochen, eine Reihe von Bedingungen bestimmen, die erforderlich sind, damit ein Ereignis als politisch bezeichnet werden kann. Ich möchte drei anführen. Zuallererst muss das »Material« eines Ereignissen aus einem Kollektiv bestehen: »Ein Ereignis ist politisch, wenn die Materie dieses Ereignisses kollektiv ist oder wenn das Ereignis ausschließlich der Mannigfaltigkeit eines Kollektivs zugeschrieben werden kann« (Badiou 2003a: 151). Mit Kollektiv bezieht sich Badiou nicht auf eine bestimmte Anzahl von Menschen. Ein Kollektiv resultiert aus der Etablierung eines Verhältnisses zwischen den Militanten und der Universalität. Das Wahrheitsereignis der Politik adressiert jeden, der es zu seinem eigenen Ausgangspunkt macht. Zweitens, und als Effekt des kollektiven Charakters des politischen Ereignisses, präsentiert Politik den unendlichen Charakter jedes Ereignisses. Eine Situation ist qua Definition offen, sie ist nie endlich.[7] Emanzipatorische und egali-

6 Und das politische Subjekt ist keineswegs anstoßender »Akteur« all dieser Vorgänge, sondern vielmehr das retroaktive Ergebnis einer interpretatorischen Intervention.

7 Deshalb weist Badiou das Heidegger'sche Motiv der Endlichkeit und des Seins-zum-Tode zurück, ohne dabei jedoch die Situation in etwas anderem gründen zu wollen als in der Leere der Unendlichkeit – was bedeutet, dass Badious Zugang immer noch als postfundamentalistisch bezeichnet werden kann.

täre Politik – und für Badiou ist Politik, die ihren Namen verdient, immer egalitär und universalistisch – ruft unmittelbar diese Unendlichkeit der Situation auf. Drittens, wenn wir den Status einer Situation als die Macht definieren, die aus Teilmengen bestehende Situation als *eine* zu zählen und die Situation dadurch als *diese* Situation repräsentierbar zu machen, dann folgt, dass eine Politik der Unendlichkeit gegen diese Macht gerichtet sein muss, die ansonsten die Situation »schließen« und zählbar, d. h. endlich machen würde. Aus diesem Grund führe wahre Politik immer zu Repressionen des Staates und fördere dessen exzessive Macht zutage. Man könnte sagen, wahre Politik besitzt also immer eine provokatorische Funktion.

Wie man sieht, verortet Badiou die Essenz von Politik in ihrem emanzipatorischen Charakter. D. h., wenn wahre Politik qua Definition gegen den Staat gerichtet ist, dann gibt es für Badiou keine Politik, die diesen Namen zu Recht trägt, die nicht emanzipatorisch wäre (Badiou 1991: 54). So wird es auch nicht verwundern, dass das Moment der Politik – als Moment, in dem der Staat mit einer von den politischen Ereignissen produzierten Disruption konfrontiert ist – zugleich dem Moment von *Wahrheit* entspricht. Politische Wahrheit geht alleine von einer Gelegenheit des Bruchs und der Ent-Ordnung aus und entsteht, sobald »*business as usual*« aus dem einen oder anderen Grund zusammenbricht (Hallward 2002). Ohne Wahrheitsereignis gibt es keine Politik im strengen Sinne; es gibt dann nur die Herrschaft des Staates und der apolitischen Differenzen des Sozialen. Doch besitzt solch ein Wahrheitsereignis Implikationen normativer oder vielleicht besser: philosophisch-»ethischer« Art, ist es doch in Badious System eng mit den Begriffen von Gerechtigkeit und Gleichheit verknüpft.

Badiou nennt Gerechtigkeit »den Namen, mit dem eine Philosophie die mögliche Wahrheit einer politischen Orientierung belegt« (Badiou 1999: 29). Wenn das Wahrheitsereignis durch seine disruptive Qualität definiert wird und Gerechtigkeit ein philosophisches Attribut der Wahrheit ist, dann wird sie ebenfalls nur im anti-staatlichen und anti-sozialen Modus der Unterbrechung auftreten: »Weit davon entfernt, als mögliche Kategorie des Staates und der sozialen Ordnung gelten zu können, ist Gerechtigkeit der Name, der die Prinzipien, die in Bruch und Unordnung am Werk sind, bezeichnet« (1999: 31). Dieser Ansatz impliziert ein anti-essenzialistisches Gerechtigkeitsverständnis. Gerechtigkeit wird nicht durch irgendein Prädikat oder einen positiven Inhalt definiert, auch nicht, wie man bei einem selbsternannten Platoniker vielleicht vermutet hätte, durch die Idee des »Gerechten«, sondern entsteht ausschließlich in dem negativen oder undefinierten Moment, in dem sich das soziale Band auflöst: »Wir haben zu oft gehofft, Gerechtigkeit würde zur Konsistenz des sozialen Bandes beitragen, während sie doch nur der Name der äußersten Momente der Inkonsistenz sein kann« (32).

Was von Gerechtigkeit gesagt wurde, das muss auch von Badious »egalitärer politischer Maxime« gesagt werden: Auch Gleichheit wird in keiner positiven Substanz eines Gemeinguts gegründet oder in Bezug auf einen positiven Referenzpunkt instituiert. Ihre einzig mögliche Referenz ist die Nicht-Referenz des Status, des Prinzips der Klassifikation und der Ordnung einer Situation (Badiou 1990: 24). Gleichheit lässt sich nicht definieren und darf zu keinem positiven Programm, zu keiner egalitären Politikmaßnahme gemacht werden. Das Gleichheitskonzept zielt also nicht auf ein konkretes Ziel, etwa eine egalitäre Gesellschaftsordnung, die aufzubauen wäre, sondern als Effekt eines egalitären Axioms nur auf ein Wahrheitsereignis, das, wie im Fall der Gerechtigkeit, »die Bande auflöst, das Denken desozialisiert, das Recht des Unendlichen und Unsterblichen gegen die Endlichkeit und das Sein-zum-Tode geltend macht« (1990: 32). Gerechtigkeit und Gleichheit sind folglich miteinander verknüpft, wobei Gerechtigkeit als »der philosophische Name für die egalitäre politische Maxime« (30) gilt und die Politik der Emanzipation, die diese egalitäre Maxime durchsetzt, als »ein Denken im Handeln« (31).

Wenn nun aber Gleichheit nicht in der sozialen Welt existiert, sondern nur als imperativisch funktionierendes Axiom des Denkens, d. h. als eine *ethische Maxime*, dann entsteht letztlich der Verdacht, dass es schwerfallen wird, einen Badiou'schen Begriff von Politik (eine Politik, in der Wahrheit, Gerechtigkeit und Gleichheit untrennbar miteinander verknüpft sind) anderswo als im Register des Ethischen zu entwickeln. Tatsächlich tendiert Badious gesamtes System, ungeachtet seiner vorgeblichen Bestimmung der rein mathematischen Mengentheorie als allgemeiner Ontologie, in Richtung einer generalisierten Ethik:[8] einer Ethik der Wahrheiten (und

8 Wahrscheinlich würde Badiou selbst diese Darstellung nicht unterschreiben, kann es doch für ihn so etwas wie eine allgemeine Ethik nicht geben. Was es geben

in der politischen Sphäre: der Gleichheit), die sich aus einer lacanianischen Ethik des Realen herleitet und auf der *Möglichkeit des Unmöglichen* insistiert. Solch eine Ethik der Wahrheiten entkommt der symbolischen Ordnung notwendigerweise, denn das Wahrheitsereignis gehört zur Ordnung des Realen und kann folglich weder vermittelt noch kommuniziert werden. Daher kann es sich bei der Ethik einer Wahrheit auch um keine Ethik kommunikativer Vernunft handeln: »Sie ist eine Ethik des *Realen*, wenn es wahr ist, wie Lacan vorschlägt, dass aller Zugang zum Realen zur Ordnung der Begegnungen gehört« (2003b: 73 f.). Anders gesagt, obwohl das Ereignis nicht kommuniziert werden kann, kann es zur Begegnung mit ihm kommen. Deshalb lautet eine der Badiou'schen Reformulierungen seines ethischen Imperativs, man dürfe nicht vergessen, was einem begegnet sei; und in der kürzesten Form: »Weitermachen! (*Continuer!*)« (74).

Badious Ethik kreist um dieses allgemeine Treueprinzip der Fortsetzung eines Wahrheitsprozesses. Um dem Ereignis Konsistenz zu verleihen, müsse man dem Bruch Konsistenz geben und in ihm verharren. In einer anderen Formulierung, »Nie mit dem Bruch brechen!«, würde das doch die ungehinderte Fortsetzung der vorangegangenen Situation und des Regimes der Meinungen bedeuten. Eine politische Organisation von Militanten – des Subjekts im Bereich der Politik – ist nichts als das kollektive Produkt eines Prozesses der Treue gegenüber dem Ereignis. Ein ethisches, wenn nicht religiöses Konzept wie das der Treue ist, so steht zu vermuten, deshalb für Badious System von zentraler Bedeutung, weil es ihm als Hauptoperator der Subjektivierung gilt: Es gibt ein Subjekt dann und nur dann, wenn ein Prozess der Treue anhält, wenn ein Subjekt also durch seine Treue einem Ereignis Konsistenz verleiht. Man erinnert sich: Ein Ereignis wird von Badiou definiert als Sup-

könne, sei immer nur eine *Ethik von…*: »Die Ethik existiert nicht. Es gibt nur die Ethik – *von* (der Politik, der Liebe, der Wissenschaft, der Kunst)« (Badiou 2003b: 44). Dennoch lässt sich von einer dem Badiou'schen System äußerlichen Perspektive eine generalisierte Ethik nicht nur als Motivation, sondern auch als wesentliches Operationsprinzip hinter Badious Konzepten und deren Verknüpfung ausmachen, so dass man durchaus sagen könnte, wie wir am Ende dieses Kapitels ausführen werden, dass es sich bei Badious Politik in Wahrheit um eine Ethik und in letzter Instanz – wie vielleicht bei den meisten Ethiken – um eine Theologie handelt.

plement zu einer gegebenen (ontischen) Situation multiplen Seins, und während Ersteres mit dem Begriff der Wahrheit und des Realen verknüpft ist, bleibt Letztere immer auf das Reich der Meinungen beschränkt. Zu Subjektivierung kommt es nur, wenn eine Entscheidung, dem Ereignis angesichts der vorgegebenen Regeln und Meinungen treu zu bleiben, getroffen wird. Solch Treue erzeugt einen Bruch in der gegebenen Situation, der der lacanianischen Ordnung des Realen angehört. Zugleich wird in der Situation eine Wahrheit produziert. Somit ergibt sich als weitere Definition von Wahrheit: »Man nennt ›Wahrheit‹ (*eine* Wahrheit) den wirklichen Prozess der Treue zu einem Ereignis« (63). Eine Wahrheit wird durch die Entscheidung eines Subjekts erzeugt, einem Ereignis gegenüber treu zu bleiben. Dabei muss die retroaktive Logik der Subjektformierung in Erinnerung behalten werden: Das Subjekt existiert nur, sofern es aktiv seine Treue gegenüber dem Ereignis deklariert, es geht dem Ereignis somit nicht voran. An keiner Stelle dieses zirkulären Verhältnisses zwischen Subjekt, Entscheidung und Ereignis begegnen wir etwas von der Art eines Grundes oder eines archimedischen Punktes. Und natürlich ist auch Treue immer nur eine Option, nie Notwendigkeit. Sie besteht in einer ungegründeten Entscheidung für das Wahrheitsereignis. Folglich bleibt immer die Möglichkeit des Verrats – des Nicht-Weitermachens. In dieser Hinsicht bleibt Badious System ganz postfundamentalistisch.

6.4. Die Gnade der Kontingenz

Badious Schlüsselbegriffe – wie Treue, Wahrheit, Unendlichkeit – tauchen seine Philosophie nicht nur in das Licht der Ethik, sondern geben ihr auch eine religiös-christliche Färbung. Könnte es womöglich ein heimliches theologisches Modell geben, auf dem Badious atheistische Philosophie zumindest teilweise aufbaut? Sein kleines Buch über Paulus und die Gründung des Universalismus könnte diese Vermutung nahelegen. Badiou führt das Entstehen des westlichen Universalismus (dem er selbst anhängt) auf das frühe Christentum zurück – was an sich noch keine allzu originelle Position ist. Für das Christentum, diese Meinung Badious ist bereits origineller, erfüllte Paulus eine ähnliche Rolle wie Lenin für den Bolschewismus. Die paulinische Intervention bestand in der »Emanzipation«

des Christentums von allen partikularen oder kommunitären Traditionen, die es noch mit den Juden (oder den Heiden) verband. Die paulinische Universalität ist insofern leer, als sie jenseits der kulturellen und religiösen Partikularismen und sozialen Differenzen verortet ist. Jede Partikularität kann zum Stolperstein werden, denn wahre Universalität ist für alle da, so die Maxime des Universalismus (Badiou 1997:80).

Wie Badiou unterstreicht, kann die Quelle einer solch »leeren Universalität« – da sie nicht in einer Partikularität besteht – nur von ereignishafter Natur sein.[9] Anders gesagt, für Badiou existiert eine notwendige Zusammengehörigkeit des Einen mit der Universalität und Singularität, denn das Korrelat eines Ereignisses ist immer das Universelle (bei Paulus die gesamte Menschheit einschließlich der Juden und Heiden) und das Singuläre des Ereignisses. Für Paulus war ein solches Ereignis Tod und Wiederauferstehung Christi. Die Wiederauferstehung besitzt dieselbe Struktur wie moderne Revolutionen: Sie ist eine Wahrheitsprozedur, welche das vorangehende diskursive Regime unterbricht. Dieses universell-singuläre Ereignis muss von der historischen Person Jesus (seiner Biographie, seiner Wunder, seiner Lehren etc.) unterschieden werden, die dem Bereich des Partikularen angehört. Der Imperativ des Ereignisses löscht alle kontextuellen Bedingungen aus und gewinnt seine Kraft ausschließlich aus der *Deklaration* einer Wahrheit, durch welche die Militanten sich selbst gegenüber dem Ereignis subjektivieren. Das christliche Wahrheitsereignis illustriert ein weiteres Mal die retroaktive Struktur der Deklaration: Das christliche Subjekt existiert nicht, bevor die Wiederauferstehung Christi nicht deklamiert wurde. Deshalb ist Wahrheit für Badiou keine Quelle, von der ein passives Subjekt erleuchtet werden würde, sondern ein aktiver Prozess, in dem das Subjekt seine Treue zum Ereignis fortgesetzt deklariert. Das Ereignis selbst gehört dabei der Ordnung der Kontingenz, d. h. in der Badiou'schen Interpretation, der »Gnade« an, denn es ist weder vorhersehbar noch kalkulierbar, noch beweisbar. Somit muss es die Natur einer Gabe besitzen; und ob wir an dieser Gabe Anteil erlangen, ist ausschließlich eine Frage der Gnade. Subjekte werde konstituiert durch diese »ereignishafte Gnade« (1997:67).

9 Hierin unterscheidet sich Badious Modell deutlich vom Politikmodell, wie es von Ernesto Laclau vorgeschlagen wurde, denn dort wird, wie wir noch sehen werden, jede Universalität von einer partikularen Kraft hegemonisiert.

Badiou fordert einen auf dem Ereignis basierenden *Materialismus der Gnade* (85), der auf nichts anderes hinausläuft als auf einen Materialismus der Kontingenz. Was Badiou über die Lehre des Paulus sagt, das könnte auch über den postfundamentalistischen Status von Kontingenz gesagt werden. Wir leben nicht länger unter partikularen Gesetzen, die als unverrückbar hingenommen werden und der Ordnung des »Staates« angehören (der Badiou zufolge die Elemente einer gegebenen Situation dominiert und kontrolliert), sondern wir sind der Kontingenz unterworfen. Gnade wird so zu einer postfundamentalistischen Kategorie, die die Fundamente des Gesetzes und des Staates unterhöhlt. Doch ist diese Kategorie weit davon entfernt, antifundamentalistisch zu sein. Obwohl Badiou seine Theorie manchmal irreführenderweise als »fundamentalistisch« bezeichnet, ist der einzige Grund, der beibehalten wird, der Grund der Kontingenz. Ein Subjekt muss in der Tat *gegründet* werden, aber es kann nur auf dem Phänomen der Gnade, d. h. der Kontingenz gegründet werden (81).

Als fundamentalistischer Oppositionsbegriff zu Gnade scheint mir bei Badiou der Begriff des *Bösen* zu fungieren, der Badious Denken eine weitere christliche Note hinzufügt. Wenn in Badious Modell das Ereignis nur aus dem Ort einer *Leere* innerhalb einer gegebenen Situation hervorgehen kann und jede Situation somit auf einer Leere gegründet ist,[10] dann evoziert beispielsweise Terror, als eine Figur des Bösen, die *Fülle* einer Situation. So hätten die Nazis ihre absolute Gemeinschaft fälschlich als nationalsozialistische »Revolution« bezeichnet und damit die Leere der vorangegangenen Situation als Fülle präsentiert. In solchen Fällen wird die Leere mit dem Simulakrum einer »Ereignis-Substanz« gefüllt, z. B. der Substanz der Totalität eines Volkes. Das Resultat besteht in einer in sich geschlossenen Partikularität wie »den Deutschen« oder »den Ariern«. Der Versuch, einem Simulakrum treu bleiben zu wollen, wird letztlich in den Krieg oder zu Massakern führen. An dieser Stelle führt Badiou eine der Leere komplementäre Kategorie ein: den »unbenennbaren Punkt« einer Situation. Während die verworfene Leere, soll ein Ereignis erscheinen, benannt werden *muss*, darf der unbenennbare Punkt, wie zu erwarten ist, gerade nicht

10 So besteht beispielsweise das Ereignis, das Karl Marx – Badiou zufolge – für die politische Theorie darstellt, in seiner Benennung des Proletariats als verworfene Leere der bürgerlichen Gesellschaft.

benannt werden. Jede Wahrheitsprozedur impliziert einen solchen Grenzfall, einen Punkt, der namenlos bleiben muss. Im Fall der Wahrheitsprozedur der Politik ist dieser Punkt die »Gemeinschaft« im substanziellen Verständnis: »Damit es emanzipatorische Politik geben kann, ist es absolut erforderlich, dass die Substantialität der Gemeinschaft unbenennbar bleibt. (...) Jeder generischen Prozedur füge ich eine Grenze hinzu, einen Begriff, den ich als ihren ›unbenennbaren Punkt‹ bezeichne. Mehr und mehr glaube ich, dass für emanzipatorische Politik die Gemeinschaft in einem rassistischen oder biologischen Sinn einen strikt unbenennbaren Punkt darstellt« (Badiou 1994: 123). Das Unbenennbare einer Wahrheitsprozedur ist *Symbol* dessen, was der Symbolisierung entkommen muss: Es ist Symbol des Realen einer Situation. Es in der Politik benennen zu wollen, führt ins Desaster des Bösen. Daher darf Wahrheit niemals totale Kontrolle über eine bestimmte Situation ausüben; Wahrheit ist nie total, denn sie muss diesen unbenennbaren Punkt respektieren.

6.5. Die Gefahr des Ethizismus

Badious »Philosophie der Politik« lässt einige Fragen unbeantwortet. Vor allem ließe sich fragen, ob die von Badiou vertretene Politik des Unmittelbaren, des Unrepräsentierten und Unbedingten noch ernsthaft als Politik bezeichnet werden kann – oder ob man nicht ehrlicherweise gleich von einer Ethik sprechen sollte: einer rigorosen und kompromisslosen Ethik des Unbedingten, mit der Badiou aus dem Machiavell'schen Moment des Bedingten, der Macht und der Strategie heraustritt. Nur in dieser Hinsicht, und keineswegs was seinen äußerst eigentümlichen Platonismus betrifft, gibt Badiou letztlich der fundamentalistischen Versuchung nach. Aus Laclaus und Mouffes post-gramscianischer (und in diesem Sinne machiavellischer) Perspektive, der wir uns im nächsten Kapitel zuwenden werden, würde man zu einer ganz anderen Vorstellung von einer Politik des Bedingten und Bedingenden gelangen. Trotz dieser Bedenken sollten die Vorteile der Position Badious nicht gering geschätzt werden: Indem er postfundamentalistische, linksheideggerianische Konzepte wie etwa den Ereignisbegriff radikalisiert, schärft er unseren Blick und präsentiert uns eine klare und distinkte

Position des Postfundamentalismus. Vielleicht sollte sein Werk als Gedankenexperiment verstanden werden, in dem der Postfundamentalismus bis zum Äußersten gedehnt wird, mit allen Gefahren, die eine solche Übung mit sich bringt.

Und doch, nicht weniger als Nancy setzt auch Badiou sich dem Verdacht des Philosophismus aus, wenn er behauptet, der politische Akt, der in der »vertikalen« Verknüpfung eines Subjekts mit einem Wahrheitsereignis besteht, sei eine Angelegenheit des »Denkens« (*la politique comme pensée*) und keine der »horizontalen« Organisation eines, wie Gramsci sagen würde, neuen politischen Willens aus verstreuten Elementen. Wie schon Nancy steht Badiou der politischen Philosophie im engeren Sinn kritisch gegenüber und schlägt eine allgemeine Ontologie – in seinem Fall die mathematische Mengenlehre – für die Funktion einer ersten Philosophie vor. Darüber hinaus lässt Badiou eine starke Tendenz zum Ethizismus erkennen – einem Ethizismus, der nicht unbedingt Ethik als solcher anhaftet, sondern aus der Unterordnung der Politik und des Politischen unter das Ethische hervorgeht. Durch Konstruktion seiner Politik entlang des Kernbegriffs der Treue, exemplarisch in seiner *Ethik* und seinem *Paulus*-Buch, privilegiert Badiou eine ethische Perspektive auf Politik. Im Ergebnis wird politisches Handeln zur ethischen, ja zur quasi-religiösen Anstrengung, einem spezifischen Ereignis mit dem eigenen Denken und Handeln Treue zu erweisen. So wird Politik – und werden darüber hinaus die drei weiteren Wahrheitsprozeduren im System Badious: Wissenschaft, Liebe und Kunst – dem übergreifenden Imperativ *Weitermachen!* unterstellt, womit Ethik, und nicht, wie man erwarten würde, Mathematik oder Mengentheorie, stillschweigend die Rolle einer *prima philosophia* übernimmt. Zur unerwarteten Nebenfolge dieses Rollentauschs wird, dass sich Badious kleines Buch zur Ethik als heimlicher Grundstein seines gesamten »Systems« erweist.

Diese, soweit ich sehen kann, von so gut wie allen Kommentatoren unbeachtete Verschiebung in Badious Argumentationslogik besitzt zweifelsohne Konsequenzen für den Politikbegriff, denn eine rigorose und kompromisslose Ethik des Unbedingten steht völlig quer zur politischen Realität. Indem er seine Theorie der Politik auf dem Unbedingten (dem »Realen«) gründet, verlässt Badiou das Machiavell'sche Moment des Bedingten (der Macht und Strategie). Aber wie soll man sich eine rein »ontologische« Politik des Realen, die gänzlich von jedem »ontischen« Inhalt und Kontext politischer

Realität gereinigt wäre, vorstellen? Natürlich würde Badiou entgegenhalten, dass jede Politik in einer spezifischen Situation auftritt, doch würde das heißen, dass sich jede Politik immer auch auf einem unebenen »ontischen« Terrain entfalten wird und nicht allein in Verhältnis zu einem Wahrheitsereignis. Politik würde dann gerade nicht auf der vertikalen Achse zwischen militantem Subjekt und Ereignis stattfinden, sondern zumindest ebenso auf einer horizontalen Achse, d. h. unter einer Vielzahl konkurrierender Akteure (oder Subjekte), die alle an unterschiedlichen Positionen auf einem intransparenten und machtverformten Terrain verortet sind. Mit seiner Verleugnung der Notwendigkeit »horizontaler« politischer Artikulation begibt sich Badiou unwillentlich in Gesellschaft Michael Hardts und Antonio Negris. Für Hardt und Negri, die von völlig anderen Prämissen ausgehen als Badiou, stellt sich das präferierte politische »Subjekt« der *Multitude* direkt und ohne Vermittlung in Opposition zum Empire (Hardt/Negri 2001: 393). Eine horizontale Vermittlung zwischen den unterschiedlichen Akteuren der Multitude ist für Hardt und Negri ähnlich überflüssig wie für Badiou, lässt sich doch offenbar immer vertikal vom Ontischen ins Ontologische springen.

Doch was, wenn sich kein unvermittelter Zugang zum Ontologischen gewinnen lässt, wenn Politik immer von Kompromiss, Strategie und einem Realismus im Machiavell'schen, nicht im Lacan'schen Sinne gekennzeichnet sein wird? In der Politik, so steht zu vermuten, sind wir immer mit einem »*dirty hands*«-Problem konfrontiert, um einen Badiou sicherlich fremden, aber zumindest auf seinen frühen Meister Sartre verweisenden Begriff aus der Politikwissenschaft aufzugreifen. Bei Badiou wird man hingegen vergeblich nach einer Theoretisierung tatsächlicher »ontischer«, d. h. immer auch *notwendig korrumpierter* Politik suchen, lässt er uns doch gänzlich im Unklaren darüber, wie eine »Politik der Wahrheit« auf einem immer unebenen und kompromittierenden Terrain wohl auszutragen sei. Allerdings, wenn Politik sich nur um Treue dreht, dann schließt das jede Dimension strategischen Handelns zugunsten einer extremen Form von *Gesinnungsethik* aus.[11] Wür-

11 Man könnte argumentieren, dass sich das ethische Moment des Unbedingten und das politische des Bedingten keineswegs gegenseitig ausschließen (vgl. hierzu die Kapitel 9 und 11). Doch selbst wenn das zugestanden wird, bleibt doch evident, dass Badiou keine Theorie bereitstellt – und auf Basis seines Modells wohl

de eine solch »ethische« Politik nicht einer moralisierenden und selbstgerechten Haltung Vorschub leisten, da sie das »*dirty hands*«-Problem nicht anerkennen will, die Tatsache also, dass jede Politik weniger als rein, weniger als perfekt und weniger als ethisch sein wird? Würde diese Ethisierung von Politik sich letztlich nicht als politisch entmächtigend erweisen, und sei es nur aus dem einzigen Grund, dass man mit ihrer Hilfe sicher sein kann, immer schon auf der richtigen Seite zu stehen, der Seite einer ethischen Politik der Gleichheit, ohne Kompromisse eingehen zu müssen?

Während bei Badiou die Spezifik und Autonomie des Politischen auf das Ethische reduziert wird (oder, um im Badiou'schen Lexikon zu bleiben, an dieses »genäht« wird), würde man auf Basis einer realistischen Einschätzung von Politik – etwa aus Laclaus und Mouffes gramscianischer Perspektive oder aus Leforts machiavellischer Perspektive – die umgekehrte Schlussfolgerung ziehen, dass es eine reine »Politik des Realen« nicht geben kann.[12] Doch ist Badiou nicht der Einzige auf der heideggerianischen Linken, der Politik in ethische Begriffe kleidet. Tatsächlich lässt sich darin eine der erstaunlichsten Familienähnlichkeiten vieler Theoretiker des Postfundamentalismus erkennen (mit Laclau/Mouffe und Lefort als Ausnahmen). Deren Ethizismus bildet einen Konvergenzpunkt zwischen Badiou und seinen Rivalen, den von ihm als »moderne Sophisten« gebrandmarkten Dekonstruktivisten, allen voran Derrida, Nancy und Lacoue-Labarthe. Dekonstruktivisten wie Lacanianer tendieren gleichermaßen dazu, unser Verhältnis zum Ereignis in ethischen Begriffen zu konstruieren, d. h. entweder in Begriffen einer grenzenlosen und unbedingten Verantwortung gegenüber

gar nicht könnte –, welche die Funktionsweise von Politik auf der ontischen Ebene erklären würde. Das Ergebnis ist, dass »wahre Politik« auf seltene Momente beschränkt bleibt – ein Aspekt, der sich unter gewöhnlicheren Bedingungen als politisch lähmend erweisen kann. Nicht jeder wandert auf der Straße nach Damaskus.

12 Am ehesten noch könnte es eine Ethik des Realen geben, während Politik immer auf der Ebene der »Realität« auszutragen ist. Es wird deshalb auch kaum überraschen, dass Badiou sich strikt gegen Theoretiker wie Laclau und Mouffe oder André Gorz und Alain Touraine wendet, die sich Sozialen Bewegungen zuwandten und die Idee einer radikalen Trennung zwischen emanzipatorischer Politik und dem »Status der Situation«, in der sie stattfindet, aufgaben. Aus Badious Perspektive wurden sie »politisch von der etablierten Ordnung eingekauft« (Badiou 1998: 121).

dem anderen-*als*-anderen bzw. des Versprechens eines Ereignisses-im-Kommen oder in Begriffen einer unendlichen Treue. Die Tendenz zur Ethisierung der Politik, die Badiou mit den letztgenannten Denkern teilt, lässt beide Paradigmen gelegentlich recht abgehoben von unserer real-existierenden politischen Welt des Kompromisses und der Allianzenbildung erscheinen. Natürlich macht es wenig Sinn, den Schiedsrichter zwischen den beiden Paradigmen spielen zu wollen, und zwar deshalb, weil man, um zu einer wirklich *politischen* politischen Theorie zu kommen, die Debatten der Ethik und damit das gemeinsame Terrain beider Paradigmen hinter sich zu lassen oder zumindest in nachgeordnete Position zu rücken hätte.

Die eigentliche Divergenz zwischen den beiden Paradigmen – dem lacanianischen und dem dekonstruktiven – muss auf einer ganz anderen Ebene verortet werden. Sie besteht in ihrer respektiven Einstellung zur Seltenheit bzw. Ubiquität des politischen Ereignisses oder des Moments des Politischen. Im Falle Badious, aber auch in dem Rancières, dem wir uns als Nächstem zuwenden wollen, lässt sich ein Topos der *Rarefizierung* des politischen Ereignisses ausmachen. Für Badiou tritt ein Ereignis nur unter außergewöhnlichen Umständen ein, womöglich, wie bei Paulus, nur einmal im Leben. Wie Badious Kommentator Hallward festhält, sei wahre Politik außergewöhnlich und eine Ausnahme zum gegenwärtigen »Klischee«, alles sei politisch. Politik in einem solch erhabenen Verständnis sei rar qua Definition (Hallward 2002). Ähnlich behauptet Rancière, dass »es nicht immer Politik gibt. Es gibt sie sogar wenig und selten« (Rancière 2002: 29). Ein dekonstruktiver Zugang würde auf der anderen Seite eher die ubiquitäre und dispersive Natur von Politik betonen. So wurden Badious Ideen von der Seltenheit politischer Ereignisse und seine bedenkliche Tendenz, Politik zu einem heroischen Akt zu verklären, aus dekonstruktiver Sicht zu Recht von Simon Critchley beanstandet: »Für mich ist Politik überall, und zwar als ein recht banaler, besser: weltlicher Ruf nach Mobilisierungsformen, die von dem Ort ausgehen, an dem du dich befindest, an dem du arbeitest (oder nicht arbeitest), an dem du aktiv bist und an dem du denkst« (Critchley 2005: 296). In dieser Hinsicht müsste auch Laclau im dekonstruktiven Lager verortet werden: Soziale Verhältnisse stellen für Laclau, wie wir sehen werden, die sedimentierte Form einer ursprünglichen Institution dar, die zwar vergessen wurde, aber dennoch zu jedem Zeitpunkt reaktiviert werden kann. Hegemonie ist ein Kampf, der nie endet.

Aus gleichem Grund kann es sich bei Politik um kein Privileg einer emanzipatorischen und egalitaristischen Linken handeln, wird Politik doch immer als strategisches Spiel auf einem Terrain, das von Konflikten und Machtkämpfen durchfurcht wird, in Szene gesetzt. Badiou wird zu seinen ethizistischen Engführungen verleitet, weil er Politik nicht als Immanenzterrain ineinander verknoteter Kräfte verstehen will (auf dem das Ontologische sich nur in seiner die Immanenz dislozierenden und störenden Abwesenheit zu erkennen gibt), sondern mit seiner Zwei-Welten-Lehre eine strikte Trennung zwischen dem Staat und einer Politik der Wahrheit aufrechterhalten will. Aufgrund seiner radikalen Zurückweisung jeder Form der Vermittlung und Repräsentation in der Politik, die nach Badiou ja immer unvermittelt ist, schließt sich jeder Raum für strategisches Handeln. Das Verhältnis von Politik und Staat wird von Badiou nicht als *Differenzverhältnis* theoretisiert, sondern als Verhältnis strikter Opposition. Damit wird zugleich jede mögliche Kontamination zwischen dem (abwesenden) Grund des Ereignisses auf der einen und dem Staat auf der anderen Seite ausgeschlossen. Indem Badiou die politische Differenz zu einer bloßen Opposition reifiziert und nur deren ontologische Seite gelten lässt, bringt er das Spiel der ontologisch-politischen Differenz zum Stillstand. Daraus resultiert ein dualistisches Narrativ, in dem sich ein ebenso großartiges wie seltenes emanzipatorisches Ereignis den immer repressiven Machinationen des Staates entgegenstemmt. Wenn die Denkfigur der politischen Differenz, wird sie *als Differenz* ernst genommen, einen Vorteil gegenüber diesem Modell besitzt, dann besteht er wohl nicht zuletzt darin, dass solch heroische Politikvorstellungen vom Spiel der politischen Differenz unterhöhlt werden. In Kapitel 10 werden wir als Gegenvorschlag zu Badious seltener und »großer Politik« das Modell einer *minimalen Politik* vorstellen.

Exkurs zu Jacques Rancière: Die Polizei und die Politik der Gleichheit

> Die Grundlegung der Politik ist tatsächlich um nichts mehr Konvention als Natur: sie ist die Abwesenheit eines Grundes, die reine Kontingenz aller gesellschaftlichen Ordnung. Es gibt Politik einfach deshalb, weil keine gesellschaftliche Ordnung in der Natur gegründet ist, kein göttliches Gesetz die menschlichen Gesellschaften beherrscht. (Rancière 2002: 28)

Jacques Rancières politische Theorie teilt mit jener Badious eine Reihe von Grundannahmen, was Badiou zu kaum verhohlenen Plagiatsvorwürfen veranlasst hat (Badiou 2003a: 126 f.). Für unser Thema einschlägig ist eine analoge Umwertung *der* Politik (*la politique*) zum emphatisch aufgeladenen Term der politischen Differenz. Darüber hinaus teilt Rancière Badious Aversion gegen die Disziplin der politischen Philosophie als »Gesamtheit der Denkoperationen [...], durch welche die Philosophie versucht, mit der Politik Schluss zu machen« (Rancière 2002: 12). Auch stimmt er mit jenen überein, die unter wahrer Politik etwas sehr Seltenes verstehen. Und schließlich definiert Rancière Politik als Demonstrationsform der *Gleichheit*, was ihn mit dem emanzipatorischen Apriorismus Badious verbindet, jedoch nicht mit Badious Anti-Demokratismus. Rancière hebt zur Verteidigung des Begriffs der Demokratie (Rancière 2005) an, den er allerdings zu reservieren vorschlägt für jene Momente, in denen sich *la politique* – die Politik der Gleichheit – Bahn bricht (sein emanzipatorischer Apriorismus erweist sich in dieser Hinsicht als demokratischer Apriorismus).[1]

Betrachten wir Rancières Variante politischer Differenz etwas näher. Nach Rancière (Rancière 1998; Rancière 1999; Rancière 2002) muss Politik im radikalen Sinn – was also Rancière, wie Badiou, *la politique* nennt und andere *das Politische* nennen würden – von defizitärer Politik im Sinne von *Polizei* unterschieden werden.

1 Im Unterschied zu Lefort ist Demokratie für Rancière daher kein politisches Regime, sondern ein Bruch mit der Logik der *arche* und der Polizei, letztlich also ein Bruch mit jedem Regime.

Letztere lässt sich definieren als jene Reihe von Prozeduren, durch welche Macht organisiert, Konsens hergestellt und Plätze und Rollen innerhalb der Gesellschaft attribuiert werden. Die Polizei sei »eine Ordnung der Körper, die die Aufteilungen unter den Weisen des Machens, den Weisen des Seins und den Weisen des Sagens bestimmt, die dafür zuständig ist, dass diese Körper durch ihre Namen diesem Platz und jener Aufgabe zugewiesen sind: sie ist eine Ordnung des Sichtbaren und des Sagbaren, die dafür zuständig ist, dass diese Tätigkeit sichtbar ist und jene andere es nicht ist, dass dieses Wort als Rede verstanden wird, und jenes andere als Lärm« (2002: 41). Wahre Politik hingegen stellt einen Bruch gegenüber der Ordnung der Polizei her (womit nicht zuletzt deren Kontingenz demonstriert wird), indem sie die Logik der Gleichheit in Anschlag bringt. In Form praktischer Beweisführung über einen politischen »Syllogismus der Gleichheit« (Marchart 1997) erhebt ein anteilloser Teil der Gesellschaft die Forderung auf einen Anteil und eine Neuordnung der Ordnung des Sinnlichen. Politik geht aus dem Konflikt zwischen der (selbst nicht-politischen) Logik der Gleichheit und der Logik der Polizei hervor und zielt darauf ab, »in Form eines Streits die Bestätigung der Gleichheit in die Einrichtung eines Streits, einer Gemeinschaft, die nicht vor ihrer Teilung bestand«, einzuschreiben (Rancière 2002: 43). Politik ist somit notwendig konfliktorisch, ja setzt eine grundlegende Teilung der Gesellschaft voraus. Sie existiert nur, wo ein Anteil der Anteillosen eingerichtet und die Ordnung der Polizei unterbrochen wird. Politik »definiert das Gemeinsame der Gemeinschaft als politische Gemeinschaft, das heißt als geteilte, auf einem Unrecht gegründete, das der Arithmetik des Tausches und der Verteilungen entwischt. Außerhalb dieser Einrichtung gibt es keine Politik, nur Ordnung der Herrschaft und Unordnung der Revolte« (2002: 4). Oder wie Rancière in seinen *Zehn Thesen zur Politik* formuliert: »Das Wesentliche der Politik ist die Demonstration des Dissens, als Vorhandensein zweier Welten in einer einzigen« (Rancière 2008: 33).[2]

2 Nicht umsonst erinnert diese Logik des Antagonismus an jene des Klassenkampfes. Rancière bezieht sich zustimmend auf dieses Konzept, entleert es jedoch – ganz ähnlich wie Lefort – von seiner ökonomistischen Fassung. Klassen werden nicht durch ihre Stellung im Produktionsprozess definiert, sondern durch ihren Unterschied zu sich selbst und ihren Kampf um Anteil: »Die Einrichtung der Politik geht in eins mit der Einrichtung des Klassenkampfes. Der Klassenkampf ist nicht

Die Rancière'sche Hauptunterscheidung verläuft also zwischen *la politique* und *la police*, und doch wird die Kategorie des Politischen, *le politique*, nicht gänzlich verabschiedet. Das Politische (*le politique*) bezeichnet jenes Terrain, auf dem zwei heterogene Prozesse aufeinandertreffen: jener der Regierung im weiten, fast Foucault'schen Sinne des Begriffs der Regierungstechnologien (*la police*) und jener der Emanzipation (*la politique*).

Wir haben also drei Termini: die Polizei, die Emanzipation und das Politische. Wenn wir auf deren Verknüpfung bestehen wollen, können wir dem Prozess der Emanzipation auch den Namen *der* Politik geben. Wir werden also zwischen der Polizei, *der* Politik und *dem* Politischen unterscheiden. *Das* Politische wird das Terrain sein, auf dem sich Politik und Polizei in der Behandlung eines Unrechts begegnen (Rancière 1998: 84).

Wird das Politische nun als Ort des Aufeinandertreffens von Politik und Polizei definiert, so ließe es sich genauso gut als Ort des Aufeinandertreffens zwischen fundamentalistisch-gründender und postfundamentalistisch-entgründender Logik bezeichnen. Denn Skandal und Paradox der Politik bestehen im »Fehlen ihrer eigenen Fundierung« (Rancière 2002: 73). So lässt sich mit Rancière durchaus sagen, Politik sei der praktische Beweis der post-fundamentalistischen Kondition von Gesellschaft: »Die Grundlegung der Politik ist tatsächlich um nichts mehr Konvention als Natur: sie ist die Abwesenheit eines Grundes, die reine Kontingenz aller gesellschaftlichen Ordnung. Es gibt Politik einfach deshalb, weil keine gesellschaftliche Ordnung in der Natur gegründet ist, kein göttliches Gesetz die menschlichen Gesellschaften beherrscht« (2002: 28). So kann es nicht verwundern, dass Politik ständig der Gefahr neuer Grundlegungsversuche wie auch fundamentalistischer Verdrän-

der geheime Motor der Politik oder die Wahrheit, die hinter den Erscheinungen versteckt wäre. Er ist die Politik selbst, die Politik wie ihr, immer schon da, jene begegnen, die die Gemeinschaft auf ihrer *Arche* begründen wollen. [...] Die Politik ist die Einrichtung des Streits zwischen den Klassen, die nicht wirklich Klassen sind: die ›wirklichen‹ Klassen, das heißt – bzw. das würde heißen – die wirklichen Teile der Gesellschaft, die Kategorien, die ihren Funktionen entsprechen. [...] Die Universalität der Politik ist die eines Unterschieds jedes Teils zu sich, und die des Widerstreits als Gemeinschaft. Das Unrecht, das die Politik einrichtet, ist nicht zuvorderst die Klassentrennung, es ist der Unterschied zu sich selbst jeder einzelnen Klasse, der der Teilung des Gesellschaftskörpers selbst das Gesetz der Mischung, das Gesetz des ›jeder Beliebige macht Beliebiges‹ aufzwingt« (Rancière 2002: 30 f.).

gungsformen ausgesetzt ist. Rancière hat einen Vorschlag der Systematisierung jener Figuren unterbreitet, mit denen Politik durch die politische Philosophie selbst verleugnet oder verschoben wird. Im Besonderen diskutiert er drei Formen der Politikabdankung, die er als *Archi-Politik*, *Para-Politik* und *Meta-Politik* bezeichnet. Diese Liste wurde im Rancière'schen Sinn von Slavoj Žižek (Žižek 2001a: 260) mit den Konzepten der *Ultra-Politik* und *Post-Politik* ergänzt.

Politische Philosophie nahm ihren Ausgang vom Versuch, eine fundamentalistische Alternative zur ungründbaren Natur der Politik zu entwickeln und Politik mit einer *arche* zu versehen bzw. die Gemeinschaft durch Politik mit einer solchen versehen zu lassen. Archi-Politik, deren Erfindung Rancière zufolge auf Platon zurückgeht, weist Politik die Aufgabe zu, Gemeinschaft mit einem Fundierungsprinzip auszustatten. Politik wird zum Ausdruck eines kommunalen Wesens (wie etwa »wahrer Gerechtigkeit« oder »göttlicher Proportion«). Was dieses Wesen aber ist, kann nur der Philosoph sagen. Es wird verwirklicht »durch die Beseitigung der Politik, durch die Verwirklichung der Philosophie ›an Stelle‹ der Politik« (Rancière 2002: 75). Zugleich wird die politische Differenz aufgehoben, die Rancière ja fasst als Differenz zwischen Politik im emphatischen Sinn und der Ordnungsfunktion der Polizei, die jedem und allem Plätze innerhalb einer sozialen Topographie attribuiert. Innerhalb der *politea* – Platons Name für eine »gute Gemeinschaft«, die auf einem extra-politischen kommunalen Wesen fest gegründet ist – ist Politik mit Polizei identisch. Vor diesem Hintergrund kann Rancière Archi-Politik definieren als Projekt einer Gemeinschaft, »die auf der vollständigen Verwirklichung, der vollständigen Fühlbarmachung der *Arche* der Gemeinschaft gegründet ist« (2002: 77) und darin Politik durch Philosophie ersetzt.[3]

Während platonische Archi-Politik die Politik als spezifische Aktivität eliminiert, lässt Para-Politik, deren Erfindung Rancière Aristoteles zuschreibt, immer noch Raum für die *Spezifik* von Politik

3 Natürlich kommt Philosophie strukturell immer »zu spät«, da Politik in jeder Gemeinschaft bereits operativ ist, und zwar ohne *arche*. Rancière erklärt den anti-demokratischen Impuls vieler Philosophen aus genau dieser Vorgängigkeit der Demokratie – oder Politik – gegenüber einem fundamentalistischen Diskurs, der in der politischen Realität immer erst auftritt, nachdem bereits die Gemeinschaft etabliert und der Antagonismus entstanden ist.

als konfliktorischer Aktivität. Doch versöhnt Para-Politik Konflikt nicht, indem sie nach einem transhistorischen kommunalen Wesen sucht, sondern indem sie Konflikt in die Logik der Polizei transformiert, »die Handelnden und Handlungsformen des politischen Streits in Teile und Formen der Verteilung des polizeilichen Dispositivs« (83) umgestaltet. Statt von einer transpolitischen *arche* ersetzt zu werden, werden durch Para-Politik, in unseren Worten, die ontologische Seite des Politischen und die ontische der Politik im Feld der gouvernementalen Ordnung zur Überlappung gebracht. Der *demos* – potenzielle Quelle sozialen Streits – wird als einer der Teile der Gemeinschaft akzeptiert, aber es wird ihm ein spezifischer Platz innerhalb des gouvernementalen Apparats zugewiesen: Antagonismus wird nun als Konflikt um die Einnahme oder Zuweisung von Regierungsämtern wahrgenommen. So wird der Antagonismus des Politischen gentrifiziert, indem er auf eine Form des Ämterwettbewerbs reduziert wird. Unter heutigen Bedingungen habe sich Para-Politik – »Utopie der polizeilichen Politik« (85) – zur »Utopie einer soziologisierten Politik« (87) entwickelt, die auf das Ende von Politik schlechthin hinausläuft.

Meta-Politik entdeckt, dass am Grunde des politischen Handelns keine fundamentale Wahrheit liegt, sondern eine konstitutive Lüge. Insofern sie die Wahrheit der Politik nur in der Manifestation ihrer Falschheit sieht, steht Meta-Politik in symmetrischer Relation zu Archi-Politik. Jede politische Unterscheidung, jeder politische Disput wird als trügerisch gebrandmarkt, da die wirkliche Wahrheit der Politik nicht in dieser selbst gefunden, sondern hinter dem Schein des politischen Kampfes gesucht werden muss. Für den Inauguraldiskurs der Meta-Politik, den Marxismus, ist die »Lüge ein Wahres, das Gesellschaft heißt« (94). Ihr Name lautet Ideologie (»das Wahre als das Wahre des Falschen«, 97). Andererseits versteht Meta-Politik das Soziale bzw. Ökonomische als einen Ort, an dem nach der wahren Bedeutung historischer Entwicklungen zu suchen ist, an dem die »wahren Interessen« der Akteure und ihre »objektive Stellung« in den Produktionsverhältnissen sich wissenschaftlich ermitteln lassen. Diese Meta-Politik habe, so Rancière, ihren Höhepunkt im Zeitalter der Sozialwissenschaften bzw. der Soziologie erreicht – nach Rancière die gegenwärtige Existenzform der politischen Philosophie.[4]

4 Es sollte hinzugefügt werden, dass Rancière die von uns in Kapitel 2 besprochene »Kolonisierungsthese« von der zunehmenden Überformung des Sozialen durch

Die Liste dieser politischen Verschiebungen – und darin Verleugnungen – von Politik wurde von Slavoj Žižek mit den Kategorien der Ultra-Politik und der Post-Politik erweitert, wobei Letztere Rancières Kategorie der Post-Demokratie weiterentwickelt. Unter Ultra-Politik versteht Žižek (Žižek 2001a: 260) den Versuch der Politisierung politischen Konflikts durch dessen Militarisierung. Konflikt wird bis zu dem extremsten Punkt eines Kriegs zwischen »uns« und »ihnen« vorangetrieben. Unter Post-Politik schließlich versteht Žižek die Verwerfung des Politischen zugunsten von *policy*-Maßnahmen, endlosen Verhandlungen und Politikmanagement. Darin schließt sich Žižek der Kritik Rancières an Konsensdemokratien wie auch Chantal Mouffes Kritik an der Post-Politik des Dritten Weges an, wie sie von Beck und Giddens, den soziologischen Propheten einer »Politik ohne Gegner« (Mouffe 2005; Mouffe 2008), vertreten wird. Die Gefahr der Post-Politik, so Mouffe und Žižek übereinstimmend, bestehe darin, dass das Verworfene – der Antagonismus – im Realen als rassistischer Hass und als Rechtsextremismus wiederkehren könne, besonders wenn Letzterer zum einzigen diskursiven Angebot wird, in dessen Terminologie Konflikt und Dissens innerhalb einer nahezu vollständig konsensualisierten Umwelt überhaupt noch Ausdruck finden.

Diese Liste ließe sich nun aus unserer Perspektive ergänzen mit einer Verdrängungsform des Politischen, die Rancières eigene Position kennzeichnet. Sie besteht in jenem emanzipatorischen Apriorismus, auf den wir schon bei Badiou gestoßen waren. Die These der emanzipatorischen Aprioristen ließe sich folgendermaßen zusammenfassen: Politik ist Politik der Gleichheit, ergo emanzipatorisch – oder sie ist keine Politik. Der emanzipatorische Apriorismus stellt einen fundamentalistischen Restbestand dar, der weder empirisch überzeugt, noch in den Argumentationsgang Rancières einzupassen ist, sondern letztlich nur axiomatisch, wie Badiou dies tut, behauptet werden kann, so unplausibel er angesichts der politischen Realität auch scheinen mag. Aus einer Perspektive, wie wir sie bei Lefort bereits kennengelernt haben und die sich stärker in der Tradition Ma-

das Politische kritisch betrachtet. Zwar stimmt er der These zu, dass das Soziale zum Polizeinamen für die gouvernementale Distribution von Plätzen innerhalb einer Topographie wurde, betont aber, dass das Soziale zugleich der Ort sei, von dem Politik etwa in Form von Sozialen Bewegungen und Sozialrevolutionen durchaus ihren Ausgang nehmen könne, wenn dies auch immer seltener geschehe.

chiavellis und Gramscis verortet, wäre politisches Handeln hingegen kein ausschließliches Privileg der Anteillosen und Ungezählten. Und aus einer postfundamentalistischen Perspektive kann es, wie Ernesto Laclau, ebenso Verteidiger des Machiavell'schen Moments, kritisch zu Rancière angemerkt hat, »keine a priori-Garantie geben, dass das ›Volk‹ als historischer Akteur um eine progressive Identität herum konstruiert werden wird«. Denn der Spalt der politischen Differenz, der Spalt zwischen der ontischen und der ontologischen Ebene bleibt unüberbrückbar. Rancière identifiziere, so Laclau, die Möglichkeit von Politik zu sehr »mit der Möglichkeit einer emanzipatorischen Politik, ohne andere Alternativen zu berücksichtigen – dass beispielsweise die Ungezählten ihre Unzählbarkeit in Formen ausdrücken könnten (zum Beispiel in eine faschistische Richtung), die ideologisch unvereinbar wären mit allem, was Rancière oder ich selbst politisch vertreten würden« (Laclau 2005:246). Ausgehend von dieser Kritik am Ethizismus und emanzipatorischen Apriorismus eines ansonsten vergleichbaren Zugangs sind wir nun in einer besseren Position, um uns Laclaus Alternativmodell zuwenden.

Kapitel 7
Das Politische und die Unmöglichkeit von Gesellschaft: Ernesto Laclau

7.1. Das Philosophische jenseits der Philosophie

> Jeder Fortschritt im Verständnis gegenwärtiger sozialer Kämpfe hängt davon ab, dass wir das Prioritätsverhältnis, das im Sozialdenken der letzten eineinhalb Jahrhunderte zwischen dem Sozialen und dem Politischen etabliert wurde, umkehren. Diese Tendenz war, in allgemeinen Begriffen durch das charakterisiert, was wir die systematische Absorption des Politischen durch das Soziale nennen können. Das Politische wurde entweder zum Überbau oder zu einem regionalen Sektor des Sozialen, der dessen objektiven Gesetzen gemäß dominiert und erklärt wurde. Heute beginnen wir den umgekehrten Weg zu gehen: in Richtung eines wachsenden Begreifens des eminent politischen Charakters jeder sozialen Identität. (Laclau 1990: 160)

Wie Ernesto Laclau einmal sagte, schreibe er »eher als politischer Theoretiker denn als Philosoph im strengen Sinne« (Laclau 1999: 111). Laclau erklärt nicht weiter, wie wir uns einen Philosophen »im strengen Sinne« vorzustellen hätten, aber wir können annehmen, dass er sein eigenes Projekt – das sich ausschließlich um Fragen der Politik und politischen Theorie dreht – zu unterscheiden versuchte von einer »rein« philosophischen Praxis, gesetzt, wir verstehen unter Letzterer entweder die akademische Disziplin der Philosophie oder ein frei flottierendes metaphysisches Spekulieren ohne Anwendungsgebiet. Dieser Widerstand gegen die Bezeichnung Philosoph vonseiten Laclaus mag überraschen, verortet er doch sein theoretisches Projekt vor einem Horizont, der von Philosophen wie Heidegger, Husserl, Gadamer oder dem späten Wittgenstein eröffnet wurde (und nicht etwa im Verhältnis zu Arendt, die sich bekanntlich ebenfalls als politische Theoretikerin und nicht als Philosophin bezeichnet wissen wollte). Doch mindestens genauso wichtig wie Philosophie ist für die Entwicklung der Diskurstheorie

Laclaus und Chantal Mouffes, seiner zeitweisen Ko-Autorin, natürlich die Sprachwissenschaft, weshalb der prominenteste Platz im Referenzsystem Laclaus von Saussure ausgefüllt wird (Laclau 1993). Und schließlich ist da noch die Politik selbst, sowohl in Begriffen politischer Theorie als auch in solchen praktischer politischer Erfahrung. Hier erweist sich Laclaus Erfahrung mit dem peronistischen Populismus und den *Neuen Sozialen Bewegungen* der 1970er und 1980er Jahre als praktischer Hintergrund seiner Theoriearbeit, während es mit Sicherheit das Werk Gramscis war, das ihm die Mittel an die Hand gab, um diese Erfahrung in ein kohärentes System politischer Theorie und empirischer (Diskurs-)Analyse zu bringen. Von diesem System aus wurde umgekehrt wieder ein politisches Projekt formuliert: das Projekt radikaler und pluraler Demokratie, womit Theorie in Praxis zurückgefaltet werden sollte. Demgemäß ist die Trennung zwischen politischer Theorie und politischer Praxis, wie Laclau betont, eine »weitgehend künstliche Operation«, denn: »theoretisch-politische Kategorien existieren nicht nur in Büchern, sondern sind auch Teil von Diskursen, die Institutionen und soziale Operationen tatsächlich in Form setzen« (Laclau 1994: 2). Man wird bemerken, dass für Laclau – selbst wenn seine Kritiker ihm fälschlicherweise Formalismus oder exzessive Abstraktion vorwerfen – die Praxis der Theorie (inklusive der Praxis von Philosophie und Wissenschaften) nicht von praktischer Politik abgekoppelt sein muss.

Was diese Dimensionen – Philosophie, Wissenschaft, Politik (in der doppelten Form von Praxis und Theorie) – allesamt kennzeichnet, zumindest auf allgemeinster Ebene, ist die sehr reale Erfahrung des langsamen aber fortdauernden Dahinschmelzens scheinbar solider Fundamente: In dem Ausmaß, in dem in den Feldern der Philosophie, Wissenschaft und politischen Theorie alle Arten des Fundamentalismus dekonstruiert wurden, was sich zu einer postfundamentalistischen Horizontverschiebung akkumulierte, erfuhr auch die Arena praktischer Politik eine allgemeine Schwächung sozialer Fundamente, eine Entwicklung in Richtung eines »disorganisierten Kapitalismus« (Laclau 1990: 58), die Hand in Hand mit dem Auftauchen neuer sozialer Akteure und einer Ausweitung der Räume für strategische Denk- und Handlungsformen ging. Die Erfahrung der Abwesenheit eines »Grundes« (der, wie hinzugefügt werden muss, gerade in seiner Abwesenheit *anwesend bleibt*) ist das

Signum unserer Zeit: »die Krise des essentialistischen Universalismus als selbst-erklärter Grund hat unsere Aufmerksamkeit auf die kontingenten *Gründe* (im Plural) seines Entstehens und auf die komplexen Prozesse seiner Konstruktion gelenkt« (Laclau 1994: 2). Die Desintegration der Figur des Grundes und die Auflösung verschiedenster Fundamentalismen werden deshalb von der Ausweitung *strategischer* Formen von Konstruktion und Aushandlung begleitet. Dies charakterisiert nicht zuletzt Laclaus eigenes Werk: Trotz seiner kristallklaren und »logischen« Argumentationsgänge, die manchmal den Eindruck erwecken, ein dekonstruktiver Ableger negativer Dialektik sei in die Argumentationsmühlen der Scholastik geraten, bleibt die Natur seines Denkens wesentlich strategisch. Und dieser strategische Zugang kennzeichnet gleichermaßen die spezifische Kombination und wechselseitige Kontamination der Felder der Philosophie, der Wissenschaft und der politischen Praxis/Theorie.

So legt schon der erste Versuch, »das Philosophische« in Laclaus Werk zu lokalisieren, die Vermutung nahe, dass Laclau zwar kein »Philosoph im strengen Sinne« ist, etwas Philosophisches aber dennoch in seinem Werk präsent bleibt.[1] Wo muss man dieses »streng Philosophische« – das seinerseits keineswegs in Philosophie im disziplinären Verständnis aufgeht – lokalisieren? Ich behaupte, dass man es an den vielen Stellen findet, an denen Laclau sich auf die *ontologische Differenz* im Heidegger'schen Verständnis von Differenz-als-Differenz (Heidegger 1957) bezieht, die in ihrer Eigenschaft als *Ab-Grund* (Heidegger 1994) im Horizont des gegenwärtigen postfundamentalistischen Denkens situiert ist. Als denkerischer Platzhalter dieses Ab-Grunds interveniert das Philosophische im strengen Sinn in das Feld gewöhnlicher politischer Philosophie.

Um diese starke Funktion der ontologischen Differenz in Laclaus Werk zu belegen, empfiehlt es sich, von einigen jener Stellen aus-

1 Jedoch nur, wie sofort hinzugefügt werden muss, in Form einer *strategischen Artikulation* mit, auf der einen Seite, Wissenschaft in Form von Linguistik und Diskursanalyse und, auf der anderen, einer praktischen wie theoretisch-analytischen Begegnung mit Politik. Darüber hinaus zeigt Laclau an einer der wenigen Stellen, an denen er sich zum Status seines Denkens äußert, einen gewissen Skeptizismus in Bezug auf politische »Philosophie«. Er würde nicht versuchen wollen, verschiedene Zugänge zum Problem der Politik unter einem Begriff wie »politische Philosophie« zu subsumieren, denn »dies würde die Einheit eines Reflexionsgegenstandes voraussetzen, die gerade in Frage steht« (Laclau 1990: 69).

zugehen, an denen er die ontologische Differenz zu scheinbar nur heuristischen Zwecken verwendet. Im Austausch mit Judith Butler und Slavoj Žižek zum Beispiel wird von der komplexen Dialektik zwischen Partikularität und Universalität, »zwischen ontischem Inhalt und ontologischer Dimension« (Laclau 2000: 58) gesagt, sie würde die soziale Realität selbst strukturieren (wir kommen auf das Verhältnis von Partikularität und Universalität, das gleichsam die »Logik« von Politik formuliert, in Kapitel 10 genauer zu sprechen). In einem Repräsentationsverhältnis müssten wir, so Laclau, zwischen dem ontischen (partikularen) Inhalt, der repräsentiert werden soll, und der ontologischen Funktion des Prinzips der Repräsentierbarkeit als solcher unterscheiden. Folglich sei auch der eigentliche Akt politischer Entscheidung unrettbar zwischen dem Ontischen und dem Ontologischen gespalten. In einer unentscheidbaren Situation handle »es sich um *eine* Entscheidung; aber es ist genauso *diese* Entscheidung, dieser partikulare ontische Inhalt« (2000: 85). Gleiches müsse von allen Formen von Identität gesagt werden, einschließlich der Identität sozialer Akteure und der Identität von Gesellschaft (als einer unmöglichen Totalität), wie Laclau in *Emanzipation und Differenz* ausführt: »Da aus essenziellen Gründen, wie wir herausgestellt haben, Gesellschaft unerreichbar ist, ist diese Spaltung in der Identität politischer Akteure eine absolut konstitutive ›ontologische Differenz‹ – in einem Sinn, der nicht völlig unverwandt mit Heideggers Gebrauch dieses Ausdrucks ist« (Laclau 2002: 97). Aufgrund dieses primordialen Mangels im Herzen sozialer Identität wird, wie Laclau mit Rekurs auf Hobbes erklärt, in einer politisch dislozierten Situation wie etwa jener des Bürgerkriegs das eigentliche Prinzip der Ordnungsgebung wichtiger sein als der Inhalt der konkret vorgeschlagenen Ordnung: »die Funktion des *Ordnens* kann bei Hobbes kein spezielles Privileg irgendeiner *konkreten sozialen Ordnung* sein – sie ist kein Attribut einer *guten* Gesellschaft, wie bei Platon, sondern eine ontologische Dimension, deren Verbindung mit partikularen ontischen Arrangements von ihrer eigenen Natur her kontingent ist« (Laclau 2000: 71). So müsse man auch in Betracht ziehen, dass es sich bei der »Unterscheidung zwischen *Ordnen* und *Ordnung*, zwischen *Verändern* und *Veränderung*, zwischen dem *Ontologischen* und dem *Ontischen*« um Oppositionen handle, »die nur kontingent artikuliert sind durch die Investition des ersten Terms in den zweiten« (2000: 85). Während man aus dem einen Blickwinkel von einer Investition, also einer notwendigen Verschränkung dieser Begriffe sprechen kann, bleibt aus einem anderen Blickwinkel der Spalt zwischen ihnen unüberbrückbar. Denn wie Laclau in einem Interview *contra* Habermas anmerkte: »Hätten wir eine dialogische Situation, in der wir zumindest in Form einer regulativen Idee einen Punkt erreichen könnten, in dem es zwischen der *ontischen* und der *ontologischen* Dimension keine Differenz, sondern komplette Übereinstimmung gäbe, dann wäre da nichts zu hegemonisieren, denn diese abwesende Fülle der Gemeinschaft könnte durch einen und nur einen politischen Inhalt gegeben werden« (Laclau 1999: 135).

Nun scheint Laclau sich an den erwähnten Stellen auf die ontologische Differenz ausschließlich zu heuristischen Zwecken zu beziehen und dabei der traditionell metaphysischen Verwendungsweise der ontologischen Differenz im Sinne einer Form/Inhalt-Unterscheidung gefährlich nahezukommen. Und tatsächlich, wir werden in Kapitel 10 darauf zurückkommen, scheint mir die Unterscheidung zwischen partikularem Inhalt und universeller Form nicht hinreichend, um auf die radikale *Differenz-als-Differenz* des späteren Heidegger zu verweisen. Doch auch in diesem »strengeren« Sinn ist die ontologische Differenz ein im ganzen Werk Laclaus wiederkehrendes Motiv. Ja, dieses »streng philosophische« Postulat einer unüberbrückbaren Differenz zwischen dem Ontischen und dem Ontologischen, die nichtsdestoweniger zugleich eine untrennbare Verschränkung zwischen dem Ontischen und dem Ontologischen indiziert, ist ein begrifflicher Versuch, auf jenen abwesenden Grund hinzuweisen, der in seiner Abwesenheit anwesend bleibt. Dieses »streng Philosophische« schwingt vor allem in Laclaus häufiger Verwendung des Prädikats »radikal« mit, das regelmäßig aufscheint, wo Laclau (und in *Hegemonie und radikale Demokratie* Laclau und Mouffe) etwa von Freiheit, Entscheidung oder Kontingenz spricht. In diesen Fällen handelt es sich nicht etwa um eine rhetorische Pathosformel, sondern der Zusatz »radikal« erfüllt eine präzise Rolle. Seine Aufgabe ist es, eine unüberbrückbare Spaltung zwischen zwei Ebenen zu indizieren, die über die Logik keiner einzelnen Ebene dialektisch vermittelt werden kann. In diesem Sinne stehen die beiden Ebenen oder Dimensionen in der Tat nicht bloß in einem Verhältnis der Exteriorität, sondern in einem *radikaler* Exteriorität.

7.2. Eine Theorie radikaler Negativität

Gehen wir aus von Laclaus und Mouffes zentralem Konzept des Antagonismus, das wir später, in der Diskussion ihres Begriffs des Politischen, ohnehin wieder aufgreifen müssen: In einer antagonistischen Situation können sich differenzielle politische Positionen zueinander nur in ein äquivalentes Verhältnis setzen, wenn sie alle sich auf etwas beziehen, das sie selbst nicht sind. Aber dieses »Etwas« ist kein *tertium quid*, es kann nicht in die Äquivalenzkette differenzieller Positionen integriert werden. Vielmehr muss es als etwas dieser Äquivalenzkette gegenüber »radikal« Anderes, Inkommensurables, Bedrohliches und Ausschließendes verstanden werden, insofern es die positive Identität der internen Differenzen *negiert* (und sie dadurch in ihr Gegenteil verkehrt: Äquivalenz). Unter diesem Aspekt lässt sich Antagonismus – über Negation etablierte Äquivalenz – als die Instanz definieren, die Differenzialität als solche verneint. Das »Radikale« besteht hier in genau dieser negatorischen Dimension des Antagonismus im Verhältnis zum pluralen Feld von Differenzen. Dieses Argument wurde von Laclau zu einer allgemeinen Logik von Signifikation ausgeweitet. In der diskursanalytischen Version dekonstruiert Laclau Saussures Differenztheorie von Signifikation und schärft dabei das Argument aus *Hegemonie und radikale Demokratie*. Er beginnt mit der Saussure'schen Annahme, Bedeutung könne nur in einem System von Differenzen entstehen. Die Möglichkeit der Existenz eines Differenzsystems hängt jedoch von der Existenz seiner Grenzen ab – und diese Grenzen können nicht dem System selbst angehören, denn dann wäre die Grenze keine Grenze der Differenz (und damit von Differenzialität als solcher), sondern sie wäre nur eine weitere Differenz unter anderen. Nur wenn wir das Außen des Systems als »radikales« Außen – und die Grenze damit als eine ausschließende Grenze – fassen, können wir überhaupt von Systematizität oder Bedeutungserzeugung sprechen. Daraus folgt, dass die Grenze selbst nicht signifiziert werden kann, sondern sich nur als Unterbrechung oder Zusammenbruch des Signifikationssystems *manifestieren* kann. Die Radikalität des radikalen Außen (Nicht-Bedeutung) ist nicht allein die Bedingung der Möglichkeit für die Etablierung einer Signifikationsstruktur (Bedeutung), sie ist zugleich die Bedingung der Unmöglichkeit, eine Struktur als geschlossene Totalität zu etablieren (volle Bedeutung). Mit anderen

Worten, die Funktion der ausschließenden Grenze besteht darin, dass sie eine grundsätzliche Ambivalenz in jenes Differenzsystem einführt, das von derselben Grenze konstituiert wird. In Laclaus *New Reflections On the Revolution of Our Times* (1990) wird diese Ambivalenz (die in *Hegemonie und radikale Demokratie* noch »Subversion« genannt wird) als »Dislozierung« bezeichnet. Letztere ist *innerhalb* des Systems verortet, denn was disloziert wird, das sind natürlich die systeminternen Differenzen – wenn auch durch eine Kategorie, die gewissermaßen »von außen« kommt.

Entscheidend an diesem Punkt ist, dass gerade diese negative Dimension des Außen/des Antagonismus eine konstitutive Funktion gegenüber dem Innen/dem System erfüllt. Und um diese konstitutive Funktion erfüllen zu können, muss es sich um ein »*radikales* Außen« handeln. Ähnliches betrifft weitere zentrale Laclau'sche Kategorien, wie jene der Kontingenz und der Unentscheidbarkeit, weshalb es nicht überraschen wird, dass Laclau von »*radikaler* Kontingenz« und »*radikaler* Unentscheidbarkeit« spricht. »Radikale Kontingenz« folgt aus dem Enthüllungspotenzial des Antagonismus, denn »wenn der Antagonismus meine Existenz *bedroht*, zeigt er im strengsten Sinn des Begriffes meine radikale Kontingenz« (Laclau 1990: 20). Aus diesem Grund darf das Phänomen der Kontingenz nicht mit bloßer Zufälligkeit, also Arbitrarität verwechselt werden. Die Existenzbedingungen eines gegebenen Signifikationssystems sind nicht dem bloßen Zufall geschuldet, sondern sind bestimmt, *aber kontingent*, insofern sie nicht aus der inneren Logik oder Rationalität des Systems selbst abgeleitet werden können – sie sind ihm gegenüber äußerlich, da sie von seiner inneren Logik radikal getrennt sind (1990: 20). Kontingenz unterhält zu Notwendigkeit somit ein Verhältnis der Subversion: Notwendigkeit kann nur partiell das Feld der Kontingenz eingrenzen, welches umgekehrt Notwendigkeit von innen her unterhöhlt. Das Ergebnis ist, dass die Demarkationslinie zwischen dem Kontingenten und dem Notwendigen verschwimmt. Aber die von manchen Kritikern übersehene Pointe dieses Arguments besteht darin, dass trotz ihres »verschwommenen« Charakters die Existenz dieser Linie, d.h. die generelle oder letztinstanzliche (i.e. ontologische) Differenz zwischen dem Notwendigen und dem Kontingenten ihrerseits *nicht* kontingent ist. Sie ist vielmehr, wie wir bereits in Kapitel 3 argumentiert hatten, notwendig. So auch Laclau: »Sofern Identität gänzlich auf Existenzbedingungen angewiesen ist, die kontingent sind, ist ihr Verhältnis zu diesen absolut notwendig« (21). Sinn gewinnt das Prädikat »radikal« in »radikale Kontingenz« aus der Tatsache, dass Kontingenz (in ihrem Spiel mit Notwendigkeit) nie vollständig durch irgendeine Objektivität oder Systematizität ausgelöscht werden kann, weshalb sie selbst den Charakter der Notwendigkeit annimmt. Laclau scheint also auf Folgendes hinauszuwollen: Obwohl die Existenzbedingungen jeder Identität, Objektivität oder Systematizität *kontingent* in Bezug auf das jeweilige System sind, sind sie dies *notwendigerweise*.

Was schließlich in das System via radikale Kontingenz und radikale Exteriorität (Negativität) eingeführt wird, ist radikale Unentscheidbarkeit. Das konstitutive Außen des Systems – seine ausschließende Grenze – stabilisiert das System zumindest teilweise, womit es einen Systematizitätseffekt produziert (Äquivalenz). Doch in jenem Ausmaß, in dem das Außen dies durch die *Negation* des differenziellen Charakters des Systeminneren erreicht (der nichtsdestotrotz für die Bedeutungsproduktion notwendig bleibt, da Bedeutung nur in differenziellen Relationen entsteht), führt es einen unüberwindbaren Effekt der Ambivalenz oder Dislozierung in das System ein und spaltet auf diese Weise jedes Element dieses Systems: »Einerseits drückt sich jede Differenz selbst *als* Differenz aus, andererseits löscht sich jede selbst als solche aus, indem sie in ein Äquivalenzverhältnis mit allen anderen Differenzen des Systems eintritt. Und wenn wir davon ausgehen, daß es nur dort System gibt, wo es radikale Ausschließung gibt, dann ist diese Spaltung oder Ambivalenz konstitutiv für jede systemische Identität« (Laclau 2002: 67). Diese Spaltung ist der Ort der Unentscheidbarkeit zwischen Differenz und Äquivalenz. Im gleichen Moment, in dem die Identität des Systems affirmiert wird, wird sie auch schon blockiert. So muss nochmals unterstrichen werden, dass der unentscheidbare Status eines Systems – eingeklemmt zwischen Äquivalenz und Differenz – für das System selbst konstitutiv ist und in diesem Sinne *radikal*.

In der Kritik an Laclau wird diese Pointe regelmäßig übersehen, etwa von Fred Dallmayr, der Laclau und Mouffe in einer angeblichen Innen/Außen-Zwickmühle verortet. Zwar nimmt Dallmayr die unentscheidbare Logik, die »wechselseitige Subversion von Notwendigkeit und Kontingenz«, von Differenz und Äquivalenz wahr und erkennt korrekterweise die Vorläufer diese Logik in Begriffen wie Heideggers »Zwiefalt« oder Derridas *différance* (Dallmayr 1988: 44-5), doch kann er dem Begriff der »Radikalität« nichts abgewinnen und sieht diesen auf unglückliche Weise mit Formulierungen kollidieren, die an die Sartre'schen Antithese zwischen Sein und Nichts erinnern. Dieses, wie er sagt, »Flirten mit dem Nichts« offenbare sich in Laclaus und Mouffes Konzept des Antagonismus in Form bedrohlicher Negativität:

> Die Tatsache, dass Negativität keine andere objektive (oder positive) Ordnung darstellt, bedeutet nicht, dass es sich bei dem, was ›jenseits der Differenzen‹ liegt, einfach um das Nichts handelt. Wären Differenzen ausschließlich durch das Nichts verbunden, dann resultierte dies in totaler Segregation oder Äquivalenz – und keinesfalls im komplexen Netz von Verhältnissen, das unter dem Begriff der ›Hegemonie‹ thematisiert wird. In Heideggers Vokabular (das sicherlich vorsichtig verwendet werden muss): differente Elemente müssen, um in ein Verhältnis einzutreten, auf der Ebene des ›Seins‹ miteinander verknüpft werden – ein Begriff, der einen nicht-objektiven Typus von Matrix bezeichnet, in dem Positivität und Negativität, Grund und *Abgrund* auf eigentümliche Weise ineinandergreifen (1988: 45).

Aus einer gewissen Perspektive ist Dallmayrs Punkt korrekt: Es trifft zu, dass für Laclau und Mouffe innen und außen vollständig ineinandergreifen, sonst wäre das System entweder völlig offen oder völlig geschlossen. Und doch ist gerade deshalb ein zusätzlicher argumentativer Schritt vonnöten, will man die *Spannung* zwischen innen und außen erklären. Denn ohne irgendeine Spannung ließe sich vernünftigerweise keine Differenz zwischen innen und außen annehmen – sie würden einfach zusammenfallen. Was erlaubt uns dann, sie als *nicht-identisch* und dennoch untrennbar verkoppelt vorzustellen? Etwas von völlig anderer Natur muss angenommen werden, das nicht selbst Teil des hybriden Spiels zwischen innen und außen ist.

Was Dallmayr somit als defizitär an Laclaus und Mouffes Argument wahrnimmt (seine radikalen, negatorischen Implikationen), stellt tatsächlich einen unabdingbaren Aspekt ihres Denkens dar. Nur unter dem Vorbehalt, dass das Außen des Systems ein *radikales* Außen ist, kann überhaupt von einem Außen, und damit von einer Differenz zwischen außen und innen die Rede sein. Träfe man diese zusätzliche Annahme der Radikalität/Notwendigkeit der Grenze zwischen außen und innen nicht, würde das Außen zu einem Moment des Innen: Außen und innen wären in letzter Instanz identisch. Nur wenn wir die Radikalität des Außen postulieren, können wir von einer wechselseitigen Subversion von außen und innen sprechen, d.h. von interner Dislozierung und retroaktiver Hybridisierung der systemischen Grenzen. In diesem Sinne ist ein Durchqueren der Negativität (»passage through negativity«, Laclau 1990: 213) erforderlich, um eine relative und immer hybridisierte Systematizität erklären zu können. Ohne diese radikale Dimension handelte es sich nicht um eine wechselseitige Verschränkung, sondern um ein selbstidentisches Durcheinander, um die Nacht, in der alle Kühe schwarz sind.[2] Popularisierte Darstellungen des Postmodernismus oder Poststrukturalismus und Tendenzen zum bloßen Antifundamentalismus, die das Feld sozialer Bedeutungsproduktion in Begriffen eines unbegrenzten Pluralismus, eines reinen Nominalismus oder eines fröhlichen Spiels der Signifikation präsentieren, verschleiern diese radikale Dimension der Signifikation. An dieser Stelle ist der Unterschied zwischen Laclau/Mouffe und *»anything goes«*-Ansätzen oder der Feier von »dritten Räumen« und Hybridität *eo ipso* besonders augenfällig. Der Andere *als anderer* ist radikal unerreichbar – und paradoxerweise ist dessen radikale Natur zur gleichen Zeit der Grund, warum der Andere sich letztlich nie als *reines Außen* etablieren kann. Denn es ist ja diese Radikalität, die das Innen subvertiert und so retroaktiv dessen Grenze gegenüber dem Außen subvertiert. Was wie ein Paradoxon aussieht, kann auf etwas weniger paradoxe Weise mit dem Begriff der ontologischen Differenz erklärt werden. Hierin erweist sich Dallmayrs Verweis auf Heidegger als entscheidend, denn tatsächlich hat Laclau in einem etwas abgelegener publizierten Artikel sein Argument auf Heideggers spätere Fassung der ontologischen Differenz *als Differenz* gestützt.

2 Gleiches muss von der wechselseitigen Subversion von Kontingenz und Notwendigkeit gesagt werden. Es stimmt, das Kontingente subvertiert die Notwendigkeit, aber diese Subversion ist *selbst* notwendig. (Was natürlich daran erinnert, dass für Derrida das dekonstruktive »Nicht-Konzept« der *différance* – und damit die Dekonstruktion, z.B. als Gerechtigkeit – selbst eben nicht dekonstruierbar ist.)

7.3. Differenz *als Differenz* bei Laclau

In einem gemeinsam mit Lilian Zac verfassten Aufsatz beschreibt Laclau das scheinbar paradoxe Verhältnis von innen und außen in Begriffen der ontologischen Differenz. Bezugnehmend auf Reiner Schürmanns Lektüre der Heideggerschen Diskussion des *arché*-Begriffs unterscheiden Laclau und Zac zwischen einem *ontischem* Nichts auf der einen Seite als der Quelle (*Anfang*) eines bestimmten Seienden, das – etwa in einer bestimmten historischen Epoche – abwesend ist, sehr wohl aber anwesend sein könnte, und andererseits einem *ontologischen* Nichts als, in Schürmanns Worten, »Sog der Abwesenheit, der Präsenz in ihrem eigentlichen Kern durchzieht« (Schürmann 1990: 141), als *Ursprung*, der keine Geschichte hat. Dieser Ursprung, der sowohl *Angang* als auch *Abgang* ist, *Genesis* und *phtora*, Sein und Nicht-Sein (ebd.), ist ursprüngliche *Zeit*. Als solche widersteht sie simpler Wiederholung (i. e. Verräumlichung). Für Laclau und Zac ist entscheidend, dass, wollen wir die Differenz zwischen Sein und Seiendem als zeitliche Differenz – als Temporalisierung – fassen, wiederum eine Durchquerung des Nichts, eine »*passage through nothingness*« (Laclau/Zac 1994: 29) erforderlich ist, weil das Nichts »die eigentliche Zugangsbedingung zum Sein« ist (1994: 30):

> Denn wäre etwas bloße, unherausgeforderte Aktualität, dann wäre keine ontologische Differenz möglich: Das Ontische und das Ontologische würden exakt übereinstimmen, und wir hätten einfach reine Präsenz. In diesem Fall wäre das Sein nur zugänglich als das Universellste aller Prädikate, als dasjenige, was jenseits jeder *differentia specifica* läge. Und das würde bedeuten, dass es überhaupt nicht zugänglich wäre [...]. Wenn aber Nichts als tatsächliche Potenzialität vorhanden bliebe, dann wäre jedes Sein, das sich zu erkennen gibt, zugleich an seinen Wurzeln reine Möglichkeit und würde, jenseits seiner ontischen Spezifik, das Sein als solches zeigen. *Möglichkeit*, im Gegensatz zu reiner *Präsenz*, temporalisiert Sein und spaltet jede Identität von ihrem Grund auf (30).

In der zitierten Passage betrachten Laclau und Zac das Problem vonseiten des Verhältnisses zwischen Aktualität und Potenz oder Potenzialität.[3] Die aktuale ontische Ebene des Seienden kann nur existieren, wenn sie auf etwas bezogen ist, das sie (noch) nicht (oder

3 Vgl. hierzu die Arbeiten eines weiteren Linksheideggerianers zur Potenzialität: Giorgio Agamben 1999.

nicht mehr) ist: Potenz. Letztere darf nicht bloß als eine weitere Möglichkeit auf der Ebene des Ontischen verstanden werden, sondern ist vielmehr eine Form der Möglichkeit, die Aktualität unterminiert – denn wo Aktualität ungehindert herrscht, leben wir in einem Universum, in dem alle Möglichkeiten aktualisiert sind, was ein ziemlich übervölkerter Ort wäre. Aus Perspektive der Diskursanalyse ließe sich dieses Universum als ein totalisiertes und homogenisiertes Signifikationssystem beschreiben. Es wäre jenseits jeder *differentia specifica* lokalisiert, denn es hätte einen Status völliger Äquivalenz erreicht und alle differenzielle Positivität ausgelöscht. Will man dieser Falle totaler Schließung entkommen, wird man notwendigerweise die »Passage durchs Nichts« suchen müssen. Doch das Nichts darf nicht in Form einer bloßen Indifferenz konzeptualisiert werden, ähnlich wie Dallmayr vermutet, Differenzen seien »ausschließlich durch das Nichts verbunden«. Das Nichts, von dem Laclau und Mouffe sprechen – ein Nichts, das Differenzen zugleich verbindet *und* subvertiert – besitzt eine sehr reale Präsenz (letztlich die Präsenz des Realen). So betonen Laclau und Mouffe in *Hegemonie und radikale Demokratie*, dass »*bestimmte diskursive Formen durch die Äquivalenz jede Positivität des Gegenstandes auslöschen und der Negativität als solcher eine reale Existenz geben*«. Was volle Präsenz unmöglich macht – die »Unmöglichkeit des Realen – Negativität« –, »hat eine Form von Präsenz erlangt« (Laclau/Mouffe 1991: 185). Deshalb sind Negativität und Nichts sehr wohl gegenwärtig in ihrer eigenen Abwesenheit, denn sie werden vom Differenzsystem erfordert, sollen dessen Differenzen irgendeinen Grad an Systematizität, d. h. Äquivalenz erlangen. Ihr Außen mag zwar nicht auf der Ebene des Seienden als ein weiteres Seiendes existieren, nichtsdestoweniger *insistiert* es, insofern es jene Ebene durch Prozesse des *Anwesens/Abwesens* subvertiert. Könnten wir solch ontologische (i. e. radikale) Negativität komplett überwinden, würden wir zugleich jeden Effekt von (immer partieller) Systematizität und Bedeutung zerstören. Reduziert man also ontologische Negativität auf ontische Negativität, dann malt man kein »realistischeres« Bild von Signifikation, sondern das Bild eines totalisierten Systems reiner Präsenz. Deshalb muss die ontologische Differenz *als Differenz* ins Bild gebracht werden:

Anwesen (*Ursprung*) und das, was präsent ist, das Ontologische und das Ontische, sind unrettbar getrennt, aber dies hat eine zweifache Konsequenz: die erste ist, dass das Ontische nie in sich selbst verschlossen werden kann; die zweite, dass das Ontologische sich nur durch das Ontische hindurch zeigen kann. Die gleiche Bewegung, die die Spaltung erzeugt, verurteilt beide Seiten (wie in jeder Spaltung) zu wechselseitiger Abhängigkeit. Sein kann kein »Jenseits« des aktual Seienden bewohnen, denn dann wäre es nur ein weiteres Seiendes. Sein *zeigt sich* in den Entitäten als das, was ihnen mangelt und von ihrem ontologischen Status als reine Möglichkeit herrührt. Sein und Nichts, Präsenz und Absenz sind wechselseitig erforderliche Zustände eines Grundes, der konstitutiv von Differenz gespalten ist (Laclau/Zac 1994: 30).

Spätestens mit diesem Zitat sollte evident geworden sein, dass der Spalt zwischen dem Ontischen und dem Ontologischen als *radikal* vorgestellt werden muss, ansonsten wäre er Teil des Ontischen, d. h., er wäre nur eine weitere Differenz innerhalb eines Differenzsystems. Das Ontische und das Ontologische als »unwiderruflich getrennt« zu bezeichnen, wie Laclau und Zac es tun, das bedeutet nichts anderes, als dass die Differenz zwischen dem Ontischen und dem Ontologischen unüberwindbar und konstitutiv, also *notwendig* in Bezug auf die Existenz eines differenziellen Systems ist. Denn insofern das System sich auf etwas bezieht, das seiner eigenen Existenz immer entkommt, wird es sich nie vollständig als Totalität konstituieren können. Darin liegt, in Laclaus Verständnis, die erste Konsequenz der ontologischen Differenz: Das Ontische wird durch jene Instanz, das Ontologische, verunmöglicht, welche es zuallererst möglich macht. Doch das konstitutive Außen des Systems kann – als »Nichts« – nicht aus dem Inneren des Systems heraus signifiziert werden, denn dann wäre es bereits Teil dieses Systems. Da Nichts keine bloße Indifferenz darstellt, sondern als eine Abwesenheit insistiert, die ihre Anwesenheit spürbar macht, kann das Außen sich im Inneren des Systems nur negativ *zeigen* in dessen Unfähigkeit, sich zur Totalität oder zu reiner Präsenz zu schließen, zum »System als reines Sein« (Laclau 2002: 69). Deshalb besitzen Dislozierung und Antagonismus eine »Offenbarungsfunktion«, die in Kraft tritt, sobald Lücken, Spalten, Brüche und Unterbrechungen auf der ontischen Ebene des Seienden auftreten. Das dislozierende Ereignis wird von einem, wenn man so will, Entbergungseffekt begleitet, und darin besteht die zweite Konsequenz: »Es ist der Effekt der

Entbergung, der die einander gegenüberstehenden Kräfte spaltet in ihren ›ontischen‹ Inhalt und den Charakter reiner Möglichkeit – d. h., Anfang, reines Sein – dieser Inhalte« (Laclau/Zac 1994: 30).

Wir sind nun in einer besseren Position, um Dallmayrs Vorwurf Laclau und Mouffe gegenüber zu beurteilen, sie würden »mit dem Nichts flirten«. In Laclaus und Mouffes Ansatz stehen Sein und Nichts in keinem antithetischen Verhältnis zueinander: Würden wir unseren Blick auf die ontologische Ebene allein beschränken, könnte man sogar sagen, dass Sein (i. e. komplette Schließung des Systems) und Nichts (i. e. komplette Öffnung des Systems) ein und dasselbe sind. Die reale Spaltung – die manche vielleicht die klaffende Wunde des Realen nennen würden – besteht in der radikalen Trennung zwischen der ontologischen und der ontischen Ebene, die verhindert, dass das Nichts – das radikale Außen – je als solches erreicht werden könnte (was umgekehrt natürlich auch für das Sein als solches gilt). Es kann sich nur zeigen in Form von Dislozierungseffekten innerhalb der ontischen Ordnung des Seienden. Aus diesem Grund wird das Nichts bei Laclau und Mouffe weder zu einem schwarzen Loch, noch wird es auf die inverse Kategorie des ontischen Seienden reduziert und damit reifiziert. Was jede Lektüre von Laclau und Mouffe daher berücksichtigen muss, ist die *konstitutive* Natur der Spaltung zwischen dem Ontologischen und dem Ontischen. Erst dann wird deutlich, dass Laclau und Mouffe keineswegs irgendeiner Art von »negativer Ontologie« im herkömmlichen Verständnis anhängen:

Von der konstitutiven Natur des Antagonismus auszugehen, wie wir es tun, bedeutet daher nicht, alle Objektivität auf eine Negativität zurückführen zu wollen, die doch nur die Metaphysik der Präsenz in der Funktion als absoluter Grund ersetzen würde, denn diese Form der Negativität ist nur in einem solchen Rahmen konzipierbar. Es heißt, davon auszugehen, dass der Moment der Unentscheidbarkeit zwischen dem Kontingenten und dem Notwendigen *konstitutiv* ist, und damit auch der Antagonismus (Laclau 1990: 27).

7.4. Das Soziale und die Unmöglichkeit von Gesellschaft

Wie lassen sich diese vielleicht etwas abstrakten Überlegungen zur ontologischen Differenz – die wir als Indikator des »streng Philosophischen« in Laclaus Werk identifiziert haben – in politische Theorie übersetzen? Erweisen sie sich als schlicht irrelevant – wie der manchmal gegen Laclau erhobene Vorwurf des Theoretizismus insinuiert? Wenden wir uns also dem zu, was ich Laclaus politischen Einsatz im Spiel der politischen Theorien nennen möchte. Das Ziel der theoretischen Unternehmung Ernesto Laclaus scheint mir im Kern darin zu bestehen, das prioritäre Verhältnis des Sozialen gegenüber dem Politischen umkehren zu wollen (Laclau 1990: 160). Die Annahme, das Politische sei systematisch vom Sozialen »absorbiert« worden, platziert seine Unternehmung innerhalb des Horizonts jener Theorien, die Schmitts Neutralisierungsthese und Arendts Kolonisierungsthese teilen. Im Unterschied zu Max Weber allerdings, der als eine der ursprünglichen Quellen dieser Absorptionsthese ausgemacht werden kann, werden keine pessimistischen oder gar fatalistischen Schlussfolgerungen etwa bezüglich der Irreversibilität dieses Einschlusses in das stahlharte Gehäuse einer zunehmend bürokratisierten und verwalteten Gesellschaft gezogen, da sich die politische Essenz des Sozialen jederzeit *reaktivieren* lässt. Und genau im Hinweis auf die Reaktivierbarkeit des Sozialen durch das Politische verorten – neben anderen postfundamentalistischen Theorien – Dekonstruktion und Hegemonietheorie ihre Aufgabe. Wie wird also das Politische im Verhältnis zum Sozialen von Laclau definiert? Und wie geht Laclau vor, um den Primat des Politischen aufzuweisen?

Eine der Hypothesen, die unserer Untersuchung zugrunde liegt, lautete, dass die Differenz zwischen dem Politischen und der Politik, die sich in der gegenwärtigen politischen Theorie so großer Beliebtheit erfreut, analog zur Differenz zwischen dem Politischen und dem *Sozialen* beschrieben werden kann, da sich, soweit Gesellschaft mit sich selbst nicht identisch ist, das Konzept der Politik aufspaltet: einerseits in eine dem Sozialen inhärente Dimension (der »Politik« als einem sozialen Subsystem) und andererseits in eine weitere, fundamentalere oder radikalere Dimension (»das Politische«), die das Soziale immer wieder aufs Neue vom Ort eines unmöglichen

Außen her gründet. Was vom Konzept des Politischen nun angezeigt wird, ist nicht etwa Politik im herkömmlichen Verständnis, sondern das Moment der (nie vollständig gelingenden) Institution/Destitution des Sozialen bzw. der Gesellschaft als solcher. In einem Interview versuchte Laclau, diese Konzepte aus seiner Sicht präziser zu erläutern und eine doppelte Abgrenzung des Sozialen einerseits in Richtung des Politischen und andererseits in Richtung der Gesellschaft vorzunehmen:

> Unter »Gesellschaft« verstehe ich einfach die Möglichkeit der Schließung jeder sozialen Bedeutung entlang einer Matrix, die all ihre partiellen Prozesse zu erklären vorgibt. Das wäre etwa die Position des klassischen Strukturalismus. Wenn man andererseits eine post-strukturalistischere Position einnimmt – ausgehend von der Unmöglichkeit der Schließung irgendeines Kontexts und damit der Unmöglichkeit, den sozialen Kontext als unifiziertes Ganzes vorzustellen –, dann hat man es mit marginalen Prozessen zu tun, die Bedeutung permanent unterbrechen und nicht zur Schließung von Gesellschaft entlang einer einzigen Matrix führen. Wenn wir vom Sozialen in diesem Sinn als etwas ausgingen, das Bedeutung erzeugt, aber Schließung verunmöglicht, dann sprach ich eher von »dem Sozialen« als von »der Gesellschaft«. Das war eine frühe Unterscheidung (Laclau 1999: 146).

Diese These von der Unmöglichkeit von Gesellschaft wurde erstmals in dem kurzen aber dichten Artikel »The Impossibility of Society« aus dem Jahr 1983 vorgetragen, der die Laclau'sche Unternehmung *in nuce* formuliert. Dort bereits findet sich die Behauptung, das Soziale existiere »als der vergebliche Versuch, dieses unmögliche Objekt zu instituieren: Gesellschaft« (Laclau 1990: 92), die zwei Jahre später in *Hegemonie und radikale Demokratie* (dt. 1991) zusammen mit Chantal Mouffe ausgearbeitet wurde. Was genau beabsichtigt Laclau mit seiner Behauptung der Unmöglichkeit von Gesellschaft? Aus historischer Perspektive erkennt Laclau, dass die Idee sozialer Totalität in die Krise geraten ist. Diese Krise ist im Falle eines marxistischen Basis/Überbau-Modells besonders offensichtlich, in welchem die ökonomische Basis und der politisch-ideologische Überbau gemeinsam die Totalität des Sozialen ausmachen. Im marxistischen Imaginären war es möglich, soziale Totalität zu beschreiben und zu definieren, indem man sie in die Form eines intelligiblen und positiv gegebenen Objekts presste. Die im marxistischen Modell postulierte Totalität, so Laclau, fungierte als grundlegendes Intelligibilitätsprinzip der sozialen Ordnung und damit als unwandelbare Essenz hinter den oberflächlichen empirischen Variationen des sozialen Lebens. Laclau nennt diese Form einer Totalität, die sich als erkennbares Objekt des Wissens darstellt, eine »*founding totality*« (da Wissen auf ihr gegründet werden kann). In Abgrenzung zu einer solchen Fundierungstotalität schlägt er vor, die *Unendlichkeit des Sozialen* zu akzeptieren, d.h. »den Umstand, dass jedes strukturelle System begrenzt ist, dass es immer von einem ›Exzess an Bedeutung‹ umringt ist, den zu meistern es nicht in der Lage ist, weshalb ›Gesellschaft‹ als ein einheitliches und intelligibles Objekt, das seine Teilprozesse gründet, eine Unmöglichkeit darstellt« (1990: 90). Anders gesagt, »Gesellschaft« dient nicht länger als Grund sozialer Prozesse und konstituiert daher keine gründende Totalität. Dennoch macht Laclau an dieser Stelle keineswegs halt – täte er es, wäre er einfach Antifundamentalist. Die Unmöglichkeit von Gesellschaft erweist sich nämlich als außerordentlich produktiv.

Die Ursache für diese Produktivität besteht in der Tatsache, dass das Soziale in und durch eine doppelte Bewegung der Fixierung/Defixierung strukturiert wird. Einerseits garantiert die »Unendlichkeit des Sozialen« – worunter einfach der Umstand zu verstehen ist, dass sich das Soziale aus prinzipiellen Gründen nicht zu einer Totalität schließen kann –, dass es immer von einem »Bedeutungsexzess« überflutet und in weiterer Folge seine Bedeutung zu einem unendlichen Spiel von Differenzen defixiert wird, das Laclau mit der Kategorie des *Diskursiven* belegt. Da die vollständige Defixierung von Bedeutung trotz alledem nicht weniger unmöglich wäre als deren vollständige Fixierung (denn ein Universum ohne fixierte Bedeutung entspräche – im klinischen Sinne – einem psychotischen Universum), müssen wir die Möglichkeit einer Gegenbewegung berücksichtigen, so dass in deren Form die »ultimativ unmögliche Fixierung« dennoch *partiell* herstellbar wird. Soll überhaupt Bedeutung entstehen, muss der Versuch gemacht werden, das Spiel der Differenzen zum Teil einzugrenzen. Das hat zur Vorbedingung, dass die Instanz der Totalität nicht als bloß abwesend verstanden wird, sondern – um es ein weiteres Mal in der Terminologie des Postfundamentalismus auszudrücken – als anwesend in ihrer eigentlichen Abwesenheit: »›Totalität‹ verschwindet nicht: Wenn die Naht, die sie anstrebt, letztlich unmöglich ist, dann ist es dennoch möglich, durch die Institution von Knotenpunkten eine relative

Fixierung des Sozialen zu erreichen« (91). Gesellschaft-als-Totalität ist ein unmögliches Objekt, doch gerade aufgrund ihrer Unmöglichkeit fungiert sie als Ermöglichungsbedingung des Sozialen, wobei Letzteres sich nun definieren lässt als das diskursive Terrain, auf dem Bedeutung partiell zu Knotenpunkten fixiert wird. Daraus müssen wir schließen, dass Gesellschaft *zugleich* notwendig und unmöglich ist.

Auch in *Hegemonie und radikale Demokratie* konstruieren Laclau und Mouffe nach einer bemerkenswerten Tour de Force der Dekonstruktion des Marxismus ihre Theorie der Politik als Hegemonietheorie, indem sie vorschlagen, »auf die Konzeption der ›Gesellschaft‹ als fundierende Totalität ihrer Teilprozesse zu verzichten« (Laclau/Mouffe 1991: 142).[4] Wiederum ist evident, dass keine antifundamentalistische Theorie vorgeschlagen werden soll, sondern eine postfundamentalistische, da die Dimension des Grundes nicht spurlos verschwindet, sondern vielmehr als abwesende eine Spur hinterlässt, die in Form »negativer« Gründung präsent bleibt: »Wir müssen folglich die Offenheit des Sozialen als konstitutiven Grund beziehungsweise ›negative Essenz‹ des Existierenden ansehen sowie die verschiedenen ›sozialen Ordnungen‹ als prekäre und letztlich verfehlte Versuche, das Feld der Differenzen zu zähmen« (ebd.). Paraphrasierend ließe sich sagen, dass der einzige Grund, auf dem wir unsere Versuche, das Feld der Differenzen zu fixieren und Bedeutung zu erzeugen, gründen können, ein *Ab-grund* ist: Das Soziale lässt sich auf nichts anderem gründen als auf seiner eigenen Offenheit. Und doch wären wir ohne diese Offenheit – einer Offenheit, die dem Sozialen die Unmöglichkeit signalisiert, sich zu einer Gesellschaft-als-Totalität zu wandeln – nicht in der Lage, bedeutungsfixierende Knotenpunkte zu knüpfen. Das Soziale und die Gesellschaft stehen folglich in einem wechselseitigen Verhältnis des fortgesetzten Spiels (in jenem Sinne des Wortes »Spiel«, in dem es Heidegger oder auch Fink und Axelos verstehen), wobei das Soziale seine Offenheit zu überwinden trachtet, indem es sich zu Gesellschaft schließt, was ihm immer nur graduell gelingen wird, da ein

4 Dies wird am deutlichsten an folgender Stelle in *Hegemonie und radikale Demokratie* ausgedrückt: »Der unvollständige Charakter jeder Totalität führt uns notwendigerweise dazu, als Terrain der Analyse die Prämisse von ›*Gesellschaft*‹ als einer genähten und selbstdefinierten Totalität aufzugeben. ›Gesellschaft‹ ist kein gültiges Objekt des Diskurses« (1991: 162).

Zustand endgültiger Schließung unmöglich erreicht werden kann: »Auch wenn das Soziale sich nicht in den intelligiblen und instituierten Formen einer *Gesellschaft* zu fixieren vermag, so existiert es doch nur als Anstrengung, dieses unmögliche Objekt zu konstruieren. Jedweder Diskurs konstituiert sich als Versuch, das Feld der Diskursivität zu beherrschen, das Fließen der Differenzen aufzuhalten, ein Zentrum zu konstruieren« (164). Doch wie lässt sich dieser Versuch, den Fluss des Diskursiven zu beherrschen, genauer beschreiben? An dieser Stelle wird klar, dass jene Instanz, welche die Knoten der partiellen Fixierung sozialer Bedeutung schürzt, keinen anderen Namen trägt als den der *Politik*. Was uns mit Notwendigkeit zu einer weiteren, der Unterscheidung zwischen dem Sozialen und der Gesellschaft vorgelagerten Differenz führt: der Differenz zwischen dem Sozialen und dem Politischen.

Diese Differenz erscheint Laclau von größerer Relevanz, weil an ihr die Begegnung mit den Wirkungsweisen der Politik offensichtlich wird. Mit ihrer Hilfe möchte er ein weiteres Mal die Frage der Gründung illustrieren, doch hat sich diesmal die Perspektive verschoben. Das Soziale wird nun nicht vom Gesichtspunkt der Gesellschaft als Horizont einer unmöglichen und dennoch notwendigen Totalität untersucht, sondern vom politischen Gesichtspunkt seiner Institution. Was in den Blick tritt, ist gewissermaßen der institutionelle »Ursprung« und nicht so sehr das ultimativ unerreichbare »Ziel« sozialer Praktiken. Mit dieser Fokusverschiebung auf die Differenz zwischen dem Sozialen und dem Politischen knüpft Laclau konzeptuell an Husserls Unterscheidung zwischen Sedimentierung und Reaktivierung an:

> So wie ich das Argument präsentiere, leben wir in einer Welt sedimentierter sozialer Praktiken. Der Moment der Reaktivierung besteht nicht darin, auf einen ursprünglichen Gründungsmoment zurückzugehen, wie bei Husserl, sondern im Rückgang auf eine originäre kontingente Entscheidung, durch welche das Soziale instituiert wurde. Das Moment der Institution des Sozialen durch kontingente Entscheidungen nenne ich »das Politische« (Laclau 1999b: 146).

So schlägt Laclau schließlich vor, das Soziale als Terrain sedimentierter diskursiver Praxen vorzustellen. Das Politische wird im Kontrast dazu definiert als Moment zugleich der ursprünglichen Institution des Sozialen als auch der Reaktivierung der kontingenten

Natur jeder sozialen Institution. Das Politische interveniert, indem es auf die kontingente Natur des Sozialen verweist und offenbart, dass sich das Soziale auf keinen stabilen Grund stützen kann. Zugleich substituiert es dessen Abwesenheit, indem es das Soziale vorübergehend (neu-)gründet. Doch bevor ich Laclaus Begriff des Politischen detaillierter vorstelle, sollte das Problem der *Wirkungsweise* des Politischen bzw. des Sozialen, wie sie im vorangegangenen Zitat angedeutet wurde, genauer beleuchtet werden. Dort wird auf die Doppelbewegung hegemonialer Artikulation hingewiesen. Einerseits kann hegemoniale Artikulation, wo sie gelingt, zu Sedimentierungseffekten führen. Bei diesen »sedimentierten Formen der ›Objektivität‹« handelt es sich um das Feld der scheinbar objektiven oder, wie Barthes gesagt hätte, »naturalisierten« sozialen Sphäre, wie sie vom politischen Moment der Reartikulation unterschieden werden muss. Folgen wir Husserl, dann ist Sedimentierung der Name für die Routinisierung und das Vergessen von Ursprüngen – ein Prozess, der aufzutreten beginnt, sobald eine bestimmte artikulatorische Anstrengung zu einem hegemonialen Erfolg geführt hat. Diese Bewegung beschreibt, in Laclaus Terminologie, die erfolgreiche Fixierung von Bedeutung zu soliden Topographien, die als Sedimente der Macht zu verstehen sind. Traditionen sind nichts anderes als solch routinisierte Praxen: »Sofern ein Institutionsakt von Erfolg gekrönt ist, kommt es zu einem tendenziellen ›Vergessen der Ursprünge‹, das System möglicher Alternativen beginnt zu verschwinden und die Spuren der originären Kontingenz verwischen. Auf diese Weise tendiert das Instituierte dazu, die Form reiner objektiver Präsenz anzunehmen. Dies ist das Moment der Sedimentierung« (Laclau 1990: 34).

Doch insofern diese »versteinerten« Machtpraktiken andererseits auch reaktiviert werden können, kann es zu einer Dislozierung der Sedimente und zur »Ausdehnung des Raums des Möglichen« kommen. In den Worten von Laclau/Husserl sind wir mit einem Moment der »Reaktivierung« konfrontiert, mit einem Prozess der Defixierung von Bedeutung. In diesem Falle werden mehr und mehr Elemente, Ebenen oder Orte im Sozialen als kontingent erfahren. Dies jedoch nur, sofern der Ursprung der Dislozierung nicht aus der inneren Logik der sozialen Institutionen oder Sedimente heraus erklärt werden kann, sondern vielmehr innerhalb einer solchen Topographie als deren Störung oder Unterbrechung: als

Ereignis erscheint. Laclau nennt dieses Moment der Reaktivierung von Sedimenten das »Moment des Politischen«, welches wiederum strikt korrelativ ist zu jenem Konzept, das als Laclaus und Mouffes wesentlicher Beitrag zum gegenwärtigen politischen Denken betrachtet werden muss: das Konzept des *Antagonismus*. Denn die vollständige Konstitution von Gesellschaft – als selbstgenügsame Entität – ist vor allem deshalb unmöglich, weil, wie wir gesehen haben, die Identität jeder sozialen Institution (bzw. jedes diskursiven Signifikationssystems) nur in Bezug auf ein radikal negatives und doch konstitutives Äußeres gesichert werden kann, das zwar als Ermöglichungsbedingung des Systems dient, zugleich aber seine komplette Schließung und Selbstidentität verunmöglicht.[5]

Dieses konstitutive Außen kann allerdings innerhalb des Signifikationssystems nicht direkt repräsentiert oder symbolisiert werden, denn dazu müsste es zu einer weiteren Differenz gemacht werden und somit den negativen Charakter eines Außen aller Differenzen verlieren. So kann es nur durch das eigentliche Scheitern von Symbolisierung *als solcher* repräsentiert werden: »Dies ist genau die Formel des Antagonismus«, so Laclau und Mouffe, »die sich somit als die Grenze des Sozialen erweist« (Laclau/Mouffe 1991:185). Diese ist dem Sozialen *inhärent*, denn eine Grenze, die zwei Territorien voneinander trennt, also eine äußere Grenze, wäre bloß eine weitere Differenz. Wenn hingegen Gesellschaft niemals vollständig Gesellschaft sein kann, dann deshalb, »weil alles in ihr von ihren Grenzen durchdrungen ist, die verhindern, dass sie sich selbst als objektive Realität konstituiert« (1991:183). Diese ontologische Funktion der Entbergung qua Antagonismus, auf die wir schon zu sprechen kamen, tritt zutage in Form der Erfahrung des Mangels (an vollem Sein) innerhalb der ontischen Dimension.

5 Dislozierung und Antagonismus, so meine Behauptung, sind also strikt korrelativ. Dislozierung kann, dem Gang des Arguments zufolge, nicht als die ontologisch ursprünglichere oder prioritäre Kategorie betrachtet werden, wie dies Laclau selbst nahezulegen scheint.

7.5. Politik und das Politische – eine »laclauianische« Differenz

Was nun von Laclau als Moment des Antagonismus bestimmt wird, definiert zugleich seinen Begriff des Politischen: »Die sedimentierten Formen der ›Objektivität‹ machen aus, was ich das ›Soziale‹ nenne. Das Moment des Antagonismus, in dem die unentscheidbare Natur der Alternativen und ihre Entscheidung durch Machtverhältnisse vollständig sichtbar werden, konstituiert das Feld des ›Politischen‹« (Laclau 1990: 35). Der hier entscheidende Aspekt, und zugleich der Aspekt, der die Differenz zwischen dem Sozialen und dem Politischen mit der – nach Heidegger – *Grundfrage* verbindet, liegt in der gründenden Funktion dieser Differenz: »Soziale Verhältnisse werden durch die eigentliche Unterscheidung zwischen dem Sozialen und dem Politischen gegründet« (1990: 35). Und Laclau führt diese Behauptung in einer typisch quasi-transzendentalistischen, dekonstruktiven Bewegung aus:

> Wenn einerseits eine Gesellschaft, aus der das Politische vollständig eliminiert wurde, unvorstellbar ist – es würde ein geschlossenes Universum bedeuten, das sich selbst durch repetitive Praktiken reproduziert –, dann ist andererseits ein Akt unvermittelter politischer Institution nicht weniger unmöglich: Jede politische Konstruktion findet vor dem Hintergrund einer Bandbreite sedimentierter Praktiken statt. Der ultimative Moment, in dem alle soziale Realität politisch geworden ist, wäre nicht nur nicht vorstellbar, sondern er würde auch jede Unterscheidung zwischen dem Sozialen und dem Politischen verschwimmen lassen. In diesem Sinne könnte eine *totale* politische Instituierung des Sozialen nur das Resultat eines absolut omnipotenten Willens sein, wobei die Kontingenz des Instituierten – und damit seine politische Natur – verschwinden würde. Deshalb ist die Unterscheidung zwischen dem Sozialen und dem Politischen ontologisch konstitutiv für alle sozialen Verhältnisse (35).

Wie verhält sich diese Behauptung zur Differenz zwischen Politik und dem Politischen? Obwohl Laclau auch in seinem nach *Hegemonie und radikale Demokratie* erschienenen Buch *New Reflections On the Revolution of Our Times* nur implizit zwischen den Kategorien des Politischen und der Politik unterscheidet, muss man aus dem Gang des Arguments schließen, dass Politik nicht nur eine eigenständige Kategorie darstellt, sondern explizit vom Politischen und nicht allein vom Sozialen unterschieden werden muss. In vielen

Interpretationen Laclaus sah man sich dazu animiert, diese Unterscheidung explizit zu machen – wiewohl einige Konfusion bezüglich der exakten Natur dieser Differenz besteht. In seinem Artikel zu Dekonstruktion und Pragmatismus wurde Laclau schließlich selbst präziser und definierte das Politische als »instituierenden Augenblick« und »Prozeß der *Institution* des Gesellschaftlichen« (Laclau 1999a: 135), während Politik aus den jeweiligen *Akten* der politischen Institution bestehe. Die wesentliche oder grundlegende konzeptuelle Differenz dürfte also zwischen dem ontologischen *Moment* des Politischen und dessen ontischer *Aktualisierung* (die ihrerseits als »Politik« bezeichnet werden kann) bestehen.

Obwohl die Differenz zwischen Politik und dem Politischen bei Theoretikern und Theoretikerinnen zu Prominenz gelangte, die Laclau nahestehen oder -standen (Mouffe bzw. Žižek) oder innerhalb des laclauianischen Theorierahmens arbeiten (Dyrberg, Arditi, Cholewa-Madsen, Stäheli, Stavrakakis), bleibt die Differenz, von der gerade erwähnten Stelle abgesehen, nur implizit in Laclaus eigenem Werk präsent, etwa in folgender Klage: »Die vorherrschende Vision des Politischen im 19. Jahrhundert, verlängert in das 20. Jahrhundert durch unterschiedliche soziologische Strömungen, hat aus ihm ein ›Subsystem‹ oder eine ›Superstruktur‹ gemacht, die auf die notwendigen Gesetzmäßigkeiten der Gesellschaft verweist« (1999a: 112). Auch wenn die politische Differenz in Laclaus Werk also nicht in Form einer Definition ausgeschildert wird, lässt sich doch festhalten, dass sie in seinem Umfeld präsent ist. Am prominentesten tritt sie bei seiner Ko-Autorin Chantal Mouffe auf, die eine Unterscheidung zwischen Politik und dem Politischen explizit einführt, um ihr Konzept eines »agonistischen Pluralismus« zu erläutern:

> Unter »dem Politischen« verstehe ich die Dimension des Antagonismus, die menschlichen Verhältnissen inhärent ist, viele Formen annehmen kann und in unterschiedlichen Typen sozialer Verhältnisse entsteht. Auf der anderen Seite bezeichnet »Politik« das Ensemble von Praktiken, Diskursen und Institutionen, die eine bestimmte Ordnung zu etablieren versuchen und menschliche Ko-Existenz unter Bedingungen organisieren, die immer potenziell konfliktorisch sind, da sie von der Dimension »des Politischen« affiziert werden. Ich denke, dass wohl die zentrale Frage demokratischer Politik nur gestellt werden kann, wenn wir die Dimension »des Politischen« anerkennen und verstehen, dass »Politik« in der Domestizierung von Feind-

schaft besteht und im Versuch, den potenziellen Antagonismus, der in menschlichen Verhältnissen herrscht, zu entschärfen (Mouffe 2008:103).

Wie Mouffe in *Über das Politische* (2007) unterstreicht, impliziert die Unterscheidung zwischen Politik und dem Politischen, wie von ihr verstanden, eine Folgeunterscheidung zwischen einem politikwissenschaftlichen Ansatz, der sich auf die empirische Domäne der Politik beschränkt, und einem politisch-theoretischen Ansatz: »der Domäne der Philosophen, die nicht nach den Fakten der ›Politik‹ fragen, sondern nach dem Wesen des ›Politischen‹«, wobei sie nicht hinzuzufügen vergisst: »Wollten wir diese Unterscheidung philosophisch auf den Begriff bringen, könnten wir in Anlehnung an Heidegger sagen, ›Politik‹ beziehe sich auf die ›ontische‹ Ebene, während das ›Politische‹ auf der ›ontologischen‹ angesiedelt sei. Das bedeutet, daß es auf der ontischen Ebene um die vielfältigen Praktiken der Politik im konventionellen Sinne geht, während die ontologische die Art und Weise betrifft, in der die Gesellschaft eingerichtet ist« (Mouffe 2007:15). Während Letztere – das instituierende Moment der Gesellschaft – auf unterschiedliche Weise gedacht werden kann (nicht zuletzt im Arendt'schen Sinne des assoziativen Paradigmas, wie wir es in Kapitel 2 beschrieben haben), schlägt Mouffe vor, sie in Begriffen eines unauslöschlichen Antagonismus zu denken, der für die menschliche Gesellschaft konstitutiv ist. Erstere hingegen referiere auf die »Gesamtheit der Verfahrensweisen und Institutionen (...), durch die eine Ordnung geschaffen wird, die das Miteinander der Menschen im Kontext seiner ihm vom Politischen auferlegten Konflikthaftigkeit organisiert« (2007:16). Auf vergleichbare Weise hat Benjamin Arditi Laclaus latente Differenzierung zwischen Politik und dem Politischen explizit gemacht, indem er die antagonistische Natur des Politischen – im Unterschied zum »sublimierenden« Effekt von Politik – unterstreicht. Das Politische ist, in Arditis Worten: »die lebendige Bewegung, das Magma konfligierender Willensäußerungen, wobei Konflikt als deren eigentliche ontologische Bedingung dient« (Arditi 1994:21). Wie bei Mouffe fungiert auch bei Arditi Carl Schmitt als Hauptbezugsperson, von der man eine Definition des Politischen als Freund/Feind-Verhältnis gewinnen könne, »das von religiösen, ökonomischen, moralischen oder anderen Feldern seinen Ausgang nehmen kann« (1994:18). Andere Laclauianer wie Torben Bech Dyrberg (Dyrberg 1997; Dyrberg 2004; vgl. auch Cholewa-Madsen 1994) folgen dieser Route, indem auch sie den liberalen Versuch angreifen, das Politische auf ein soziales Subsystem neben anderen zu reduzieren. Solch eine Reduktion komme selbst einem politischen Akt gleich: »ein normativer Einsatz, dessen Zweck es ist, die Politisierung sozialer Verhältnisse und der Konflikte, die mit ihnen zusammenhängen, zu verhindern« (Dyrberg 1997: 188).

Interessanterweise wird die Differenzierung zwischen Politik und dem Politischen sogar dort beibehalten, wo die jeweiligen Seiten der Differenz in ihrer Wertigkeit invertiert werden, d. h., wo das Politische auf eine Weise beschrieben wird, die an das gängige Verständnis von Politik erinnert, und umgekehrt. Im Glossar zu seinem Buch zu *Laclau, Mouffe and Žižek* (1999) definiert Jacob Torfing das Politische als »institutionelle Ordnung des Staates, die das primäre Terrain für den Kampf unter hegemonialen Akteuren bildet, die sich in eine Position bringen wollen, von der aus sie ›im Namen der Gesellschaft‹ sprechen können«, während er Politik in Anlehnung an Laclau als Akt einer Entscheidung auf unentscheidbarem Terrain definiert: »Als solche ist Politik zugleich eine konstitutive und eine subversive Dimension des Sozialen« (Torfing 1999: 304). Daran ist auffällig, dass Torfing dem Politischen die Rolle eines sozialen Teilsystems zugedacht hat, da es im Staatsapparat institutionalisiert ist, Politik hingegen die fundamentalere oder radikalere Rolle der Institution/Destitution des Sozialen. Er behält also beide Seiten der Differenz bei – die Signifikanten »Politik« und »das Politische« – und invertiert den semantischen Inhalt dieser Seiten. Torfing rechtfertigt diese Vorgehensweise, die den meisten Interpretationen des Begriffsgebäudes von Laclau und Mouffe widerspricht, indem er auf die Ambivalenz der konzeptuellen Unterscheidung verweist: »Da Laclau und Mouffe in dieser Hinsicht ambivalent bleiben, habe ich mich frei gefühlt, die konstitutive Dimension des Sozialen ›Politik‹ und die institutionelle Ebene des Staates ›das Politische‹ zu nennen« (1999: 294). Dieses Beispiel einer zur gängigen Interpretation inversen Lesart ist nicht ohne Signifikanz und weit davon entfernt, so etwas wie eine Fehllektüre darzustellen. Torfing akzeptiert die konstitutive Funktion von Dislozierung wie auch die der Sedimentierung. Er belegt sie nur mit dem jeweils anderen Begriff. Diese terminologische Abweichung wäre womöglich von Interesse für den historischen Teil unserer Untersuchung gewesen, ist jedoch von keinerlei Interesse für den theoretisch-konzeptuellen Teil, denn die Differenzierung als solche bleibt gewahrt. Immer noch wird von einem unüberbrückbaren Spalt zwischen den beiden Ebenen ausgegangen. Die Bedeutsamkeit dieses Beispiels einer abweichenden Lesart der politischen Differenz erwächst also aus dem Umstand, dass an diesem Fall die Priorität der *Differenz-als-Differenz* gegenüber den jeweiligen Signifikanten, welche die beiden Seiten der Differenz näher bestimmen sollen, deutlich wird.

Darüber hinaus muss man sehen, dass innerhalb des Lagers der heideggerianischen Linken die politische Differenz ohne weiteres aus scheinbar divergierenden Blickwinkeln theorisiert werden kann – wie etwa aus jenen der Dekonstruktion oder des Lacanianismus. Aus Slavoj Žižeks lacanianischer Perspektive etwa wird die politische Differenz, die in unserer Untersuchung bislang vornehmlich dekonstruktiv beschrieben wurde, als ein Moment des Realen, als Spalt der Unmöglichkeit theoretisiert. Da ich – gegen Žižek – die Auffassung verteidigen würde, dass keine grundsätzliche Inkompatibilität zwischen einer Derrida'schen Ontologie der Differenz und einer lacanianischen Ontologie des Mangels besteht, ist es in der Tat möglich, auch mit lacanianischem Vokabular das Phänomen des abwesenden Grundes der Gesellschaft, wie es sich konzeptuell in der politischen Differenz spiegelt, zu beschreiben. Žižek macht diese Differenz bei Rancière (als Differenz zwischen »*la politique/police*« und »*le politique*«), bei Badiou (als Differenz zwischen »Sein« und »Wahrheitsereignis«), bei Balibar (als Differenz zwischen der imaginären universellen Ordnung und »*égaliberté*«) und bei Laclau (als Differenz zwischen einer partikularen politischen Forderung und ihrer unmöglichen universellen Dimension) aus. Sie entspricht einem »grundsätzlichen Gegensatz zwischen zwei Logiken«, wobei in allen Fällen »der zweite Punkt politisch im eigentlichen Sinn ist und der positiven Ordnung des Seins eine Spaltung beibringt«. In all diesen Fällen würden unterschiedliche Gegenüberstellungen formuliert »zwischen Substanz und Subjekt, zwischen einer positiven ontologischen Ordnung (Polizei, Sein, Struktur) und einer Lücke der Unmöglichkeit gegenüber, die eine endgültige Schließung dieser Ordnung verhindert und/oder ihr Gleichgewicht stört«. Wie Žižek allerdings ebenfalls weiß, stehen die beiden Seiten dieser Opposition in keinem Verhältnis wechselseitiger Exteriorität: »Der Raum für das politische Wahrheitsereignis wird durch die symptomatische Leere in der Seinsordnung eröffnet, durch die notwendige

Inkonsistenz in ihrer strukturellen Ordnung« (Žižek 2001a: 324f. [modifizierte Übersetzung O. M.]). Übersetzt ins Vokabular unserer eigenen Untersuchung heißt dies: Die politische Differenz deutet auf den abwesenden Grund des Sozialen, die Tatsache also, dass Gesellschaft – in Laclaus Begriffen – ein unmögliches (und dennoch notwendiges) Objekt darstellt. Erst vor diesem Hintergrund lässt sich die politische Differenz verstehen.[6]

7.6. Diskurstheorie als politische Ontologie

Ich hatte eingangs argumentiert, dass die ontologische Differenz – im radikalen Heidegger'schen Sinn von Differenz-als-Differenz – das streng philosophische Moment an Laclaus kategorialem Theoriebau ausmacht. Außerdem habe ich zu zeigen versucht, dass das Prädikat »radikal«, das überall in Laclaus Theorie gefunden werden kann, auf diese Dimension hindeuten und eine unüberbrückbare Kluft und zugleich notwendige Verschränkung im Kern aller Bedeutungsproduktion indizieren soll. Es ist das *Spiel* dieser Differenz, das letztlich auf die Dimension eines Grundes deutete, der nur in seiner Abwesenheit anwesend ist. Anders gesagt, eine Theorie, die auf Differenz-qua-Differenz »gebaut« ist, kann keinen ultimativen Grund instituieren.[7] Laclaus Hegemonietheorie kann somit definiert werden als eine Theorie der strategischen Züge – und der quasi-transzendentalen Bedingungen, unter denen solche Züge möglich sind –, die auf einem grundlosen Terrain geführt werden, das vom Spiel der Differenz eröffnet wurde.

Diese Überlegung erlaubt uns, mit gebotener Vorsicht den Status

6 Vor dem Hintergrund der strukturellen Unmöglichkeit des Sozialen – der Leere im Zentrum des Seins – zieht Žižek lacano-hegelianische Schlussfolgerungen, die ein weiteres Mal die Spaltung im Zentrum des modernen Politikbegriffs illustrieren: »der eigentliche Begriff der Politik beinhaltet erstens einen Konflikt zwischen dem Politischen und dem Apolitischen/Polizeilichen, das heißt, die Politik ist der Antagonismus zwischen eigentlicher Politik und der unpolitischen Haltung (›Unordnung‹ und Ordnung)« (2001a: 325).

7 Dennoch hat Laclau eine der wenigen postfundamentalistischen Sozialtheorien entwickelt, die eine innere Systematik aufweisen. Die Verbindung zwischen Postfundamentalismus und Systematik ist keineswegs selbstwidersprüchlich, man denke nicht nur an Badiou, sondern auch an Laclaus Begriff des Systems als eines letztlich unmöglichen und doch notwendigen Objekts.

und Ort von Laclaus Theorie im Verhältnis zu Philosophie, Wissenschaft und politischer Theorie/Praxis zu bestimmen, denn Laclau selbst gibt so gut wie keine Auskunft zum Status seiner Theorie. Obwohl er sich nicht als »Philosoph im strengen Sinne« versteht (selbst wenn er regelmäßig in philosophische Debatten interveniert und sich querfeldein durch die philosophische Tradition arbeitet), gibt es dennoch ein Moment des »streng Philosophischen« in seinem Werk, ein Moment der Radikalität, das mit dem Denken der ontologischen Differenz-als-Differenz verbunden ist. Warum sollte dies anerkannt werden? Die Anerkennung dieses Moments ist wichtig, weil es den Status selbst der »nicht-philosophischen« Dimensionen seines Werks – Wissenschaft und politische Praxis/Theorie – nicht unberührt lässt. Zu Beginn hatte ich darauf hingewiesen, dass philosophische Motive bei Laclau immer mit Wissenschaft (in Form von Linguistik und Diskursanalyse) und mit politischer Theorie/Praxis (in Form etwa eines Projekts radikaler und pluraler Demokratie) artikuliert sind. Das Denken der ontologischen Differenz interveniert als Überschuss, als Einbruch des »streng Philosophischen« in diese artikulierte Triade. Doch weit davon entfernt, ein überflüssiges Addendum zu seinem Werk darzustellen, besitzt dieser Überschuss eine, wie ich denke, entscheidende Funktion: Das »streng Philosophische« hindert die Theorie daran, einem bloßen Szientismus zu verfallen (in Bezug auf Laclaus empirische Diskursanalyse etwa hindert es daran, der Versuchung eines positivistischen »Wörterzählens«, wie in einigen Spielarten linguistischer Diskursanalyse üblich, zu erliegen). Und umgekehrt hindert es Theorie daran, sich als bloße journalistische Fortsetzung des Aktivismus verkaufen zu können. Mit anderen Worten, das Moment des »streng Philosophischen« bewahrt Laclaus Theorie davor, sich entweder zu einer weiteren Version des sozialwissenschaftlichen Objektivismus oder zu einem Manifest des blinden Aktivismus zu verengen. Es kann darum nicht überraschen, dass der Vorwurf des Theoretizismus, Logizismus oder Formalismus, der immer wieder gegen Laclau erhoben wird, diese Funktion des »streng Philosophischen« übersieht. Doch ohne ein solches Moment des »streng Philosophischen« wird es nicht möglich sein, unsere Begriffe von Kontingenz, Historizität und Freiheit neu zu denken.

Noch eine weitere Schlussfolgerung drängt sich auf. Auch wenn das Moment des »streng Philosophischen« an Laclaus Theorie nicht im traditionellen Verständnis von Philosophie als Fachdisziplin aufgeht, bleibt es doch – in Terminologie und Argumentation – notwendig auf das Sprachspiel der Philosophie angewiesen, um überhaupt irgendwie verständlich zu sein. Nicht umsonst bezieht sich Laclau immer wieder auf Husserl, Wittgenstein und Heidegger. Bedenkt man vor diesem Hintergrund die ontologische Dimension der Laclau'schen Theorie des Politischen und berücksichtigt unsere vorangegangenen Überlegungen zur Frage einer politischen »ersten Philosophie«, dann sollte man sich nicht scheuen, jene Konsequenzen zu ziehen, die Laclau selbst zu ziehen zögert. Meines Erachtens legen nämlich die Prämissen seiner Theorie bezüglich des Status dieser Theorie zwei Schlussfolgerungen nahe: Erstens stellt die Laclau'sche Hegemonie- oder Diskurstheorie in ihrem Wesen eine *politische Ontologie* dar; und zweitens muss eine solch politische Ontologie den Status einer *prima philosophia* oder »ersten Philosophie« (wenn auch in einem qualifizierten Verständnis dieser Ordinalzahl) in Anspruch nehmen.

Tatsächlich deutet vieles an der Diskurstheorie, wie sie von Laclau formuliert wurde, in Richtung einer politischen Ontologie, doch im Wesentlichen hängt das Argument davon ab, ob es sich bei der Diskurstheorie um eine *regionale* oder um eine *allgemeine* Theorie der Bedeutungsproduktion handelt. Entwirft die Diskurstheorie also eine Theorie ausschließlich *politischer* Signifikation oder stattet sie uns mit einer Theorie der Signifikation im Allgemeinen aus? Wenn die von Laclau entwickelte Logik, wie er selbst sagt, »Sprache (und in Verlängerung: alle Signifikationssysteme)« (Laclau 2002: 66) angeht, dann dürfte es einer regionalen Theorie bloß politischer Signifikation schwerfallen, diesem Anspruch gerecht zu werden. Ausschließlich eine allgemeine Theorie der Bedeutungsproduktion könnte dies leisten, und Laclau entwickelt tatsächlich ein quasi-transzendentales Argument bezüglich der Möglichkeit von Signifikation als solcher. Doch insofern dieses Argument selbst wiederum von Laclau politisiert wird, begegnet uns darin nicht nur eine Theorie *politischer Signifikation*, sondern eine *politische Theorie* von Signifikation. Die Konturen dieser Theorie wurden bereits präsentiert, sie seien hier nur kurz rekapituliert: Laclau zufolge ist ein bestimmtes Ausmaß an Systematizität notwendig, damit Bedeutung erzeugt werden kann, wobei die Systematizität eines Signifikationssystems nur von einer Grenze garantiert werden kann, die ihrerseits nicht differenzieller, sondern antagonistischer Natur ist. Wenn die Systematizität des Systems – die Laclau auch als »Sein« des Systems bezeichnet – direkte Folge der ausschließenden Grenze ist, dann dient der Antagonismus dem System als Grund, während er zugleich die Identität dieses Systems subvertiert. Es liegt in der dekonstruktiven Ausrichtung des Arguments, dass eine reine Systematizität des Systems, also dessen »vollständiges Sein«, für unerreichbar erachtet wird – auch wenn Systematisierungseffekte realisiert werden können und sogar müssen, soll überhaupt Bedeutung produziert werden. Folglich wird es keinerlei Systematizität und also keinerlei Bedeutung geben, so nicht irgendeine minimale Form des Antagonismus konstruiert wird. Ohne Antagonismus keine Bedeutung.

Nun scheint es unabweisbar, dass eine (post-)saussurianische Theorie der Bedeutungskonstruktion in Form eines allgemeingültigen Arguments präsentiert werden muss, das auf alle Formen von Bedeutung und Signifikation zutreffen muss, nicht allein auf politische. Andererseits jedoch erwies sich die Kategorie des Antagonismus und damit des Politischen als zentral für Laclaus Argument. Daraus ist zu schließen: Wenn Antagonismus für die Konstruktion oder vorübergehende Stabilisierung aller Bedeutung notwendig ist, und Antagonismus zugleich ein Name des Politischen ist, dann ist *alle* Bedeutung im Kern politisch. Es scheint mir, dass diese radikalen Implikationen des diskurstheoretischen Arguments systematisch übersehen oder gar verleugnet wurden. Doch werden die Konsequenzen des Arguments erst einmal vollumfänglich akzeptiert, dann lässt sich in der Diskurstheorie eine zumindest implizite politische Ontologie ausmachen. Meine These setzt sich, nochmals zusammengefasst, aus drei Teilargumenten zusammen: (1) Die politische Signifikationslogik, wie sie von Ernesto Laclau entwickelt wurde, bestimmt die Konstruktion aller Bedeutung, nicht alleine politischer Bedeutung – was impliziert, dass scheinbar nicht-politische Bedeutungssysteme ebenfalls »politisch«, d. h. qua Ausschluss und Antagonisierung konstruiert werden. (2) Da es keine soziale Realität jenseits von Bedeutung und außerhalb von Signifikationsprozessen gibt, läuft eine allgemeine Signifikationstheorie auf eine Theorie *der Konstitution des Seins in seiner Gesamtheit* und also auf eine Ontologie hinaus. Deshalb ist es alles andere als ein Zufall, dass Laclau immer wieder ontologisches Vokabular verwendet, etwa wenn er in seiner Antwort auf die Kritik von Norman Geras (in Laclau 1990) eine Unterscheidung trifft zwischen dem (sozialen und damit diskursiven) »Sein« einer Sache und ihrer bloß physikalischen »Existenz« (wobei das Reich des »Seins« vollständig mit dem des Diskursiven koinzidiert und die rein physikalische Existenz eines Objekts immer durch Diskurse vermittelt werden muss). Insofern also alles »Sein« diskursiv konstruiert wird und das Diskursive seinerseits den Horizont des »Seins« darstellt, formuliert die Diskurstheorie – sei es implizit oder explizit – eine Ontologie. (3) Verknüpfen wir schließlich den politischen mit dem ontologischen Aspekt der Diskurstheorie (also die politische Theorie der Signifikation mit dem Status einer Ontologie), dann folgt daraus, dass wir es mit nichts anderem zu tun haben als mit einer *politischen Ontologie*.

Dieses Argument benötigt jedoch einige Spezifikationen, stellt sich doch sofort die Frage: Wenn jede Bedeutung von ihrer Natur her politisch ist, wie lässt sich dann der scheinbar apolitische Charakter einer solchen Vielzahl sozialer Bedeutungsstrukturen erklären? Diese Frage wurde von Laclau in *New Reflections* behandelt, wo er die Differenzierung zwischen dem Sozialen als dem Reich sedimentierter Praktiken und dem Politischen als der Bewegung ihrer Institution/Reaktivierung einführte. Wir können nun spezifizieren, dass hinter diesen beiden Konzepten keinesfalls eine Zwei-Welten-Lehre im Sinne Badious vermutet werden darf. Es gibt nicht eine politische und eine apolitische oder soziale Welt, sondern vielmehr, so mein Interpretationsvorschlag, hat man sich zwei unterschiedliche *Modalitäten* des Politischen vorzustellen, wobei der soziale Modus des Politischen keineswegs nicht-politisch oder a-politisch ist, sondern nur durch das Vergessen des instituierenden Moments des Politischen gekennzeichnet ist. Wohl aus diesem Grund spricht Laclau vom »Primat des Politischen gegenüber dem Sozialen« (Laclau 1990: 33).

Was diesen Primat anlangt, so sind die Beispiele aufschlussreich, die Laclau für sedimentierte soziale Praktiken und damit für *scheinbar* unpolitische Situationen anführt – Situationen, die anscheinend keinerlei Verneinung, Negativität oder Antagonismus implizieren: das Verhältnis zu einem Briefträger, der die Post austrägt, die Aktivität des Kartenkaufs an der Kinokasse oder der Besuch eines Konzerts. Wieder könnte man fragen: Ist es nicht offensichtlich, dass diese Situationen außerhalb der Jurisdiktion politischer Ontologie liegen? Ich denke, die korrekte Antwort auf diese Frage lautet: *nein*, wurden doch nur die politischen Ursprünge der sozialen Praktiken vergessen. Diese Ursprünge bleiben jedoch politisch im Modus der Potenzialität, da sie jederzeit reaktiviert werden können, sobald es zum Ereignis ihrer (Re-)Antagonisierung kommt. Sobald etwa die Briefträger in Streik treten, wird erkennbar, dass es keineswegs selbstverständlich ist, dass die Post jeden Morgen im Briefkasten liegt, so naturalisiert (i.e. sedimentiert) diese Erwartung auch sein mag – ganz zu schweigen von der durch und durch politischen Funktion und Instituierungsgeschichte des Postsystems, wie sie fiktiv bei Thomas Pynchon (und um einiges weniger kunstvoll in Kevin Costners Film *The Postman*) verarbeitet wurde. Wir müssen das Soziale daher gewissermaßen als eine Form des Politischen im »Schlafzustand« verstehen. Wo immer wir hinsehen, an den Wurzeln sozialer Verhältnisse werden wir das Politische ausmachen

Es gibt einen weiteren Grund, weshalb alle soziale Identität innerhalb des Einzugsbereichs des Politischen verbleibt: Soziale Verhältnisse sind immer *Macht*-Verhältnisse. Denn sofern jede Identität auf einer antagonistischen Grenzziehung und damit einem unausweichlichen Moment der Exklusion beruht, kann nur die Kategorie der Macht erklären, warum es diese und nicht jene Grenze war, die unter konkreten Bedingungen gezogen werden konnte. Wiederum müssen die Kategorien der Macht und der Identität auf der *ontologischen* Ebene lokalisiert werden. Es handelt sich deshalb um ontologische Kategorien, weil sie sich auf den gesamten Bereich des Seins beziehen und nicht allein auf bestimmte Regionen des Sozialen: »Die Konstruktion einer sozialen Identität ist ein Akt der Macht und [...] Identität als solche *ist* Macht« (1990: 31). Aus dieser Perspektive sind Identität, »Sein« und Macht ein und dasselbe, denn wie Laclau fortfährt: »Ohne Macht gäbe es keine Objektivität [d.h. kein »Sein«, O.M.]« (32). So entspricht die politische Ontologie zugleich einer »Ontologie der Macht« (so Dreyfus 1996 in Bezug auf Foucault), die ihrerseits die Ausrichtung sozialwissenschaftlicher Untersuchungen bestimmen sollte, denn: »Die Bedingungen der Existenz einer gegebenen sozialen Identität studieren heißt, die Machtmechanismen, die sie möglich machen, zu studieren« (Laclau 1990: 32).[8]

8 Gegen unsere Interpretation, die in der Diskurstheorie eine politische Ontologie vermutet, könnte eingewandt werden, die Kategorie der Dislozierung besitze

Dies führt uns schließlich zurück zur Frage der politischen Ontologie als »erster Philosophie«: Warum *erste*? Wiederholt habe ich im Laufe der Untersuchung darauf hingewiesen, dass dieses numerische Prädikat nicht im Sinne von »fundamentalistisch« verstanden werden darf. Dennoch bleibt, was »Grund« genannt wird – und hier trennt sich der Weg von allen Formen des Szientismus, Positivismus oder sogar Antifundamentalismus –, in seiner Abwesenheit anwesend. Im heideggerianischen Denken des Postfundamentalismus verschwindet die Frage des Grundes nicht einfach, sondern verschiebt sich im konstitutiven Spiel zwischen Instituierung und Dislozierung. Folglich wird sich die Bedeutung des numerischen Prädikats ebenso verschieben. Eine erste Philosophie wäre keine, die alle anderen mit einem stabilen Grund versehen könnte. Vielmehr wäre darunter eine Form des Denkens oder Philosophierens zu verstehen, welche die quasi-transzendentalen Bedingungen des Gründungs- und Entgründungsprozesses theoretisch etabliert. Und sofern der Prozess des Gründens/Entgründens als intrinsisch politische Bewegung gefasst werden muss, wird es sich bei dieser

bei Laclau ein ontologisches Primat gegenüber jener des Antagonismus und sei keineswegs in sich politisch (weshalb folglich die in Frage stehende Ontologie keine politische Ontologie sein oder den Status einer ersten Philosophie beanspruchen könne). Dennoch, Dislozierung funktioniert in erster Linie als ein negativer Grenzbegriff, der indiziert, dass es nie so etwas wie ein vollständig geschlossenes System oder ewig stabile Bedeutungsstrukturen geben wird. Die eigentliche Pointe ist, dass wir, sobald wir Dislozierung in unserer sozialen Realität begegnen, sie bereits auf eine bestimmte Weise konstruiert haben. Dislozierung wird daher immer innerhalb des Horizonts des Seins (des Sozialen) auftreten, und es ist klar, dass alle Beispiele, die Laclau für eine scheinbar *nicht*-antagonistische Situation anführt, weit davon entfernt sind, einfach unpolitisch zu sein. Es mag möglich sein, dass in einer gegebenen Situation soziale Sedimentierungen disloziert werden (beispielsweise durch ein Erdbeben oder einen Vulkanausbruch), ohne dass deren *antagonistische* Gründe als solche offensichtlich werden. In diesem Fall würde die Bedeutung des Ereignisses außerhalb politischer Diskurse im engen ontischen Sinn von *la politique* verhandelt werden (z. B. als Rache Gottes), doch bedeutet dies nicht, dass das vergessene instituierende Moment dieser Sedimentierungen ohne Spur verschwunden wäre – es bleibt nur vergessen, bis es in Form des Antagonismus zurückkehrt. Eine Vulkaneruption mag durchaus als »Naturphänomen« sozial konstruiert werden oder als »Rache Gottes«, doch in jedem Fall muss bereits ein ganzes Netzwerk an Machtverhältnissen (etwa die Diskurse moderner Wissenschaft oder das Glaubenssystem der katholischen Kirche) installiert sein, und zwar in letzter Instanz *politisch*, damit solche Konstruktionen überhaupt greifen können.

Ontologie um eine politische Ontologie handeln, d.h., die Differenz zwischen dem Ontologischen und dem Ontischen wird als Differenz zwischen dem Politischen und der Politik reformuliert werden müssen.

Um diese Diskussion, bevor wir sie – nach einem Exkurs zu Giorgio Agamben – in Kapitel 9 wieder aufnehmen werden, zu einem vorläufigen Abschluss zu bringen, soll das Gesamtargument, das die Diskussion der politischen Differenz bislang erbracht hat, nochmals zusammengefasst werden.

Es wurde dafür plädiert, der Laclau'schen Diskurstheorie den Status einer Ontologie zuzuerkennen. Natürlich verschiebt sich die Natur des »Seins« aus Perspektive der Diskurstheorie – das Feld der Objektivität wird als Feld des *Diskursiven* beschrieben. Die Theorie des »Seins« wandelt sich zu einer Theorie der Produktion von *Bedeutung*. Diese Theorie immer noch als Ontologie zu bezeichnen, ist dann nur eine philosophische Weise, ihre radikalen Implikationen anzuzeigen, von denen ja nicht allein Sprache im üblichen regionalen Sinn des Begriffs betroffen ist, sondern der gesamte Horizont des »Seins«. Und wenn, wie unsere zweite Behauptung lautete, das *Sein-als-Sein* – Objektivität als solche – intrinsisch politisch ist (da es – Laclau wie Lefort zufolge – auf einem Akt politischer Inzeption basiert, der im Sozialen sedimentiert wurde), dann muss solch eine Ontologie als *politische* Ontologie konzipiert werden. In Abgrenzung zu anderen postfundamentalistischen Philosophien wie der Badious, in welcher Politik nur eine von vier regionalen »Ontiken« darstellt (neben Liebe, Kunst, Wissenschaft und mathematischer Mengentheorie als übergreifender Ontologie), wäre aus Perspektive der Diskurstheorie *jede* dieser Ontiken ihrem Wesen nach politisch. Und, da die Diskurstheorie als politische Ontologie nicht an einem regionalen Aspekt des Seins interessiert ist, sondern am Grund und Horizont des Seins im Allgemeinen, erscheint es durchaus gerechtfertigt, von eine *prima philosophia* zu sprechen.

7.7. The Seventh Day of Rest

Wie erkennbar wurde, nimmt dieses Modell deutlichen Abstand von deliberativen oder konversationalistischen Argumenten und positioniert sich am nicht-konsensorientierten, dissoziativen Ende der Skala postfundamentalistischer Theorien. Gegen Rortys antifundamentalistischen Konversationalismus wirft Laclau ein, die Divergenzen zwischen Hegemonietheorie und Pragmatismus seien zumindest ebenso schwerwiegend wie deren Übereinstimmungen: »Die Konvergenz besteht in beiden Fällen darin, daß wir es nicht mit einer essenziellen Konstruktion von Bedeutung zu tun haben, die Vorstellung einer ›konversierenden‹ Fundierung scheint mir aber eine weitere Annahme eines friedfertigen Prozesses nahezulegen, so wie die nichtessenzielle Natur des Begründens den ›zivilisierten‹ Charakter des Austauschs hat« (Laclau 1999a: 139). Dies folge aber keineswegs, da solch assoziatorische Zugänge die unüberwindbare Faktizität des Antagonismus nicht berücksichtigten. Mit demselben Argument reagiert Chantal Mouffe auf den nicht-fundamentalistischen *Agonismus ohne Antagonismus*, wie er von Hannah Arendt und anderen vertreten wird: »Diese antagonistische Dimension, die nie vollständig eliminiert werden kann, sondern nur ›gezähmt‹ oder ›sublimiert‹, indem sie gewissermaßen auf agonistische Weise ›ausagiert‹ wird, unterscheidet mein Verständnis von Agonismus von jenem, das von anderen, von Nietzsche oder Hannah Arendt beeinflußten ›agonistischen Theoretikern‹ wie William Connolly oder Bonny Honig vertreten wird« (Mouffe 2008: 141). Dass Mouffe zu diesen Theoretikern Distanz halten will, hat damit zu tun, dass sie hinter dem von ihnen gefeierten Agonismus die ontologisch fundamentalere Kategorie des Antagonismus ausmacht – wenn sie auch in einem zweiten Schritt für deren »Zähmung« im Sinne eines demokratischen Agonismus eintritt.

Nicht viel weiter führt die Habermas'sche Variante konsensorientierter Deliberation. Nicht nur, weil diese den radikalen Begriff des Antagonismus verwirft, sondern weil sie, Laclau zufolge, nur eine schwächere Version des Fundamentalismus darstellt, da ein externes Tribunal (unverzerrter Kommunikation) eingerichtet wird, welches das Spiel der Politik beurteilt und letztlich fixiert: »Wenn Bedeutung im vorhinein fixiert wäre, entweder in einem starken Sinn durch einen radikalen Grund (eine Position, die heute immer weniger Unterstützung finden würde) oder in einem schwächeren Sinn durch das regulative Prinzip einer ungestörten Kommunikation, würde genau die Möglichkeit des Grundes als leerer Platz, der von einer Vielfalt sozialer Kräfte politisch und kontingent gefüllt wird, verschwinden« (Laclau 2002: 94). Es muss wohl kaum erwähnt werden, dass Laclau auf der anderen Seite nicht in die Falle eines extremen Antifundamentalismus geht. Er distanziert sich etwa von der Baudrillard'schen Version des Postmodernismus, die Fundamentalismuskritik zur Rede von der Implosion *aller* Bedeutung aufbläst. Denn wie Laclau argumentiert, »eliminiert die Unmöglichkeit eines universalen Grundes nicht seine Notwendigkeit: Sie transformiert nur den Grund in einen leeren Platz, der partiell und auf verschiedene Weise gefüllt werden kann. (Und in der Politik geht es um Strategien dieser Ausfüllung.)« (2002: 95). Man wird nie um das strategische Moment herumkommen, das aus der Unauslöschbarkeit der Macht, der Kontingenz und des Antagonismus folgt.

Laclaus Werk gehört ohne Zweifel zu den bedeutendsten gegenwärtigen Formulierungen des politischen und sozialen Postfundamentalismus. Obwohl er die Möglichkeit eines ultimativen Fundaments verneint, gibt er der Versuchung nicht nach, die Dimension des Grundes als solche zu verabschieden, bzw. die Notwendigkeit von Gründen im Plural oder von partiellen *Grundlegungsversuchen* zu verleugnen. Dies führt Laclau zu einer Ontologie der Macht und des Primats des Politischen:

> Da es kein ursprüngliches *fiat* der Macht, kein Moment radikaler Fundierung gibt, wodurch etwas jenseits aller Objektivität als absoluter Grund konstituiert werden würde, auf dem das Sein der Objekte basierte, kann das Verhältnis zwischen Macht und Objektivität nicht dem zwischen dem Schöpfer und dem *ens creatum* gleichen. Der Schöpfer wurde bereits partiell durch seine oder ihre Formen der Identifikation mit einer Struktur erschaffen, in die er/sie geworfen wurde. Doch sofern diese Struktur disloziert ist, erreicht Identifikation niemals den Punkt einer vollen Identität: jeder Akt ist ein Akt der Rekonstruktion, was bedeutet, dass der Schöpfer vergeblich nach dem siebten Tag der Ruhe suchen wird (Laclau 1990: 60).

Kapitel 8
Politische Differenz ohne Politik: Giorgio Agamben

8.1. Die politische Differenz bei Agamben

Wenn wir hier ein Kapitel anschließen, das dem politischen Denken Giorgio Agambens gewidmet ist, dann um zu illustrieren, dass im heideggerianischen Postfundamentalismus die politische Differenz von der Sache her sich selbst dort durchsetzt, wo sie nicht explizit, d.h. terminologisch als Differenz zwischen dem Begriff »der Politik« und dem »des Politischen« ausgeschildert wird. Entscheidend ist nicht die Terminologie, entscheidend ist das Spiel der Differenz *als Differenz*, wie es sich im postfundamentalistischen Denken entfaltet. So wird es nicht überraschen, dass gerade bei Agamben dieses Spiel auszumachen ist, gehört Agamben doch zu den derzeit herausragenden Vertretern jenes Denkzusammenhangs, den wir als Heideggerianismus der Linken bezeichnet haben. Genau genommen tritt uns Agamben in der Figur eines benjaminianischen Heideggerianers oder, wenn man das bevorzugt, eines heideggerianischen Benjaminianers entgegen. Diese Kombination verbindet ihn mit Derrida, und trotz mit dem Homo-Sacer-Projekt einsetzender Abgrenzungsversuche gegenüber der Dekonstruktion machen Agambens zentrale Kategoreme durchwegs den Eindruck, als würden sie den dekonstruktiven Denkgestus in schmittianisch verschärfter Form weiterführen wollen. Agambens Kategorien der »Schwelle« und der »Zone der Ununterscheidbarkeit« können ihre dekonstruktive Herkunft kaum verleugnen, selbst wo sie mit modifizierten Heterologie- und Abjekt-Theorien des Poststrukturalismus kombiniert werden (vor allem mit der messianisch gewendeten Kategorie des Rests). Damit verdichten sich bei Agamben nicht nur heideggerianische Differenzmotive in Artikulation mit Motiven anderer Herkunft, es verdichtet sich auch der ganze Komplex aus Problemen und Kurzschlüssen, den man sich mit zu unbedachten Umgewichtungen der politischen Differenz einhandelt.

Nun ist, wie gesagt, bei Agamben eine explizit ausgeschilderte Differenzierung zwischen *la* und *le politique*, *der Politik* und *dem*

Politischen schwer auszumachen, obwohl beide Begriffe in nicht durchgehend differenzierter Weise anzutreffen sind (wie dies ja auch für das Werk Hannah Arendts typisch ist). Das bedeutet jedoch nicht, dass die politische Differenz nicht implizit und der Sache nach sehr wohl aufscheint: Das Politische, weitgehend verstanden als Juridisch-Politisches, wird von Agamben mit den Kategorien des Ausnahmezustands, des Staats und der Biopolitik gefasst. In inversem Verhältnis dazu steht eine messianisch verstandene Politik des Rests, eine »reine Politik« der »Lebens-Form« und des »Mittels ohne Zweck«. Ich möchte in diesem Kapitel, mit dem der Durchgang durch die aktuellen Variationen der politischen Differenz abgeschlossen werden soll, die These verteidigen, dass das Politische (der Staat, die Biopolitik, etc.), nicht zuletzt aufgrund einer Reduktion auf das Juridisch-Politische, bei Agamben nicht nur in allzu strikter Disjunktion – und zugleich Inversion – von »wahrer Politik« gefasst wird, sondern dass das Politische von Agamben auch in die Form einer Verhängniserzählung welthistorischen Ausmaßes gegossen wird. Innerhalb dieser Verhängnislogik eines sich ungehindert ausbreitenden Lagerdispositivs hängt die Rettung allein an dem minimalen Rest, welcher der biopolitischen Trennung von Leben und Form/Recht entkommt. Soll dieser Rest unberührt von der Verhängnislogik bleiben, kann ihm nur eine völlig von allem Politischen purifizierte Politik entsprechen. Somit besitzt Agambens strikte Disjunktion zwischen dem Politischen und der Politik, die sich so schon bei Badiou gefunden hat, zwar eine gewisse innere Schlüssigkeit, basiert jedoch auf den falschen Prämissen und ist erkauft mit der vollständigen Entpolitisierung aller Politik. Denn, so werde ich analog zum Fall Badious argumentieren, eine Politik des »reinen Mittels« unter Absehung des Zweckes, wie sie Agamben vorschlägt, ist keine Politik, da ihr jedes strategische Moment ausgetrieben wurde. Auch findet Politik nicht in totaler Opposition zu einem monolithisch gedachten Staat oder zu einer verhängnislogisch vorgestellten allumfassenden Biopolitisierung der Welt statt, sondern auf einem unebenen Terrain von Machtkämpfen, auf dem jede Politik konstitutiv *unrein* ist, da die Trennungslinie zwischen »Staat« und Gegenmacht immer umkämpft und deshalb verschwommen bleibt. Aus genau diesem Grund hat die messianische Politikvorstellung Agambens passivierende Implikationen, ja ist im Kern unpolitisch und sollte – bei Beibehaltung der politischen Differenz *als* Differenz – zumindest ergänzt werden durch eine »mosaische« Politik des profanen Aktivismus und der Befreiung. Kurzum: Moses statt Messias.

8.2. Der Ausnahmezustand als Verhängnislogik

Rekapitulieren wir eingangs Agambens zentrale Thesen seines Homo-Sacer-Projekts. Der an Schmitt und Benjamin gewonnene Begriff des zur Regel gewordenen Ausnahmezustands, der für Agamben die zentrale Kategorie des Politischen im Zustand staatlicher Souveränität darstellt (zugleich aber, wenn es um die Herstellung der *wirklichen* Ausnahme von diesem zur Regel gewordenen Ausnahmezustand geht, die zentrale Kategorie des Messianismus), drückt sich topologisch in jener Figur der einschließenden Ausschließung aus, die Agamben als Lager bezeichnet und mit Biopolitik identifiziert, also letztlich mit der Präparation eines »nackten Lebens«, das getötet, aber nicht geopfert werden kann. Im Fall der Vernichtungslager der Nazis wird dieses nackte Leben, das im Rückgriff auf das römische Recht von Agamben mit dem Titel *homo sacer* belegt wird, vom im Lagerjargon sogenannten »Muselman« – der »letzten im biologischen Kontinuum isolierbaren biopolitischen Substanz« (Agamben 2003a: 75) – inkorporiert. Auf die eigentümliche Symmetrie zwischen Souveränität und Messianismus (wie auch zwischen dem Souverän, der über den Ausnahmezustand entscheidet, und dem *homo sacer*) werden wir noch zurückkommen. Bleiben wir zuvor bei der Frage, welchen Status diese Theorie für sich beanspruchen will und kann. Agambens Behauptung (Agamben 2004), er würde keine historische Genealogie schreiben, sondern schlichtweg Paradigmen entwerfen, klingt plausibel, bedenkt man den hohen Abstraktionsgrad des rein topologisch definierten Paradigmas des Lagers. Und tatsächlich scheint sich Agamben um eine historische Ableitung kaum zu kümmern, gewinnt er doch sein Material aus den unterschiedlichsten Epochen: vom alten Rom über die alten Germanen bis zum NS-Staat und darüber hinaus. Dabei läuft er nicht nur Gefahr, sein Paradigma radikal zu überdehnen, sondern es zeichnet sich eine Großerzählung ab, in der mit den wenigen historischen Eckpunkten, die Agamben anzugeben gewillt ist, ein verhängnislogisches Crescendo notiert wird. Obwohl, oder vielleicht gerade *weil* Agamben es ablehnt, die historische Genealogie seines Paradigmas nachzuzeichnen, entsteht ihm unter der Hand eine radikal pessimistische Geschichtsphilosophie.

Zieht man die Linie zwischen Agambens historischen Eckpunkten, dann wird sich eine geschichtsphilosophische Erzählung herausschälen, die zwar alles andere als konsistent ist, aber durchaus das Muster eines fortschreitenden Verhängnisses zeigt: Da das Lager für Agamben das biopolitische Paradigma des gesamten Abendlandes darstellt, war abendländische Politik »von Anfang an eine Biopolitik« (Agamben 2000:190). Diese »an sich uralte Einschließung« des Lebens in die *polis* habe aber zu Anfang den *homo sacer* noch an den Rändern der Ordnung angesiedelt. Infolge jenes Prozesses, in dem der Ausnahmezustand nun immer mehr zur Regel wurde, »setzt sich das nackte Leben, das ihn bewohnte, im Staat frei« (2000:19). Es rückt vom Rand ins Zentrum, ja der Ausnahmezustand wird seit dem Beginn der Moderne (der von Agamben nicht näher datiert wird) zum eigentlichen Grund und Fundament der politischen Ordnung. Dieser Vorgang wird in Begriffen eines sich selbst beschleunigenden Verhängnisses beschrieben. So spricht Agamben von einer »unaufhaltsamen Steigerung«, in welcher der »Ausnahmezustand in der Politik der Gegenwart immer mehr als das herrschende Paradigma des Regierens« hervortrete (Agamben 2004:9). Im Laufe dieser Entwicklung seit »Beginn des Ersten Weltkrieges, durch Faschismus und Nationalsozialismus hindurch, bis in unsere Tage« habe sich der Ausnahmezustand immer weiter ausgedehnt, ja dieser Prozess scheint inzwischen sogar zum Abschluss gekommen zu sein, da »die Politik in unserer Zeit vollständig Biopolitik geworden ist« (Agamben 2000:128).

Es dürfte an diesen Zitaten deutlich werden, dass Agamben natürlich keine Analyse gouvernementaler Praktiken vorlegt, was er auch gar nicht beabsichtigt, sondern ein vornehmlich aus Rechtstexten gewonnenes abstraktes Paradigma auf die historische Zeitachse umlegt, um dort wiederum eine unaufhaltsam fortschreitende Ausweitung desselben Paradigmas wahrzunehmen, die in unserer Zeit den Kulminationspunkt erreicht und sich zu allumfassender Totalität ausgeweitet haben soll. Mehr noch als Benjamins Schutthaufen der Geschichte scheint hier die Verhängniserzählung Adornos Pate gestanden zu haben. Nur ist es nicht das allumfassende Äquivalenz- und Tauschprinzip, welches das Verhängnis antreibt, sondern das

Prinzip des biopolitischen Ein- und Ausschlusses. Es mag zutreffen, dass, wie Agamben sagt, die negative Dialektik Adornos ein absolut nichtmessianisches Denken darstellt (Agamben 2006: 50), denn im Unterschied zu Benjamin, der noch auf die Möglichkeit der Revolution, also des messianischen Ereignisses, verzweifelt hoffen konnte, war für Adorno der *kairos* der Revolution bereits verpasst, alle Pforten, durch die der Messias hätte treten können, waren verschlossen und »Politik« hatte sich in die Kunstwerke zurückgezogen. Doch wenn Agamben seinerseits ein Denken entwickeln möchte, das im Unterschied zu dem Adornos noch irgendeinen Raum für die Möglichkeit der Sprengung des biopolitischen Verhängniskontinuums ließe (und sei es nur in dessen Verrückung), warum, so fragt man sich, gibt sich Agamben dann als Anhänger einer Theorie, die adornitischer ist als Adorno selbst? Denn Guy Debords Theorie einer vollständig zum Spektakel geronnenen Gesellschaft, an die Agamben anknüpft, basiert auf der radikal-adornitischen – wenn auch stärker von Lukács' Verdinglichungstheorie beeinflussten – marxistischen Annahme eines totalen Triumphs des Tauschwerts und des Äquivalenzprinzips (also der Warenform als Kategorie des Quantitativen) über den Gebrauchswert. Das Spektakel ist nach Debord jener Moment, in dem die Ware das gesamte gesellschaftliche Leben besetzt hält und längst keine andere Welt als die des Warenverhältnisses mehr sichtbar ist.

Agamben unterschreibt diese These und behauptet folgerichtig, die heute allumfassende Politik sei jene des Spektakels, die Extremform der »Enteignung des Gemeinsamen« (Agamben 2001: 81), denn im Zeitalter des Spektakels sei der »Staat des vollendeten Nihilismus« (2001: 83) überall. Ja, alle Staaten der Erde trieben auf den »Staat des integrierten Spektakulären (Debord) und des ›Kapitalo-Parlamentarismus‹ (Badiou)« zu (195), alle »Reiche der Welt« bewegten sich »eines nach dem anderen auf die demokratisch-spektakuläre Herrschaft zu, die die Vollendung der Form ›Staat‹ bildet« (83). Es ist schwer zu erkennen, wo in dieser apokalyptischen Vision einer entweder schon eingetretenen oder sich unabwendbar entfaltenden Spektakelisierung der Welt – basierend auf dem Amoklauf des Warenverhältnisses – noch Platz für die bescheidenste politische Veränderung sein könnte, es sei denn eben in Form eines *deus ex machina*. Jedenfalls bleibt in einer zum Spektakel gewordenen Gesellschaft, in der, in den Worten Debords, »die Ware sich selbst in einer von ihr geschaffenen Welt anschaut« (Debord 1996: 41), kein Spielraum für emanzipatorisches Handeln. Alle Politik bleibt gefangen im Spiegelkabinett der Ware. Und vor diesem Hintergrund der Debord'schen Spektakeltheorie wird der sowohl pessimistisch-apokalyptische als auch messianische Ton eines Autors erklärlich, für den jede Form der Politik, die keine bloße Biopolitik wäre, »eine dauerhafte Verdunkelung erlitten« hat (Agamben 2003a: 104). In Zeiten totaler Politikverdunkelung lässt sich tatsächlich nur noch auf ein messianisches Wunder hoffen.

Damit erliegt Agamben der dreifachen Versuchung einer negativen Fetischisierung des Begriffes *Staat*, einer Verabsolutierung der Spektakellogik bzw. des Foucault'schen Konzepts der Biopolitik und einer Identifizierung des Spektakels bzw. der Biopolitik mit einem politischen Universalregime, in dem sich Demokratie und Totalitarismus amalgamiert finden.[1] Die einzige Regierungsform, die diesem Amalgam noch entspricht, ist offenbar die der Tyrannis: »Entgegen allem Anschein droht die Organisation des Global-Demokratisch-Spektakulären, die sich so immer deutlicher abzeichnet, in Wirklichkeit die schlimmste Tyrannis zu werden, die in der Geschichte der Menschheit je dagewesen ist« (Agamben 2001: 84). Daraus ergeben sich mehrere Probleme, für die Agamben keine überzeugende Lösung anzubieten hat. Zwei davon sollen hier angesprochen werden. Erstens stellt sich bei einem Autor, der sein Paradigma nicht zuletzt an Auschwitz und dem Lagersystem der Nazis entwickelt, die Frage, wo er die »Tyrannis« des Nazi-Regimes ansiedeln würde, wenn die schlimmste Tyrannis aller Zeiten doch von den global-spektakulären Realdemokratien auszugehen droht. Hier produziert die Überdehnung des Paradigmas eine Nacht, in der alle Kühe schwarz sind, und die demokratischen Kühe (vor allem wenn sie in den USA weiden) offenbar schwärzer als die nazistischen. Und zweitens stellt sich die Frage, ob und gegebenenfalls wie Politik und politisches Handeln in der passivierenden Totalität eines biopolitischen Globalspektakels überhaupt noch vorstellbar ist. Der Diskussion dieser beiden Fragen sei eine Bemerkung vorausgeschickt: Es geht mir keineswegs darum, Agambens Theorie

1 So spricht Agamben von einer innersten Solidarität zwischen Demokratie und Totalitarismus: »Die Biopolitik des modernen Totalitarismus auf der einen, die Massengesellschaft des Konsums und des Hedonismus auf der anderen Seite« (Agamben 2002: 21).

in toto zu verwerfen. Eher soll es darum gehen, seine verhängnislogische Engführung Heideggers, Benjamins und (zumeist implizit) Derridas, die äußerst fragwürdige Konsequenzen hat, etwas zu lockern, um in der geschichtsphilosophischen Spekulation Agambens, die auf Basis ihrer Prämissen reale Politik ausschließen muss, eine politische Theorie freizulegen, die tatsächlich etwas mit Politik zu tun hat und nicht alle Hoffnung auf den Messias und seine irdischen Doubletten (*homines sacri*, Flüchtlinge, etc.) setzen muss.

8.3. Auschwitz als *paradigm of everything*

Beginnen wir beim offensichtlichsten Problem einer Theorie, die rein paradigmatisch argumentiert und der historischen und sozialen Spezifik der untersuchten Phänomene nur wenig Gerechtigkeit widerfahren lässt. Das mag bei Orchideenthemen angehen, doch wenn es um historische und aktuelle Lager und Lagersysteme geht, lässt sich von der Art und Spezifik der Verbrechen nicht absehen, die in den jeweiligen Lagern begangen werden. Agamben setzt alles daran, um die bloße Form des Lagers bzw. die biopolitische Logik des einschließenden Ausschlusses vom historischen und nationalen Kontext der Lager, ihrer Funktion wie auch von der Art der in ihnen verübten Verbrechen loszulösen, denn nur so lässt sich die zweifelhafte These stützen, das Lager sei zum »Paradigma des politisches Raumes selbst« geworden. So behauptet er ausdrücklich, wir befänden uns potenziell immer dann in Gegenwart eines Lagers, wenn eine Struktur des Ausnahmezustands geschaffen werde, und zwar »unabhängig vom Wesen der dort begangenen Verbrechen, und was immer seine Bezeichnung und die ihm eigene Topografie sind« (2001: 46; in Agamben 2000: 183 heißt es in der Übersetzung: »unabhängig von der Art der Verbrechen, die da verübt wurden«). Wenn aber nur noch das formale Kriterium des »einschließenden Ausschlusses« qua biopolitischer Absonderung des »Lebens« zählt, und zwar ungeachtet dessen, was in solchen Räumen überhaupt geschieht, dann verschwimmt letztlich die Grenze zwischen Vernichtungslagern und allen anderen Lagern – und damit in letzter Instanz die Grenze zwischen Auschwitz und Formen freiwilliger Selbstabschließung. Genau diesen Eindruck erwecken Stellen wie die folgende:

> Ein Lager ist dann sowohl das Stadion von Bari, in dem 1991 die italienische Polizei illegale albanische Einwanderer provisorisch zusammenpferchte, bevor sie sie in ihr Land zurückbeförderte, als auch das Wintervelodrom, das den Behörden von Vichy als Sammelstelle für Juden diente, bevor sie diese an die Deutschen auslieferten, wie auch das Flüchtlingslager an der Grenze zu Spanien, in dessen Umgebung 1939 Antonio Machado zu Tode kam, und die *zones d'attente* auf den internationalen Flughäfen Frankreichs, in denen Ausländer zurückgehalten werden, die die Anerkennung des Flüchtlingsstatus beantragen. [...] Aber auch manche Peripherien der großen postindustriellen Städte und die *gated communities* in den USA ähneln heute bereits Lagern in diesem Sinne, in denen bloßes Leben und politisches Leben, zumindest in gewissen Momenten, in eine Zone absoluter Unbestimmtheit eintreten (Agamben 2001: 46-7).

Nur wenn die Kategorie »Lager« völlig leer und formalistisch gefasst wird, lassen sich heterogenste Phänomene unter ihr subsumieren. Dabei wird noch nicht einmal ein Unterschied gemacht zwischen Räumen, in die niemand hinein darf, wie den *gated communities* der Millionäre und der Upper Middle Class, und solchen, aus denen niemand heraus darf, wie tatsächlichen Gefangenenlagern – obwohl, wie man weiß, dieser Unterschied ein Unterschied ums Ganze sein kann. Und wenn Agamben sein Paradigma ganz wesentlich anhand des Lagersystem der Nazis entwickelt, um es dann völlig von diesem Kontext abzulösen, so führt sein extremer Formalismus dazu, dass schließlich selbst noch die entscheidende Differenz zwischen allen möglichen Lagerformen auf der einen Seite und Vernichtungslagern auf der anderen verlorengeht. Nur unter Absehung von allen historischen Kontexten und Funktionen von Lagern lassen sich Auschwitz und Guantanamo, oder gar Auschwitz und die *gated communities* der Reichen und Schönen in einem Atemzug abhandeln.

Erstaunlicherweise gelingt es Agamben dennoch, die These der Singularität von Auschwitz zu bejahen (Agamben 2003a: 28; 137) und zugleich zu dem verallgemeinernden Schluss zu gelangen: »Wenn es heute keine vorbestimmbare Figur des *homo sacer* [uomo sacro] mehr gibt, so vielleicht deshalb, weil wir alle virtuelle *homines sacri* sind« (Agamben 2000: 123). Letzteres folgt natürlich, so unplausibel die Aussage für sich gesehen ist, aus Agambens Prämisse der Omnipräsenz der Lagerform, und es beinhaltet die Parallelisierung des »Muselmanen« der NS-Konzentrationslager z. B. mit heutigen

Koma-Patienten (2000:136).[2] Wie ist diese Gleichzeitigkeit von Singularität und Universalität/Parallelisierung theoretisch zu begründen? Sie lässt sich nur dann begründen, wenn man Agambens von Benjamin her gedachten Grundsatz zu unterschreiben gewillt ist, jede Regel sei vom Extremfall, letztlich von der Ausnahme her zu denken. Nur macht es einen wesentlichen Unterschied, ob dieser Extremfall als quasi-transzendentaler Eckpunkt eines möglichen Kontinuums und damit Endpunkt einer Skala von Möglichkeiten verstanden wird, oder ob er die Regel als solche *determiniert* und alles innerhalb des Kontinuums zu nichts anderem als einer Variation des Extremfalls wird. Anders gesagt: Dass der Extremfall der NS-Vernichtungslager uns einiges über Lagersysteme, Recht, Polizei und Biopolitik sagen kann, gerade weil er all dies in schärfstem Licht zeichnet, ist die eine Sache, die nicht bestritten werden muss. Eine völlig andere Sache wäre es, wollte man deshalb Auschwitz nun überall diagnostizieren: an *gated communities* genauso wie an Guantanamo. Denn dann wäre es eher der Blick des Betrachters, auf den die These zurückfiele, und man müsste sich fragen, welches – z. B. anti-amerikanische – Ressentiment hinter solchen Vergleichen zu vermuten sei.[3]

2 Unplausibel ist diese Aussage, weil wir in der Realität konkreter Lagersysteme natürlich keineswegs alle potenzielle Insassen von z. B. Flüchtlingslagern oder von Grenzlagern der EU sind, geschweige denn von Vernichtungslagern. Hinzu kommt das rein logische Problem, wie ein bestimmter Lagertypus, nämlich die Vernichtungslager der Nazis, als singulär bezeichnet werden kann, wenn zugleich von jeder konkreten Eigenschaft, die eine differentia specifica gegenüber allen anderen Lagern ergeben würde, abgesehen werden soll.

3 Es soll an dieser Stelle nicht um die richtige Auslegung der Methode Benjamins gehen, die nur anhand einer detaillierten Analyse der Vorrede zum Trauerspielbuch möglich wäre. Vor allem müsste diskutiert werden, was am von Agamben (siehe etwa Agamben 2003b) stillschweigend übernommenen Ideen-Platonismus Benjamins noch haltbar wäre und was nicht. Es ist zu vermuten, dass dieser heimliche Platonismus Agambens auch seine Affinität zum selbsternannten Platoniker Badiou erklärt (wobei unsere Analyse aber gezeigt hat, dass es selbst mit dem Platonismus Badious unter Bedingungen des Postfundamentalismus nicht weit her ist). Unabhängig von der Frage der Benjamin-Interpretation sollte aber festgehalten werden, dass Hannah Arendt, auf deren Untersuchungen zum Lager sich Agamben ebenfalls bezieht, sich vor Verallgemeinerungen dieser Art gehütet hatte. Für sie war das Lager – wie für Agamben – die zentrale Institution des totalitären Terrors, und totale Herrschaft hätte nicht funktionieren können ohne diese Institution. Zwar wurde es weder vom historischen Totalitarismus erfunden, noch ist es mit ihm untergegangen, auch hierin würde sie mit Agamben übereinstimmen,

Darüber hinaus produziert die Methode, die Regel vom Extremfall, d.h. bei Agamben: *vom Schlimmsten* (Auschwitz) wie von *der Rettung* (dem Messias) her zu denken, einen – ungewollten – Sakralisierungseffekt, der sowohl das Kontinuum als auch dessen säkularen Eckpunkt (Auschwitz) erfasst. Zu Recht greift Agamben jeden Versuch an, »die Vernichtung mit dem Ansehen der Mystik« zu schmücken (Agamben 2004a: 28), denn jene, die »Singularität mit Unsagbarkeit verbinden«, wiederholten »unbewußt die Geste der Nationalsozialisten« und »sind insgeheim solidarisch mit dem *arcanum imperii*« (2004a: 138). Aber betreibt Agamben auf seine Art nicht eine ganz ähnliche Sakralisierung? Für Agamben ist es zwar nicht die Mystik, aber es ist der Messianismus, der mit Auschwitz und der Vernichtung zusammenschießt. Wie schon die Titel seiner Bücher zu Auschwitz und zum Messianismus: *Was von Auschwitz bleibt* (*Quel che resta di Auschwitz*) und *Die Zeit, die bleibt* (*Il tempo che resta*) nahelegen, fungiert die Kategorie des »Rests« – ein, wie Agamben selbst herausstreicht, »theologisch-messianischer Begriff« (Agamben 2003a: 142) – als *tertium comparationis* zwischen Ausnahmezustand (Lager) und Messianismus. Zwischen diesen hatte Agamben schon in *Homo Sacer* eine Strukturidentität postuliert: »Vom politisch-juridischen Standpunkt aus betrachtet ist der Messianismus folglich eine Theorie des Ausnahmezustandes; nur wird ihn eben nicht die geltende Autorität ausrufen, sondern der Messias, der ihre Macht subvertiert« (Agamben 2000: 68). Und so heißt es folgerichtig vom Souverän und vom *homo sacer*: »An den beiden äußersten Grenzen der Ordnung stellen der Souverän und der *homo sacer* zwei symmetrische Figuren dar, die dieselbe Struktur haben und korreliert sind: Souverän ist derjenige, dem gegenüber alle Menschen potenziell *homines sacri* sind, und *homo sacer* ist derjenige, dem gegenüber alle Menschen als Souveräne handeln« (2000: 94).

In *Was von Auschwitz bleibt* wird diese über die theologische Kategorie des Rests vermittelte hochproblematische Angleichung von nationalsozialistischer Massenvernichtung und messianischer

doch die Behauptung, der Raum aller Politik habe sich in ein allumfassendes Lager verwandelt und heutige Politik sei folglich totalitär *eo ipso*, diese Behauptung wäre Arendt hochgradig absurd erschienen. Ähnlich absurd wie Agambens Behauptung, es würde »bereits einzutreten« beginnen, dass in Europa wieder Vernichtungslager öffneten (2001: 30).

Errettung zur eigentliche Pointe des Buches: »Im Begriff des Rests fällt die Aporie des Zeugnisses wieder zusammen mit der messianischen. Wie der Rest von Israel weder das ganze Volk ist noch ein Teil von ihm, sondern gerade die Unmöglichkeit für das Ganze und für den Teil bedeutet, mit sich selbst und miteinander zusammenzufallen; und wie die messianische Zeit weder die historische Zeit noch die Ewigkeit ist, sondern die Kluft, die sie teilt; so sind die Zeugen von Auschwitz weder die Toten noch die Überlebenden, weder die Untergegangenen noch die Geretteten, sondern das, was als Rest zwischen ihnen bleibt« (Agamben 2003a: 143). Zwischen dem Zeugen der Massenvernichtung und dem Apostel (oder Propheten) der messianischen Zeit wird so eine strukturelle Identität behauptet. Das führt zu nichts anderem als zur Sakralisierung und Theologisierung von Auschwitz, denn für Agamben »erweist sich der Rest als soteriologische Maschine, die das Heil jenes Ganzen ermöglicht, dessen Teilung und Verlust er doch bezeichnet hatte« (2003a: 143). Wenn also das, was offenbar von Auschwitz bleibt, *der Rest*, sich als soteriologische Maschine erweist, ist dann der »Muselman« nichts anderes als ein umgekehrter Messias und der Zeuge des ersten der Apostel des zweiten? Wird das Lager Auschwitz dann vielleicht gar zum spiegelbildlichen Ort der Errettung? Und wenn die Zeit des Ausnahmezustands strukturidentisch mit jener Restzeit des Messianismus ist, sind dann die Jahre zwischen 1933 und 1945 eine – und sei es »invers« – messianische Zeit des Heils?[4]

4 Die Singularität der Ausnahme (des Ausnahmezustands), die die Regel gründet, produziert bei Agamben also eine Form der Sakralisierung, die er, wohl um nicht gänzlich den Anschein eines Theologen zu vermitteln, als »Profanierung« definiert. Doch der Effekt seiner Thesen ist nicht, wie Agamben wünscht, eine Profanisierung des Sakralen (die etwa Derrida in seinem Rekurs auf ein Messianisches-ohne-Messianismus sehr wohl erreicht), sondern gerade eine *Sakralisierung des Profanen*. Es bleibt Agamben natürlich unbenommen, den Messianismus rein nominal als eine »profane« Logik zu definieren (wobei das Profane und das Sakrale dennoch vermittelt bleiben, da sie sich treffen in »einem profanen Überrest in jedem geweihten Ding und einem Überrest an Geweihtem in jedem profanen Gegenstand«, Agamben 2005: 75). Nur war die historische Tatsache der Ermordung der Juden tatsächlich profan in einem historisch-konkreten Sinn, der jede Angleichung an irgendwelche Messianismen genauso verbieten sollte wie die schlechte Universalisierung und Parallelisierung von Auschwitz.

8.4. Die »reine Politik« des Messianismus

Wie gezeigt wurde, besitzt Agambens Verhängniserzählung eine wenig überzeugende Pointe: Das Paradigma des zur Regel erhobenen Ausnahmezustands wird dergestalt überdehnt, dass es kein anderes Außen mehr geben kann als das einer messianischen Restzeit. Diese beiden Aspekte von Lager und Rest mögen als quasitranszendentale Logik einer »einschließenden Ausschließung« und einer »Teilung der Teilung« eine gewisse theorieimmanente Überzeugungskraft besitzen, doch Agamben setzt sie nicht allein als ontologisch-transzendentale Operatoren ein, sondern füllt sie mit ontisch-empirischem Gehalt, was zu solch abstrusen Angleichungen wie jener zwischen dem nationalsozialistischen Lagersystem und der (spiegelbildlichen) Logik des Messianismus führt. Abgesehen von dieser wohl anstößigsten Konsequenz der Methode Agambens bleibt die Frage, wie politisches Handeln innerhalb dieses theoretischen Settings überhaupt noch konzeptualisiert werden kann. Eine Frage, die sich Agamben explizit stellt (Agamben 2004a: 8), die er aber auf Basis seiner Prämissen nur um den Preis der völligen Entleerung politischen Handelns von aller Politik beantworten kann. Denn wo der Spektakelstaat total und das Lager omnipräsent wurde, bleibt nur die messianische Hoffnung – aber kein Spielraum für politisches Handeln. Es hat somit eine gewisse Folgerichtigkeit, wenn Agamben einen Politikbegriff einführt, der genau die Entleerung politischen Handelns von aller Politik propagiert. Diese Annäherung an einen positiven Politikbegriff, den Agambens Prämissen eigentlich ausschließen, wurde für den letzten Teil der Homo-Sacer-Serie unter dem Begriff der »Lebens-Form« angekündigt und bislang wohl am ausführlichsten in *Mittel ohne Zweck* und (zum Teil wortgleich) in *Die kommende Gemeinschaft* vorweggenommen.

In *Mittel ohne Zweck* postuliert Agamben mit Berufung auf Benjamin und Marsilius von Padua, politisches Leben habe sich an der Idee des Glücks aufzurichten, was nur mit »der unwiderruflichen Abwendung von jeder Souveränität« möglich sei (Agamben 2001: 16).[5] Denn staatliche Souveränität oder Biopolitik behaupte

5 Für Agamben beginnt das politische Denken in der Neuzeit mit der Vorstellung des Marsilius von Padua von einer Ordnung, die »befriedigendes Leben« oder »Gutleben« ermöglicht (2001: 109), wobei Agamben sich deutlich an Benjamins

sich, indem sie das bloße Leben von seiner Form scheidet, wirkliche Politik, die darum notwendigerweise *nicht-staatliche* Politik sei, müsse folglich Leben und Form wieder zusammendenken. Der Begriff »Lebens-Form« wird Agamben zur Signatur eines nicht-biopolitisch von sich selbst abgetrennten Lebens, d. h. eines Lebens, dem es in seinem Leben um sich selbst geht. Doch wie lässt sich eine solch untrennbare und doch ständig von biopolitischen Trennungsversuchen bedrohte Assoziation von Leben und Form beschreiben? Eine These Agambens, die an den späten Foucault genauso wie an Negri und die Post-Operaisten anknüpft, besteht in der Behauptung, das Leben und Form verbindende Element sei das Denken bzw. der Intellekt. Damit bezieht sich Agamben nicht auf das Denken bestimmter Inhalte, sondern auf die Erfahrung der Selbst-Rezeptivität dieses Denkens. Als »soziale Potenz« habe ein solches Denken Ähnlichkeiten mit dem *General Intellect*, wie er von Marx und den Post-Operaisten beschrieben wurde. Denken und die Intellektualität, so Agamben, »sind nicht eine Lebensform neben den anderen, in die sich das Leben und die gesellschaftliche Produktion aufgliedern, sondern sie sind *die einigende Macht [potenza], die die vielfältigen Formen des Lebens als Lebens-Form konstituiert*« (19-20). Dieses Denken müsse »Leitbegriff und einheitliches Zentrum der kommenden Politik werden« (20). Indem Agamben auf die post-operaistische Kategorie des *General Intellect* zurückgreift, begegnet er allerdings denselben Problemen wie die Post-Operaisten: Ein Denken, das in den Verhältnissen einer allgemein und »intellektuell« gewordenen Sphäre der Produktion selbst besteht, wie das ja auch Hardt und Negri (Hardt/Negri 2004) mit ihrem Politikbegriff vertreten, reduziert das Politische auf das Soziale. Denn selbst wenn diese Idee sozialer »Massenintellektualität« die gegenwärtigen post-fordistischen Produktionsverhältnisse angemessen beschreiben würde, was möglich ist, hier aber nicht beurteilt werden soll, wird damit noch lange nicht Politik mit-konzeptualisiert, erfordert Politik doch immer ein gemeinsames, kollektives und organisiertes Handeln, das uns gerade aus der Unmittelbarkeit der sozialen

Postulat aus dem Theologisch-politischen Fragment orientiert, die Ordnung des Profanen habe sich an der Idee des Glücks auszurichten. Politische Philosophie müsse sich also auf einem »glücklichen Leben« gründen, auf das »die Souveränität und das Recht keinen Zugriff mehr haben«, und das somit den Gegenpol zum nackten Leben bildet.

Verhältnisse herauslöst. Was also weder Agamben noch Hardt und Negri mit diesem Politikbegriff beschreiben können, ist die Art und Weise, in der soziale Verhältnisse auf *koordinierte* und *organisiert kollektive* Weise verändert werden können, denn dazu wäre genau eine politische Reartikulation des Sozialen vonnöten (zur Kritik siehe Marchart 2003b, Mouffe 2005, Laclau 2005: 239-244).

Ein zweiter Versuch Agambens besteht darin, das politische Subjekt als »beliebige Singularität« zu definieren. Unter diesem Begriff, unter dem man sich genauso wenig Konkretes vorstellen kann wie unter den Begriffen »Lebens-Form« oder unter einer Politik des Denkens, versteht Agamben offenbar alles, was sich dem Staat entgegensetzt. Also nicht viel. Sinn einer künftigen Politik werde *»nicht mehr Kampf um die Eroberung oder die Kontrolle des Staates seitens neuer oder alter sozialer Subjekte sein, sondern Kampf zwischen dem Staat und dem Nicht-Staat (der Menschheit), unüberwindliche Trennung zwischen den beliebigen Singularitäten [singolarità qualunque] und der staatlichen Organisation*« (Agamben 2001: 86). In diesem Fall soll das Soziale nun gerade wieder nicht das Terrain der Politik sein (während ja der *General Intellect* sehr wohl im Sozialen lokalisiert ist), weshalb diese beliebigen Singularitäten des Nicht-Staats nicht mit Sozialen Bewegungen verwechselt werden dürften. Vor allem aber stellen sie keine Identität her und entziehen sich radikal der Sphäre der Repräsentation: »Die beliebigen Singularitäten in einer spektakulären Gesellschaft können keine *societas* bilden, weil sie über keine geltend zu machende Identität, über keinen anzuerkennenden sozialen Bund verfügen. Umso unversöhnlicher der Kontrast zu einem Staat, der alle realen Inhalte zunichte macht, für den aber [...] ein Sein, das radikal jeder repräsentierbaren Identität entbehrt, schlichtweg inexistent wäre« (2001: 86). Man fragt sich, welcher »neue Protagonist einer kommenden Politik«, der »jede Bedingung von Zugehörigkeit ablehnt« und »weder subjektivisch noch gesellschaftlich konsistent« ist, diesen hohen Ansprüchen radikal unrepräsentierbarer und identitätsloser Geisterhaftigkeit genügen könnte. Um einen wirklich *politischen* Protagonisten wird es sich deshalb nicht handeln können, weil reale Politik nichts anderes ist als eine Sphäre der Vermittlung, in der – außer eben in totalitären, spontaneistischen und utopischen Modellen – Vermittlung qua Repräsentation unabdingbar ist. Politik, darauf hat Ernesto Laclau (Laclau 2002) hingewiesen, besteht darin, dass ein partikularer Akteur vorübergehend die Aufgabe der Repräsentation einer abwesenden und unmöglichen Universalität übernimmt. Politik ist also das unabstellbare Spiel zwischen Partikularität und Universalität, in dem glatte oder endgültige Lösungen – i. e. das Zusammenfallen des Partikularen mit dem Universellen und damit die Stillstellung aller Repräsentationsverhältnisse – ausgeschlossen sind.

Aus diesem Grund kann es nur eine Politik der Partikularität/ Universalität und keine der Singularität geben. Mit dem Begriff der Singularität betreten wir eher das Feld der Ethik oder der Theologie (denn hinter nahezu jeder Ethik steckt eine Theologie, so wie hinter dem Singulären das Absolute steckt) und verlassen die Politik. Agamben scheint sich durchaus darüber im Klaren zu sein, dass schon aufgrund seiner Prämissen – nämlich der Allmacht des Staates – eine solche Scheinpolitik der Singularität, d. h. letztlich der Politiklosigkeit, in der innerweltlichen politischen Realität keine Chance hat, weshalb sein einziges Beispiel einer »gelungenen« Politik der Singularität das einer gescheiterten ist: der Aufstand am Tienanmen-Platz. Dort »sah der Staat sich dem gegenüber, was weder repräsentiert werden kann noch will, und was sich trotzdem als eine Gemeinschaft und als ein gemeinsames Leben präsentiert« (Agamben 2001: 86). Weil dies, aus nicht weiter erklärbaren Gründen, eine Bedrohung für »den Staat« sein soll (hätte »der Staat« sich nicht auch entscheiden können, die »beliebigen Singularitäten« zu ignorieren und ihrer Beliebigkeit zu überlassen oder sie, noch besser, institutionell zu integrieren?), sei, wie Agamben selbst erklärt, eine solche Politik zum Scheitern verurteilt: »Wo immer diese Singularitäten friedlich ihr gemeinsames Sein bekunden werden, dort wird ein Tienanmen sein und – früher oder später – werden die Panzer auffahren« (2001: 87). Das ist, auf Basis der Prämissen Agambens, durchaus folgerichtig. Denn wo sich alles nur noch um den welthistorischen Kampf zwischen »dem Staat« und dem »Nicht-Staat (der Menschheit)« dreht, wird politisches Handeln – das immer Kompromisse und Allianzen auf einem offenen, unebenen und komplizierten Terrain impliziert – schlechthin unmöglich.

Der dritte Explikationsversuch Agambens führt ihn direkt zur radikalen Entleerung und Reinigung des Politikbegriffs von aller Politik. So definiert Agamben die »eigentliche Sphäre der Politik« als »die Sphäre der reinen Mittel oder der Gesten (der Mittel also, die sich, eben als solche, von ihrer Relation auf einen Zweck hin emanzipieren)« (9). Unter einem reinen Mittel stellt sich Agamben eine Praxis vor, die nicht auf einen Zweck hin orientiert ist und der falschen Alternative zwischen Zwecken und Mitteln entgeht, indem sie zur Praxis reiner Medialität oder Mittelbarkeit wird:

Denn eine Zweckmäßigkeit ohne Mittel (das Gute oder das Schöne als Zweck an sich) ist ebenso befremdlich wie eine Mittelbarkeit, die nur hinsichtlich eines Zwecks Sinn hat. Das, worum es in der politischen Erfahrung geht, ist nicht ein höherer Zweck, sondern das In-der-Sprache-Sein selbst als reine Mittelbarkeit, das In-einem-Mittel-Sein als irreduzible Bedingung der Menschen. *Politik ist die Darbietung einer Mittelbarkeit, das Sichtbarmachen eines Mittels als solchem.* Sie ist weder die Sphäre eines Zwecks an sich, noch die Sphäre der einem Zweck untergeordneten Mittel, sondern die einer reinen Mittelbarkeit ohne Zweck als Feld des menschlichen Handelns und Denkens (111).

Agamben nimmt hier Anleihen bei Benjamins frühem Aufsatz »Über Sprache überhaupt und die Sprache der Menschen« (1991), wo Benjamin, in Agambens Worten, postuliert, eine Sprache sei dann rein, »wenn sie nicht ein Instrument zum Zweck der Mitteilung ist, sondern unmittelbar sich selbst mitteilt, also reine, einfache Mitteilbarkeit ist« (Agamben 2004a: 75). Weil Menschen einander also nicht allein konkrete Inhalte mitteilen, sondern Mitteilbarkeit als solche, nämlich Sprache, öffne sich Politik als »kommunikative Leere«, als leerer Raum, »den Politiker und Mediokraten dadurch unter Kontrolle zu bekommen versuchen, dass sie ihn in einer Sphäre separiert halten, die seine Aneignung unmöglich macht« (Agamben 2001: 92). Noch mehr als an Benjamin aber erinnert Agambens Idee einer politischen Praxis reiner, von Zwecken und Inhalten losgelöster Mittelbarkeit an eine gewisse Arendt'sche Lesart von politischem Handeln als einer Tätigkeitsart, die ihren Sinn in sich selbst trägt und nicht – wie das Herstellen – auf einen Endzweck oder ein Produkt hin orientiert ist. Wenn damit gemeint ist, wie bei Arendt, dass der Phänomenbereich politischen Handelns in technischer Kalkulierbarkeit à la *rational choice theory* oder in bürokratischen Organisationsformen nicht aufgeht, dann ist dem kaum zu widersprechen. Im Falle Agambens kommt jedoch der Verdacht auf, eine allein auf der quasi-transzendentalen Ebene der Medialität angesiedelte Politik solle durchgehend von allem, was reale Politik auszeichnet, gereinigt werden. Dieses Purifizierungsphantasma mag dem Wunsch nach einer Politik der »reinen Hände« geschuldet sein; die aber kann es nicht geben – jedenfalls nicht in dieser Welt (und wenn, dann nur in Form extremster Gesinnungsethik, also gerade nicht in Form von Politik). Denn eine Entleerung der Mittel von allen Zwecken impliziert die Verleugnung und Eskamotierung des Strategischen aus der Politik. Strategie wird notwendig, sobald man davon ausgeht, dass Politik eben nicht in einem »glatten Raum«, sondern notwendig auf einem unebenen und immer von Macht- und Unterordnungsverhältnissen verformten Terrain stattfindet. Das wiederum impliziert die Überwindung von Hindernissen, die Setzung von politischen Zielen und eine gewisse Zweckhaftigkeit des eigenen Handelns. Jedes Mittel wird somit notwendigerweise von Zwecken überformt sein. Eine reine Mittelbarkeit – d. h. politische Mittel ohne Zwecke – ist unter diesen Bedingungen überhaupt nicht denkbar und wird nie emanzipatorische Effekte erzielen. Politisches Handeln ist in diesem Sinne konstitutiv *unrein*, und wer von Politik spricht, und nicht etwa von Religion oder Gesinnungsethik, wird sich diesem *dirty-hands*-Problem stellen müssen.

8.5. Moses statt Messias

Agambens Reinheitsgebot macht den unpolitischen Kern des politischen Messianismus deutlich. Es ist wohl bezeichnend für diesen Politikbegriff, dass in der mit dem Titel versehenen Miniatur »Idee der Politik« aus dem Band *Idee der Prosa* Politik weder als Begriff noch von der Sache her ein einziges Mal aufscheint. Stattdessen finden sich dort Überlegungen zur christlichen Idee der Vorhölle.[6] Diese Idee der Politik, so muss vermutet werden, ist die Idee einer, im herkömmlichen Sinn, politiklosen Politik. Denn wo die Politik vollständig vom Politischen (als dem monolithisch und omnipräsent vorgestellten und darin ontologisierten »Staat«) gereinigt werden soll, dort wird sie auch von jeder potenziell emanzipatorischen Politik, d. h. von allen Aspekten des Strategischen gereinigt. Die

6 Diese Idee der Vorhölle wird in Verbindung mit der Melville'schen Figur des Bartleby gebracht (siehe auch Agamben 1998), weshalb davon ausgegangen werden kann, dass hier eine Politik »radikaler Passivität« gemeint ist, die anderswo ausgeführt wird (zur Kritik eines solchen Passivismus vgl. Marchart 2006a; für eine Kritik des angeblich Foucault'schen Ansatzes Agambens siehe Sarasin 2003).

Idee einer *kommenden* Politik oder einer *kommenden* Gemeinschaft ist wenig fruchtbar, wenn nicht in Rechnung gestellt wird, dass diese Politik immer im Hier und Jetzt, und d. h. notwendigerweise strategisch und gegen Widerstände aktualisiert werden muss. Das erfordert eine aktive Auseinandersetzung mit Macht- und Unterordnungsverhältnissen, die von Agamben zu einem gleichsam unbesiegbaren »Staat« hypostasiert werden. Deshalb entspricht auch die scheinbar an Foucault angelehnte Gouvernementalitätstheorie Agambens im besten Fall einem halbierten und auf diese Weise adornisierten Foucault: Macht tritt hier nie gekoppelt mit Widerstand auf, sondern bestenfalls mit einer nostalgischen Hoffnung auf das Ganz-Andere, die ihre religiöse Herkunft kaum verbergen kann. So spricht Agamben in einem Interview davon, die »einzig authentische politische Erfahrung« entspräche einer voraussetzungslosen Gemeinschaft, die nie zu einem Staat verkommen könne (zit. in Klein 2003: 169). Zugleich gesteht er ein, dass eine solche Gemeinschaft nur schwer vorstellbar sei, wobei ihm als einziges historisches Vorbild die urchristliche Gemeinde in den Sinn kommt.

Abgesehen von der nostalgisch-religiös kodierten semantischen Auffüllung der quasi-transzendentalen Operatoren Agambens, vor allem des Begriffs Rest, rächt sich an dieser Stelle die Methode, ausschließlich von den (strukturell zusammenfallenden) Extrempunkten einer Skala oder Regel her zu denken. Zwischen dem autoritären Ausnahmezustand der Souveränität und dem subversiven Messianismus einer »reinen Politik«, also innerhalb dieser Radikalopposition des strukturell Identischen bleibt kein Raum mehr für politisches Handeln. Wo Souveränität und Messianismus selbst in eine »Zone der Ununterscheidbarkeit« geraten, dort gehen alle Schattierungen, alle Unebenheiten der Macht und des Widerstands verloren. Agambens Methode des, wenn man so will, Theorieextremismus führt also dazu, dass die quasi-transzendentalen »ontologischen« Eckpunkte des Politischen (die messianische und souveränistische Logik des Ausnahmezustands) die empirisch-»ontische« Ebene der Politik vollständig überschreiben und unsichtbar machen. Diese Beobachtung führt uns zurück zur politischen Differenz als dem gemeinsamen Merkmal des linksheideggerianischen Denkzusammenhangs. Was im Falle Agambens zu beobachten ist, ist die implizite Reduktion der politischen Differenz auf die ontologische Seite des Politischen und die simultane Entleerung der ontischen Seite der Politik von allem Sinn und Inhalt. Da es nicht umgekehrt darum gehen kann, nun die politische Differenz empiristisch auf die ontische Seite der Politik zu reduzieren, stellt sich folgende Frage: Können wir die ontologischen Bedingungen der (Un-)Möglichkeit aller Politik (i. e. das Politische) in Rechnung stellen und zugleich an einem innerweltlichen (ontischen) Begriff der Befreiung (i. e. Politik) festhalten? Ich sehe keinen Grund, warum dies nicht möglich sein sollte. Von Agamben ausgehend wird dieses Unternehmen allerdings die Rehabilitierung der ontischen Ebene der Politik erfordern.

Die angemessene Antwort auf die gegenwärtige hegemoniale Politik der Politiklosigkeit, die Agamben, ganz ähnlich wie Rancière, mit den Begriffen Polizei und Biopolitik zu fassen versucht, kann also nicht in jener »reinen Politik« bestehen, die man vielleicht als eine *Politik des Politischen* bezeichnen könnte (Marchart 1998), sondern muss schlicht und einfach eine *politische Politik* sein, die ihrerseits nur in Form einer *Repolitisierung der Politik* zu haben ist. Wirklich emanzipatorische Politik (im Unterschied zum ontologisch gereinigten Politischen) wird deshalb nicht »messianisch« agieren, denn eine »messianische Politik« agiert gar nicht, sondern *macht passiv*. Emanzipatorische Politik wird hingegen »mosaisch« agieren. Im Unterschied zur messianischen Hoffnung auf Errettung lautet das mosaische Gesetz in der Politik, um es ganz simpel zu sagen: Die Befreiung kommt nicht von oben, sondern retten wird man sich schon selber müssen. Und auch wenn Gott seinem Volk ein wenig unter die Arme greift, muss es doch den Ausgang aus Ägypten selber suchen.

Wie Michael Walzer in einer Studie dieses »mosaischen Gesetzes« der Politik nachgewiesen hat, lässt sich das Motiv des von Moses angeführten Auszugs der Israeliten aus der ägyptischen Sklaverei im revolutionären Diskurs Oliver Cromwells genauso aufweisen wie in der Amerikanischen Revolution und im Befreiungskampf der amerikanischen Sklaven. Es bildet gleichsam den Grundakkord abendländischer Befreiungsnarrative. In unserem Zusammenhang entscheidend ist, dass Walzer vor der umstandslosen Gleichsetzung des Exodus mit Motiven des Messianismus warnt. Der Exodus ist ein *innerweltliches* Ereignis, das auf eine innerweltliche Transformation zielt und nicht auf das Verlassen dieser Welt bzw. die Ankunft einer ganz anderen Welt. Der Messianismus wird sich später auf die Exodus-Erzählung beziehen und diese gleichsam von innen her aufspalten: Auf der einen Seite wird der Exodus zum Vorbild für messianisches und chiliastisches Denken, das sich durchaus auch in Begriffen der Exodus-Erzählung formulieren lässt. Zum anderen bleibt er eine stete *Alternative* zum Messianismus. Der Messianismus leitet sich, wie Walzer unterstreicht, vom Exodus ab und bleibt doch radikal von ihm getrennt. Was beide trennt, ist genau der innerweltliche Charakter von Politik und Geschichte, der in der Exodus-Erzählung erhalten bleibt. Das Gelobte Land ist nicht das messianische Reich, und Moses ist kein Messias. Insofern der Exodus Moses' und der Israeliten also im Inneren unserer Welt stattfindet und ein real zu erreichendes politisches (und geographisches) Ziel verfolgt, muss er auch historisch-politisch bewerkstelligt werden.

Der Messianismus hingegen wird den Exodus als Allegorie einer endgültigen Erlösung der Menschheit neu interpretieren. Die messianische Erlösung wird so zum zweiten und endgültigen Exodus der Menschheit, zu einem Auszug nicht etwa aus einem Zustand konkreter Unterdrückung, sondern aus dem Jammertal der Welt, der Politik und der Geschichte *tout court*:

> Befreit von der spezifischen Opposition Ägypten gegenüber, entwickelt man stattdessen das Bild ›des neuen Himmels und der neuen Erde‹ – diesmal in totalem Gegensatz zu dieser Welt, zu diesem Leben. Es sind nicht die schwere Knechtschaft, sondern tägliche Sorgen, nicht die ›bösen Krankheiten‹ Ägyptens, sondern die Krankheit selbst, die entschwinden werde, wenn der Messias kommt. Die Geschichte wird aufhören – ein Gedanke, der den Exodus-Texten völlig fremd ist, denn sie scheinen geradezu auf die Lehre angelegt, daß die Verheißungen sich nie endgültig erfüllen, daß Rückfälle und Kämpfe ewige Züge der menschlichen Existenz sein werden. Und selbst wenn die Verheißungen erfüllt würden, wäre das Ergebnis immer noch eine heilige Gemeinde, die in der historischen Zeit lebt, deren Bürger das Land bestellen, auf Regen warten, nach äußeren Feinden Ausschau halten, den siebten Tag und das siebte Jahr und das Halljahr feiern. Das Ende der Tage ist eine neue Idee (Walzer 1994: 127 f.).

Die »Spaltung«, die der »zweite Exodus« des Messianismus in das Exodus-Motiv einführt, entspricht der politischen Differenz zwischen Stellungskrieg und Bewegungskrieg bei Gramsci (gesetzt, wir verstehen unter Letzterem das messianische Phantasma eines »allerletzten Gefechts«, das nicht nur bestimmte Instanzen der Macht, sondern *Macht als solche* aus der Welt schafft). Exodus, der

Auszug aus Sklaverei und politischer Unterdrückung, der in Kants radikalem Aufklärungsbegriff als Ausgang aus der selbstverschuldeten Unmündigkeit wiederkehren wird, das ist zuallererst ein langer Marsch durch die Wüste. Was Walzer »Exodus-Politik« nennt, setzt sich bewusst diesen Mühen der Ebene aus, und doch ist die Ursprungsversion des Exodus revolutionär. Ja, Exodus könne geradezu als »Paradigma revolutionärer Politik« (1994: 17) verstanden werden. Einer *innerweltlichen* revolutionären Politik jedoch, die in ihrem Handeln keinen fundamentalen Bruch zwischen dieser Welt und einer anderen voraussetzt. Damit hat Walzer ein Modell radikaler Politik konturiert, in dem kein messianischer Exodus aus dem Politischen gesucht wird. Entsprechend lassen sich in der Exodus-Erzählung die wesentlichen Merkmale politischen Handelns wiederfinden, die Agamben seinerseits aus seinem Politikbegriff herauszudefinieren sucht.

Damit soll nicht gesagt sein, dass Walzer im Recht und Agamben im Unrecht wäre. Befreiung und Rettung, Moses und der Messias, stellen – unter quasi-transzendentalistischen Gesichtspunkten – die ontische und die ontologische Seite einer politischen Differenz dar, die *als* Differenz beide Seiten trennt und verbindet. Und wenn emanzipatorische Politik immer einer *mosaischen Logik* folgt, dann nur deshalb, weil sich in ihr die *messianische Onto-logie* des Politischen aktualisiert, der wir *als solcher* nie begegnen. Doch umgekehrt muss aufgrund derselben Differenz gesagt werden, dass in der Politik ein Mittel nie ohne Zweck ist, ja dass die Purifikation der Politik von aller Strategie, Macht, Hegemonie und (im erweiterten Sinn) Staatlichkeit die geringste Befreiung von Anfang an verunmöglicht. Was aus »mosaischer« Perspektive eine politische Theorie, die als solche gelten will, denken muss, das ist nicht allein die Logik des Politischen. Es ist zugleich die Realität der Politik. Beides soll in den folgenden Kapiteln geschehen. In ihnen soll, auf Basis der kritischen Evaluation aller bisherigen Spielformen der politischen Differenz, den philosophischen Implikationen einer Ontologie des Politischen und den Minimalbedingungen von Politik nachgespürt werden. In einem abschließenden Kapitel werden wir schließlich sehen, welche demokratietheoretischen Schlussfolgerungen daraus zu gewinnen sind.

III.
Konsequenzen eines *non sequitur*

Kapitel 9
Politische Ontologie: *prima philosophia* des Postfundamentalismus

9.1. Gabelungen einer Philosophie des Politischen

Mit dem Durchgang durch die Spielformen der politischen Differenz sind wir einem der eingangs gesteckten Ziele nähergekommen: Die »Grundfrage« der Untersuchung lautete, was es mit der politischen Differenz *als Differenz* auf sich habe. Eine begriffsgeschichtliche Rekonstruktion der verschiedensten Neuprägungen eines Begriffs des Politischen kann für die Beantwortung dieser Frage nicht ausreichen (Kapitel 2.7.), denn so käme nur die eine Seite der Differenz (der neu geprägte Begriff des Politischen), nicht aber die Differenz als solche in den Blick. Deshalb zielte die Untersuchung darauf ab, über die nominalistische Begriffsgeschichte hinaus der Differenzierung als solcher, und zwar vor allem innerhalb des französischen Linksheideggerianismus auf den Grund zu gehen. In dessen jeweiligen Ansätzen wird der Begriff des Politischen zum Synonym verschiedenster Kontingenzfiguren: Ereignis, Antagonismus, Freiheit etc. In manchen Theorien, namentlich bei Lefort und Laclau, bezeichnet er darüber hinaus das Moment partieller Schließung und vorübergehender Gründung: das Moment der Instituierung von Gesellschaft. In allen Fällen zielt ein solcher Begriff des Politischen (bei Badiou und Rancière paradox auch als eigentlicher Begriff von Politik lanciert) jedoch auf eine fundamentalere Ebene als jene systemischer Politik – weshalb er ins Geschäftsgebiet einer *Philosophie des Politischen* fällt, nicht in die traditionelle Disziplin der politischen Philosophie (Vollrath 1987:27).

Dieses Bedürfnis nach Konzeptualisierung eines Kontingenzbegriffs des Politischen, so unser Erklärungsvorschlag, konnte erst aufkommen, nachdem die Unmöglichkeit oder Abwesenheit eines letzten Grundes, auf dem Gesellschaft errichtet werden könnte, unübersehbar wurde. Das Spiel der politischen Differenz, changierend zwischen begrifflichen Momenten der Entgründung (Kontingenz) und solchen der Gründung (Institution), kann als Symptom des abwesenden Grundes von Gesellschaft (oder mit Heidegger: des

Grundes in seinem An-/Ab-wesen) verstanden werden. Doch obwohl Gesellschaft nicht ultimativ zu gründen ist, so die postfundamentalistische Pointe, muss sie dennoch provisorisch gegründet werden. Beides, Unmöglichkeit *und* Notwendigkeit der Gründung, anerkennt der Postfundamentalismus – darin besteht sein Abstand zu Fundamentalismus und Antifundamentalismus gleichermaßen. Die Abwesenheit eines letzten Grundes gilt ihm zugleich als Ermöglichungsbedingung für graduelle, multiple und relativ autonome Gründungsakte. Entgründung ist, wie Laclau betont, nie absolut; sie ist immer »Teil einer Operation der Gründung, außer daß diese Gründung etwas nicht länger auf einen Grund zurückverweist, der als Ableitungsprinzip fungieren würde, sondern vielmehr dieses etwas dem Terrain der Unentscheidbarkeiten einschreibt (Iteration, Re-mark, Differenz, etc.), die seine Entstehung ermöglichen« (Laclau 2002: 120).[1] Unsere Darstellung der Konstellation der heideggerianischen Linken, die aus Platzgründen wichtige andere Positionen – von etwa Julien Freund, Cornelius Castoriadis, Zygmunt Bauman und anderen – nur gestreift hat, wollte daher nicht zuletzt auf diese eigentliche Pointe des heutigen Postfundamentalismus hinweisen.

Natürlich existieren zwischen den Vertretern eines Heideggerianismus der Linken erhebliche Meinungsverschiedenheiten bezüglich der Schlussfolgerungen, die aus dem Entzug des Grundes zu ziehen sind; und eine der Aufgaben der drei abschließenden Kapitel wird es sein, zwischen diesen Divergenzen auf möglichst plausible Weise zu navigieren. Entwickeln die einen aus dem postfundamentalistischen Ansatz eine – in sich wiederum differenzierte – prodemokratische Position (Lefort, Mouffe, Nancy, Rancière), so gebärden sich die anderen explizit antidemokratisch (Badiou, Žižek, Agamben) oder beziehen eine demokratiefreundliche, aber in letzter Instanz links-populistische Position (Laclau). Auch auf der Skala progressiver Politik kommen die Linksheideggerianer an unterschiedlichen Punkten zu liegen: die maostischen (Badiou), quasi-anarchistischen (Nancy, Rancière) und neomarxistisch-gramscianischen (Lefort, Laclau) Varianten des Linksheideggerianismus wären im Raum realer Politik nur bedingt koalitionsfähig. Darf es überraschen, dass aus derselben postfundamentalistischen Theorietradition heraus, ja

1 Eine Auflistung, der die begriffliche Differenz zwischen Politik und dem Politischen hinzugefügt werden müsste.

aus denselben Grundannahmen so unterschiedliche Schlussfolgerungen gezogen werden? Bereits im Einleitungskapitel wurde ja darauf hingewiesen, dass aus der Annahme der Abwesenheit eines Fundaments von Gesellschaft keine notwendig »progressiven« Schlüsse zu ziehen sind; die Gegenbeispiele eines liberalen Pragmatismus mit Ausflügen ins Patriotische (Rorty), vor allem aber eines konservativen Skeptizismus (Oakeshott) sind einschlägig. Daran hat auch die genauere Untersuchung der Spielformen der politischen Differenz, die ja zugleich Spielformen einer *Politik der Differenz* waren, nichts geändert. Es scheint, als hätten uns alle bisherigen Überlegungen wieder nur an einen Punkt geführt, aus dem nichts weiter abgeleitet werden kann. Denn wie könnte ein Grund, der zugleich und notwendig Abgrund ist, auch etwas begründen?

Gehören die postfundamentalistischen Grundsätze und -setzungen somit ins Reich nutzloser Gedankenspiele? Ist der Postfundamentalismus eine politisch beliebige, kopflastige Totgeburt? So paradox es klingen mag: Daraus, dass nichts folgt, folgt nicht nichts. Anders gesagt: Die Tatsache, dass aus der politischen Differenz nichts mit Gewissheit abgeleitet werden kann, legt ihrerseits Schlussfolgerungen nahe. Im strengen Sinn sind diese zunächst freilich nur negativer Art und können in *Non-sequitur*-Argumente übersetzt werden. In einem zweiten Schritt aber werden sich genau aufgrund unseres Wissens darum, dass *nichts notwendig folgt*, Spielräume für Formen der Kontingenzfolgenabschätzung öffnen, die nicht auf Letztbegründung, Determination, logische Ableitung oder arithmetische Kalkulation setzen, sondern auf Plausibilisierung.[2] Ich werde also zu Eingang dieses Kapitels nochmals daran erinnern, dass manche postfundamentalistischen Theoretiker die ontologische bzw. politische Differenz, aus der weder eine bestimmte politische Positionierung noch eine besondere ethische Qualität abzuleiten ist, entweder »ontisch« engführen oder pathetisch überhöhen. Ich werde aber auch darauf hinweisen, dass man dieser Falle aus strukturellen Gründen – die im heideggerianischen Modell mit der notwendigen Verknüpfung des Ontischen mit dem Ontologischen zu tun haben – nicht entkommen kann, dass es so-

2 Plausibilisierung nicht im Sinne eines Rekurses auf den Alltagsverstand, denn viele unserer Thesen sind aus dessen Perspektive kontraintuitiv. Plausibilität beanspruchen unsere Argumente vor dem postfundamentalistischen Theoriehorizont, vor dem sie entfaltet werden.

mit nicht möglich ist, *nicht inkonsequent* zu sein, das leere Spiel der ontologischen Differenz *nicht* mit einer *bestimmten Semantik*, das Politische *nicht* mit einem *partikularen Projekt der Politik* aufzufüllen. Es kann somit nur darum gehen, sich nicht über die eigene Inkonsequenz hinwegzutäuschen und Verantwortung zu übernehmen für jene je bestimmten *Inkonsequenzen*, die man aus der Unmöglichkeit jeder Letztbegründung zu ziehen gedenkt.

Es handelt sich um dieselbe Verantwortung, die auch eine *demokratische Ethik* auferlegt, wie wir sie in Kapitel II entwickeln werden. Dort werde ich argumentieren, dass zwar die Entscheidung für Demokratie nicht unmittelbar aus der Abwesenheit des Grundes folgt, dass aber jede Demokratie diese Abwesenheit des Grundes in ihr institutionelles und symbolisches Arrangement einzubauen hat, dass Demokratie getragen werden muss von einer bewussten *Ethik der Selbstentfremdung*, d. h. einer Ethik der Anerkennung nicht etwa nur des Fremden oder des Anderen, sondern der konstitutiv entfremdeten Natur des Eigenen. Dem vorausgehend werde ich im vorletzten Kapitel die Frage näher beleuchten, welches Politikverständnis eine Theorie der politischen Differenz nahelegt. Auch hier folgt kein bestimmtes Politikverständnis mit Notwendigkeit, ich werde aber argumentieren, dass bestimmte Verkürzungen (im Unterschied zu anderen) katastrophale Folgen haben können. Im Zentrum meiner Kritik wird das Phantasma »großer Politik«, also einer *Politik des Politischen* stehen, der ich ein Modell *minimaler Politik* entgegensetzen möchte, das aber umgekehrt nicht auf das bekannte Modell von Mikropolitik geschrumpft werden sollte. So wird es unter anderem darum gehen, jene *minimalen Bedingungen* konkreten politischen Handelns zu ermitteln, die mit den meiner Ansicht nach produktiveren Aspekten eines Begriffs des Politischen zumindest kompatibel sind. Zuvor aber sollen die philosophischen Implikationen der politischen Differenz untersucht werden. Im Folgenden werde ich argumentieren, dass die vorgestellten Spielformen nicht nur eine Reaktualisierung der Tradition materialistischer Philosophiegeschichtsschreibung nahelegen, sondern allesamt auf die Entwicklung einer *politischen Ontologie* hinauslaufen. Die politische Ontologie (oder *Hantologie*), die im Linksheideggerianismus entwickelt wurde, darf allerdings nicht, so scheint mir, mit einer philosophischen Spezialdisziplin verwechselt werden. Sofern sie die Konstitutionsbedingungen des sozialen Seins im Allgemeinen (und alles Sein ist sozial) beschreibt, übernimmt die politische Ontologie jene Funktion, die traditionell einer Ersten Philosophie oder *prima philosophia* zukam – wenn auch, paradox, unter Bedingungen der Unverfügbarkeit jedes Ersten.

Es versteht sich, dass diese in den drei abschließenden Kapiteln entwickelten Argumente nicht in der politischen Differenz als solcher gegründet werden können. Wo nichts mit Notwendigkeit folgt, ist jede sinnvolle Konsequenz nur eine *regulierte Inkonsequenz*. Daran ist nichts Bedauernswertes, denn außer im Negativen – durch Aufzeigen des *non sequitur* – ist es uns nicht vergönnt, nicht inkonsequent zu sein. Reguliert aber wird unsere Inkonsequenz nicht zuletzt durch den Argumentationshorizont, vor dem sie jeweils Sinn macht oder nicht – in unserem Fall die postfundamentalistische Konstellation einer heideggerianischen Linken. Das theoretische Begründungsmedium, in dem sich die Plausibilität unserer Argumentation erweisen muss, ist deshalb auch nicht das Medium der Ableitung, sondern das der praktischen Klugheit, die Aristoteles als *phronesis* bezeichnet hat und Kant als Urteilskraft. Es ist wohl alles andere als ein Zufall, dass genau diese Kant'sche Urteilskraft von Hannah Arendt zugleich als Medium der Politik ausgemacht wurde.

9.2. Konsequenzen eines *non sequitur*

Kehren wir also zum Argumentationshorizont der Linksheideggerianer zurück. Wenn aus der politischen Differenz keine politischen Inhalte oder Richtungsentscheidungen notwendig ableitbar sind, dann sind zunächst jene Kurzschlüsse und Überladungen unhaltbar, auf die wir in der Analyse der einzelnen Spielformen immer wieder stießen:

Was ich als *Ethizismus* bezeichnet hatte, ist nichts anderes als eine solche Engführung des Postfundamentalismus, auf die man bei Badiou, aber auch in der Dekonstruktion trifft. Aus der Tatsache der Abwesenheit des Grundes folgt erst mal keinerlei ethische Verpflichtung dem Grund in seiner Abwesenheit gegenüber (z. B. dem Anderen in seiner Andersheit, der Offenheit des Sozialen oder dem Ereignis gegenüber). Man könnte in Abwandlung der Hume'schen Formel auch sagen: No ought from an *isn't*. Aus einer ontologischen Bedingung der Möglichkeit einer Sache, selbst wenn dieselbe Bedingung postfundamentalistisch zugleich als Bedingung der Unmöglichkeit derselben Sache gefasst wird, können keine normativen Konsequenzen gezogen werden. Das bedeutet keineswegs, dass wir in einer Welt ohne Normen leben würden. Aber diese Normen sind nicht auf der Ebene des Grundes (bzw. des Spiels der politischen Differenz) angesiedelt, sondern gehen aus einer nachgeordneten Bewegung normativer Grundlegungsversuche hervor – die ihrerseits am Spiel der politischen Differenz früher oder später scheitern werden (ich werde in diesem Sinne den Vorschlag einer *demokratischen Ethik* in Kapitel 11 unterbreiten, die diesem Scheitern selbst Tribut zollt).

Der *emanzipatorische Apriorismus,* der uns etwa bei Rancière begegnete, ist ein in die Politik verlängerter Ethizismus. Wenn Rancière behauptet, Politik im emphatischen Sinn ginge immer mit der Emanzipation eines Anteils der Anteilslosen einher, dann insinuiert er, bei Anteillosigkeit handle es sich in jedem Fall um *ungerechtfertigte* Anteillosigkeit (Rancières Anteillose sind letztlich immer verschiedene Figuren des Proletariats). Damit wird aber ein weiteres Mal die Ebene der politischen Differenz ethisch und normativ überladen, denn nichts weist darauf hin, dass Exklusion *per se* ungerechtfertigt sein muss. Es benötigt wenig Phantasie, um eine historische Situation vorzustellen, in der etwa eine Bande anteilloser Neonazis ihren Anteil an politischer Repräsentation einfordert und dieser Anteil ihr durchaus zu Recht verweigert wird. Handelte es sich auch in diesem Fall um ein »Unvernehmen«, dann wäre das Rancière'sche Spiel der Politik nicht mehr a priori emanzipatorisch. Das ist aber keine Tragödie. Im Gegenteil, die Vorstellungswelt politischer Philosophie muss mit den verschiedensten Formen des Ressentiments bis hin zum Pogrom zurande kommen können, ohne sie formalistisch aus dem Politikbegriff herauszudefinieren. Eine politische Philosophie, die ausschließlich zur Bestätigung des eigenen Progressismus gut ist, kann nicht länger als postfundamentalistisch gelten und birgt darüber hinaus die Gefahr der Selbstverblendung.[3]

3 Diese Kritik zielt keineswegs nur auf Rancière ab. Im Kreis um Hardt/Negri und im Anschluss an Deleuze/Guattari kommt es fast zu einer Vergötterung, zumindest aber zu einer Substanzialisierung der »*multitude*«. Deren imaginärer Aufstieg zum emanzipatorischen Akteur schlechthin ist aber nur der bloßen Inversion des Bildes der Masse, wie sie das Bürgertum des 19. Jahrhunderts fürchtete, gedankt.

Deshalb ist Vorsicht gegenüber Semantiken geboten, mit denen das Politische (bzw. die Politik) nobilitiert und überhöht wird. Das Machiavell'sche Moment des Politischen ist, recht verstanden, ein Moment des politischen Realismus im doppelten Sinn: im Lacan'schen Sinne eines Realen als Name für die Unüberbrückbarkeit des Abgrunds der ontologischen Differenz; und im Sinne der gewöhnlichen politischen Realität, in die man nicht handelnd eingreifen kann, ohne sich in unterschiedlichem Grade die Hände schmutzig zu machen.

Dass dem Postfundamentalismus keineswegs apriorisch emanzipatorische Qualitäten zukommen, wird ex negativo illustriert vom Fall Heidegger, also der *faschistischen Engführung* des Postfundamentalismus. Die Entbindung von metaphysischen Letztbegründungen, d.h. die Destruktion der Metaphysik, wird Heidegger in der Phase der Rektoratsrede (Heidegger 1990:15 f.) zum Argument für die Notwendigkeit faschistischer Neubindungen: die Bindung an die Volksgemeinschaft im Dienste »aller Stände und Glieder des Volkes« in Form des studentischen Arbeitsdienstes; die Bindung an Ehre und »Geschick« Deutschlands inmitten anderer Völker in Form des Wehrdienstes und der »Bereitschaft zum Einsatz bis ins Letzte«; die Bindung an den »geistigen Auftrag des deutschen Volkes« in Form des studentischen »Wissensdienstes«. Für Heidegger folgen diese Bindungen aus der Grundlosigkeit des Seins: »Die Fragwürdigkeit des Seins überhaupt zwingt dem Volk Arbeit und Kampf ab und zwingt es in seinen Staat, dem die Berufe zugehören« (1990:13). Dass es sich hier um ein *non sequitur* handelt, bedarf wohl keiner weiteren Erläuterung. Der NS-Staat mag alles Mögliche sein, mit Sicherheit aber keine »zwingende« Folge der Grundlosigkeit des Seins. Dieses theoretische Gegenargument mag politisch schwach sein, denn natürlich lässt sich der Faschismus nicht mit Hinweis auf seine Denkfehler bekämpfen. Im Zusammenhang mit unserer Diskussion muss aber der Hinweis auf die unzulässige »Ontologisierung des Ontischen« erlaubt sein, die schon Adorno (2008), wenn auch mit anderer Stoßrichtung, Heidegger vorwarf. Ein »Ontisches«, der NS-Staat, wird zur Konsequenz der ontologischen Seinsbedingungen erhoben und damit selbst ontologisch nobilitiert. Man könnte vermuten, dass Heideggers spätere »Kehre« – seine Abwendung von der »Entschlossenheit« und die Hinwendung zur »Gelassenheit« –, die einer klassischen Interpretation zufolge (Habermas 1998: 78) aus der Enttäuschungserfahrung am Nazismus hervorging, solche allzu plumpen Fehlleistungen nicht mehr zulässt. Aber das pastorale Seins-Vokabular, in dem das Idealbild des »Führers« von dem des »Hirten« abgelöst wird, kann ebenso wenig aus der Grundfigur der Heidegger'schen Differenzontologie gewonnen werden. Denn wieso sollte das Sein – gedacht als ohnehin *unabstellbares* Spiel der Differenz – von jemandem »gehütet« werden?

Nun war es Heidegger (Heidegger 1984: 161) selbst, der bereits eine Ahnung von der Unzulässigkeit solcher Abkürzungen formulierte, als er unterstrich, dass »das Denken« zu keinem wissenschaftsförmigen Wissen führe, keine nutzbare Lebensweisheit berge, keine Welträtsel löse und unmittelbar keine Kräfte zum Handeln verleihe. Für den Heidegger der »Kehre« besitzt das Denken keine andere »Sache« als wiederum nur das Spiel der Differenz als Differenz. Doch selbst diese Entleerung des Denkens von jeder Sachhaltigkeit, Zweckhaftigkeit und Praktikabilität ist ein *non sequitur.* Heideggers Rückzug von der politischen Praxis wurde erkauft durch einen Prozess der Überhöhung des Denkens: Auf die faschistische antwortete die *philosophistische* Engführung. Heidegger könnte sogar als Ahnherr des Philosophismus auftreten, den wir in der Auseinandersetzung mit Nancy und Badiou definiert hatten als ein Denken, das sich selbst schon für Handeln nimmt und darüber die außerphilosophische Sache, um die es ihm geht, vergisst. So lässt Heidegger im Humanismusbrief seine französischen Leser wissen: »Das Denken wird nicht erst dadurch zur Aktion, daß von ihm eine Wirkung ausgeht oder daß es angewendet wird. Das Denken handelt, indem es denkt« (Heidegger 1996: 313). Diese Behauptung »handelt« tatsächlich, sie produziert nämlich einen Effekt der Depolitisierung. Wenn Denken *immer schon* Handeln und Aktion ist, wieso sollte dann noch die Artikulation mit konkreter Politik gesucht werden?

Die Verschmutzung eines Denkens des Seins durch konkrete Politik wollte Heidegger, der sich an solcher Politik die Finger verbrannt hatte, vermeiden, indem er das Denken selbst zu einer höheren Form des Handelns erklärte und zugleich von inhaltlicher Konkretion befreite. Wenn die einzige Sache des Denkens aber das Spiel des Seins selbst ist, wieso sollte Denken noch um irgendeine »ontische« Sache bemüht sein? Diese letzte Frage ist für den weiteren Fortgang dieses Kapitels maßgeblich. Bisher wurde ja argumentiert, dass die »Ontologisierung des Ontischen« – die ontologische Überhöhung des Normativen, der Emanzipation aber auch des Faschismus – ein klares *non sequitur* darstellt. Nun zeigt sich aber, dass auch die Entleerung, das zwanghafte Freihalten des Ontologischen ein *non sequitur* ist. Ein völlig entleertes Denken, das nur noch um sich selbst bzw. um die Differenz-als-Differenz kreist, würde das chiasmatische Wesen der ontologischen Differenz verfehlen. Man wird sich also immer für eine bestimmte Seins-Semantik entscheiden müssen.[4] Denn das Ontologische, so viel ist schon beim frühen Heidegger gesagt, erscheint nur aus jeweils ontischer Perspektive.[5] Das bedeutet zugleich, dass irgendein ontischer Inhalt in die Stelle des Ontologischen eintreten muss. Das Spiel der ontologischen Differenz erfordert einen profanen Spieleinsatz. Denn der empirisch-politisch-historischen Verschmutzung des Begriffs vom Sein (bzw. der Differenz als solcher) lässt sich nicht entkommen, wird sie doch vom Modell selbst, d. h. von der chiasmatischen Natur der ontisch-ontologischen Differenz erzwungen. Es stellt sich heraus: Aus dem *non sequitur* folgt, dass irgendein *non sequitur* nicht zu vermeiden ist.

9.3. *Prima philosophia sive ontologia politica*

Dieses Argument wird womöglich greifbarer, wenn wir es an einem aktuellen Vorschlag aus der heideggerianischen Linken erproben. In einem umfassenden Werk hat Miguel de Beistegui, zugleich Autor eines Buches zu *Heidegger and the Political*, unlängst vorgeschlagen, die Idee einer *Ersten Philosophie* in Begriffen einer Differenzontologie wiederzubeleben. Dieses Projekt weist auf den ersten Blick bemerkenswerte Parallelen zu den Theorien der politischen

4 Nicht zu Unrecht hat Badiou (Badiou 2000: 193), in Kritik der vitalistischen Ontologie von Deleuze, der das »Leben« zum Begriff des Seins machte, daher angemerkt: »In der Philosophie ist es eine zentrale Entscheidung, welcher Name dem Sein gegeben wird. Sie drückt die eigentliche Natur des Denkens aus.«

5 Vielleicht könnte man illustrativ mit einem Begriff aus der Grammatik von einer notwendigen *Flexion* des Ontischen wie des Ontologischen sprechen. So wie das Ontische muss auch das Ontologische gebeugt werden, und zwar zum jeweils anderen Term: Das Ontologische muss notwendig ontisch, das Ontische notwendig ontologisch flektiert werden, ansonsten löst sich die ontologische Differenz als solche auf.

Differenz auf. De Beisteguis Absicht ist, zu zeigen, »wie Philosophie sich selbst als differentielle Ontologie neu erfinden kann« (de Beistegui 2004:26), indem sie die Heidegger'sche ontologische Differenz mit Deleuze aktualisiert. Zugleich wird zugestanden, dass solch ein Projekt sich nur von postfundamentalistischen Prämissen her denken lässt. Die Zukunft der Metaphysik müsse vom »Ereignis der Ent-Gründung« ihren Ausgang nehmen. Zugleich müsse Philosophie jedoch als *Ontologie* gedacht werden, denn »unter Metaphysik dürfen wir weder die Wissenschaft erster Prinzipien und höchster Ursachen verstehen noch die Wissenschaft des Seins als Onto-Theologie, sondern vielmehr die Wissenschaft des Seins des Seienden« (2004:23), selbst wenn Sein sich »nur in und als Dif-ferenz entfaltet« (25). Anders gesagt, Ontologie ist heute, und darin ist de Beistegui beizupflichten, nur noch als *Hantologie* zu haben.

Doch auch wenn dieser Punkt akzeptiert wird, warum selbst unter postfundamentalistischen Bedingungen noch von einer Ersten Philosophie, einer *prima philosophia* sprechen? Wenn wir diesem Vorschlag folgen, und wir werden ihm im Weiteren folgen, machen wir dann nicht einen Schritt zurück in die goldene Ära des metaphysischen Fundamentalismus? Insistieren wir nicht in einem Augenblick auf der Notwendigkeit einer ersten Philosophie, mithin eines Ersten, eines *principium*, in dem wir selbst den Abriss der Fundamente proklamieren? Trotz dieser Probleme stimmen wir de Beisteguis Forderung nach Reaktualisierung der Idee einer *prima philosophia* zu. Denn aufgrund unserer bisherigen Untersuchung sollte nunmehr deutlich sein, dass gerade vom Postfundamentalismus die Funktionen philosophischer Grundlegung bzw. Begründung, die seit Aristoteles der Prinzipienwissenschaft einer *prima philosophia* zukommen, nicht einfach aufgegeben werden. Im Unterschied zum Antifundamentalismus – der sich in der Illusion einer vollständigen Überwindung der Metaphysik wiegt – postuliert der Postfundamentalismus ja nicht die Unmöglichkeit von Prinzipien schlechthin, sondern die Kontingenz aller Prinzipien. Damit ist zugleich die Notwendigkeit zumindest einiger, wenn auch kontingenter Prinzipien behauptet: Nur ein psychotisches Universum wäre ohne Grund und Ursprung – im postfundamentalistischen Sinn spricht Reiner Schürmann daher zu Recht, wenn auch scheinbar selbstwidersprüchlich, vom *Prinzip* der *An-archie*. Wir entkommen also dem metaphysischen Sprachspiel nicht (ja womöglich holt es uns gerade dort ein, wo wir es endgültig überwunden glauben). Bis auf weiteres bleibt Metaphysik der – wenn auch, wie von Wolff bis Adorno festgestellt, verpönte – Name für jenes Denken, das auf die »prinzipiellen« Bedingungen der Möglichkeit bzw. Unmöglichkeit von Grundlegungen gerichtet ist. Deshalb kann es auch Sinn machen, am scheinbar überkommenen Begriff der Ontologie festzuhalten. Nicht aus Gründen philosophischer Nostalgie, sondern um die durchaus radikalen Implikationen des Begriffs zu bewahren, die genau im – und sei es quasi-transzendentalistisch reformulierten – Anspruch der Allgemeinheit liegen. Ontologie bezieht sich ja auf den Horizont des Seins *alles* Seienden, und was im Postfundamentalismus nach wie vor auf dem Spiel steht, ist nicht der Grund dieser oder jener ontischen Region des gesellschaftlichen Seins, sondern der instituierende Grund und zugleich destruierende Abgrund des Seins als solchem. Wie bereits in Kapitel 7.6 bemerkt, wäre die Idee eines bloß regionalen Postfundamentalismus genauso unsinnig wie die Idee nicht-notwendiger Kontingenz, denn sie ließe die Möglichkeit offen, dass zumindest *ein* Fundament existierte, das zu Recht den Anspruch auf Letztbegründung erheben könnte (und damit wären wir wieder beim Fundamentalismus angelangt).

Mit dem Vorschlag der Entwicklung einer der postfundamentalistischen Konstellation angemessenen Ersten Philosophie bleibt de Beistegui, um auf dessen Vorschlag zurückzukommen, also innerhalb der heideggerianischen Tradition. Doch wie Heidegger selbst geht er in die Falle des Philosophismus, wenn er annimmt, seine Differentialontologie könne eine Ontologie des Seins der Differenz als solcher darstellen und darin Abstand halten von jeder ontischen Region. Um eine Differenzphilosophie entwickeln zu können, die »mit allem beschäftigt ist, oder mit dem Alles« (x), glaubt er die Verbindungstaue zwischen dem Sein-als-Differenz und allen regionalen Feldern des Seienden kappen zu müssen, zwischen einer Differenzontologie als »erster Philosophie« und allen anderen Philosophien.[6] Die »Verstreuung der Philosophie« (12) in regionale Disziplinen müsse zu diesem Zweck überwunden werden. Der

6 So heißt es bei de Beistegui: »In einer Zeit, in der es buchstäblich dutzende Branchen der Philosophie gibt, von denen eine jede sich in einem Aspekt dessen, was einst ein einheitliches Feld war, spezialisiert und sich damit begnügt, Philosophie *der* Wissenschaft oder Kunst oder Ethik oder Ökonomie etc. zu sein, möchte ich die Möglichkeit einer Philosophie untersuchen, die *von allem* handelt« (335).

Preis, der für ein solches Projekt zu entrichten ist, besteht in seiner völligen Entleerung. Eine Philosophie, die Sein und »Dif-ferenz« als solche zu erfassen versucht, wird dazu tendieren, den Bereich des Ontischen, der Geschichte und der Politik zu verleugnen. So kommt es nicht überraschend, dass Politik – oder politisches Denken – nicht die geringste Rolle in de Beisteguis Buch spielt.

Gewarnt von diesem Beispiel schlagen wir vor, einen anderen Weg einzuschlagen. Statt an einem hypostasierten Begriff von Differenz-als-Differenz festzuhalten, sollte man Heideggers ursprünglicher Intuition folgen. Differenz wird immer auf einem bestimmten ontischen Terrain ausgespielt und wird daher immer weniger als »reine« Dif-ferenz sein. Wenn sie jedoch durch einen ontischen Rest überdeterminiert ist, der dem reinen Spiel von Differenz-als-Differenz widersteht, dann wird zugleich jeder Versuch, eine reine Ontologie des Seins (und sei es eines Seins der Differenz) entwickeln zu wollen, zum Scheitern verurteilt sein. Statt dieses Scheitern durch einen Diskurs des Philosophismus zu verschleiern, sollte man es akzeptieren und, wie in den *martial arts*, die eigene Schwäche in einen Vorteil verwandeln. Gesucht ist eine Philosophie, die notwendig partikular bleibt und dennoch »*von allem* handelt«. Denn wenn jede allgemeine Ontologie durch eine regionale Ontologie überdeterminiert ist und man dennoch an der Entwicklung einer allgemeinen Ontologie festhalten will (was der Postfundamentalismus implizit oder explizit tut, vgl. unser Argument zu notwendiger Kontingenz in Kapitel 3), dann wird Letztere aus einer regionalen Ontologie heraus konstruiert werden müssen, die ihrerseits den unmöglichen Platz der Allgemeinheit inkarniert. Anders gesagt: Wenn jede Ontologie notwendigerweise *weniger* darstellen wird als eine reine Ontologie, so wird sie in einer »Ontik« gegründet sein müssen, die ihrerseits mit Notwendigkeit wiederum *mehr* darstellt als eine bloße Bereichsontologie. Zerrissen zwischen Anspruch auf Allgemeinheit und partikularem Geschäftsbereich wird jede Ontologie zur *Hantologie*. Es kann also keine *Erste* Philosophie, keine *metaphysica generalis* geben außer in Form einer *Zweiten* Philosophie, einer *metaphysica specialis*. Wenn ein erster Grund nicht zu Verfügung steht, wird jede erste Philosophie vonseiten einer sekundären Philosophie gegründet werden müssen.

Nun lässt sich allerdings – aufgrund ebendieser Abwesenheit eines ersten Grundes – durch rein philosophische Instrumente nicht ermitteln, *welche* regionale Disziplin dieser Aufgabe gewachsen ist. Potenzielle Kandidatinnen aus dem Kreis der *philosophiae secundae* gäbe es in Fülle. Zu ihnen zählen unter anderem die mittelalterliche Medizin und die neuzeitliche experimentelle Naturwissenschaft bzw. Bacons »tätige Wissenschaft« (*scientia activa*). Im späteren Wolff'schen System wurde Ontologie zur »*metaphysica generalis*« und erfüllte nun die Funktion einer Ersten Philosophie im Verhältnis zu den spezialmetaphysischen Disziplinen von Kosmologie, Psychologie und Theologie. Auch nach Ablösung der Ontologie durch die Erkenntnistheorie bleibt aber die Rangordnung klar geregelt. Die erkenntnistheoretische Grundlegungsarbeit ist, wie noch bei einem heutigen Vertreter der Ideenlehre, Werner Flach, alleinige Aufgabe der *philosophia prima*, weiterführende sittliche, ästhetische oder ökonomisch-soziale Grundlegungen sind Aufgabe der *secunda philosophia*. Dabei gilt: »Die philosophia prima führt selbst zur philosophia secunda« (Flach 1994: 10). Verlassen wir jedoch den Einzugsbereich des metaphysischen Ableitungsdenkens, indem wir die Existenz einer Disziplin bestreiten, die *per se prima philosophia* wäre, dann kann der Weg nur in die entgegengesetzte Richtung führen. Es kann keine erste Philosophie geben, die nicht in Wahrheit eine zweite wäre. Nur die *philosophia secunda* führt zur *philosophia prima*. Das ist philosophiehistorisch weniger seltsam, als es scheinen mag. Es spricht einiges dafür, bereits den eigentlichen Gründungsmoment der abendländischen Metaphysik nicht in der Ersten Philosophie des Aristoteles anzusetzen, die als *Metaphysik* überliefert wurde, sondern in seiner *Physik*, also seiner Zweiten Philosophie. Denn, wie der Aristotelesforscher Wolfgang Wieland anmerkt: »Das Thema der Metaphysik ergibt sich als Grenzfrage einer konsequent durchgeführten Physik, die sich von ihrem Ansatz her zunächst als Prinzipienwissenschaft versteht, die sich keine Prämissen von einer übergeordneten Wissenschaft vorgeben zu lassen braucht« (Wieland 1992: 14). Kann aber nachgewiesen werden, dass die Fragestellungen der vorgeblichen *philosophia prima* tatsächlich durch die einer *philosophia secunda* prädisponiert sind, dann gerät die der aristotelischen *Metaphysik* zugeschriebene Vorrangstellung ins Wanken: »Der Unterschied von Metaphysik und Physik fällt also gewissermaßen in die Physik selbst« (ebd.).

Nach dem Niedergang der Naturphilosophie ist eine Gründung der Metaphysik durch die Physik – oder eine andere von den heutigen Naturwissenschaften beerbte *secunda philosophia* – unwahrscheinlich geworden. Welcher Disziplin könnte unter postfundamentalistischen Bedingungen überhaupt noch plausiblerweise die Aufgabe zukommen, Metaphysik von außen mit neuem Sinn und Inhalt zu versehen? Nach dem Durchgang durch die linksheideggerianische Theoriekonstellation liegt die Antwort auf der Hand. Alle untersuchten Spielformen des Linksheideggerianismus entwickeln eine mehr oder weniger prononciert gefasste *politische Ontologie* (Strathausen 2006, 2009).[7] Diese wird zwar von den meisten als Bereichsontologie geführt, doch alles am postfundamentalistischen Denken drängt in Richtung ihrer Aufwertung, auch wenn die Proponenten des Linksheideggerianismus vor dieser Konsequenz zurückschrecken. Wie wir sahen, proklamiert Nancys Sozialontologie des *Mit-Seins* am offensten die Notwendigkeit einer *prima philosophia*, zugleich aber verweigert sie weiterführende Überlegungen bezüglich der *politischen* Konstitution jedes sozialen *Mit*. So bleibt die in Nancys Modell durchaus angelegte Passage hin zur politischen Ontologie blockiert. Badiou behält den Status der Ontologie der mathematischen Mengentheorie vor, Politik hingegen wird zum philosophisches Geschäft unter vieren: Liebe, Politik, Wissenschaft und Kunst. Dennoch ergab unsere Untersuchung, dass diesen vier Geschäftsbereichen der Philosophie die heimliche Metadisziplin der Ethik zugrunde liegt, ja womöglich sogar eine politische Theologie.[8] Wäre es also nicht sinnvoller, den ethisch-politisch-theologischen Status der tatsächlichen Ontologie Badious offenzulegen, statt ihn hinter mathematischen Formelkaskaden zu verbergen? Agambens epochale Großerzählung bleibt gleichfalls einer politischen Theologie eingeschrieben, in diesem Fall einer messianischen. Würde man diese Theologie wieder zurück auf den Boden einer Politik bringen, die Agamben aus seinem Modell eskamotiert, wäre der Weg zu einer politischen Ontologie nicht weit (wenn auch, wie im Fall Rancières, wohl zu einer Art Befreiungs-

7 Die einzige andere ernstzunehmende neuzeitliche Kandidatin – die Epistemologie – wird in der heideggerianischen Tradition als fundamentalistisch-metaphysisch zurückgewiesen, bzw. wird sie selbst als eine heimliche Ontologie dekuvriert.

8 Genauso übrigens wie der para-mathematischen Ontologie Badious, deren Kategorien und Axiome ja ständig von bereichsfremden Semantiken verformt werden, man denke nur an Badious doppeldeutige ontologische und zugleich politische Kategorie *état* (Zustand/Staat).

ontologie des »Rests«). Laclaus und Leforts Ansätze schließlich gehen am weitesten in ihrer Aufwertung der politischen Ontologie zu einer *prima philosophia*, ohne diesen Schritt expressis verbis zu vollziehen. Er ergibt sich jedoch aus der Tatsache, dass beide dem Politischen *Gründungsfunktion* in Bezug auf alle anderen Bereiche gesellschaftlichen Seins zusprechen.

Erinnern wir uns an das Laclau'sche Modell: Laclau unterscheidet zwischen politischer Institution/Destitution und sozialer Sedimentation – wobei wir die Natur der sozialen Sedimente als durchaus latent politisch verstehen sollten. Ihre ursprünglich politischen Wurzeln im Gründungsmoment des Politischen fielen durch Prozesse der Ritualisierung und Institutionalisierung der Vergessenheit anheim, doch können sie zu jeder Zeit qua Dislozierung und Antagonismus reaktiviert werden. Aus dieser Überlegung leitet Laclau den Primat des Politischen gegenüber dem Sozialen ab. Jeder Fortschritt im Verständnis heutiger sozialer Kämpfe hängt »von der Umkehrung der Prioritätsverhältnisse« ab, »die das Gesellschaftsdenken der letzten eineinhalb Jahrhunderte zwischen dem Sozialen und dem Politischen etabliert hat« (Laclau 1990:160). Nachdem das Politische auf einen regionalen Sektor der Gesellschaft reduziert und der Absorption durch das Soziale preisgegeben wurde, sei es nun an uns, »zu einem wachsenden Verständnis des eminent politischen Charakters jeder sozialen Identität« (ebd.) beizutragen. Hinter dieser These verbirgt sich eine ontologische Aussage bezüglich der politischen Natur des gesellschaftlichen Seins im Allgemeinen. Nur eine politisch instituierende Entscheidung kann, selbst ungründbar, den abwesenden Grund supplementieren und die radikale Unentscheidbarkeit des Sozialen (bei Laclau zugleich des Diskursiven) vorübergehend überwinden. Laclau formuliert also eine implizite politische Ontologie, ohne dabei – was Gegenstand einer gängigen Kritik an Laclau ist – Auskunft über deren *Status* zu geben. Aber ließe sich eine Antwort nicht problemlos extrapolieren? Wenn Philosophie – darunter Laclaus eigene Theorie – ein sozialer Diskurs wie jeder andere ist, dann muss auch sie auf einem politischen Institutionsakt gegründet sein.

Wie hätte man sich diesen Institutionsakt vorzustellen? Wiederum gibt Laclau selbst wenige Anhaltspunkte. Es scheint sogar, als würde die Übertragung des Primats an die Politik zugleich das Ende der Philosophie einläuten: »Sobald Unentscheidbarkeit den Grund selbst erreicht hat, [...] kommt das Reich der Philosophie an ein Ende – und das Reich der Politik beginnt« (Laclau 2002: 173).[9] Damit ist gesagt: Unter postfundamentalistischen Bedingungen verliert die Metaphysik ihre Funktion als Letztbegründungswissenschaft, welche nunmehr an eine Instanz übergeht, die Fundamente nur noch vorübergehend instituieren kann: die Politik. Verschwindet aber Philosophie damit? Meiner Einschätzung nach wäre es wenig zielführend, unter dem »Ende der Philosophie« und dem »Beginn der Politik« zwei sukzessive, einander ausschließende historische Stadien verstehen zu wollen, denn der Postfundamentalismus hat das Terrain der Metaphysik nicht gänzlich verlassen. Wie im Einleitungskapitel argumentiert wurde, befindet sich das Denken des Postfundamentalismus topologisch *am Rand* des Fundamentalismus, nicht in dessen Jenseits. Auch wenn sich der Fundamentalismus in Auflösung befindet, sind wir doch allerorten – nicht nur in der Philosophie – mit zahlreichen Formen des rationalistischen, ökonomistischen, biologistischen oder religiösen Fundamentalismus konfrontiert. Die dekonstruktive Auseinandersetzung mit den metaphysischen Grundfiguren könnte sich als unabschließbar erweisen, womit das Ziel nicht in der »Überwindung« der Metaphysik bestünde (was nur eine weitere metaphysische Figur wäre), sondern in der *Subversion* des metaphysischen Terrains, auf dem wir selber stehen. Aus ebendiesem Grund wäre es unsinnig, das Terrain theoretischer und philosophischer Arbeit zugunsten eines wilden Praktizismus aufzugeben. Statt mit zwei sukzessiven Phasen – letztbegründende Philosophie vs. Politik – haben wir es mit einer umkämpften Frontlinie zu tun, die *inter alia* das Terrain des philosophischen Diskurses durchquert. Diese Frontlinie gilt es nachzuzeichnen.

9 Slavoj Žižek hat diese Laclau'sche Umkehrung des Prioritätsverhältnisses zwischen dem Philosophischen und dem Politischen mit dem berühmten Marx'schen Aufruf, von philosophischer Interpretation zu praktischer Veränderung überzugehen, verglichen.

9.4. Die politische Geschichte der Ontologie

Besonders in der materialistischen Tradition der Philosophiegeschichtsschreibung – sofern dort nicht gänzlich soziologistisch oder ökonomistisch argumentiert wird – konnte eine Reihe von Untersuchungen die vielfachen Kreuzungspunkte von Philosophie und Politik markieren.[10] Wir kehren damit, um unserer These historisch-empirische Substanz zu verschaffen, zu dem in Kapitel 3 (apropos der Tradition der politischen Begriffsgeschichte) beschriebenen zirkulären Verhältnis zwischen den transzendentalen *Bedingungen der Möglichkeit* und der historisch-empirischen *Möglichkeit der Bedingungen* zurück. Jede ontologische Theoretisierung der Möglichkeitsbedingungen des Seins im Allgemeinen besitzt ihrerseits soziale und politische Entstehungsbedingungen. Konsultieren wir einige historische Einzelstudien aus der neueren Tradition materialistischer Philosophiegeschichtsschreibung, die unsere womöglich allzu spekulativ erscheinende These vom Primat politischer Ontologie stützen können.

Als Ausgangspunkt kann eine allgemeine Überlegung Adornos zu den historischen Entstehungsvoraussetzungen von Ontologien dienen. Adorno (Adorno 2008: 234-5) vermutete, dass Ontologien eine stabile Seinsordnung imaginär aufrechterhalten, die gesellschaftlich bereits in die Krise geraten ist. So hätten die mittelalterlichen Ontologien eine hierarchische Seinsordnung entfaltet, die von der sich durchsetzenden städtischen Marktwirtschaft bereits bedroht wurde. Auch wenn Adornos Überlegung die Natur postfundamentalistischer Ontologien nicht trifft, da diese ja gerade die Instabilität jeder Seinsordnung betonen, deutet sie immerhin die Richtung an, in der die Widerspiegelungstheorie marxistischer Ideo-

10 Zu den berühmtesten und im Kern nach wie vor diskutablen Studien in historisch-materialistischer Tradition, die Philosophie und politische Theorie vor dem je konkreten politischen Hintergrund zusammendenken, zählen Lucien Goldmanns *Der verborgene Gott* (1985) über Pascal und Racine (Goldmanns »genetischer Strukturalismus« ruht nicht zuletzt auf linksheideggerianischen Voraussetzungen auf, wie aus Goldmanns posthumem *Lukács und Heidegger* deutlich wird, vgl. Goldmann 1975), sowie natürlich C.B. Macphersons *Die politische Theorie des Besitzindividualismus* (1980). Man könnte sagen, dass die Cambridge School der politischen Begriffsgeschichte aus nicht-marxistischer Perspektive, allerdings ohne allzu starke Berücksichtigung der philosophisch-metaphysischen Texte im engeren Sinn, diese Tradition in gewisser Weise fortsetzt.

logiekritik durch eine Symptomatologie der Krise ersetzt werden könnte. Allerdings haftet ihr ein Problem an: Adornos traditionelle marxistische Referenzfolie der allgemeinen Produktionsweisen »Feudalgesellschaft«/»Kapitalismus« erweist sich als zu grobmaschig, um der Spezifik der sozialen und politischen Kämpfe, deren Symptome in Ontologien ausfindig zu machen sind, gerecht werden zu können. In seinen Studien zu Descartes und zu Spinoza konnte Antonio Negri durch eine gramscianische Weiterentwicklung der marxistischen Historiographie und Klassentheorie erklären, was Adorno durch die Maschen geht: dass die Krise nämlich, die sich in den philosophischen Ontologien niederschlägt, letztlich eine *politische* Krise ist, eine Krise der hegemonialen Formation, die aus Verschiebungen in den sozialen Kräfteverhältnissen resultiert. Negri (Negri 2007) beschreibt überzeugend, wie gerade das ontologische Grundlegungsproblem der Descartes'schen *prima philosophia* den politischen Kämpfen der Zeit eingeschrieben ist. Bereits Descartes' Letztgrundlegungsbemühungen sind insofern unzeitgemäß, als nach Maßgabe des damals dominanten Wissenschaftsverständnisses des Mechanismus die Suche nach einem *fundamentum inconcussum*, das Descartes bekanntlich im *ego cogito* findet, als »metaphysischer Unfall« erscheinen könnte. Und doch erwies sich dieser scheinbare Rückfall in die Metaphysik als wichtiger Ausgangspunkt für die weitere Philosophieentwicklung. Wie ist dies zu erklären?

Descartes entwickelt seine Metaphysik in einem historischen Moment, in dem, so Negri, die »ursprüngliche Niederlage« des Frühbürgertums verarbeitet werden musste. Nach der Niederlage der humanistischen Revolution des 16. Jahrhunderts findet sich das Bürgertum in Isolation, abgetrennt von der Sphäre der politischen Macht, die es angestrebt hatte. In instabiler Allianz mit dem Absolutismus bleibt es eingeklemmt zwischen dem Feudaladel auf der einen und den Revolten der »*multitude*« auf der anderen Seite. Die Unmöglichkeit einer politischen Alternative zum Absolutismus wird akzeptiert, und doch besteht das Bürgertum auf zumindest seiner *sozialen* Hegemonie. Es ist »[h]egemonial, aber daran gehindert, den Spalt zwischen der eigenen sozialen Existenz und der politischen Herrschaft zu schließen« (2007: 199). Entstanden war auf diese Weise eine universale Klasse, die die Welt erobern wollte, nun aber unsicher war, worauf sie ihre eigene Universalität gründen sollte. Ein Moment der Krise also, aber einer konkreten Krise eines sozialen Akteurs, der aus einem historischen Kampf vorübergehend geschwächt hervorging und daher seine Strategie wie auch das Terrain der Auseinandersetzung wechseln musste: »Wenn die Revolution vorüber ist, beginnt der Stellungskrieg« (155).

Die Descartes'sche Metaphysik, so Negri, ist noch weit vom triumphalistischen Siegesbewusstsein des bürgerlichen Rationalismus späterer Jahrhunderte entfernt. Sie ist vom Bewusstsein um die zurückliegende Niederlage des Renaissance-Humanismus und die Isolation des Frühbürgertums geprägt. Die Abtrennung des Ich von der Welt, wie sie in autobiographischer Form im ersten Teil des *Discours* wie auch in der ersten *Meditation* exponiert wird, rekapituliert die innere Erosion des Humanismus in antifundamentalistischen Metaphern: »ich bin wie bei einem unvorhergesehenen Sturz in einen tiefen Strudel so verwirrt, daß ich weder auf dem Grunde festen Fuß fassen, noch zur Oberfläche emporschwimmen kann« (Descartes [1641] 1992: 41). Im Zuge der zweiten Meditation aber wandelt sich die antifundamentalistische Versuchung in eine positive Forderung nach Wiedererrichtung eines Verhältnisses zur Welt. Um dabei zu verhindern, dass »bei untergrabenen Fundamenten alles darauf Gebaute von selbst zusammenstürzt« (1992: 31), muss zumindest ein festes Prinzip aufgewiesen werden. Die bekannte Lösung: Mit der Idee der Neufundierung auf dem Menschen selbst – in Form des denkenden Ich – kann es in Form der *Selbstgründung* sogar einem isolierten Subjekt gelingen, wieder ans objektive Sein zu reichen. Metaphysisch ausgedrückt: Das Wesen (die Essenz) benötigt, um zur Existenz zu kommen, nichts anderes als sich selbst:[11]

Dies ist das Bild, das die *Meditationen* darbieten, und seine politische Bedeutung kann nun sofort erkannt werden: das aktive und unabhängige Subjekt wird durch seine Konfrontation mit der verhexten Welt des Absolutismus charakterisiert; die produktive Form dieser isolierten Existenz projiziert ihre eigene Klassenessenz auf die Umrisse absoluter Autonomie; die Unmöglichkeit, die Welt politisch in Besitz zu nehmen, sie als real aus ihrem verhexten gegenwärtigen Zustand heraus neu zu erschaffen, wird

11 Da der Dualismus zwischen Ich und Welt letztlich unüberschreitbar bleibt, funktioniert dies freilich nur über die vermittelnde Errichtung einer vertikalen Verbindung zu »Gott«, gleichsam dem Fundament des Fundaments (was Heideggers Einschätzung bestätigt, dass jede Metaphysik Onto-Theologie ist).

zwar registriert, aber sie wird von der Hoffnung [...] begleitet, dass die produktive, soziale und kulturelle Hegemonie der bürgerlichen Klasse in absoluter Vermittlung die Fähigkeit findet, die Welt neu aufzubauen (Negri 2007: 228).

Historische Bedingungslage der Descartes'schen Metaphysik ist also die Trennung zwischen der Sphäre bürgerlicher Autonomie (der Zivilgesellschaft) und dem repressiven Apparat des Staates, der dem Aufstieg des Bürgertums zu politischer Macht entgegenarbeitet. Die Isolation des (bürgerlichen) Subjekts von der Welt wird ins Positive gewendet, wird zur Quelle seiner Autonomie, ihrerseits Basis der künftigen Rekonstruktion der Welt und damit der nachträglichen Überwindung der Isolation. Doch gibt sich Descartes damit nicht zufrieden. Er verändert die Wahrnehmung der Krise, indem er entwickelt, was man als das hegemoniale Projekt des Cartesianismus bezeichnen könnte. Dazu muss er – hierin besteht die Politik der cartesianischen Ontologie – in den Komplex der zur Verfügung stehenden Alternativen intervenieren und über die Positionen der subversiven *libertins*, der alteingesessenen Aristoteliker und der mit dem Absolutismus verbündeten Mechanisten hinausweisen.[12] Zwar unterschreibt Descartes' Alternativprojekt die mechanistische Forderung nach einer methodisch fundierten »neuen Physik«, es geht aber nicht im Mechanismus auf. Sofern es im ontologischen Fundament eines sich selbst bewussten, autonomen Subjekts wurzelt, weist es einen politisch-metaphysischen Überschuss auf, der seine historisch-politische Effizienz bis hin zur Französischen Revolution erst erklärt. Daher ist der Cartesianismus – ganz unabhängig von den eher konventionellen moraltheoretischen Auslassungen Descartes' – im strengen Sinne eine *politische Ontologie*. Diese unterschied sich von der mechanistischen und absolutistischen Ontologie eines Hobbes etwa, indem sie der Form des absolutistischen Staates ein langfristig angelegtes bürgerliches Hegemonialprojekt hinzufügte. In der Ontologie eines jeden Autors sei ein solch »implizites politisches Dispositiv« (2007: 318) angelegt, das ihre histo-

12 An der philosophisch-naturwissenschaftlichen Front der Kämpfe des Bürgertums war der Mechanismus eine »reformistische« Allianz mit der königlichen Macht eingegangen, um gemeinsam das alternative Projekt der *libertins*, die als pantheistisch und subversiv galten, auszuschalten. Die mechanistische Theorie war zur Staatsideologie geworden. In ihr war für die nostalgische Erinnerung an die revolutionäre Vergangenheit des Bürgertums kein Platz mehr.

rische Effizienz bzw. Anschlussfähigkeit für künftige Generationen bestimme.

Im aktuellen Nachwort zur englischen Ausgabe seines 1970 erstmals erschienenen Descartes-Buchs radikalisiert Negri diese Erkenntnis und hält explizit fest, »dass jede Metaphysik auf irgendeine Weise eine politische Ontologie ist – was klar von Machiavelli, Spinoza und Marx demonstriert wurde (und nach diesen zur Basis eines breiten philosophischen Konsenses wurde, der von Nietzsche bis Foucault und Derrida reicht)« (317). Diese Einsicht geht über die Erkenntnisse etwa der Cambridge School der politischen Begriffsgeschichte hinaus (vgl. Skinner 2009). Quentin Skinner, der die politische Theorie von Hobbes zu Recht als polemische »Einmischung in die ideologischen Konflikte seiner Zeit« liest, geht zwar davon aus, »daß selbst die abstraktesten Werke der politischen Theorie nie über dem Kampfgeschehen stehen; sie sind Teil des Kampfes selbst« (2008: 15). Dem kann uneingeschränkt beigepflichtet werden. Nur trifft diese Einsicht nicht allein auf Werke der politischen Theorie zu, sondern ebenso auf die scheinbar unpolitischen Werke der Metaphysik. Neben wiederum Antonio Negri (Negri 1991; Negri 2004) hat Etienne Balibar in einer Studie der Philosophie Spinozas diesen untrennbaren Zusammenhang von politischen Kämpfen, Ontologie und politischer Theorie herausgearbeitet. Balibar geht dabei noch weiter, sofern er die politischen Kämpfe der Zeit nicht mehr allein an die Referenzkategorie der Klasse rückbindet. Dies erlaubt ihm größere historische Konkretion. So lokalisiert Balibar in seiner Studie zu Spinoza und *der* Politik (*et la politique*) die Philosophie Spinozas in den unmittelbaren politischen Kämpfen und Allianzstrukturen, in die sie aufseiten der republikanischen Partei intervenierte.[13]

Um Spinozas Intervention zu verstehen, müsse man die Untersuchung über die politisch-theoretischen Werke Spinozas hinaus ausweiten. Erst wenn die fundamentalen Trennungslinien zwischen der *Ethik*, also Spinozas Ontologie, dem *Tractatus Politicus* und dem *Tractatus Theologico-Politicus* aufgehoben würden, gebe sich Spinozas Begriff der »Ethik« als Name für das reziproke Verhältnis

13 Vgl. das politische Kräftediagramm der Niederlande zur Zeit Spinozas in Balibar 2008: 22; zu Balibars eigener Differenzierung zwischen *la* und *le politique* anhand des Spinozismus vgl. Balibar 1993.

von Philosophie und Politik zu erkennen.[14] Denn obwohl die drei Werke in vielerlei Hinsicht differierten, hätten sie doch eines gemeinsam: Alle seien *zugleich* philosophische und politische Untersuchungen. Das Werk Spinozas »ist nicht in eine Metaphysik (oder eine Ontologie) auf der einen Seite und auf der anderen eine Politik oder Ethik, die als ›sekundäre‹ Anwendung der ›ersten‹ Philosophie gesehen würde, getrennt. Von Anfang an ist seine Metaphysik eine Philosophie der Praxis, der Aktivität; und seine Politik ist eine Philosophie, denn sie konstituiert das Feld der Erfahrung, in der die menschliche Natur agiert und danach strebt, Befreiung zu erreichen« (Balibar 2008: 102). Bei Spinoza stehen Philosophie und Politik in einem wechselseitigen Implikationsverhältnis. Deshalb bringt ihn das philosophische Studium politischer Probleme nicht von seinen metaphysischen Untersuchungen ab. Letztere geben ihm vielmehr die Möglichkeit, den wahren Interessen und Problemen der Philosophie auf die Spur zu kommen – und umgekehrt:

> Indem Spinoza spezifisch philosophische Probleme aufwirft, versucht er nicht etwa, seine politischen Absichten über einen indirekten Weg zu verfolgen, er übersetzt sie nicht aus ihrem angestammten Ort und formt sie in einem ›metapolitischen‹ Medium um. Er arbeitet in philosophischen Begriffen, weil nur die Philosophie ihm die Mittel an die Hand geben kann, um exakt [...] die Machtverhältnisse und partikularen Interessen zu erkennen, die in der Politik auf dem Spiel stehen. Denn nur so kann er sie *an ihren Ursachen* erkennen (2008: 4).

Balibar und Negri stimmen darin überein, dass bei Spinoza die abstrakteste Metaphysik in untrennbarem Verhältnis zur politischen Theorie steht. Die Frage, die man an Balibar richten müsste, ist jedoch, ob dieses unaufhebbar reziproke Verhältnis zwischen Ontologie und politischer Theorie nur das Werk Spinozas beschreibt oder wir darin eine Struktureigenschaft der Philosophieproduktion schlechthin vermuten müssen. Würde man die These auf Spinoza beschränken, dann liefe man Gefahr, einer Art von moderner Spinoza-Schwärmerei aufzusitzen und Spinoza als einen Ausnah-

14 In der Spinoza-Forschung sei es allzu oft, Balibar zufolge, zu einer Arbeitsteilung zwischen Metaphysikern und politischen Theoretikern gekommen: Die einen hätten sich auf die *Ethik* konzentriert und sie dem Kanon der abendländischen Ontologien und Erkenntnistheorien von Platon bis Hegel eingegliedert, die anderen hätten die politischen Untersuchungen den Staats- und Naturrechtslehren von Locke und Hobbes bis Rousseau zur Seite gestellt.

medenker zu feiern (Ansätze dazu gibt es ja durchaus bei Negri, Deleuze und anderen). Was aber, wenn diese Beschränkung aufgehoben würde? Die gesamte Philosophiegeschichte müsste dann hinsichtlich der wechselseitigen Implikation von politischer Theorie und Ontologie neu durchforstet werden.

Der einzige mir bekannte systematische Versuch in diese Richtung stammt von dem französischen Suárez-Spezialisten Jean-Paul Coujou (Coujou 2006). Coujou zufolge lasse sich die Geschichte des Politischen nur dann neu schreiben, wenn zugleich unsere Perspektive auf die Geschichte der Ontologie verschoben werde. Ähnlich einem anamorphotisch bis zur Unkenntlichkeit verzerrten Bild, das sich erst aus einem bestimmten Blickwinkel wieder in ursprünglicher Gestalt zu erkennen gibt, tauche das spezifisch Politische erst dann im Zentrum der Ontologie auf, wenn man die Perspektive herkömmlicher Philosophiegeschichtsschreibung verschiebt (2006: 21-2). Als historischer Ausgangspunkt dieser Operation, hierin geht die Erzählung konventionell vor, gilt Coujou Platon. Platons politischer Ontologie zufolge stehe in der *polis* das Sein der Gemeinschaft in einem chiasmatischen Verhältnis zum Problem der Wahrheit des Seins, das seinerseits den letzten Horizont der *polis* bildet (man muss sich nur daran erinnern, dass das berühmte Höhlengleichnis, mit dem Platon seine Ideenlehre illustriert, in der *Politeia* die Aufgabe hat, staatliche Zwangspädagogik und Philosophenherrschaft zu rechtfertigen).[15] Mit Aristoteles wird diese untrennbare Verknüpfung zwischen politischer Philosophie und metaphysisch-fundamentalistischem Denken fortgeschrieben: Der »aristotelische Moment« bezeichne einerseits »das der politischen Gemeinschaft eigene ontologische Spiel: die Gründung durch den *logos* des In-Gemeinschaft-Seins, andererseits die politische Dimension der Ontologie: das Ganze ist der Seinsgrund der Teile und der Endzweck der Seinsgrund des Anfangs« (131). Durch Übertragung des ontologischen Diskurses auf den der Gemeinschaft werde bei Aristoteles eine verdeckte Homologie konstruiert: Letztlich verhält sich die *polis* zum Individuum wie die Substanz zum Akzidens. Von Platon und Aristoteles über Suárez, Hobbes und Spinoza bis zu Rousseau und Kant beschreibt Coujou mithilfe dieser anamorphotischen Methode die Resonanzen zwischen den

15 Schon Alexandre Koyré (Koyré 1997: 76) hat konstatiert, dass für Platon das philosophische mit dem politischen Problem schlichtweg identisch ist.

jeweiligen ontologischen Bestimmungen des Seienden im Ganzen und den politisch-theoretischen des Seins der Gemeinschaft.

9.5. Zerbrochene Hegemonien: Ein Forschungsprogramm zur Politik der Ontologie

Auch wenn hier kein Platz ist, um das von Coujou gezeichnete historische Panorama weiter aufzurollen, soll zumindest auf die methodologischen Implikationen des bisher Gesagten hingewiesen werden. Was mit unserem philosophiehistorischen Exkurs illustriert werden sollte, war das unauflösbare Verhältnis dreier Elemente: (a) der Ontologie als metaphysischer Grundlegungswissenschaft, (b) der politischen Theorie als einer philosophischen Subdisziplin (als *philosophia secunda*), und (c) der politischen Kämpfe im Rahmen eines hegemonialen »Stellungskriegs« (Negri), also Politik.[16] In Bezug auf das dritte Element der Politik lässt sich nun aus der materialistischen Untersuchungspraxis eine methodologische Forderung extrahieren: Anhand von Negris Untersuchung hat sich erwiesen, dass jede Metaphysik zu einer politischen Ontologie wird, sobald sich das symbolische Dispositiv der Gesellschaft in die ontologischen Vorstellungen vom Wesen des Seins schlechthin einschreibt und so noch die abstrakteste Ontologie politisch verformt. Das Ontologische ist nichts anderes als das – in diesem Lefort'schen Sinn des symbolischen Dispositivs – Politische in metaphysisch rekodierter Form. Oder unter Perspektive der politischen Differenz: Metaphysik ist gleichsam das Politische ihrer Zeit in Gedanken gefasst, auch wenn die metaphysischen Kategoreme nicht notwendigerweise der Semantik der Politik gehorchen müssen (am obigen Beispiel hat sich gezeigt, dass das *fundamentum inconcussum* des cartesianischen Ich eine zutiefst politische Kategorie ist, die im Rahmen eines hegemonialen Projekts formuliert wurde).[17] Daraus lässt sich schließen,

16 Balibar und Negri untersuchen, wie wir gesehen hatten, die Verbindung aller drei Elemente. Während Coujou, traditioneller, nur (a) mit (b) verknüpft; die politische Begriffsgeschichte zumeist nur (b) mit (c) und die gewöhnlichen philosophiesoziologischen Studien zumeist (c) mit entweder (a) oder (b). Unsere Interpretation besteht hingegen auf der Untrennbarkeit der drei Elemente.

17 Umgekehrt lässt sich vermuten, dass erst die kategorialen und systematischen Ressourcen des Diskurses der Metaphysik die Bearbeitung des Begriffs des Politischen hinsichtlich seiner ontologischen, quasi-transzendentalen Charakteristika erlauben.

dass im Zuge der Untersuchung einer historischen Ontologie deren Position im Terrain der entsprechenden hegemonialen Formation ermittelt werden muss. Wenn jede Ontologie wie jede politische Theorie als »Teil des Kampfes selbst« eine »Einmischung in die ideologischen Konflikte« ihrer Zeit darstellt (Skinner), dann kann es keine Philosophiegeschichte geben, die nicht zugleich politische Geschichte wäre: Geschichte der hegemonialen Positionskämpfe innerhalb eines politischen Stellungskriegs. Ein solcher Zugang würde eine historisch tiefenschärfere Konturierung der Ontologie und politischen Theorie gewährleisten und der ahistorischen – letztlich philosophistischen – heideggerianischen Aufteilung der abendländischen Geschichte in wenige Großepochen entgegenarbeiten. Bedauerlicherweise existiert er bislang nur in Ansätzen.

Einer dieser Ansätze könnte, unter den Linksheideggerianern, bei Reiner Schürmann ausgemacht werden. Seine ansonsten grandiose Studie der westlichen Philosophiegeschichte *Broken Hegemonies* (2003) besitzt allerdings das Handicap, im Anschluss an Heideggers Metageschichtsschreibung in formalistisch definierten Großepochen zu denken – im Falle Schürmanns der griechischen, der lateinischen und der modernen. Im Unterschied zu Heidegger versieht Schürmann seine Stadientheorie aber zumindest mit einem historisch-politischen Index. Den Epochen entspricht jeweils ein hegemoniales Phantasma – in Laclaus Hegemonietheorie würde man von einem imaginären Horizont sprechen (Laclau 1990) –, das einer gegebenen Kultur erlaubt, »zu sagen, was ist«, d. h. die Welt zu klassifizieren und die Macht aufzuteilen: »Ein Phantasma ist hegemonial, sobald eine gesamte Kultur darauf angewiesen ist, so als würde es dasjenige bereitstellen, in dessen Namen man spricht und handelt« (Schürmann 2003: 7). Die Geschichte solcher Phantasmen sei daher die Geschichte ultimativer Referenzpunkte oder Standards (hier würde die Hegemonietheorie Laclaus wohl von leeren Signifikanten sprechen, Laclau 2002: 65-78), die über kein eigenes Sein abseits ihrer relationalen Verweisungsfunktion verfügen und daher buchstäblich »nichts« sind: *non-res*. In der Geschichte der Philosophie handelt es sich bei diesen Referenzpunkten um Prinzipien und Fundamente, die nicht im Reich alles Seienden aufscheinen und doch – oder gerade deshalb – ultimative Autorität besitzen. Aufgabe der Philosophie sei es traditionell gewesen, die Versorgung mit solch souveränen Signifikanten sicherzustellen, was aus der, in Rancières

Terminologie, polizeilichen Funktion der Figur des Philosophen folge. Der Philosoph »besetzt die Position eines Experten. Und was wird von ihm gesetzt? Fundamente. Ob er nun monarchistisch oder demokratisch ist, seine Pflichten blieben von technischer Natur. Seine *techné*, sein ›Know-how‹ gehört zu den tiefen Verankerungen privater Phänomene im Inneren und öffentlicher Phänomene im Äußeren. Der Grund, den er sichert, muss Sicherheit des Wissens und Rechtschaffenheit im Handeln und womöglich Stabilität und Sinn im Leben garantieren« (Schürmann 2003: 8).

Schürmann zeichnet mit großer Präzision die philosophiehistorische Selbstdekonstruktion der von ihm ausgemachten hegemonialen Phantasmen nach und bestätigt damit, dass es sich bei hegemonialen Formationen niemals um monolithische Unterdrückungssysteme handelt, sondern alle Hegemonien immer schon gefährdet oder, mit Schürmann, *gebrochen* bzw. *im Auseinanderbrechen* sind. Diese Einsicht ist für ein postfundamentalistisches Verständnis von Politik charakteristisch. Und doch bleibt Schürmanns Blick auf die *longue durée* und auf nur drei Großparadigmen gerichtet. Selbst wenn zugestanden wird, dass metaphysisch gesetzte Referenzpunkte durchaus langlebig sein können, ja der Metaphysik auch noch als Gespensterwissenschaft ein langes Leben nach dem Tode beschieden ist, muss die Frage nach den Ursachen konkreter Langlebigkeit beantwortet werden. Eine rein philosophieimmanente Erklärung – nach Kriterien wie etwa »innerer Schlüssigkeit« – wäre offenbar nicht hinreichend. Eher schon könnte dafür verantwortlich sein, was Negri als das »implizite politische Dispositiv« einer gegebenen Ontologie bezeichnet. Es besteht in dem politischen Projekt, das eine Ontologie im Feld der Philosophie implizit zu formulieren in der Lage ist und das ihre Anschlussfähigkeit an die Bedingungslage der hegemonialen Konjunktur, d. h. der sozialen Kämpfe der Zeit garantiert. Im Anschluss an die Terminologie Leforts könnte man vermuten, dass dieses politische Dispositiv einer Ontologie solange fortlebt, solange es untrennbarer Bestandteil des symbolischen Dispositivs einer gegebenen Gesellschaft ist – oder dessen Krise symptomatisch markiert. Erst wenn historisch die jeweilige Artikulation metaphysischer Signifikanten mit politischen Kämpfen untersucht wird, lassen sich Kontinuität, Bruch und Veränderung in der Kontinuität erklären. Erst aufgrund solcher Artikulationen, also ihrer Verortung in sich immer verschiebenden hegemonialen Kräfteverhältnissen, erhalten scheinbar statische metaphysische Referenzpunkte ihren jeweiligen *spin* – ihre historisch-politische Bedeutungsfärbung.[18]

In dieser Hinsicht bleibt Negris neo-gramscianische Hegemonieanalyse der Philosophie trotz ihrer Rückbindung an die singuläre Referenzkategorie der Klasse produktiv und ausbaufähig.[19] Denn mit einem hegemonietheoretischen Ansatz können die Maschen der Analyse enger gezogen werden, als dies noch Adorno möglich war. Nun ginge es darum, jenes »Grabensystem« (Gramsci) politischer Frontverläufe zu erkunden, welches das Feld der Philosophie an allen Stellen durchkreuzt. Zur Erkundung dieser Frontverläufe ist eine Art Politikwissenschaft der Philosophie vonnöten, mit deren Hilfe Philosophie hinsichtlich der hegemonialen Formation bzw. des Systems der Kräfteverhältnisse, in das sie eingebettet ist, untersucht werden kann. Diese Überlegung würde ein philosophiehistorisches Forschungsprogramm in materialistischer Traditionslinie nahelegen. Was sie aber für die Disziplin der Philosophie selbst bedeutet, das kann nicht allein durch einen politikwissenschaftlichen, historiographischen oder soziologischen Blick von außen geklärt werden. Wir müssen uns zugleich auf das Terrain philosophischer Argumentation selbst begeben und fragen: Welche innerphilosophischen Folgen ergeben sich aus diesem politisch motivierten Blickwechsel auf Philosophie im Inneren der Philosophie

18 Gegen die zumeist banale Gegenüberstellung von Materialismus und Idealismus, wie sie sich bei Althusser und den Post-Althusserianern findet, also einem »ewigen Kampf« dieser beiden Tendenzen, der angeblich die Geschichte der Philosophie durchzieht, ist daher zu halten, dass weder der Materialismus an sich fortschrittlich ist, noch Rationalismus und Idealismus an sich bürgerlich im Sinne von »reaktionär« sind. Ihr politischer »spin« hängt von ihrer jeweiligen hegemonialen Artikulation mit politischen Positionen außerhalb des Feldes der Philosophie ab (die aber natürlich immer auch innerhalb des Feldes der Philosophie vertreten sind). Daher gibt es einen politisch radikalen Rationalismus (etwa in der Tradition der radikalen Aufklärung, in der noch die Dekonstruktion steht, vgl. Marchart 2007a), wie es einen politisch radikalen Idealismus gibt (etwa in der Orientierung der frühen deutschen Idealisten an der Französischen Revolution): Philosophiehistorische Tendenzen sind also nicht per se politisch fort- oder rückschrittlich, sondern werden dies erst durch Artikulation mit politischen Projekten und innerhalb des sozialen Raums der Möglichkeiten, d. h. der historischen Kämpfe und Antagonismen.

19 Etwa in Richtung der poststrukturalistisch-diskursanalytischen Hegemonieanalysen Laclaus und der Essex-School, auch wenn aus dieser Richtung bislang keine diskursanalytischen Versuche hervorgingen. Hier besteht ein klares Desiderat.

– also im Verhältnis der beiden Disziplinen der Ontologie und der politischen Philosophie?

An dieser Stelle muss doch der Verdacht formuliert werden, dass die Vorgangsweise von Negri, Balibar und Coujou in entscheidender Hinsicht zu kurz greift. Zu Recht weist Coujou auf das zirkuläre Verhältnis zwischen Ontologie und politischer Philosophie hin, und zu Recht sprechen Negri und Balibar von der wechselseitigen Implikation von Ontologie und politischer Theorie. Diese *Subversion* der disziplinären Aufgabenteilung innerhalb der Philosophie muss jedoch durch einen weiteren Schritt ergänzt werden: die *Inversion* des traditionellen Prioritätsverhältnisses zwischen Ontologie und politischer Philosophie. Erst in diesem zweiten Schritt besteht der eigentlich politische, um nicht zu sagen emanzipatorische Aspekt einer ernsthafte Dekonstruktion der Metaphysik. Die beiden Seiten eines metaphysischen Dualismus – und letztlich ist auch die Unterscheidung von *philosophia prima* und *philosophia secunda* ein solcher Dualismus – halten nämlich einander nie die Waage, sondern stehen in einem Subordinations- bzw. Dominanzverhältnis zueinander. Daher lässt Derrida in seinen Dekonstruktionen das Verhältnis zwischen metaphysischen Dualismen nicht einfach nur verschwimmen – womit Dominanz- bzw. Subordinationsverhältnisse mehr verschleiert als wirklich durchbrochen würden –, sondern kehrt zugleich die Verhältnisse um. (Um ein simples, wenn auch nicht gänzlich unproblematisches Beispiel zu geben: Derrida dekonstruiert nicht etwa nur den Binarismus von »Mann« und »Frau«, sondern definiert im gleichen Zug sein Schreiben als »weiblich«.) Erst diese zweite Bewegung gibt der Dekonstruktion ihre herrschaftskritische Schärfe, und es ist wohl kein Zufall, dass dieser Schritt von Heideggers Destruktion nicht vollzogen wird. Sie drängt sich aus emanzipatorischer Perspektive auf, folgt also nicht notwendig aus der ontologischen Differenz als solcher: Dominanzverhältnisse sollen nicht nur dekonstruiert, sondern auch umgestürzt werden, denn hinter einer »gleichgewichtigen« Dekonstruktion würden die alten Ungleichgewichte nur verschleiert fortleben. (Derrida hinzuzufügen wäre, dass die Inversion eines Dualismus nicht in jedem Fall gleich dringlich, manchmal womöglich gar nicht geboten ist, da nicht jeder Dualismus *an sich* repressiv ist – auch das wäre ein klares *non sequitur*).[20]

20 Selbstverständlich verwickelt sich die Dekonstruktion mit diesem zweiten Schritt in einen Widerspruch: Denn die Verkehrung des Primats setzt mit der einen

Ernesto Laclaus Forderung, das Prioritätsverhältnis zwischen dem Sozialen und dem Politischen bzw. zwischen Philosophie und Politik umzukehren, zeichnet ein nochmals schärferes Bild dieser politisch-emanzipatorischen Seite der Dekonstruktion. Unsere These ist nun, dass diese Umkehr innerphilosophische Auswirkungen haben muss, weil die traditionelle Disziplin der politischen Philosophie *auf dem Terrain der Philosophie* eine erhebliche Aufwertung erfährt. Und zwar bis zu jenem Punkt, an dem sie, folgen wir dem bisher entwickelten Ansatz, zur *Philosophie des Politischen* (Vollrath) wird.

9.6. Die politische *Differenz* als *politische* Differenz

Wenn Philosophie sich im Kern als Philosophie *des Politischen* erweist, dann wird dies auf unser landläufiges Verständnis von politischer Philosophie zurückwirken. Zwar könnte man einem ersten Impuls folgend vielleicht vermuten, dass Letztere überflüssig würde, abgelöst von Metaphysik selbst. Doch das Gegenteil ist der Fall, wie ja die Spinoza-Studie Balibars und die Untersuchungen Coujous belegten. Das Politische an der Metaphysik gibt sich erst zu erkennen, sobald sie mit politischer Theorie/Philosophie im disziplinär engeren Sinn gegengelesen wird. Politische Philosophie *sensu stricto* räumt folglich den marginalen Platz, der ihr im philosophischen Fächerkanon immer schon zugewiesen wurde, und übernimmt die zentrale Aufgabe, das Politische an der Philosophie (d. h. an Metaphysik und Ontologie) zu konkretisieren. Auch wenn diese Schlussfolgerung selten ausgesprochen wird, folgt sie aus der oben erwähnten Tradition materialistischer Philosophiegeschichtsschreibung: Ontologie muss sich von ihrer einstigen Magd, der

Hand den Dualismus wieder ein, der mit der anderen dekonstruiert wurde. Lässt sich dieser Widerspruch auflösen? Nur auf Kosten des politisch-emanzipatorischen Gehalts der Dekonstruktion. Daran zeigt sich aber nur, dass auch Derridas *différance* jenem Spiel von Institution und Destitution nicht entkommen kann, das die politische Differenz auszeichnet: kein unendlicher Aufschub ohne vorübergehende Stillstellungen. Oder im Vokabular des Postfundamentalismus: keine Entgründung ohne irgendeine neue Form der Gründung. Welche dies ist, muss jeweils konkret entschieden und verantwortet werden. Darin, und im Offenhalten der Verhandelbarkeit des neuen Grundes, besteht unter anderem die demokratische Ethik, auf die wir im Schlusskapitel kommen werden.

politischen Philosophie, über ihre eigenen Grundlagen aufklären lassen – denn welche andere philosophische Disziplin sollte dazu ernsthaft in der Lage sein?[21] Auf Basis dieser Überlegung kann die politische Theorie (bzw. politische Philosophie *sensu stricto*) einen gehörigen Statusgewinn verzeichnen. Denn erst mit ihrer Hilfe wird es in vielen Fällen gelingen, auf philosophischer Ebene – und nicht allein auf soziologischer oder historischer – das Politische an jeder Ontologie innertheoretisch aufzuzeigen.

Die neue Aufgabe, die der politischen Theorie, an der nicht zu Unrecht immer wieder kritisiert wurde, sie diene zumeist der Legitimation des Bestehenden und somit den Kräften der Politikvermeidung und Politikstillstellung, zuwächst, ist die innerphilosophischer Politisierung.[22] Sie drückt sich aus in der expliziten – nicht nur, wie von Negri analysiert, impliziten – Verwandlung von Ontologie in politische Ontologie. Was in einer solchen politischen Ontologie auf dem Spiel steht, ist die *politische* Natur des Seins-qua-Sein, die politische Natur – in quasi-transzendentalistischen Begriffen – des Seins, sofern es überhaupt möglich ist (und nicht einfach nur, wie in der politischen Theorie, die Natur eines wohlgeordneten Gemeinwesens). Diese Annahme gewinnt Plausibilität vor dem Hintergrund der Theorien Claude Leforts und Ernesto Laclaus, für die kein ontisches, d. h. soziales Sein denkbar ist, das nicht durch das Politische instituiert würde. Daher unterscheidet sich eine solche

21 Und insofern diese Grundlagen wiederum im Feld der Politik – im Koordinatensystem der hegemonialen Formation – zu finden sind, erfüllt die politische Philosophie bzw. Theorie oftmals die Rolle einer geheimen Vermittlerin zwischen Politik und Metaphysik. In der politischen Theorie findet sich der politische Kern einer depolitisierten Ontologie beschlossen. Anders formuliert: Die politische Philosophie *vertritt* im Regelfall die Politik innerhalb des Fächerkanons der Philosophie. Im Regelfall deshalb, weil unter bestimmten – selbst wiederum politischen – Bedingungen diese Funktion blockiert sein kann: So übernahm im frühen deutschen Idealismus wie schon bei Schiller (unter Bedingungen der Verunmöglichung explizit politischer Theoriebildung) die Disziplin der Ästhetik die Funktion, das Politische zu theoretisieren.

22 Wenn politischer Theorie/Philosophie aber die Aufgabe zuwächst, das Politische an der Ontologie innerphilosophisch aufzuzeigen, dann heißt dies wohl zugleich, dass sie nicht gänzlich in Ontologie aufgehen kann: Theorien *der* Politik und Demokratietheorien sind – als politische Theorien sensu stricto – somit noch lange nicht überflüssig geworden, und wir werden in den beiden Folgekapiteln Vorschläge zu einer postfundamentalistischen Theorie der Politik und der Demokratie entwickeln.

politische Ontologie von einem strikt heideggerianischen Zugang, wie er etwa in de Beisteguis Differenzontologie vorliegt, in ihrer Anerkennung des – so kontingenten wie vorübergehenden – instituierenden Moments des Politischen, welches das nur scheinbar »reine« Ontologische überformt. Die Perspektive auf Sein-qua-Differenz erweist sich als Perspektive auf Sein-qua-*das Politische*.

Bestehen bleibt jedoch die Idee, dass es sich bei dieser politischen Ontologie nicht länger um eine Regionaldisziplin handeln kann, da in ihr die Grundlegungsbedingungen des Seins in seiner Gesamtheit verhandelt werden. Mithin geht auf die politische Ontologie der traditionelle Rechtsanspruch einer *prima philosophia* über – auch wenn deren Status höchst problematisch geworden ist. Gerade weil es eine Ontologie als solche – also eine Philosophie des Ontologischen in Abstraktion von allem Ontischen – unter postfundamentalistischen Bedingungen nicht geben kann, Postfundamentalisten im Unterschied zu Antifundamentalisten aber nicht von der Notwendigkeit einer Form philosophischer Befragung entbunden sind, die die quasi-transzendentalen Bedingungen des Gründungs- und Entgründungsprozesses des gesellschaftlichen Seins in seiner Allgemeinheit zu bestimmen versucht, kann nur eine partikulare philosophische Disziplin diese Aufgabe der Repräsentation des Seins in seiner Allgemeinheit übernehmen. Es gibt keine andere Möglichkeit, denn eine *prima philosophia* ist nunmehr gar nicht anders zu haben als in Form einer *Sekundärphilosophie*. So hatten wir eingangs des Kapitels bemerkt, dass jede Ontologie, sofern ein erster Grund nicht zur Verfügung steht, notwendigerweise weniger darstellen wird als eine reine Ontologie. Jede *erste* Philosophie (jede metaphysica generalis) könne nur vonseiten einer zweiten Philosophie gegründet werden. Traditionelle spezialmetaphysische Anwärterinnen wie Physik, Medizin, Kosmologie oder Theologie erweisen sich heute als wenig geeignet für diese Unternehmung. Weshalb aber sollte die politische Ontologie geeigneter sein?

Dies wirft jene Frage auf, die bislang noch nicht hinreichend geklärt wurde. Wenn es keinen Grund geben kann, von dem aus festzulegen ist, *welche* Disziplin nun die Funktion einer *prima philosophia* beanspruchen kann, wie ist dann die Passage von der zweiten zur ersten Philosophie zu erklären? Tatsächlich kann der Aufstieg einer regionalen Ontologie in den prekären Status einer allgemeinen Ontologie am Ende selbst nur aus einer kontingenten

Entscheidung hervorgehen. Die Entscheidung, der politischen Ontologie – nicht etwa der Ästhetik, der Ethik oder irgendeiner anderen Disziplin – die Rolle einer ersten Philosophie zuzusprechen, kann aber im Postfundamentalismus keine »philosophische« Entscheidung sein, die ausschließlich auf Vernunftgründen basieren würde. Sie kann nur wiederum eine intrinsisch politische Entscheidung sein: eine kontingente Intervention vonseiten der Politik in das depolitisierte Feld der Philosophie. Deshalb entspricht sie auch in ihrer *Form* der Logik der Politik. Es wurde bereits darauf hingewiesen, dass sich postfundamentalistische Begründungen im Medium der Urteilskraft entfalten müssen, welches von der späten Hannah Arendt nicht zufällig als Medium der Politik identifiziert wurde. Nun wird darüber hinaus erkennbar, dass die Form dieser *prima philosophia politica* der von Laclau beschriebenen Logik von *Politik* entspricht: Ein Partikulares übernimmt die Aufgabe, ein Allgemeines zu verkörpern, das in letzter Instanz nie vollumfänglich verkörpert werden kann (wir werden im folgenden Kapitel ausführlich auf diese Logik zurückkommen): Eine ontologische Regionaldisziplin übernimmt die unmöglich gewordene Aufgabe einer *metaphysica generalis*. Bedeutet dies nicht, dass die politische Ontologie von einer inneren Spannung – einerseits Ontologie oder Erste Philosophie, andererseits politische Philosophie, also *philosophia secunda* – gezeichnet ist, die nichts anderes ist als die Spannung des politischen Verhältnisses selbst, transponiert auf das Terrain der Philosophie? Sicher, es lässt sich kaum abstreiten, dass eine solche *prima philosophia*, die zugleich *secunda philosophia* ist und nur sein kann, in gewisser Weise monströser Natur ist. Wie der König, einer mittelalterlichen Formel gemäß, *major et minor se ipso* war und damit, worauf Lefort hinweist, eine ähnlich paradoxe Rolle einnimmt wie der moderne, postfundamentalistische Philosoph (eine Rolle, die sehr gut auch Hannah Arendts Verhältnis zur Philosophie beschreiben würde), so ist die politische Ontologie als Philosophie zugleich mehr *und* weniger als eine Philosophie. Mehr als nur eine Philosophie unter anderen, weil sie *philosophia prima* ist; weniger als Philosophie, weil sie Politik ist.

Damit ist eine Antwort auf die »Grundfrage« unserer gesamten Untersuchung, was es mit der Differenz zwischen der Politik und dem Politischen *als Differenz* auf sich habe, gewonnen. Wir sind nun in einer besseren Ausgangslage, um die genaue Natur der politischen in ihrem Verhältnis zur ontologischen Differenz zu bestimmen. Von vielen Beobachtern wurde ja ein Analogieverhältnis zwischen politischer und ontologischer Differenz behauptet. Auch unsere Untersuchung ging von der ursprünglichen Unterstellung aus, dass die Differenz zwischen Politik (*la politique*) und dem Politischen (*le politique*) konzeptuell spiegelt, was bei Heidegger als Differenz (*qua Differenz*) zwischen dem Ontischen und dem Ontologischen beschrieben wird. Solange die politische Differenz auf diese Weise als bloßes Derivat der ontologischen Differenz präsentiert wurde, blieb das politische Denken der Philosophie – oder dem »Denken« in Heideggers Verständnis – untergeordnet. Diese Unterordnung erschien uns jedoch zunehmend als Symptom des Philosophismus. Wenn wir nun die Umkehr des Prioritätsverhältnisses nicht nur zwischen Politik und Philosophie zugunsten der Politik ernst nehmen, sondern innerphilosophisch zugleich die Umkehr des Prioritätsverhältnisses zwischen politischer Philosophie und traditioneller Ontologie, dann stülpt sich konsequenterweise auch das eigentliche Terrain um, auf dem unsere Grundfrage bezüglich der politischen Differenz-als-Differenz gestellt wurde. Nicht die politische Differenz sollte in Analogie zur ontologischen Differenz verstanden werden, sondern umgekehrt: Wenn jede Ontologie (und sei sie postfundamentalistische Differenzontologie) in Wahrheit politische Ontologie ist, dann muss auch die ontologische Differenz im Lichte der politischen Differenz gesehen werden. Vor dem Hintergrund der These Negris, jede Ontologie sei politische Ontologie, ließe sich sogar behaupten: Die ontologische Differenz *ist die politische Differenz.*[23]

23 Das bedeutet gleichermaßen, dass auch die eigentliche Differenz zwischen Politik und dem Politischen – die kategorial unter anderem auch als »Spiel«, »Ereignis« oder »Freiheit« auftrat – *in sich selbst* politisch ist. Vor dem Hintergrund dieser Überlegung sollte man sich nicht von dem Umstand irritieren lassen, dass das Prädikat »politisch« *zweimal* auftaucht: in nominalisierter Form als Name für die ontologische Seite der politischen Differenz (*das Politische*) und adjektiviert als Bestimmung der Differenz selbst als *politische* Differenz, d. h. als *politisches Zwischen* der Politik und des Politischen. Heidegger, wie man weiß, hat für einige Zeit auf das anachronistisch geschriebene *Seyn* als Name für das Ereignis der Differenz-als-Differenz zurückgegriffen, um die Differenz selbst von der ontologischen Kategorie des »Seins« (hier in seiner zeitgenössischen Schreibweise) unterscheiden zu können. Auf diese Weise konnte er die Seinssemantik beibehalten und zugleich in Form einer homophonen Archaisierung unterlaufen,

Um einem vorhersehbaren Einwurf gegen diese These zu begegnen, soll nochmals unterstrichen werden, dass sich im Zug der erwähnten Inversionsbewegung auch das Prioritätsverhältnis zwischen Ontologie und Epistemologie auf den Kopf stellt. Zwar korrespondiert dem ontologischen Zugang in der heideggerianischen Tradition ein transzendentalphilosophischer, sofern beide die Ermittlung von Möglichkeitsbedingungen zum Ziel haben. Ersterer bezieht sich aber auf die ontologischen Möglichkeitsbedingungen von Sein-qua-Sein, nicht auf die epistemologischen Möglichkeitsbedingungen von Sein-qua-Erkennen, nicht auf die Grundlagen von Erfahrung, Erkenntnis oder Wissen. Mit einer politischen Ontologie verlassen wir somit das moderne hegemoniale Terrain der Epistemologie (welches selbst ja seit Descartes und Kant das Terrain der klassischen Ontologie als *prima philosophia* besetzt hielt). Die epistemologisch orientierte Standardkritik an einem Ansatz wie dem gerade entworfenen: »Wie kannst du die transzendentalen Bedingungen, von denen du sprichst, ›kennen‹?«, oder: »Ist nicht deine These von der Ubiquität des Politischen selbstwidersprüchlich, da es sich dabei notwendigerweise um eine politische und keine ›wissenschaftliche‹ Behauptung handeln müsste?« – eine solche Kritik epistemologischen Stils verliert ihre Bedeutung, sobald wir uns innerhalb des ontologischen Paradigmas verorten. Weder zielt eine ontologische Untersuchung auf so etwas wie eine »objektive Erkenntnis« des Seins, noch reklamiert sie für sich den Status von Wissenschaftlichkeit in einem engen Sinn. In Wahrheit kann der Vorwurf, man würde aus politischer Perspektive heraus argumentieren, vollumfänglich akzeptiert werden, bedenkt man die Grundannahme, das Politische bilde das (abwesende) Fundament aller Praxen und Diskurse des Sozialen, einschließlich natürlich philosophisch-theoretischer Argumente. Die Argumente der Linksheideggerianer sind so sehr politische *Interventionen*, d. h. vonseiten *der Politik* ausgehend, wie sie philosophisch-konzeptuelle *Inven-*

deren Entfremdungseffekt uns auf etwas anderes als die rein ontologische Ebene verweisen soll, nämlich auf das ereignishafte Spiel der Differenz zwischen dem Ontologischen und dem Ontischen. Wenn wir von ähnlich gelagerten typographischen Experimenten Abstand nehmen wollen, so muss der bloße Hinweis auf die doppelte Einschreibung des Politischen ausreichen. Denn die Differenzierung zwischen Politik und dem Politischen ereignet sich in keinem neutralen Raum jenseits der Politik und des Politischen, sondern ist selbst von zutiefst politischer Natur.

tionen eines neuen Begriffs sind: des Begriffs *des Politischen*. Deshalb muss keineswegs eine epistemologisch gesicherte Position jenseits des Horizonts des Seins gesucht werden, damit ontologische Annahmen über das Sein in seiner Allgemeinheit formuliert werden können.[24] Ja, sofern jede Position, von der aus man spricht, immer innerhalb des Horizonts des Politischen lokalisiert ist, wird nicht nur jede ontologische, sondern auch jede epistemologische Position politisch überdeterminiert sein. Man kann eine solche Position nur einnehmen, indem man im politischen Sinn Stellung *bezieht* – ob man sich dessen bewusst ist oder nicht.

9.7. Das Unpolitische

Aber ist die ontologische These vom Primat des Politischen nicht noch in einem weiteren Sinne monströs? Wenn wir etwa Laclau dahingehend interpretieren, dass das Soziale nur das Politische selbst ist in einem anderen Modus, sprechen wir dann nicht von einer Welt, in der letztlich *alles politisch* ist? Geht damit nicht jede spezifische Differenz verloren, die noch eine Abgrenzung des Politischen gegenüber einem nicht-politischen Außen ermöglichen würde? Und liefe die Behauptung, dass alles politisch sei, nicht darauf hinaus, »zu sagen, dass nichts politisch ist« (Rancière 2002: 97)? Eine weitere Überlegung zur politischen Differenz hilft, diese Fragen zu beantworten. Denn selbstverständlich ist eine soziale Welt undenkbar, in der »alles« politisch im Sinne der *Politik*, also des politischen Subsystems wäre. Ein solches Ausgreifen der Politik auf alle Existenzsphären wurde von Jean-Luc Nancy (Nancy 2009: 30 f.) als eine Form des Totalitarismus kritisiert. Der Begriff *des Politischen* sei hingegen – von Nancy selbst und anderen – gerade in Abhebung von dem der Politik entwickelt worden, um der Auflösung von Politik in sozialer Immanenz zumindest begrifflich entgegenzuwirken. So entspricht also unsere These vom primordialen Status politischer Ontologie keineswegs dem Gemeinplatz des »Alles ist politisch«.

Aber umgehen wir damit nicht nur das Problem, indem wir es von Politik zum Politischen verschieben? Es mag zugestanden werden,

24 Ein Vorwurf, der besser an objektivistische Ansätze der positiven Wissenschaften zu richten wäre (siehe dazu Leforts Kritik an der Vogelflugperspektive der politischen Wissenschaft).

dass nicht alles Politik ist, aber wenn dennoch alles vom *Politischen* berührt wird, heißt das, dass nichts jenseits des Politischen existiert? Um diese Frage zu bearbeiten, sind die frühen Überlegungen Roberto Espositos von unschätzbarem Wert.[25] In seinem 1988 erschienenen und 1999 neu aufgelegten Buch *Categorie dell'impolitico* untersucht Esposito die politische Begriffsgeschichte des Unpolitischen – eine der frühesten und bekanntesten Fassungen findet sich in Thomas Manns *Betrachtungen eines Unpolitischen* – und verfolgt den Begriff durch die politischen Theorien unter anderen von Simone Weil, Carl Schmitt, Hermann Broch, Hannah Arendt und Georges Bataille. An Heidegger geschult begeht Esposito nun nicht den Fehler, das Unpolitische als das schlechthin Andere des Politischen zu positivieren oder gar mit dem Antipolitischen zu verwechseln. Antipolitische Positionen zielten darauf, den Konflikt aus der Politik zu eliminieren. Dazu richten sie sich mit den gleichen Mitteln und Zielen gegen die Politik, die sie eigentlich zu bekämpfen vorgeben. Die antipolitische Neutralisierung des politischen Konflikts müsse deshalb immer zugleich als *politische* Neutralisierung des Konflikts, als *Politik* der Neutralisierung verstanden werden, wie sie die Geschichte der modernen politischen Philosophie seit zumindest Hobbes auszeichnete, während Werk und Leben der von Esposito untersuchten Autoren bezeugen, dass die Beschäftigung mit dem Unpolitischen eher einer Intensivierung als einer Verleugnung des Umgangs mit Politik geschuldet ist. Aus demselben Grund entspricht der Begriff des Unpolitischen auch nicht jenem des *A*-politischen, denn »apolitisch« wären Indifferenz oder Desinteresse gegenüber der Politik, was auf die Theoretiker des Unpolitischen nicht zutreffe.

Im Unterschied zum Antipolitischen negiert das Unpolitische also die konfliktuelle Natur der Politik nicht, sondern affirmiert, dass keine andere Politik existiert, dass jeder Grund des Sozialen von Macht und Konflikt geformt ist. Das Unpolitische sei das Ende jeden »Endes der Politik« (Esposito 1999: xvi). Dies hat Folgen für das Verständnis von politischer Theorie und politischer Philosophie: Die Begriffe des Politischen, die uns von der philosophischen Tradition zur Verfügung gestellt werden, dürften weder einfach antipolitisch abgeschafft noch unverwandelt übernommen werden. Es gehe

25 Ich danke Etienne Balibar für den Hinweis auf die mir bis dahin unbekannten frühen Arbeiten Roberto Espositos zum Unpolitischen.

darum, wie Esposito in einem aktuellen Rückblick formuliert, »sie hinterrücks anzugehen, auf die Quelle ihres Sinns beziehungsweise in den Bereich ihres Ungedachten vorzudringen«, denn:

> Jeder politische Begriff hat eine belichtete, ohne weiteres sichtbare Seite, aber auch eine dunkle Zone, durch deren Kontrastwirkung allein jenes Licht überhaupt erst in Erscheinung treten kann. Man kann nun sagen, dass die moderne politische Reflexion, geblendet von jenem Licht, die Schattenstreifen aus dem Blick verliert, welche die politischen Begriffe in einer Art und Weise umgeben oder schneiden, die nicht mit ihrem manifesten Gehalt übereinstimmt (Esposito 2007).

Mit der Perspektivierung durch das Unpolitische werde die Aufmerksamkeit auf den »aporetischen, antinomischen, widersprüchlichen Kern« politischer Begriffe wie Macht, Freiheit oder Demokratie gelenkt. Das Unpolitische deute auf deren uns abgewandte Seite, ohne dass wir es positiv kennzeichnen könnten. Man kann nur sagen, »was es nicht ist« (ebd.) – z. B. ist es nicht das Antipolitische. So identifizierten sich Verteidiger des Unpolitischen, indem sie Konfliktualität akzeptieren, durchaus mit dem politischen Realismus seit Machiavelli, »aber von seiner Kehrseite aus betrachtet: von den stummen Rändern, denen jedes Wort der Politik entspringt, von der unsichtbaren Grenze, die das politische Handeln wie seine unerschütterliche Schranke umgibt. Das Unpolitische ist das Nichtsein des Politischen – das, was es weder sein noch werden kann, ohne seinen eigenen konstitutiv polemischen Charakter zu verlieren« (ebd.). Wenn das Unpolitische also nicht in der bloßen Negation des Politischen besteht (was es zum Antipolitischen machen würde), dann kann es nur das Politische selbst sein *in perspektivischer Brechung* (Esposito 1999: xxi).[26] »In diesem Sinne«, so folgert Esposito, »gibt es keine Dualität – allenfalls Differenz« (xxi). Mit Esposito findet sich unsere These vom Primat des Politischen

26 Oder mit einem weiteren Veranschaulichungsversuch Espositos: Das Unpolitische verhält sich zur Politik wie das Schweigen zur Stimme. Das Schweigen ist nicht etwa das »Außen« der Stimme, noch ist es eine andere Stimme oder die Stimme eines Anderen. Es erscheint im Inneren der Stimme als deren *Pause*. Und erst durch Pausen werde Sprache skandiert und damit artikuliert (1999: xxviii). Ähnlich haben wir es beim Unpolitischen mit einer Bewegung der Interiorisierung des Außen bzw. der Grenze des Politischen zu tun, ganz so wie bei Bataille die Transzendenz nicht der Immanenz gegenübersteht, sondern innerhalb der Immanenz dieselbe unterbricht bzw. ihrem eigenen Außen aussetzt (xxix).

also ein weiteres Mal bestätigt: Was dem Politischen entkommt, das Unpolitische, kann nicht als solches festgemacht werden. Es führt nicht aus dem Politischen heraus, sondern bezeichnet allein die Differenz des Politischen *von sich selbst*. Daraus lässt sich hinsichtlich unseres Problems folgern: Wenn »alles politisch« ist, sofern es vom Politischen (im Spiel mit Politik) berührt wird, dann ist dieses Alles nur Alles in Differenz von sich selbst. Es ist, wie man auch mit Lacan sagen könnte, *Nicht-Alles*, ohne dass es *etwas*, d.h. ein bestimmtes Seiendes, wäre. Mit anderen Worten: Die Kategorie des Unpolitischen verweist auf keinen inhaltlich erfüllten Raum jenseits der politischen Differenz, sondern auf nichts anderes als das Politische selbst in seiner Verschattung.

9.8. Auf dem Weg zu einer politischen Ethik

Womöglich bearbeitet Derrida in seiner Studie zur *Politik* (bzw. im französischen Original: den *Politiken – politiques*) *der Freundschaft* genau dieses Paradox des Unpolitischen, ohne freilich den Begriff eigens aufzugreifen. In einer Fußnote (Derrida 2002: 184) weist Derrida sogar darauf hin, dass diese Studie einen verspäteten Beitrag zu den Untersuchungen an Nancys und Lacoue-Labarthes *Centre* darstellt. Gegenstand der Derrida'schen Dekonstruktion ist besonders Carl Schmitts Begriff des Politischen bzw. der Entpolitisierung oder Neutralisierung des Politischen. Wiederum geht Derrida in jener typischen Doppelbewegung vor, die wir oben beschrieben haben: Einerseits subvertiert er den Schmitt'schen Binarismus von Freund und Feind und zeigt die Unmöglichkeit auf, den Binarismus bzw. dessen beide Seiten zu stabilisieren. Zugleich aber invertiert er die Wertigkeit der beiden Terme. Denn während das Schmitt'sche Denken sich bekanntermaßen um die Bestimmung des Feindes dreht, wertet Derrida den Begriff der Freundschaft radikal auf (nicht ohne zugleich an ihrer inneren Unmöglichkeit festzuhalten), was eine »wesentliche und notwendige Entpolitisierung« mit sich bringe, die es allerdings nicht zu beklagen gelte. Derridas Bemühungen zielen auf »den Versuch, durch diese Entpolitisierung, die vielleicht nur den grundlegenden und herrschenden Begriff des Politischen betrifft, durch die genealogische Dekonstruktion des Politischen (und, in ihm, des Demokratischen) hindurch eine andere Politik, eine andere Demokratie zu denken, zu interpretieren, in der Tat umzusetzen« (2002: 155). Zweifelsohne spielt Derrida mit der Hoffnung auf die Möglichkeit einer unmöglichen Politik der Freundschaft. Diese bleibt unmöglich, sofern sie dem »grundlegenden« westlichen Politikbegriff von Machiavelli bis Schmitt widerspricht und damit aus dem Politischen heraustritt. Denn aus deren Perspektive wäre Freundschaft, die immer ein Moment des Unbedingten in sich trägt, sonst wäre sie keine, der Politik gegenüber heterogen (das illustriert der bekannte Politikerscherz, es existiere nur eine Steigerungsform von »Feind«, nämlich »Parteifreund«). Politik ist das Terrain des Bedingten, d. h. des von strategischen und materiellen Bedingungen eingeschränkten Handelns. Aus diesem Grund wurde die Kategorie der Wahrheit von Hannah Arendt aus der Politik verbannt, und aus demselben Grund handelt es sich bei Badious Nibelungentreue zu einem unbedingten Ereignis um kein politisches, sondern um ein ethisches, wenn nicht ein religiöses Verhältnis.

Die unmögliche Möglichkeit einer Politik der Freundschaft, auf die nun Derrida hofft, führt letztlich zur fragwürdigen Idee einer *ethischen Politik*. Wenn beim frühen Esposito das Unpolitische insofern offenbleibt, als es nichts anderes darstellt als das Politische in Differenz von sich selbst (beim späteren wird das Außen des Politischen zur Biopolitik, vgl. Celikates 2008), so drängt bei Derrida die Kategorie des Unpolitischen über das Politische hinaus in Richtung Ethik. Zwar ist ihm sehr wohl bewusst, dass eine Politik ohne Macht, Konflikt und Ausschluss undenkbar ist, weshalb die Behauptung übertrieben wäre, Derrida würde Politik umstandslos zu Ethik erklären. Aber wo die Dekonstruktion dazu tendiert, Politik an einer unbedingten Ethik der Freundschaft, der Gabe oder des Respekts gegenüber dem Ganz-Anderen auszurichten, dort läuft sie Gefahr, dem Ethizismus zu verfallen und ins Antipolitische zu kippen. Denn letztlich wird damit wieder das Bedingte – politisches Handeln unter den einschränkenden Bedingungen ungleicher Machtverhältnisse und der Unmöglichkeit, absolute Verantwortung zu übernehmen – dem Unbedingten untergeordnet. Aus Perspektive der politischen Ontologie, wie sie bisher entwickelt wurde, käme dies einer Inversion der Inversion gleich: Der Primat des Politischen würde der Ethik als einer Ersten Philosophie geopfert, Politik würde unter den Imperativ unbedingter Verantwortung oder Treue gegenüber dem Singulären gezwungen.

Wie sehr das postfundamentalistische Denken durchaus zu einer solchen Inversion tendiert, zeigt sich daran, dass die durch und durch ethische Kategorie der Singularität – Index des Unbedingten – geradezu zum Schibbolet der linksheideggerianischen Theoriebildung wurde. So heißt es bei Derrida: »Ich schulde mich unendlich jeder, und jeder einzelnen, Singularität« (Derrida 1999: 192). Ethische Verantwortung kann tatsächlich nur dann unbedingt im Sinne von unendlich sein, wenn sie sich auf eine reine Singularität bezieht (auf den Anderen in seiner Einzigartigkeit oder auf das singuläre Ereignis). Daran ändert die Paradoxisierung des Begriffs der Singularität wenig, etwa wenn Badiou (Badiou 1998a) von »universeller Singularität« spricht oder Nancy seine dekonstruktive Sozialontologie des Mit-Seins auf dem bewusst widersprüchlichen Gedanken einer »pluralen Singularität« gründet. Das Sein ist, Nancy zufolge, »auf singuläre Weise plural und auf plurale Weise singulär« (Nancy 2004: 57). Als Mit-Sein tritt Sein immer im Plural auf und ist doch immer eines. Wie ich in meiner Nancy-Kritik argumentiert habe, kann diese »Ko-Ontologie« (2004: 74) aber, so nah sie unserer eigenen Lesart der politischen Differenz scheinen mag, keine Auskunft geben über die politische Formierung eines je bestimmten »Ko«, denn in der Politik ist uns Pluralität nie *als solche* gegeben, sondern immer als bestimmte, begrenzte und bedingte Pluralität. Um eine reine Pluralität bzw. »Mannigfaltigkeit« von Singularitäten denken zu können, müsste man letztlich in ein monadologisches Modell Leibniz'scher Prägung und also vom politischen ins theologische Register wechseln, wo sich die Einheit des Seins durch einen onto-theologischen Trick gewährleisten lässt: Wenn à la Leibniz jede Monade oder singuläre Substanz in sich einen bestimmten Ausschnitt des Ganzen spiegeln soll, ohne mit anderen Monaden in Relation zu stehen, dann bedarf es, um die Einheit des Universums gewährleisten zu können, einer Gott-Substanz, die *alles* spiegelt.

So erweist sich das *Absolute* als nichts anderes als ein theologischer Name für den (ethischen) des Singulären.[27] *Ab-solut* ist, was

27 Nirgendwo zeigt sich deutlicher die theologische Herkunft einer Ethik des Unbedingten als bei Levinas, lautet doch der theologische Subtext der Levinas'schen Ethik unbedingter Verantwortung: Der *singulär* Andere (*autrui*) kann uns deshalb mit der Kraft des Unbedingten anrufen, weil in seinem »Antlitz« sich letztlich der *absolut* Andere, Gott, zu erkennen gibt.

abgetrennt ist von jeder Relation und damit jeder äußeren Bedingungsstruktur. Und genauso ist singulär, was als einzigartige Substanz *allein für sich* steht. Folglich sind beide Dimensionen – das Absolute und das Singuläre – austauschbar: Das Absolute ist nur absolut, sofern es singulär ist (theologisch reformuliert: Gott ist nur allmächtig, solange er *einer* ist); das Singuläre ist nur singulär, solange es absolut ist, also abgesondert von allen Elementen, mit denen es ansonsten vergleichbar wäre.[28] An dieser stenographisch vorgetragenen Überlegung, auf die wir in den nächsten Kapiteln zurückkommen, zeigt sich bereits, dass das Register der Politik nicht mit dem der Ethik oder Religion überlappen kann. Und zwar aus mehreren Gründen.

Zum Ersten haben wir es, wenn man etwa den Machiavell'schen oder den Arendt'schen Politikbegriff anlegt, im politischen Handeln immer mit anderen zu tun, die sich zwar von uns unterscheiden, uns aber nie völlig unähnlich sind. Niemals haben wir es mit einer reinen Singularität (*dem* Anderen schlechthin) oder gar mit einer Instanz zu tun, die, wie jene der Wahrheit, Anspruch auf absolute Geltung erheben könnte. So kann politische Verantwortung, im Unterschied zu rein ethischer, niemals einem Einzigen gegenüber absolut gelten, sondern muss zwischen Verschiedenen in ungleichem Maße aufgeteilt werden. Politik ist eine ähnlich profane Kunst wie die Equilibristik, wie man sie von Jahrmärkten und Zirkusvorstellungen kennt (und die im Protestvokabular der globalisierungskritischen Bewegung übrigens ein erstaunliches Comeback erfahren hat). Sie besteht im Jonglieren unterschiedlich gewichteter und zuweilen miteinander kollidierender Ziele, Forderungen und Ansprüche – keinesfalls in der absoluten Treue einem einzigen Anspruch gegenüber. Aus diesem Grund kann zweitens, *contra* Arendt, Pluralität nicht uneingeschränkt herrschen. Um in den Bereich der Politik vorzudringen, müssten sich Singularitäten in ein wechselseitiges Artikulations- und damit auch Bedingungsverhältnis begeben, was ihren jeweiligen Status als Singularität korrumpieren würde.

28 In der konsequentesten Version dieses Gedankens ist Gott als *ens absolutum* für Spinoza ein einziges (*Deum esse unicum*) und zugleich unbedingt unendliches Seiendes (*ens absolute infinitum*) (Spinoza 1999: 4-7). Zugleich gehört es zum Wesen der unbedingt unendlichen Natur Gottes, dass seine Essenz Verneinung ausschließt, dass es im Absoluten keinen Mangel und keine Negation geben kann – wir werden in unserer Diskussion des Antagonismus darauf zurückkommen.

Sie müssten Allianzen mit- und gegeneinander bilden und würden ihre Einzigartigkeit verlieren. Giorgio Agambens »Politik der beliebigen Singularität« (Agamben 2003c: 78) feiert diesen Mangel an politischer Artikulationsfähigkeit – also die Abwesenheit von Politik – geradezu als das eigentliche Merkmal »kommender Politik«: »Beliebige Singularitäten können keine *societas* bilden, weil sie keine Identität haben, der sie Ausdruck verleihen könnten, und über kein soziales Band verfügen, dessen Anerkennung erstritten werden musste« (2003: 79). So überrascht es nicht, dass Agamben schließlich zu einer unbedingten, messianischen Politik Zuflucht nimmt, die keine Politik mehr ist. Und drittens ist das relationale Terrain der Politik konstitutiv verformt von Macht-, Konflikt- und Ausschlussverhältnissen. Die politische Verknüpfung von »Singularitäten« erfolgt nicht im Vakuum der Bedingungslosigkeit, sondern, wie wir im folgenden Kapitel ausführen werden, gegen den Widerstand konkurrierender politischer Projekte.

Es ist erstaunlich, dass sich der Ethizismus von Singularitätstheoretikern wie Derrida, Nancy, Negri oder Agamben weder von solch widrigen Umständen tatsächlicher Politik, noch von der (theo-)logischen Identität des Singulären mit dem Absoluten irritieren lässt. Während man das Absolute – also die (unmögliche) vollständige Universalisierung einer partikularen Politik – wohl jederzeit als eine Form systemischer Schließung (Nancy: des Immanentismus) verdammen würde, ignoriert man die analogen Konsequenzen bezüglich der Kategorie des Singulären. Wieso aber sollte das Singuläre wertvoller sein als das Absolute, wenn beide doch logisch und strukturell identisch sind? Weder das eine noch das andere korreliert jedenfalls mit dem Phänomenbereich der Politik. Wenn Politik nach dem ethischen Muster des Unbedingten vonstatten gehen soll, dann scheint, zumindest aus Perspektive des Machiavell'schen Moments, auf Derridas Frage, welche »andere Politik« denkbar sei, »die noch eine Politik wäre« (Derrida 2002: 397), nur die Antwort möglich: keine. Denn wenn Ethik bedeutet, unbedingte und absolute Verantwortung zu übernehmen, dann kann es im Reich des Bedingten keine Politik geben ohne ein – und sei es noch so geringes – Ausmaß an Verantwortungslosigkeit.

Natürlich bleibt bei Derrida in der Schwebe, ob eine Politik des Ethischen überhaupt möglich ist, da er sich der Tatsache bewusst ist, dass absolute Verantwortung letztlich von niemandem übernommen werden kann. Es reicht aber aus unserer Perspektive nicht aus, im Spannungsbogen zwischen Möglichkeit und Unmöglichkeit einer »ethischen Politik« zu verharren, denn dieses Verharren bedeutet bereits, dass dem Ethischen und nicht dem Politischen – welches ja immer auch auf Gründung, Entscheidung, Institution hinausläuft – der Primat zugestanden wurde. Der politische Akt bricht mit dem Zustand des Verharrens im Unentscheidbaren. Es ist in der Politik nicht vergönnt, nicht zu entscheiden, da bekanntermaßen selbst das Nicht-Entscheiden oder der Aufschub einer Entscheidung einer Entscheidung gleichkommt.[29] Entscheidungen werden wiederum in keinem Vakuum getroffen, sondern auf einem unübersichtlichen Terrain, das von Konflikt-, Macht- und Ausschlussverhältnissen geformt ist.[30] Wo die Suche nach einer ethischen Politik solche Verhältnisse nicht anerkennt, droht sie sich in den Tagträumen einer schönen Seele zu verlieren und in Passivismus zu versinken.

Das bedeutet nicht, dass aus politischer Perspektive jede Ethik abzulehnen wäre. Aber jede Ethik muss, will sie nicht dem Ethizismus anheimfallen, *im Medium der Politik*, deren Bedingungen Gegenstand des folgenden Kapitels sein werden, verhandelt und implementiert werden. Was daraus resultiert, kann niemals eine *ethische Politik* sein, die es streng genommen nicht geben kann.[31] Es wird sich im besten Fall um eine *politische Ethik* handeln, eine Ethik also, die den Primat des Politischen anerkennt. Ließe sich eine solche Ethik überhaupt denken? Zweifelsohne dürfte sie nicht der Versuchung des Antipolitischen nachgeben, aber das *Unpolitische*, das an jeder Ethik haftet, muss, wie Esposito gezeigt hat, nicht not-

29 Ähnlich führt die Paradoxisierung der Kategorie der Singularität, etwa bei Nancy, Badiou oder Agamben, nicht über die Ethisierung der Politik hinaus. Politik beginnt erst, wo das Paradox vorübergehend entparadoxisiert, die Unentscheidbarkeit zugunsten einer vorläufigen Entscheidung aufgehoben wird.

30 Die Entscheidung selbst impliziert diese Dimensionen: Sie ist konfliktuell, da sie gegen andere Entscheidungsmöglichkeiten durchgesetzt werden muss; sie greift auf Machtressourcen zurück, da sie sonst nicht durchgesetzt werden könnte; und sie produziert Ausschlüsse, da ihre Durchsetzung nur auf Kosten anderer Entscheidungsalternativen möglich ist.

31 Es kann sie nicht geben, weil keine Politik dem Primat des Unbedingten gehorcht, es sei denn phantasmatisch in Form des Fanatismus oder ethizistisch in Form eines Verharrens im Unentscheidbaren. Dann aber handelt es sich nicht länger um Politik.

wendigerweise ins Antipolitischen schwenken. Vielleicht ließe sich Ethik, um Derrida und Esposito zusammenzuführen, definieren als ein möglicher Name für das Unpolitische als der von Politik abgewandten Seite des Politischen selbst. Vielleicht ließe sich darin sogar die *differentia specifica* zur Kategorie konventioneller *Moral* ausmachen, jener *mores*, jener Regeln und Institutionen des Sozialen also, die typischerweise zur Verhinderung unregulierter Konflikte aufgerichtet wurden und deshalb dem Antipolitischen zugerechnet werden müssen. Während Moral – wie Politik, deren Antithese sie ist – im Reich des Bedingten verankert bleibt, könnte sich ein Moment des Unbedingten, zu dem das Ethische, wie es bei Levinas und Derrida formuliert wird, Kontakt hält, trotz aller Bedenken gegenüber einer ethischen Politik als hilfreich für die Entwicklung einer politischen Ethik erweisen. Es könnte nämlich durchaus sein, dass wir eine Kategorie benötigen, die uns erlaubt, die unbedingte Abwesenheit eines letzten Fundaments, d. h. die Notwendigkeit von Kontingenz und damit zugleich die Bedingtheit jeder Politik *anzuerkennen*. Ein ethisches Verhältnis zur Politik, wenn es ein solches überhaupt geben kann, hieße *Anerkennung der Unbedingtheit des Bedingten*. Auf diese Weise würde der Machiavell'sche Moment des Politischen nicht in Richtung Antipolitik verlassen. Politisches Handeln wäre gerade in seiner Endlichkeit bestätigt, und eine mögliche Definition einer demokratischen Ethik, wie sie im Abschlusskapitel ausführlicher entworfen werden soll, wäre gewonnen. Zuvor aber muss der profane Begriff der Politik, der im bisherigen Verlauf der Untersuchung noch zu wenig Aufmerksamkeit fand, genauer bestimmt werden. Wir betreten damit das Reich des Bedingten.

Kapitel 10
Minimale Politik: Bedingungen geringsten Handelns

10.1. Das Bedingte

Der Unterschied von Metaphysik und Politik, so hat der philosophiehistorische Exkurs des vorangegangenen Kapitels erbracht, fällt in die Politik selbst. Philosophie wird an unzähligen Stellen von politischen Diskursen durchkreuzt. Jede Ontologie erweist sich in diesem Sinne als *politische Ontologie*. Implizit war Ontologie das immer schon. Unter postfundamentalistischen Bedingungen, die uns heute erkennen lassen, dass die Fundamente des Sozialen politisch instituiert und also kontingent sind, findet sich diese Erkenntnis explizit ausgearbeitet in Ontologien *des Politischen*. Konzentrierte sich die bisherige Darstellung auf dessen ontologische Attribute (wie Kontingenz, Freiheit, Antagonismus etc.), so hat die Frage nach der *anderen Seite der Differenz*, der Seite der Politik, abseits des kurzen historischen Exkurses noch nicht hinreichend Beachtung gefunden. Fast könnte man glauben, die spektakulären philosophischen Innovationen der verschiedenen Begriffe des Politischen hätten dessen Komplement aus dem Blick gedrängt. Wie lässt sich vor dem Hintergrund der politischen Differenz genauer fassen, was als »Politik« im ganz profanen Sinn bezeichnet wird?[1]

Nicht alle der diskutierten Denker entwickeln Politikbegriffe, die sich mit dem Phänomenbereich der Politik – d. h. mit unserer Erfahrung tatsächlicher Politik – in Einklang bringen lassen. Der emanzipatorische Apriorismus und Ethizismus, der vielen Theorien von Badiou über Rancière bis Agamben anhaftet, entleert den Begriff der Politik von allem, was dessen ethische Reinheit zu kompromittieren droht. Die Vermutung liegt nahe, dass viele postfundamentalistische Philosophen überhaupt keine Theorie der Politik zuwege bringen, sondern eher ein Denken des Politischen im Gewand

1 Die Bedeutung dieser Frage liegt auf der Hand: Man würde der chiasmatischen Verschränkung des Politischen mit Politik nicht gerecht werden, beließe man es bei der Diskussion der philosophischen Ontologie des Politischen, ohne die politische Differenz vonseiten »ontischer« Politik zu perspektivieren.

des Ethischen. Badiou wie Levinas, Agamben wie Derrida scheinen eine im ethischen Sinne richtige Politik, eine von aller *Politik* gereinigte Politik *des Politischen* zu suchen: eine Politik des Ereignisses, der Freiheit, der Alterität an sich. Was aber, wenn es keine richtige Politik geben sollte, sondern nur – im besten Fall – eine minimal falsche, wenn es keine Politik der sauberen Hände geben sollte, sondern im besten Fall eine der minimal schmutzigen? Dann befänden wir uns inmitten eines Wirrwarrs politischer Kräfteverhältnisse, durcheinanderlaufender Antagonismen, partieller Ein- und Ausschlüsse. Wir befänden uns im Kernbereich des Machiavell'schen Moments. Natürlich ist auch die im weitesten Sinne Machiavell'sche Konzeption von Politik ein *non sequitur*, sofern sie nicht aus der politischen Differenz als solcher folgt. Allerdings handelt es sich um ein *non sequitur*, das dem Phänomenbereich der Politik angemessener scheint und größere Plausibilität besitzt als die religiösen oder ethischen Engführungen jener Postfundamentalisten, die aus dem Machiavell'schen Moment heraustreten. Wir schlagen daher vor, statt der Versuchung einer Politik des Unbedingten nachzugeben, am Machiavell'schen Moment des Bedingten – unbedingt – festzuhalten.

Für dieses Moment hat Antonio Gramsci die Metapher des Stellungskriegs gefunden. Mit ihr ruft Gramsci die verschachtelten Grabensysteme der Schlachtfelder des ersten Weltkriegs in Erinnerung. Wie diese bestehen die »Zivilgesellschaften« der entwickelten Staaten des Westens aus einer sehr komplexen und doch widerstandsfähigen Struktur aus ineinander verzahnten Institutionen (»Festungen und Kasematten«, Gramsci 2000 ff.: 873), um die gestritten wird. Lange vor Foucault schon geht Gramsci mit dieser Auffassung von der klassischen Idee souveräner Macht ab. Macht ist für Gramsci in den entwickelten Gesellschaften in keinem bestimmten Staatsapparat (wie etwa der Regierung) und an keinem Ort der Gesellschaft lokalisiert, sondern über die gesamte Zivilgesellschaft verstreut. Daher reicht es nicht aus, wie im Modell des revolutionären »Bewegungskrieges«, den Winterpalast zu stürmen und die Macht zu übernehmen, sondern der Erringung von Hegemonie geht ein langwieriger, oft Jahrzehnte, wenn nicht – man denke an den Kampf des Bürgertums – Jahrhunderte dauernder Stellungskrieg voraus. Wie in den Grabenkämpfen des Ersten Weltkriegs kommt es nur langsam zu minimalen Verschiebungen des Frontverlaufs, ja, oft ist nicht einmal klar, wo genau die Front verläuft. Genauso sind hegemoniale Geländegewinne immer umkämpft, womöglich kurzlebig und an anderen Fronten bedroht. Politik findet in solch einem unübersichtlichen Grabensystem statt. Nach Gramsci sind hegemoniale Kämpfe eine ausgesprochen langwierige und letztlich unabschließbare Angelegenheit, denn »die Veränderungen in den Denkweisen, den Glaubensinhalten, den Meinungen treten nicht durch rasche, simultane und verallgemeinerte ›Explosionen‹ ein, sie treten fast immer durch ›sukzessive Kombinationen‹ nach äußerst disparaten und ›qua Autorität‹ nicht kontrollierbaren ›Formeln‹ ein« (2000 ff.: 2178). Hegemonie ist, wie Gramsci es ausdrückt, ein *molekularer* Prozess, der in der sukzessiven Kombination ideologischer Moleküle zu größeren Formationen besteht.[2]

Nichts könnte von dieser »mosaischen« Politikvorstellung (siehe Kapitel 8), der gemäß Befreiung aus einem partiellen und innerweltlichen Geländegewinn hervorgeht, weiter entfernt sein als der politische Antietatismus, der für viele französische Postfundamentalisten charakteristisch ist, denn für Gramsci sind die Territorien des »Staats« und der »Zivilgesellschaft« durch keine klare Trennungslinie zu scheiden.[3] Vor dem Horizont des Machiavell'schen Moments, dem Gramsci zuzurechnen ist, erscheint Badious Trennung zwischen Staat und Ereignis, ähnlich wie Rancières Trennung zwischen dem gouvernementalen Regime der Polizei und der »wahren« Politik der Gleichheit, hochgradig unplausibel. Agambens Modell mündet sogar in einen veritablen Manichäismus, wenn behauptet

2 Ich habe Gramscis Hegemonietheorie daher an anderer Stelle als »ironischen Materialismus« bezeichnet (Marchart 2008b). Die objektive Ironie von Hegemonie besteht darin, dass im Zuge eines hegemonialen Stellungskriegs die eigenen Befestigungsanlagen (die Institutionen, Diskurse, etc.), sobald sich die Front – also das Kräftegleichgewicht – verschiebt, in die Hände des Gegners fallen und zum Ausbau der gegnerischen Hegemonie dienen können. Aus demselben Grund ist in der Politik kein noch so kleiner (gegen-)hegemonialer Geländegewinn umsonst. Er verursacht den Dominanzdiskursen immer Arbeit an ihrer eigenen Hegemonie. All das macht Politik zu einem objektiv ironischen Geschäft mit offenem Ausgang.

3 Für Gramsci ist Zivilgesellschaft keineswegs von den staatlichen Zwangsapparaten, von denen er auch als »politische Gesellschaft« spricht, abgetrennt. Beide Sphären sind untrennbar ineinander verkeilt und ergeben zusammen, was Gramsci den »integralen Staat« nennt. So kommt Gramsci zur Formel: »Staat = politische Gesellschaft + Zivilgesellschaft, das heißt Hegemonie, gepanzert mit Zwang« (Gramsci 2000 ff.: 783).

wird, die Politik der »beliebigen Singularität« sei zu verstehen als ein *»Kampf zwischen dem Staat und dem Nicht-Staat (der Menschheit); sie ist die unüberwindbare Teilung in beliebige Singularitäten und staatliche Organisation«* (Agamben 2003c: 79). Im Geiste einer unbedingten Politik des Singulären wird eine millenaristische Entscheidungsschlacht zwischen Staat und Menschheit beschworen. Man fragt sich, ob Politik nicht vielleicht doch ein wenig billiger zu haben ist. Das hätte jedenfalls einen Vorteil: Denn ließe sich der Politikbegriff ein wenig tiefer hängen als bei Agamben, dann könnte der Versuch unternommen werden, die *Bedingungen* von Politik – im ganz prosaischen Verständnis des Wortes – zu ermitteln.

Jene Theoretiker unter den diskutierten Postfundamentalisten, die am Machiavell'schen Moment festhalten und eher der gramscianischen Seite des Linksheideggerianismus zuzuordnen wären, allen voran Lefort, Laclau, Mouffe und Esposito, können uns durchaus Anhaltspunkte für die Bestimmung der Bedingungen von Politik liefern. Allerdings ist Vorsicht geboten. Eine bloß arbiträre Auflistung irgendwelcher Bedingungen zu einem Kriterienkatalog nach dem Modell aristotelischer Kategorientafeln wäre nicht zweckdienlich. Grund dafür ist ein weiteres Mal die politische Differenz. Die Entwicklung eines plausiblen Begriffs von Politik steht nämlich vor dem folgenden Problem: Einerseits müssen die gesuchten Kriterien dem Phänomenbereich der Politik angemessen sein, darin besteht der politische Realismus des vorgeschlagenen Ansatzes; andererseits müssen sie aber auch eine gewisse Kohärenz in Bezug auf die ontologische Dimension des Begriffs des Politischen aufweisen (sie müssen kompatibel mit der politischen Ontologie sein, für die man sich entschieden hat). Deshalb lässt sich in sowohl ontischer *als auch* ontologischer Hinsicht von der Bedingtheit von Politik sprechen (siehe Kapitel 3): Zum einen ist alles politische Handeln durch historische Bedingungslagen und die Undurchsichtigkeit und Machtverformtheit des Sozialen ontisch eingeschränkt. Zum anderen hat die bisherige Untersuchung immer wieder ontologische Bedingungen der Möglichkeit von Politik herausgearbeitet, unter deren Zeichen jede Politik stehen wird. Diese gilt es nun zu systematisieren und mit den historischen Bedingungen, denen sich politisches Handeln heute gegenübersieht, abzugleichen. Erst aus dieser Doppelbewegung wird ein sowohl empirisch gehaltvoller als auch ontologisch plausibler Begriff von Politik hervorgehen.

Wir werden im Folgenden also nach den notwendigen *Minimalbedingungen* dessen fragen, was heute Politik heißen kann. Die Leitfrage lautet: Welche Bedingungen müssen unter gegebenen Umständen erfüllt sein, damit überhaupt noch von Politik die Rede sein kann? Eine solche Kriteriologie der Minima von Politik, ließe sie sich denn überzeugend entwickeln, würde nicht nur eine treffsicherere Bestimmung von Politik ermöglichen, sie würde auch unterscheiden helfen zwischen ontologischen Konzeptionen des Politischen, die profaner Politik angemessen sind, und solchen, die mit dem Phänomenbereich der Politik letztlich wenig zu schaffen haben. Um diese Kriterien zu entwickeln, werden wir die Frage nach den minimalen Bedingungen von Politik in einem Gedankenspiel umformulieren und fragen: Wie sähe Politik aus, kurz bevor sie am Horizont verschwindet und nicht mehr als Politik beschreibbar ist? D.h., was macht jene Handlungsformen aus, die wir *gerade noch* als politisch bezeichnen würden? Oder kürzer: Was ist oder wäre *minimale Politik*? Im Zuge dieses Experiments werden sich auch bislang kaum diskutierte, aber für jede Diskussion von Politik zentrale Kategorien wie jene des Handelns, des Akteurs und des Subjekts klären.

10.2. Jenseits von »großer Politik« und »Mikropolitik«

Bevor wir die Minimalbedingungen von Politik eruieren, sind einige Vorbemerkungen und Einschränkungen vonnöten. Vorweg sei auf den politischen Einsatz hingewiesen, der mit der Reformulierung des Problems in Begriffen minimaler Politik verbunden ist. Beabsichtigt ist die Rehabilitierung jener Formen politischen Handelns, denen Politikstatus allzu oft abgesprochen wird, denen man vorhält, sie seien zu ineffizient, weil sie nichts bewirkten, zu klein, weil sie nicht über die Wahrnehmungsschwelle der Massenmedien träten, oder zu korrumpiert, weil sie mit einem Bein in den Institutionen des Staates stünden oder mit »dem Feind« Kompromisse eingingen. Obwohl nur *in concreto* abgeschätzt werden kann, ob solche Vorwürfe gegebenenfalls auf ein bestimmtes politisches Projekt zutreffen, kann doch festgehalten werden, dass sie zumeist einer historisch überkommenen Vorstellung von Politik verhaftet bleiben. Sie werden den Politikformen heutiger sozialer

Bewegungen kaum gerecht, die auf Basis mobiler und wechselnder Zusammenschlüsse agieren, solche neuen Formate wie beispielsweise *No-border*-Camps gegen das Abschieberegime der EU oder *queer picknicks* entwickeln, die politisch motivierte *flash mobs* oder Kurzdemonstrationen organisieren, die neue Protestvokabulare erfinden wie etwa Praktiken taktischer Frivolität,[4] die dabei den Erfolg ihrer politischen Mobilisierungsarbeit nicht allein an der Zahl der Demonstrationsteilnehmer oder der Breite massenmedialer Berichterstattung messen, sondern gänzlich andere Formen von Öffentlichkeit suchen und schaffen. Bei all dem handelt es sich um Formen politischer Aktion, die – ganz so wie traditionellere Formen: Mahnwachen, Bürgerversammlungen etc. – zumeist »im Kleinen« stattfinden, denen aber Probleme der Größenordnung ohnehin kein zentrales Anliegen sind. Sie unterfliegen gewissermaßen den Radar traditioneller Perspektiven auf Politik.

Im traditionellen Verständnis ist die Idee »großer Politik« bestimmend – gleichgültig, ob darunter die Politik kollektiver Großakteure (Parteien, Gewerkschaften, staatliche Institutionen) oder eines »großen« Individuums verstanden wird. Historisch konnten die entsprechenden Akteure klingende Namen tragen, in der zweiten Hälfte des 19. Jahrhunderts etwa den des Proletariats oder den Bismarcks. Auf der marxistischen Linken war die Größe des Akteurs der welthistorischen Mission einer »universellen Klasse« geschuldet und alles Handeln an einem politischen Akt orientiert, der seinerseits von ausreichender Größe sein musste, um den totalen Bruch mit der Vergangenheit zu gewährleisten. Im Begriff der Revolution kulminiert die klassische linke Idee großer Politik. Die Revolutionierung *des Ganzen* ist jedoch nur möglich, wenn Gesellschaft als Totalität vorgestellt und das universelle Subjekt mit einer metaphysischen Allmachtsgarantie ausgestattet wird, um den welthistorischen Bruch überhaupt bewerkstelligen zu können. Der phantasmatische Charakter dieser Idee ist offensichtlich. Andererseits ist die Vorstellung von individueller Größe, wie sie besonders auf der politischen Rechten zu finden ist, nicht weniger phantasmatisch, setzt sie doch voraus, dass von den Taten einzelner Individuen politische Umwälzungen ausgehen können. Der be-

4 So z. B. queer-feministisches »*radical cheerleading*« oder sogenanntes »*clowning*«, um den frontalen Zusammenstoß mit der Polizei zu unterlaufen (vgl. Müller 2008).

griffshistorische Kulminationspunkt individueller Groß-, um nicht zu sagen Größenwahnpolitik findet sich bei Nietzsche, der – an anderer Stelle durchaus kritisch gegenüber chauvinistischer »großer Politik«, wie sie zwischen Nationalstaaten ausgetragen wird – im Moment des Wahnsinns in einem Briefentwurf an Brandes aus dem Dezember 1888 schreibt: »Wir sind eingetreten in die große Politik, sogar in die allergrößte ... Ich bereite ein Ereigniß vor, welches höchst wahrscheinlich die Geschichte in zwei Hälften spaltet, bis zu dem Punkte, daß wir eine neue Zeitrechnung haben werden: von 1888 als Jahr Eins an« (Nietzsche 1980: 193). An dieser Stelle schlägt das individualistische Phantasma »großer Politik« um in das revolutionäre, nur dass das Individuum die Funktion der universellen Klasse übernimmt, um den totalen Bruch mit der historischen Vergangenheit herbeizuführen.

Man wird sagen, dass nur noch die wenigsten solch wahnwitzigen Vorstellungen von großer Politik anhängen. Dem ist nicht ganz so. Abgemildert lebt das Phantasma der historischen Großtat, sei es eines individuellen, sei es eines kollektiven Akteurs, auf vielfältige Weise fort – und das nicht nur in den Resten einer radikalen Linken, für die der Revolutionismus noch Geltungskraft besitzt. Der französische Linksheideggerianismus ist alles andere als unbeeindruckt vom Imaginären der Revolution. Nur zeigt es sich dort weniger im absoluten Anspruch welthistorischer Geltung als in der Singularität des politischen Ereignisses.[5] Die eigentümliche Idee, Politik existiere nur »wenig und selten« (Rancière 2002: 29), erklärt sich erst, wenn man bedenkt, dass Politik hier immer noch nach dem Muster der *Grande Révolution* konzipiert ist. Doch Vorstellungen von »großer Politik« finden sich nicht nur in Theoriediskursen, sondern sind, in freilich gebrochener Weise, Bestandteil unseres politischen Alltagsimaginären. Ständig bilden wir phantasmatische Ansprüche aus, die wir an politisches Handeln herantragen.[6] Bei jedem Wahlsieg einer Oppositionspartei, mit der wir uns identifizieren, erwarten wir, und sei es nur heimlich, dass

5 Auch dieses Rarefikationsargument ist in gewisser Weise bereits von Heidegger vorgeprägt, so heißt es bei Heidegger, das Ereignis jener ursprünglichen Entscheidung über das Wesen der Wahrheit, die historischen Epochen ihren Stempel aufprägt, sei selten (Heidegger 1991: 21).

6 In bestimmter Hinsicht, nämlich in unserer Rolle *als Handelnde*, können wir auch gar nicht anders; dazu Näheres im unteren Abschnitt zu Subjekt und Akteur.

sich nun endlich alles zum Besseren wenden werde, nur um nach kürzester Zeit unsere Erwartungen frustriert zu sehen (man könnte das den Obama-Effekt nennen). Damit legen wir an die Politik des politischen Systems den heimlichen Maßstab »großer Politik« an. Und wir tragen solche phantasmatischen Ansprüche selbst an die Aktionen sozialer Bewegungen heran, denen oft unterstellt wird, sie würden wirkungslos verpuffen. Fragen der Effizienz oder Ineffizienz, der Wirkung oder Wirkungslosigkeit politischer Mobilisierung sind aber so einfach nicht zu beantworten. Betrachten wir das konkrete Beispiel eines kontinuierlich *schwindenden* und dennoch keineswegs ineffektiven Protests, das für viele ähnlich gelagerte Fälle stehen kann.

Im Februar 2000 ging in Österreich die konservative ÖVP unter Wolfgang Schüssel eine Regierungskoalition mit Jörg Haiders FPÖ ein. Die österreichische Bundesregierung wurde von den anderen EU-Staaten mit symbolischen »Sanktionen« belegt, und innerhalb Österreichs entstand eine der größten Protestbewegung der Nachkriegszeit. Am 19. Februar 2000 versammelten sich am Wiener Heldenplatz 300 000 Menschen, um gegen die Aufnahme der FPÖ in die Regierung zu demonstrierten. Seit dem 24. Februar kam es unter dem Slogan »Wir gehen, bis ihr geht« jeden Donnerstag auf wechselnden Routen zu Demonstrationszügen durch Wien. Waren auf dem ersten dieser »Wiener Wandertage«, so die Selbstbeschreibung, noch 10 000 Teilnehmer zu zählen, so sank die Teilnehmerzahl kontinuierlich bis auf unter 100. Mit der Neuauflage der Koalition aus ÖVP und FPÖ (später BZÖ) im Februar 2003 wurden die Demonstrationen eingestellt und nur noch anlassgebunden wieder aufgenommen.[7] Woran kann der Erfolg oder Misserfolg dieser Proteste gemessen werden? Oberflächlich betrachtet waren sie ein Fehlschlag, insofern die Regierung weitaus länger Bestand hatte als die wöchentlichen Demonstrationen. Als Echo der frühen Massendemonstration setzte sich in ihnen jedoch der Antagonismus zwischen »Zivilgesellschaft« und ÖVP/FPÖ-Regierung fort, der innerhalb der »Zivilgesellschaft« ansonsten in Resignation, Frust und Zynismus übergegangen war. Die Donnerstagsdemonstrationen, so klein sie wurden, zeugten von einer latenten Antagonisierung, die keine anderen Ausdruckskanäle finden konnte, da die Regie-

7 Die Leipziger Montagsdemonstrationen wären ein offensichtliches Beispiel für die genau umgekehrte Dynamik.

rungsbeteiligung der FPÖ in den nationalen Massenmedien zunehmend normalisiert und schließlich durch Integration rechtspopulistischer Parteien in Regierungen anderer EU-Staaten nachträglich legitimiert wurde. Solange sie Bestand hatten, erinnerten die Demonstrationen wöchentlich daran, dass der Konsens nicht total und die Normalisierung nicht vollständig war. Als Symptom eines verdrängten Antagonismus und als Beweis dafür, dass etwas »nicht stimmt«, waren sie effektiv. Das zeigt sich daran, dass sie noch in ihrem vorgeblichen Scheitern Nachrichtenwert besaßen. Medien berichteten über geringe Teilnehmerzahlen (etwa zu Jahrestagen der Proteste), ganz so, als müsste das Konsensregime sich selbst gegenüber bestätigen, dass sich ihm tatsächlich nur noch ein paar dutzend Demonstranten entziehen konnten. Doch wie stark ist ein Konsens, der sich seiner eigenen Stärke versichern muss? Diese andauernden, aber immer kleiner werdenden, ja gegen den Nullpunkt von Politik strebenden Demonstrationen blieben insofern wirksam, als sich in ihnen die Brüchigkeit des nationalen Konsenses exemplarisch niederschlug. Sie erfüllten die für Protestbewegungen typische Funktion der Exemplarität. Und für die Wirkung einer politischen Aktion als Exempel ist das numerische Kriterium der »Größe« unmaßgeblich.

Das heißt selbstverständlich nicht, dass jede von der Norm abweichende Handlung schon Politik wäre. Politische Exemplarität gewinnt eine Handlung, sobald sie allgemein, d.h. öffentlich als ein Verweis auf weitläufigere politische Frontverläufe interpretiert wird. Das lässt sich von jenen Praktiken nicht behaupten, die man zumeist unter dem etwas irreführenden Begriff der »Mikropolitik« subsumiert. Sie müssen deutlich von Praktiken minimaler Politik unterschieden werden. In Anlehnung an Foucaults Konzept einer »Mikrophysik der Macht« spricht Michel de Certeau (Certeau 1988:16) von »›verschwindend kleinen‹, alltäglichen« Praktiken und Listen, die dem gesellschaftlichen Raster der Disziplinierung entkommen. Es handle sich um Taktiken der Schwachen, die sich der Sprachen der Stärkeren bedienen, sie aber subversiv wenden: »Viele Alltagspraktiken (Sprechen, Lesen, Unterwegssein, Einkaufen oder Kochen etc.) haben einen taktischen Charakter. Und noch allgemeiner, auch ein großer Teil der ›Fertigkeiten‹: Erfolge des Schwachen gegenüber dem ›Stärkeren‹ (dem Mächtigen, der Krankheit, der Gewalt der Dinge oder einer Ordnung etc.), gelungene Streiche, schöne Kunstgriffe, Jagdlisten, vielfältige Simulationen, Funde, glückliche Einfälle sowohl poetischer wie kriegerischer Natur« (1988: 24). Diese mikropolitischen Taktiken müssten von makropolitischen Strategien unterschieden werden. Strategien basierten, De Certeau zufolge, auf »einer Berechnung von Kräfteverhältnissen« durch ein »mit Macht und Willenskraft ausgestattetes Subjekt (ein Eigentümer, ein Unternehmen, eine Stadt, eine wissenschaftliche Institution)« (23).[8]

Nun hat bereits der Feminismus mit seinem Schlachtruf, das »Persönliche« sei politisch, den Blick zu Recht auf die in der Sphäre des Alltagslebens verhandelten Macht- und Unterordnungsverhältnisse gelenkt. Unbestreitbar ist, darauf hat schon Gramsci hingewiesen, dass Zustimmung und Konsens, also Hegemonie, im Feld der Alltagskultur und des Alltagsverstands (bei Gramsci: *senso comune*) organisiert werden, dass die Gültigkeit sozialer Identitätsmuster in diesem Feld verhandelt wird. Deshalb mag es in den 1970er und 80er Jahren sinnvoll gewesen sein, gegen einen verkürzten Politikbegriff vorzugehen und die widerständigen Aspekte an scheinbar apolitischen sozialen Praktiken hervorzuheben. Allerdings tendierte man – wohl anfangs aus theoriestrategischen Gründen – dazu, das Argument zu überdehnen. Félix Guattari, zusammen mit Gilles Deleuze vielleicht der Haupttheoretiker der Mikropolitik, verstieg sich zu der Behauptung, selbst ein zweijähriges Kind partizipiere auf seine Weise an widerständigen Praktiken, indem es seine Welt organisiere und eine ihm angemessene Wahrnehmungsweise der sozialen Relationen konstruiere. Wenn dies explizit als »Mikropolitik dieses Kindes« (Guattari/Rolnik 2007: 78) beschrieben wird, dann hat der Begriff der Politik jede Kontur verloren. Obwohl die Theorien der Mikropolitik also einen wichtigen Impuls setzten, tendierten sie dazu, ihrerseits die Dimension der Makropolitik aus dem Blick zu drängen. Da sie keine überzeugende politische Kriteriologie anzubieten haben, wird ihnen letztlich alles zu Politik.

Legt man hingegen die Laclau'sche Unterscheidung zwischen dem Sozialen und dem Politischen an, kommt man zu anderen Schlussfolgerungen: Aus der Tatsache, dass Praktiken des Sozialen

8 Ähnlich argumentieren – oft im Anschluss an De Certeau – auch die anglo-amerikanischen Cultural Studies (Fiske 2001), dass sich Menschen in ihren alltäglichen Taktiken des Konsums und der Medienrezeption hegemoniale Bedeutungsmuster subversiv aneignen (zur Kritik siehe McGuigan 1992, Marchart 2008a).

auf einem ursprünglichen und später in Vergessenheit geratenen Gründungsmoment, d.h. auf *das Politische* zurückgehen, folgt nicht, dass sie bereits *Politik* wären. Wir hatten uns ja in Kapitel 7 dafür entschieden, die Laclau'schen Kategorien dahingehend zu interpretieren, dass das Soziale – das Feld sedimentierter, unhinterfragter Rituale und Institutionen – nichts anderes sei als das jederzeit reaktivierbare Politische im, wenn man so will, Schlummermodus. Manche sozialen Praktiken, Diskurse oder Redegenres können darüber hinaus als Politik bezeichnet werden, sofern sie in entsprechender Weise ritualisiert oder institutionalisiert sind – in modernen, ausdifferenzierten Gesellschaften in Form des politischen Systems. Es erscheint folgerichtig, diese Form von institutionalisierter und regelgeleiteter »Politik« dem Register des Sozialen zuzurechnen. Was aber ist mit jenen politischen Praktiken, die mit den Regeln »der Politik« brechen, die im Institutionengehäuse des politischen Systems nicht aufgehen, da sie im Konflikt mit widerstrebenden Praktiken die Kontingenz des Gründungsmoments reaktivieren? Sie dürften streng genommen nicht dem Register des Sozialen zugerechnet werden, sondern partizipieren am Moment des Politischen. Sie wären weder der Makropolitik zuzuschlagen, sofern man darunter die Politik des politischen Systems zählt, noch der Mikropolitik, weil sie sich nicht in individuellen Taktiken – subversiv oder nicht – erschöpfen.

Stellen wir Guattaris Beispiel der »Mikropolitik« des Babys oder, ein anderes dieser Beispiele, eines Schülers, der den zur Tafel gewandten Lehrer bewirft, das Beispiel einer Aktion entgegen, die, so minimal sie sein mag, sinnvollerweise als politisch bezeichnet werden kann.[9] Im Pariser Mai 68 geschah es oft, wie Claude Lefort berichtet, »dass ein Professor im Vorlesungssaal von seinen Studenten zur Rede gestellt wurde. Er wurde aufgefordert, seine Lehre zu begründen, die geltenden Regeln, den Ablauf der Vorlesungen und der Prüfungen zu rechtfertigen; oder ein Unbekannter unter-

9 Es soll, um dies nochmals zu betonen, nicht bestritten werden, dass das Echo des Politischen (der politischen Institution des Sozialen) bis in die Klassenzimmer und Schulhöfe hineinreicht. Jeder weiß, dass es – vielleicht mit Ausnahme von Strafanstalten – kaum einen brutaleren Ort gibt als den Schulhof, wo hierarchisierte Identitäten wie *gender*, *race* und *class* unvermittelter aufeinanderprallen als an den meisten anderen Orten. Aber, das ist unser Argument, in den allermeisten Fällen prallen sie *nicht in Form von Politik* aufeinander. Das Soziale ist der Echoraum des Politischen, es ist aber nicht an sich schon Politik.

brach ihn, um die Anwesenden aufzufordern, sich einer Versammlung oder einer improvisierten Demonstration anzuschließen« (Lefort 2008: 79). Intuitiv fallen bereits beträchtliche Unterschiede zur Mikropolitik eines Schülerstreichs auf, ganz zu schweigen von der Mikropolitik von Säuglingen. Die Studierenden handeln nicht individuell und, entgegen ihrer Selbstbeschreibung, auch nicht spontan, sie handeln kollektiv, konzertiert und gezielt. Ihr Ziel ist es, die im Vorlesungssaal Versammelten für eine politische Demonstration zu gewinnen, also die Straße in die Universität zu tragen und die Universität auf die Straße. Es wird die Artikulation mit einem breiteren, kollektiven Projekt gesucht; es wird ein politischer Antagonismus aktiviert, der nun mitten durch den Vorlesungssaal verläuft. Schließlich wird eine Begründung der sedimentierten institutionellen Routinen eingefordert (»Lehre«, »Regeln«, »Ablauf«), womit die Kontingenz der Institution offenbart wird und das Soziale in den Modus des Politischen wechselt. Lefort betont, dass es sich bei solchen Situationen um *kleine* Ereignisse handelte, dass sich der Mai 68 aber gerade aus solch kleinen Ereignissen zusammensetzte: »Es sind solche kleinen Tatsachen in großer Anzahl, die auf den wesentlichen Charakter des Mai 68 hinweisen und die durch die Erinnerung an die großen, ausdrücklich politischen Diskussionen und an die Straßenkämpfe in Gefahr laufen, in Vergessenheit zu geraten« (ebd.).[10]

Wie lässt sich, über unsere intuitive Annäherung hinaus, der politische Charakter dieser und ähnlicher Momente bestimmen und damit abgrenzen von Mikropolitik einerseits und systemischer Makropolitik andererseits? An welchen Kriterien lässt sich festmachen, welche Praxis von Rechts wegen noch als Politik bezeichnet werden kann und welche nicht mehr? Es ist klar, dass diese Kriterien nicht einfach aus der Nominaldefinition des Politischen abgeleitet werden können, da man vom Phänomenbereich realer Politik auszugehen hat, um nicht dem Ethizismus, Philosophismus oder einer zuweilen nur in der eigenen Einbildung existierenden Mikropolitik zu erliegen; es ist aber ebenso klar, dass Kriterien nicht von empi-

10 Obwohl Deleuze und Guattari zu Recht darauf hinweisen, dass Mikropolitik keine ausschließliche Frage der »Größe« ist, was für minimale Politik umso mehr gilt (denn die Minimalbedingungen von Politik gelten auch für »große Politik«), so ist es uns dennoch nicht möglich, völlig auf Begriffe wie »klein« oder »groß« zu verzichten, denn irgendwie müssen wir uns im symbolischen Raum der Politik und des Sozialen orientieren.

rischen Praktiken einfach abgelesen werden können, da dies nur zu einer impressionistischen Aufzählung führen würde, die an keinem Begriff des Politischen orientiert wäre. Deshalb unser Vorschlag, das Problem transzendentaltheoretisch anzugehen und die *minimalen Bedingungen* politischen Handelns, so gering es in Umfang und Zielen auch sein mag, herauszuarbeiten. Zu diesem Zweck orientieren wir uns am Grenzpunkt der Politik: jenem Punkt, der das kleinstmögliche Ausmaß, das *Gerade-schon* – bzw. das *presque rien* – von Politik markiert: dem Punkt *minimaler Politik*.

10.3. Diesseits des absolut Singulären: *Majoritär-Werden*

Setzen wir, um die Beispiele nicht unnötig zu vervielfältigen, an einem vielleicht trivialen Aspekt an, der weder aus dem Beispiel Leforts noch aus den »Wiener Stadtspaziergängen« weggedacht werden kann: Ihrer Logik nach tendieren solche Politiken, so erfolglos sie darin gegebenenfalls sein mögen, zur Maximierung der Teilnehmerzahl. Ansammlungen von Protestakteuren, die ein verallgemeinerbares Anliegen vertreten, ist die Tendenz zum *Mehr-Werden* eingebaut. Im französischen Mai 68 diente der Generalstreik, in Österreich des Februar 2000 die demonstrative Allianz zivilgesellschaftlicher Kräfte gegen die ÖVP/FPÖ-Koalition als jeweiliger Zielpunkt dieser Tendenz. Die Demonstrationen wurden also, im Unterschied zu rein partikularistischen oder sektiererischen Kundgebungen, nicht mit dem Ziel organisiert, unter sich zu bleiben. Allerdings hatten wir gesagt, dass numerische Größe kein relevantes Kriterium abgibt, da auch eine kleine Demonstration politische Exemplarität gewinnen kann. Wir müssen daher über ein bloß numerisches Verständnis von *Mehr-Werden* hinaus. Denn letztlich geht es solchen Politiken um die Konstruktion einer Majorität, die nicht die numerische Mehrheit der Bevölkerung umfasst, sondern die symbolische: Es geht um *Majoritär-Werden*. Das ist deshalb der Erwähnung wert, weil die Tendenz zum Majoritär-Werden innerhalb sozialer Bewegungen, wie auch in bewegungsnaher Theoriebildung, keineswegs unstrittig ist. Gilles Deleuze hat sogar ein einflussreiches mikropolitisches Konzept formuliert, welches das Gegenteil nahelegt: *Minoritär-Werden*.

Das *Majoritäre* wird von Deleuze als ein »homogen-konstantes System« definiert, während eine *Majorität* ein »Niemand – Odysseus« (Deleuze 1994a: 205) ist, der sich aus der Äquivalenzkette von majoritären Dominanzidentitäten zusammensetzt (»*Mensch – weiße Hautfarbe – männlich – erwachsen – vernünftig – heterosexuell – Stadtbewohner – eine Standardsprache sprechen*«, ebd.). Eine konkrete *Minorität* definiert Deleuze nun als bloßes Subsystem des Majoritären, während erst *das Minoritäre* – »als potenzielles und geschaffenes, als schöpferisches Werden« (ebd.) – die Rolle des eigentlichen politischen Akteurs zugesprochen bekommt. Ziel der Politik, wie sie Deleuze vorschwebt, ist ein solches »Werden«, das per definitionem Minoritär-Werden ist. *Majoritär-Werden* müsse hingegen nicht nur vermieden werden, es sei schlechthin, d. h. ontologisch unmöglich:

Das Problem besteht nicht darin, die Majorität zu erringen, selbst wenn man dabei eine neue Konstante einführen sollte. Es gibt kein majoritäres Werden, Majorität ist nie ein Werden. Es gibt nur minoritäres Werden. Die Frauen, unabhängig von ihrer Anzahl, sind eine als Zustand oder Untermenge definierbare Minorität; aber schöpferisch sind sie nur, indem sie ein Werden ermöglichen, über das sie nicht als Eigentum verfügen, in das sie selbst eintreten müssen, ein Frau-Werden, das den Menschen als ganzen betrifft, einschließlich der Nicht-Frauen. Gleiches gilt für die Schwarzen: Müssen die Schwarzen selbst schwarz-werden, so affiziert dieses Werden auch die Nicht-Schwarzen. Ein sehr schöner Roman, *Focus* von Arthur Miller (oder Loseys Film *M. Klein*), beschrieb das Jude-Werden eines Nicht-Juden (205 f.).

Eine Minorität ist, um diesen etwas verwickelten Gedankengang zu verdeutlichen, nicht an sich schon *minoritär* (an sich ist sie nur ein Segment des Majoritären), sie muss erst minoritär *werden*, was wiederum Angehörige der Majorität affiziert. Auch diese werden nun ihrerseits dem Minoritär-Werden ausgesetzt. Jedes Werden, so viele davon auch affiziert sein mögen, geht somit nur in die eine Richtung des Minoritären. Diese Idee lässt sich leicht in das Lexikon unserer bisherigen Untersuchung übersetzen, wenn der differenztheoretische Ursprung des Deleuze'schen Konzepts des Werdens bedacht wird. Es handelt sich um einen anderen Namen für das Spiel der Differenz als Differenz (Deleuze 1992: 93 f.). Diesem Spiel wird bei Deleuze freier Lauf gelassen, es scheint aber, als dürfe es nie – und sei es nur momentan – politisch gestoppt werden, soll es nicht an

»schöpferischer« Kraft verlieren. Anders gesagt: Das Deleuze'sche Konzept des Minoritär-Werdens empfiehlt einen konstanten Prozess der Entgründung, aber keinen der Gründung. Denn Letzterer würde die Notwendigkeit eines – von Deleuze ausgeschlossenen – Majoritär-Werdens beinhalten. Damit nähert sich das Deleuze'sche Konzept des Minoritär-Werdens einer Politik ohne Politik. Denn vor dem Hintergrund des Machiavell'schen Moments geht die genuin politische Bewegung in die entgegengesetzte Richtung des – in Vollständigkeit natürlich unmöglichen – Aufbaus eines »Kollektivwillens« (Gramsci), eines Bündnisses gesellschaftlicher Kräfte. Ein Akteur, der diesem Anspruch gerecht werden will, wird sich einem Prozess nicht des Minoritär-Werdens, sondern einem des *Hegemonial-Werdens* aussetzen müssen.

Dieser Aspekt der Hegemonietheorie Gramscis wurde von Laclau (Laclau 2002) zu einer poststrukturalistischen Dialektik von Universalität und Partikularität umformuliert: Jede partikulare Forderung muss sich, will sie politisch effektiv werden, »universeller« präsentieren, als ihr konkreter Inhalt es nahelegt. Nur auf Basis dieses Überschusses an Universalität kann ein bestimmter Partikularismus das soziale Feld zu hegemonisieren beginnen. Gleichzeitig kann, wenn Gesellschaft über keinen letzten Grund verfügt, die angestrebte Universalität keinen Inhalt eigenen Rechts besitzen. Das macht, so die typisch postfundamentalistische Wendung, die Dimension der Universalität noch nicht überflüssig – wäre sie das, lebten wir in einer Welt auseinanderstrebender Monaden oder in einem Krieg aller gegen alle. Der Ort der Universalität bleibt entleert präsent und kann von einem Partikularismus nur vorübergehend inkarniert werden, so die an Lefort erinnernde Pointe. Kein Partikularismus ist dieser Aufgabe gewachsen, würde er sich doch sonst in ein Fundament der Universalität verwandeln; dennoch ist jedes politische Projekt dazu verurteilt, will es seine Forderungen durchsetzen, diese unmögliche Aufgabe auf sich zu nehmen. Laclau gibt das Beispiel der polnischen Gewerkschaftsbewegung *Solidarność* (Laclau 2005: 81). Zum einen artikulierte sie im Anfang der Bewegung die partikularistischen Forderungen der Hafenarbeiter von Gdansk; zum anderen bündelten sich in ihr alle möglichen weitergehenden oppositionellen Forderungen. Damit nahm sie schließlich die universelle Funktion an, Opposition gegen das Regime als solches zu inkarnieren. Denken wir an die »Wiener

Stadtspaziergänge«, dann bietet sich ein ähnliches Bild. Das Motto »Wir gehen, bis ihr geht« formuliert ein »wir«, das keineswegs auf die partikulare Gruppe der Demonstranten beschränkt bleibt. Was damit signifiziert werden soll, ist nichts weniger als die gesamte regierungskritische Zivilgesellschaft, der die Demonstranten exemplarisch einen Körper verleihen.

Diese Theorien liefern ein weiteres Argument für die These, dass Politik im Reich des Bedingten, nicht in dem des Unbedingten, des Ethischen, des Singulären oder des Absoluten angesiedelt ist. Denn gesetzt, wir verstehen unter Politik einen Prozess *relativer Universalisierung*, in dem jede Universalität notwendig von einem Restelement des Partikularen bedingt bleibt, dann kann so etwas wie »absolute Macht« in unserer Welt des Bedingten nicht existieren. Das Absolute wäre dann nur zu haben in Form einer phantasmatischen Überdehnung des Universellen. Für religiöse Mystiker mag es sich im Zustand der Verzückung als zugänglich erweisen, politisch bleibt es unerreichbar, denn die absolute Kontrolle eines Terrains, das wir mit Gramsci als strukturell offenes, unübersichtliches Grabensystem beschrieben haben, ist undenkbar. Dasselbe Verdikt trifft selbstverständlich auch das Partikulare. Wird es bis an das äußerste Ende der Skala gedrängt, dann findet man sich in einer Situation des extremen Partikularismus, die das Ende der Politik signalisiert. Verkapselung in einem partikularen Inhalt macht es einem politischen Projekt unmöglich, eine universelle Form anzunehmen, sich also über die gemeinsame Artikulation mit anderen Forderungen zu universalisieren. Werden schließlich alle Verbindungen zu den relationalen Formationen der Politik und des Sozialen ab-getrennt, so verwandelt sich der Partikularismus zu einer puren Singularität. Auch das wäre nur phantasmagorisch möglich.

Somit erweisen sich das Singuläre und das Absolute als unerreichbare ontologische Grenzfälle ontischer Politik. Sie bestimmen nicht die Logik von Politik, sondern markieren den Punkt, an dem Politik verschwindet. Womit politisches Handeln zu rechnen hat, ist nicht das Unbedingte, sondern die wechselseitige Verschränkung von Partikularität und Universalität. Aus dieser Überlegung ließe sich eine erste Minimalbedingung von Politik gewinnen: Damit von Politik die Rede sein kann, muss ein partikulares Projekt eine Tendenz zum *Majoritär-Werden* aufweisen, auch wenn es nie den ontologischen Status vollkommener Universalität (i. e. das *Absolu-*

te), ja womöglich nicht einmal den ontischen Rang umfassender Majorität und Dominanz erreichen kann. Politische Bewegung existiert nur dort, wo gleichsam der Pfeil in Richtung Ausweitung des eigenen Projekts deutet. Ein Akteur, der das Gegenteil anstrebt, also ein partikularistisches Projekt der Selbstminorisierung, ja letztlich der Selbstghettoisierung, würde die Universalisierungsbewegung zum Stillstand bringen und auf Politik verzichten.

Damit ist nichts über Umfang oder Größe des hegemonialen Projekts ausgesagt. Als Bedingung wurde nur genannt, dass minimale Politik eine zum Majoritären hin gerichtete Bewegung vollzieht. Das sollte auch ein potenzielles Missverständnis aus dem Weg räumen. Minimal heißt *nicht*: so wenig Politik wie möglich, sondern das genaue Gegenteil: so viel Politik wie möglich, *und sei dies auch wenig* (unter gegebenen Umständen). Praktiken minimaler Politik zielen auf keine Minimierung, sondern, auch wenn das zunächst konterintuitiv sein mag, auf eine Maximierung von Politik. Diese mag, betrachtet aus der Perspektive »großer«, womöglich revolutionistischer Politik, minim und ineffektiv erscheinen. In der Tat wird beispielsweise die Demonstration einer Handvoll Menschen vor einem Abschiebegefängnis unmittelbar selten etwas an der staatlichen Abschiebepraxis ändern. Dennoch handelt es sich bei dieser Demonstration *nicht weniger* um Politik – bzw. nicht um *weniger Politik* – als im Falle von Protesten nationaler oder – inzwischen immer häufiger – globaler Dimension. Vorausgesetzt, der Protest *wird zum Projekt*, indem etwa, um beim Beispiel zu bleiben, eine Änderung der Asylgesetzgebung angestrebt wird, was wiederum nur im Verein mit anderen gesellschaftlichen Kräften und letztlich mit Erringung symbolischer Majorität zu bewerkstelligen ist.[11] Trifft

11 Man wird fragen, ob die demokratische Gleichstellung von Minderheiten tatsächlich auf die politische Konstruktion symbolischer Majoritäten angewiesen ist oder nicht eher auf einen funktionierenden Rechtsstaat. Wird das Problem auf eine Frage rechtsstaatlicher Prozeduralität verkürzt, vergisst man jedoch zweierlei: Erstens ist das demokratisch-universalistische Legitimationsprinzip des Rechts auf Rechte, worauf Lefort im Anschluss an Arendt hingewiesen hat, der ständigen politischen Reaktualisierung, d. h. der fortgesetzten Neugründung des demokratischen Dispositivs durch Inklusionskämpfe bedürftig. Zweitens wurde dieses Recht auf Rechte selbst – beginnend mit der Französischen Revolution über die Frauenbewegung bis zum *civil rights-movement* und heutigen *sans papiers*-Gruppen – von den sozialen Bewegungen ihrer Zeit hart erkämpft. Jedem Recht geht der politische Kampf um Rechte voraus (siehe Marchart 2007d).

dieses Kriterium der Universalisierung zu, dann ist keine Praxis zu armselig, keine Aktion zu ineffektiv, kein Häufchen von Demonstranten zu klein für Politik, da nichts erreicht werden kann ohne jene minimalen, alltäglichen Aktionen, aus denen sich hegemoniale Kämpfe molekular zusammensetzen.

10.4. Akt und Aktion (Žižek vs. Machiavelli)

Akzeptiert man vorerst dieses Minimalkriterium, so harren zwei bislang recht unschuldig verwendete Begriffe ihrer genaueren Bestimmung: Was ist, unter postfundamentalistischen Voraussetzungen, kategorial unter *politischem Handeln* zu verstehen, und welche Art von *Akteur* steht hinter diesem Handeln? Anders gesagt, wie ließen sich die minimalen Bedingungen von Handlung und Akteurschaft ermitteln? Diese Fragen stellen sich, weil ein postfundamentalistischer Zugang zunächst nahelegt, die Kategorie des Akteurs bzw. Subjekts und die der Handlung zu verabschieden. Gemäß Heideggers Metaphysikkritik, wie sie besonders für den französischen Kontext im Zuge der Rezeption des Humanismusbriefes maßgeblich wurde, kann nicht länger ein Willenssubjekt postuliert werden, das bestimmten politischen Handlungen *zugrunde* läge. Die soziologistische Idee, sozialen Gruppen Akteurstatus zu verleihen, bietet keine Alternative zur Metaphysik (tatsächlich ist sie nur eine Variante der Metaphysik), solange davon ausgegangen wird, dass die Existenz dieser Gruppen ihrer politischen Formierung vorausgeht. Im Postfundamentalismus wird typischerweise der Ausweg vorgeschlagen, politische Akteure (Gruppen, Parteien, Bewegungen etc.) nicht als Grund, sondern als retroaktiven Effekt der politischen Handlung anzusehen, der Aktion also den Primat gegenüber dem Akteur zuzugestehen. Auch wenn unsere Untersuchung ebenfalls zu dieser Sicht tendiert, bleiben damit mehrere Fragen offen: Wenn der Akteur der Aktion nachgeordnet ist, wie ist dann theoretisch zu erklären, warum es überhaupt zu politischem Handeln kommt, fällt doch das metaphysische Willenssubjekt als Handlungsquelle aus? Diese Frage besitzt eine direkt politische Komponente: Warum scheint es im Zuge politischen Handelns dennoch erforderlich zu sein, dass sich die Handelnden als Subjekte ihres Handelns imaginieren? Denn offensichtlich würde ohne Vertrauen in die eigene

Akteurschaft niemand Politik machen. Erwiese sich dann die postfundamentalistische These vom Akteur als bloßem Effekt asubjektiver Handlungen nicht als ausgesprochen weltfremd? Und schließlich: Welche ontischen wie ontologischen Bedingungen muss politisches Handeln erfüllen, damit es überhaupt einen Akteurseffekt hervorbringt? Loten wir zunächst diese letzte Frage aus, bevor wir im Anschluss auf das Verhältnis der Kategorien von Subjekt und Akteur zurückkommen.

In Analogie zur politischen Differenz lässt sich in der postfundamentalistischen Theoriebildung eine Differenz ausmachen, die aber selten systematisiert wird: die Differenz zwischen Agieren und Akt. Sie sticht besonders dort ins Auge, wo der Akt auf Kosten der Aktion, d. h. qua Verdrängung profanen politischen Handelns beschworen wird. Slavoj Žižek hat eine von Badious Ereigniskonzept inspirierte Theorie des politischen Akts vorgelegt, die die gefährlichen Konsequenzen einer solchermaßen purifizierten »Politik des Politischen« eindringlich vor Augen führt. Žižek zufolge zielt ein Akt im radikalen Sinne auf eine »unmögliche« Intervention, die das Realitätsprinzip einer gegebenen Situation, d. h. die Parameter des Möglichen verändert. Bis hierher sind wir bereit, Žižek zu folgen. Seine antifundamentalistischen Schlussfolgerungen sind vor dem Hintergrund gewöhnlicher Politik hingegen unplausibel, ja höchst problematisch. Ein »wahrer« Akt, so Žižek, finde keine Unterstützung in der symbolischen Ordnung, die ihm vorausgeht. Er rühre an das unsymbolisierbare Reale und sei von gänzlich grundloser Natur. Als Žižeks Idealtypus eines solchen Akts fungiert Lenins vorgeblich einsame Entscheidung, eine »zweite«, bolschewistische Revolution zu riskieren:

> Bei Lenin, wie bei Lacan, *la révolution ne s'autorise que d'elle-même*; man sollte den revolutionären Akt durchführen, der nicht vom großen Anderen autorisiert wird – die Furcht, »zu früh« an die Macht zu gelangen, die Suche nach einer Garantie ist die Furcht vor dem Abgrund der Tat/des *Aktes*. Hierin beruht die ultimative Dimension dessen, was Lenin unermüdlich als »Opportunismus« geißelt (Žižek 2002: 13).

Und wie Žižek bei einer anderen Gelegenheit festhält, erfordere ein wahrer Akt keine strategische Beratschlagung, sondern den »Sprung« in das Paradox der Situation, erscheine diese auch »noch nicht reif« für den Akt, denn durch den Sprung würde sich die Wahrnehmung der Situation selbst verändern (Žižek 2001b: 114).

Eine solch pseudo-leninistische Interpretation der Lacan'schen Kategorie des Akts birgt eine Anzahl offensichtlicher Probleme. Zunächst kann man sich des Eindrucks nicht erwehren, dass Žižeks Empfehlung, ohne strategische Berücksichtigung konkreter Umstände in den Abgrund des Akts zu springen, von Lenin selbst als klarer Fall von Abenteurertum und Blanquismus zurückgewiesen worden wäre. Zweifelsohne besitzt jedes konkrete Handeln einen Aspekt des »Abenteurertums«, sofern jedes Handeln Risiken birgt. Aber aus der postfundamentalistischen Prämisse, dass sich unsere Akte auf keine objektiven Gesetze stützen können, die ihnen Erfolg garantieren würden, folgt nicht, dass sie aus einem Vakuum hervorgehen, in dem alle strategischen Überlegungen suspendiert sind. Der *All-or-nothing*-Logik von Žižeks Argument haftet ein antipolitischer Zug an. Besonders wo Žižek liberal-demokratische »Reformisten« und »Opportunisten« angreift (»Sich auf Demokratie zu beziehen heißt, die radikalen Versuche abzulehnen, den ›Schritt hinaus zu tun‹, einen radikalen Buch zu riskieren«, Žižek 2005: 170), scheint er nahelegen zu wollen, dass nur ein erlösender revolutionärer Akt, durch den die Welt auf den Kopf gestellt würde, Ziel »authentischer Politik« sein könne. An der religiös motivierten Canudos-Gemeinschaft etwa, die sich im 19. Jahrhundert im brasilianischen Urwald gebildet hatte, preist Žižek, dass sie den existierenden Raum des Staates vollständig negiert: »Alles hier ist zu billigen, bis hin zum religiösen ›Fanatismus‹« (2005: 170). Was in der bedingungslosen »großen Politik« Žižeks zählt, ist nicht der Inhalt eines konkreten emanzipatorischen Projekts, sondern der gänzlich formale Umstand, dass ein radikaler Bruch mit der existierenden Ordnung hergestellt wurde.[12] Um aber die Idee eines klaren und totalen Bruchs vorstellbar zu machen, muss diese Ordnung zuallererst als eine Art Monolith präsentiert werden. Die *All-or-nothing*-Logik des formalistischen Arguments lässt keinerlei Raum für einen strategischen und damit politischen Austausch zwischen

12 So empfiehlt Žižek, zwischen zwei Alternativen, und sei eine davon noch so grausam, keine weitere Alternative zu suchen, sondern rücksichtslos konsequent zu sein. Es genüge beispielsweise nicht, »sich gegen die Militärpräsenz der Vereinigten Staaten im Irak auszusprechen – man sollte darüber hinaus bereit sein, Geiselnahme und Ermordung westlicher Zivilisten zu entschuldigen« (40). Man fragt sich, weshalb solche und ähnliche politische Einschätzungen in der affirmativen Žižek-Rezeption so gut wie immer entweder überlesen oder kommentarlos hingenommen werden.

einem gegen-hegemonialen Projekt und der etablierten Ordnung. Entweder ist der Bruch total, oder kein Akt hat stattgefunden.

Aus postfundamentalistischer Perspektive ist dieses Modell inakzeptabel. Stattdessen stehen wir vor der Aufgabe, Werkzeuge für eine Theorie des Handelns zu entwickeln, die das ontologische Register des Akts durchaus berücksichtigt, diesen aber nicht so vorstellt, als wäre er in völliger Reinheit zu verwirklichen. An genau dieser Stelle begegnet man der Trennungslinie zwischen einem gramscianischen Zugang und einem Zugang à la Žižek. Das Machiavell'sche Moment des Politischen unterläuft jeden revolutionären Manichäismus. Die ontologische Ebene des Akts und die ontische der Aktion bleiben chiasmatisch ineinander verschränkt. Eine, wenn auch selbstverständlich anachronistische, Interpretation der Handlungstheorie Machiavellis kann dies belegen und wird uns weitere Hinweise auf die – ontischen wie ontologischen – Bedingungen politischen Handelns geben. Es ist bekannt, dass mit Machiavelli der antiken Idee des *kairos* – der entscheidende und doch flüchtige Augenblick, der allegorisch als ein junger Mann auf Rädern porträtiert wird, dessen sprichwörtliche Locke ergriffen werden muss – eine durch und durch moderne und politische Wendung gegeben wird. *Fortuna* konfrontiert uns mit einem unvorhersehbaren Ereignis, wie in Machiavellis berühmtem Beispiel einer reißenden Flut (Machiavelli 1978:103). In Machiavellis Begriff der *fortuna* erkennen wir heute eine allegorische Figur der Kontingenz: Es liegt nicht in unseren Händen, das Entstehen »glücklicher« (bzw. desaströser) Ereignisse vorherzusehen oder zu kalkulieren, noch lässt sich ein glückliches Ereignis herbeizwingen. Und doch sind aus der Wankelmütigkeit der *fortuna* weder fatalistische noch voluntaristische Schlussfolgerungen abzuleiten. Auch wenn wir die Emergenz des Ereignisses, d. h. die Herankunft des *kairos* nicht vorhersehen können, ist es ein Gebot politischer Umsicht, auf diesen Moment vorbereitet zu sein und »in ruhigen Zeiten durch den Bau von Deichen und Dämmen Vorkehrungen zu treffen« (ebd.).

Doch im Begriff der *fortuna* erschöpft sich Machiavellis Kontingenztheorie nicht. Er wird ergänzt durch den Begriff der *occasione* – der Gelegenheit. Auf den ersten Blick könnte man in ihm eine bloße Variante der *fortuna* vermuten, tatsächlich aber bezeichnet *occasione* die konkrete Situation, in der ein »glückliches« Ereignis erscheint. Als Gelegenheit setzt sie dem Handeln günstige oder ungünstige Bedingungen, die strategisch genutzt werden müssen. Ist *fortuna*, gemäß unserem Interpretationsvorschlag, als Kontingenzfigur auf der ontologischen Ebene angesiedelt, so bezeichnet *occasione* die ontischen, wandelbaren Bedingungen, mit denen politisches Handeln konfrontiert ist. Als Ermöglichungsbedingung politischen Handelns schafft *fortuna*, also Kontingenz, *occasione*, d. h. die günstigen oder weniger günstigen historischen und politischen Gelegenheiten, mit denen wir zu rechnen haben.[13] Umgekehrt kann *fortuna* – als quasi-transzendentale Bedingung des Handelns schlechthin – nicht zum Gegenstand eines »authentischen Akts« gemacht werden. Wir können mit ihr nur über den Umweg von *occasione* in ein strategisches Spiel eintreten, denn die Begegnung mit Kontingenz findet immer unter bestimmten ontischen Bedingungen statt. Die quasi-transzendentale Bedingung der Kontingenz und die empirischen Bedingungen der Gelegenheit sind ineinander verzahnt. Und genau aufgrund dieser notwendigen Verknüpfung zwischen dem Ontischen und dem Ontologischen, Politik und dem Politischen, *occasione* und *fortuna*, Handeln und Akt, ist ein reiner Akt – als »Sprung« aus dem Bedingten – schlicht undurchführbar. Wenn dies zutreffen sollte, dann beinhaltet das Spiel mit Kontingenz notwendig die strategische Berücksichtigung der, um einen Begriff aus der Theorie sozialer Bewegungen zu verwenden, Gelegenheitsstruktur eines gegebenen hegemonialen Kräftefelds.

Nur aufgrund dieses spannungsreichen Verhältnisses zwischen der politisch-historischen Situation, in der wir handeln, und den quasi-transzendentalen Bedingungen allen Handelns kann es so etwas wie Handeln überhaupt erst geben. Ansonsten befänden wir uns im Universum der Rational-choice-Theorie, einem Ort reiner Kalkulabilität, oder in Žižeks oder Badious ontologischem Universum ethisch-politischer Reinheit, im Universum der »Treue« und des »Akts«. In beiden Fällen wäre jede Möglichkeit des Handelns, also des strategischen Spiels mit dem Unvorhergesehenen unter hegemonial bedingten Einschränkungen, ausgeschlossen. Politisches Handeln wird erst möglich, wo keine arithmetischen Lösungen

13 Daraus folgt, dass *fortuna* streng genommen nicht analysiert werden kann, *occasione* hingegen sehr wohl. Revolutionäre studieren die *occasione*, um in der Lage zu sein, den Moment zu realisieren, in dem *fortuna* vorbeiziehen, die Macht auf der Straße liegen würde – auch wenn dieser Moment niemals mit objektiver Sicherheit bestimmt werden kann.

greifen. Strategisch handeln heißt: mit dem Unkalkulierbaren – dem Grundlosen – kalkulieren, aber nie voraussetzungslos, sondern immer unter Bedingungen einer konkreten Gelegenheitsstruktur, d. h. partieller Gründe. Oder mit den Begriffen Machiavellis: Politik ist das virtuose Spiel mit *fortuna* auf Basis strategischer Einschätzungen von *occasione*. Man wird daher vermuten, dass der Lenin des Jahres 1917 nicht als Sektierer eines Wahrheitsereignisses oder als politischer Abenteurer handelte, sondern als Schüler Machiavellis und Lehrer Gramscis.

10.5. *Strategie, Organisation, Kollektivität*

Rekapitulieren wir. Die vorangegangenen Überlegungen legen zumindest drei weitere Minimalbedingung politischen Handelns nahe: *Strategie*, *Organisation* und *Kollektivität*.

Es kann keine Politik ohne Strategie geben, weil uns die Option eines reinen Akts der Entscheidung, der uns von strategischen Erwägungen entbinden würde, im Modellrahmen der politischen Differenz verschlossen bleibt. Jeder noch so »radikale« Akt kann sich nur in konkreter Form politischer Aktionen und damit in Konkurrenz zu anderen politischen Projekten sowie innerhalb sozialer wie historischer Bedingungslagen verwirklichen. Alles andere wäre politischer Größenwahn. Umgekehrt bedeutet das aber ebenso, dass Handeln nur dann sinnvollerweise als politisch gelten kann, wenn es sich nicht in Ad-hoc-Aktionen erschöpft. Politisches Handeln geht, um De Certeaus Unterscheidung aufzunehmen, weniger taktisch als strategisch vor. Oder genauer: Eine mikropolitische Taktik des Alltags, soll sie den Kriterien minimaler Politik genügen, muss in breitere und längerfristige Strategien eingebettet sein, muss Anschlussfähigkeit an ein hegemoniales Projekt erweisen. Ansonsten würde sie, abgekoppelt von allen anderen Taktiken, wirkungslos verpuffen. Strategisch handeln heißt also zuletzt: Jede Aktion muss, und sei es in noch so minimalem Ausmaß, zum Akt werden, muss, hierin ist Žižek zuzustimmen, die Kontingenz eingeschliffener Rituale und Institutionen beweisen und deren Neugründung versuchen.

Die Entwicklung längerfristiger Strategien wird einem politischen Projekt wiederum nur in dem Ausmaß gelingen, in dem es organisiert ist. Politisches Handeln entfaltet sich daher in Gestalt einer zumindest *minimalen Organisation.* Machiavelli schrieb diese Funktion dem Fürsten zu, der die Einheit der italienischen Staaten organisieren sollte. Gramsci galt diese Figur des »Fürsten« als Exemplifizierung des Sorel'schen Mythos, »als Geschöpf konkreter Phantasie, das auf ein verstreutes, zersplittertes Volk einwirkt, um seinen Kollektivwillen wachzurufen und zu organisieren« (Gramsci 1991 ff.: 1535). Aufgabe des *modernen Fürsten,* in diesem Fall der Kommunistischen Partei Italiens, deren Mitbegründer Gramsci war, sei die Organisation der Einheit der Arbeiterklasse und letztlich die Konstruktion einer neuen hegemonialen Allianz. In der durch Laclau und Mouffe poststrukturalistisch weiterentwickelten Hegemonietheorie bedeutet Organisation – und somit politisches Handeln – schließlich nichts anderes als die Artikulation heterogener Elemente zu einer Äquivalenzkette. Nur wenn diese Bedingung erfüllt ist, kann von Politik gesprochen werden.

Damit ist noch keine Aussage über die konkrete Form der Organisation getroffen. Selbstverständlich wird die Minimalbedingung der Organisiertheit nicht nur von Massenparteien erfüllt. Vielleicht wäre der umgekehrte Grenzfall, das historische Beispiel, das den *minimal möglichen Organisationsgrad* berührt, die antifaschistische Widerstandsgruppe *Neu beginnen,* die sich in ihrer internen Kommunikation selbst als »O« oder »Org« bezeichnete – dem Kürzel für »Organisation«. Nach mehreren Verhaftungswellen durch die Gestapo begann sich der Sinn der »O« immer mehr einzugrenzen auf das bloße Faktum der Organisiertheit selbst, d. h. des politisch organisierten Überlebens. Wie es der ehemalige *Neu-beginnen*-Aktivist Richard Löwenthal (Löwenthal 1982: 6 f.) rückblickend formulierte: »Es war nicht die Vorstellung, wir könnten durch unsere Propaganda den Faschismus stürzen, es war die Vorstellung, er wird irgendwann gestürzt werden, wahrscheinlich von außen her. Wir wollten ihn überleben, aber nicht einfach als Privatleute überleben, sondern als politisch bewußte, auf der Höhe des Zeitbewußtseins stehende Sozialisten, auch im Gruppenzusammenhang überleben«.[14] Obwohl ihnen nahezu jeder Handlungsspielraum

14 Sofern sie politisch organisiert blieb, setzte die »O« gewissermaßen die Tradition jener klandestinen Öffentlichkeiten der Aufklärung fort, die sich im Absolutismus paradoxerweise nur konspirativ – etwa in Form von Logen – bilden konnten (Habermas 1990: 95 f.). Ich habe die Widerstandspolitik der Gruppe *Neu begin-*

genommen war, blieben die Mitglieder der Gruppe politische Aktivisten, wurden sie nicht einfach zu Privatleuten, weil sie an einem minimalen Grad der Organisation festhielten. Sie blieben Teil eines kollektiven Akteurs.

Die Beispiele der Massenpartei und der Untergrundorganisation berühren fundamentale Fragen, die den Status des Akteurs betreffen. Postfundamentalistisch, so wurde gesagt, lässt sich der Akteur nicht als Grund oder Quelle der Handlung bestimmen, denn dann hätten wir es mit einem Willenssubjekt metaphysischer Prägung zu tun. Aber wenn das metaphysische Willenssubjekt nicht länger in der Lage ist, Handlungen anzustoßen, wie kommt es dann überhaupt zu Handlungen – oder um Heidegger zu variieren: Warum wird gehandelt und nicht vielmehr nicht? Diese Frage kann nur beantwortet werden, wenn zuvor auf ein weiteres Minimalkriterium politischen Handelns hingewiesen wurde, das im Kriterium der Organisation freilich schon impliziert ist: Politik, wie sie hier verstanden wird, bringt immer und ausschließlich kollektive Akteure hervor, auch wenn der Eindruck entstehen kann, sie würde von Individuen (den Aktivisten) getragen. Der Akteur geht aus der Aktion hervor als *Kollektivität*. Aus diesem Grund spricht bereits Gramsci von Politik als Konstruktion eines »Kollektivwillens«. Der moderne Fürst könne nämlich »keine wirkliche Person, kein konkretes Individuum sein«; er ist »ein komplexes Gesellschaftselement, in welchem ein Kollektivwille schon konkret zu werden beginnt, der anerkannt ist und sich in der Aktion teilweise behauptet hat« (Gramsci 1991 ff.: 1537). Dieser Kollektivwille darf nicht als additive Ansammlung empirischer Individuen soziologistisch missverstanden werden. Schon der von Machiavelli als Einiger Italiens herbei beschworene »Kondottiere« dürfe nicht mit dem »›real existierenden‹ Fürsten« (1991 ff.: 1535) Lorenzo de Medici, der von Machiavelli im Epilog und in der Widmung des *Principe* angerufen wird, verwechselt werden. Nach Gramsci ist Lorenzo nur jemand, »der plastisch und ›anthropomorph‹ das Symbol des ›Kollektivwillens‹ repräsentierte« (1535), und nur als »reine lehrhafte Abstraktion«, d. h. ausschließlich als »das Symbol des Anführers, des idealen Kondottiere« existierte. Daraus lässt sich schließen, dass die Kollektivität des Akteurs, ganz so wie die angestrebte Majori-

nen ausführlich im Zusammenhang mit Hannah Arendts Politikbegriff diskutiert in Marchart 2005a: 113-126.

tät eines politischen Projekts, in letzter Instanz symbolisch ist und nicht empirisch-sozial. Als einigendes Symbol ist sie Produkt eines politischen Organisationsprozesses, nicht dessen Quelle.

Nachdem der »Akteur« als mögliche Quelle des Handelns ausgeschlossen wurde, bleibt die Frage nach wie vor unbeantwortet, wodurch politisches Handeln – nun definierbar als strategische Organisation eines kollektiven Akteurs – überhaupt angestoßen wird. Die politische Ontologie des Postfundamentalismus kommt an dieser Stelle nur schwerlich ohne psychoanalytische Hilfsannahmen aus. Im Kapitel über Lefort wurde bereits auf dessen heimlichen Lacanianismus hingewiesen, denn Lefort geht wie Lacan vom konstitutiven Mangel im Kern jeder Identität und damit von der Freud'schen Idee der Ichspaltung aus. Mit Lacans Subjektbegriff wird das Subjekt in Abgrenzung zum metaphysischen Begriff eines in sich selbst ruhenden Willenssubjekts gerade als konstitutiver Mangel an Substanz gefasst: als Subjekt-des-Mangels. In die Terminologie unserer Untersuchung gebracht: Die Kategorie des Subjekts erweist sich im postfundamentalistischen Theorierahmen als eine Kontingenzfigur, eine Spielform des abwesenden Grundes, der sich *als Mangel* erfahrbar macht. Um die ganze Tragweite dieses postfundamentalistischen Subjektbegriffs zu erfassen, der keineswegs in der Freud'schen Theorie der Ichspaltung aufgeht und dem nichts weniger zugrunde liegt als eine allgemeine Ontologie des Mangels und der Negativität, ist ein kurzer Umweg über die Psychoanalyse unvermeidlich.

10.6. Das Subjekt des *als ob*

Lacans Subjektkonzept lässt sich als eine spezifische Artikulation des Freud'schen Denkens mit der heideggerianischen Relektüre Hegels durch Kojève (Kojève 1988) und dem Sartre'schen Konzept eines Seinsmangels (*manque-à-être*) verstehen (Sartre 1962). Erst auf Basis eines subjektiven Seinsmangels – und Subjekt ist für Lacan nur ein anderer Name für diesen Mangel – wird eine Dialektik des Begehrens in Gang gesetzt, die in ihrem Grundmuster der Kojève'schen Dialektik der Anerkennung verpflichtet ist. Denn für Kojève ist Begehren (bzw. bei Hegel: *Begierde*) immer ein anderes Begehren: Der Kampf um Anerkennung, den Kojève in der Hegel'schen Herr/

Knecht-Dialektik verortet, dreht sich um das Begehren nach Anerkennung durch den anderen und somit nach dem *Begehren eines Begehrens* (d.h. dem Begehren *des anderen*).[15] Lacan radikalisiert diese Einsicht, indem er von Begehren als *le désir de l'Autre* spricht, als symbolischem Begehren des Anderen. Hier bezeichnet der Andere die symbolische Ordnung – Sprache oder das Soziale – als jene Instanz, von der das Subjekt (und das Begehren des Subjekts) adressiert wird. Abhängig vom Kontext kann diese lacanianische Wendung auf verschiedene Weise gelesen werden: Sie kann bedeuten, dass das Begehren Begehren *nach* dem anderen ist (beginnend mit der Mutter); oder dass man begehrt, was der Andere begehrt; oder dass man immer *etwas anderes* begehrt. In jedem Fall aber ist das Begehren nicht innerhalb des Subjekts – das Mangel ist – zu suchen, sondern entspringt der Außenwelt der Sprache und Gesellschaft. Das Subjekt bleibt sich selbst gegenüber exzentrisch.

Auf der Ebene des Imaginären wiederum wird das Begehren in einem Objekt positiviert, welches verspricht, den Mangel-an-Sein des Subjekts zu beheben und aufzufüllen. Dieses *objet petit a* – der »Objekt-Grund« des Begehrens – dient als eine positive Inkarnation dessen, was abwesend ist. Und da das Subjekt des Begehrens reiner Mangel ist, kann das, was abwesend ist, nur reine Präsenz sein: *jouissance*, ein prä-symbolisches, reales Genießen, das verlorenging, als das Subjekt die symbolische Ordnung betrat und in die Sprache eingeführt wurde (zumindest retrospektiv, denn es kann gut sein, dass es ein solch volles Genießen für das Subjekt nie gegeben hat). Mit seiner Formel des Phantasmas – des Versuchs, einen imaginären Zustand der Fülle wiederherzustellen – platziert Lacan das gespaltene Subjekt der symbolischen Ordnung (das Subjekt des Mangels) in einem Verhältnis zum *objet petit a* als jenem Element, welches notwendig dem Zugriff des Subjekts entkommt und dennoch als (abwesende) Ursache seines/ihres Begehrens fungiert. Man wird bereits ahnen können, wie sich dieses psychoanalytische Modell in die Ontologie des Politischen übersetzen lässt und Er-

15 Das Begehren besitzt keinen positiven Halt in der Wirklichkeit, es entfaltet sich, in unseren Worten, nur im Spiel des abwesenden/anwesenden Grundes; in den Worten Kojèves: »Die den Kampf hervorrufende Begierde nach Anerkennung ist Begierde nach einer Begierde, also nach etwas, was nicht wirklich existiert (da die Begierde die ›manifeste‹ Gegenwart der *Abwesenheit* einer Wirklichkeit ist)« (Kojève 1988: 186).

klärungskraft bezüglich des *Warum* des Handelns gewinnt. Nach Laclau (Laclau 1994), der sich explizit auf Lacans Subjektbegriff bezieht, kann es politische Identität nämlich nur geben, weil es zu Identifikationen kommt, und es kommt zu Identifikationen, weil ein ursprünglicher Mangel gefüllt werden muss.

Der psychoanalytische Begriff des Subjekts erweist sich somit als wesentlich für die Ausarbeitung einer postfundamentalistischen politischen Ontologie. In einem der Kategorie des Subjekts gewidmeten Buch ging Slavoj Žižek sogar so weit, das Subjekt, so der Untertitel der englischen Originalausgabe, zum »abwesenden Zentrum der politischen Ontologie« zu erklären (Žižek 2001a). Žižek identifiziert dort das Subjekt mit den beiden Aspekten von Entgründung und Gründung: der Lücke innerhalb der positiven ontologischen Ordnung (Subjekt des Mangels) und dem *Akt*, durch den diese Lücke geschlossen und die ontologische Ordnung gegründet wird (Subjekt der Entscheidung).[16] Jede Ontologie, sofern sie auf einem solchen Akt basiere, sei politisch (Žižek 2001a: 216). Was in dieser Darstellung, die nicht gänzlich inkompatibel mit unserer bisherigen Argumentation ist, nichtsdestotrotz verlorengeht, ist der Aspekt gewöhnlicher Politik. Wir hatten ja schon gesehen, dass es ein grundsätzliches Problem mit Žižeks Begriff des Akts gibt, das nun in seinem Subjektbegriff erneut zum Vorschein kommt. Dem Subjekt/Akt fehlt ein »ontisches« Komplement – ein Begriff des Akteurs/der Aktion –, denn jede Form ontologischer Institution/Destitution muss ontisch vermittelt werden durch Handeln und Akteurschaft. Um die ontische Ebene des Akteurs wieder ins Bild zu rücken, muss die Subjekttheorie modifiziert werden. Denn wie imaginieren sich Akteure im Augenblick des Handelns? Es dürfte evident sein, dass sie von sich selbst kein Bild eines Subjekts-des-Mangels entwerfen, sondern das Bild eines autonomen Subjekts des eigenen Willens. Sie handeln so, als würden sie ihr Handeln selbst anstoßen. In unserer politischen Alltagsimagination scheinen

16 Žižek schreibt: »Das Subjekt ist beides zur selben Zeit, die ontologische Lücke (…), wie auch die Geste der Subjektivierung, die vermittels eines Kurzschlusses zwischen dem Allgemeinen und dem Partikularen die Wunde der Spaltung heilt (auf lacanianisch also die Geste des Herrn, der eine ›neue Harmonie‹ etabliert)« (2001a: 217). Dem vorausgehend hatte bereits Laclau (Laclau 1990) das Subjekt als die bloße Distanz zwischen einer unentscheidbaren Situation und der Entscheidung definiert.

wir gar nicht anders zu können, als uns selbst als Quelle unserer Handlungsmacht zu verkennen. Wir handeln im Modus des *als ob.* Ein minimaler Grad an solcher Selbst-Verkennung ist notwendig, damit es überhaupt zum Handeln kommen kann.

Aus Perspektive der Politik ist es daher nicht der unabstellbare Mangel, der den Akteur zum Handeln motiviert, sondern die imaginäre Vorstellung, den Mangel *überwinden* zu können (wo diese fehlt, ist nicht Agieren die Folge, sondern passiver Nihilismus). Das heißt jedoch nichts anderes, als dass ein im strengen Sinn metaphysisches Moment nicht aus dem Politikbegriff zu entfernen ist. Politisches Handeln setzt jenen »Willen zum Willen« – bei Gramsci eben zum Kollektivwillen eines politischen Projekts – voraus, den Heidegger an Nietzsche völlig zu Recht als Restbestand der Metaphysik kritisiert hatte. Nur kann Politik im Postfundamentalismus (im Unterschied zum Antifundamentalismus) auf einen solchen Restbestand in Form eines gewissen Willens zur *Gründung* nicht verzichten. Das Subjekt des *als ob* kann nur agieren auf Basis der transzendentalen Illusion, es besäße Gründungskraft, könne also seinen Willen wollen – und dieser »Wille zum Willen, d. h. Wollen ist: sich selbst wollen« (Heidegger 1961: 33)

Hatten wir eingangs des Kapitels die Allmachtsphantasien »großer Politik« zurückgewiesen, so stellt sich nun heraus, dass dieses Phantasma in verminderter Form auch in minimaler Politik zu finden sein muss (was mit unserer These korreliert, minimale Politik ziele auf Maximierung von Politik). Jede Akteurschaft – und damit jede Politik – basiert unausweichlich auf einem Minimum an Größenwahn; im besten Fall auf reguliertem Größenwahn. In lacanianische Terminologie übersetzt: Politisches Handeln erfordert eine Form des Phantasmas, in der das Subjekt sich selbst in metaphysischer Form zum Objekt seines Begehrens macht. Oder nietzscheanisch formuliert: Politische Subjektivierung zielt auf die Überwindung des Mangels im Willen-zum-Willen. Auf diese Weise maßt sich das Subjekt eine Akteurschaft an, die ihm zwar nicht zukommt, ohne die politisches Handeln aber ausgeschlossen wäre. Deswegen ist ironischerweise Melvilles literarische Figur des Bartleby die Inkarnation der Antipolitik schlechthin. Ironischerweise deshalb, weil Bartleby, der so lange alle Handlungsaufforderungen mit dem berühmten Satz »I would prefer not to« zurückweist, bis er im Gefängnis verhungert, aufgrund seiner radikalen Verweigerungshaltung zu einem Säulenheiligen der globalisierungskritischen Bewegung und ihrer Theoretiker des messianischen Exodus wurde, darunter Giorgio Agamben, Maurizio Lazzarato, Michael Hardt und Antonio Negri. Mit dieser Figur hat Melville das exakte Gegenbild zu Machiavellis und Gramscis Figur des Fürsten, des Organisators eines kollektiven Willens entworfen. Deleuze hat daher durchaus zu Recht erkannt, dass sich in Bartlebys Formel »*I would prefer not to*« »nicht ein Wille zum Nichts, sondern die Zunahme eines Nichts an Willen« (Deleuze 1994b: 14) ausdrückt. Gerade das macht, was für den Philosophen des *Minoritär-Werdens* allerdings nicht mehr erkennbar ist, Bartleby zur Inkarnation der Antipolitik. Denn die *Zunahme eines Nichts an Willen* ist dem *Willen zum Willen* – also dem Willen zum Aufbau eines Kollektivwillens – genau gegenläufig. In Bartleby verkörpert sich die antipolitische Seite von Politik: die Selbstauflösung im Minoritären, die Aufgabe jeder strategischen Option, die Abwesenheit aller Organisation und die regressive Individualisierung in Form des passiven Nihilismus.

10.7. Die Spaltung des Objektiven: Antagonismus

Majoritär-Werden, Strategie, Organisation und Kollektivität waren die Minimalkriterien von Politik, die unsere Suche bislang aufgetan hat. Der Rückgriff auf die Psychoanalyse hat gezeigt, dass wir als Akteure handeln, so als wären wir Grund unserer Aktionen, während unsere Handlungen doch überhaupt erst möglich werden in Ermangelung eines Grundes. Um also erklären zu können, warum überhaupt gehandelt werde und nicht vielmehr nicht, sahen wir uns gezwungen, von der ontischen Untersuchung des Phänomenbereichs der Politik auf die ontologische Ebene zu wechseln und auf eine Ontologie des Mangels zu rekurrieren. Die Kategorie des Subjekts ist auf dieser Ebene des Politischen angesiedelt, nicht auf jener der Politik. Das erklärt, warum das Subjekt des Mangels in der Welt der Akteure (wie auch das Unbedingte innerhalb des Bedingten) nie als solches auftritt: Niemandem kam jemals ein solches »Subjekt« zu Gesicht, es sei denn in exakt jenen Momenten, in denen politische Akteure auseinanderbrechen und politische Handlungen fehlgehen. Dann beginnt das Subjekt durch Fehlleistungen hindurch zu sprechen (ja in letzter Instanz wird jeder Versuch, den Mangel zu überwinden, von Fehlleistungen heimgesucht).

Das wird blendend illustriert von einer der berühmtesten politischen Selbstübertölpelungen der jüngeren Geschichte, die unmittelbar in den Fall der Mauer mündete. Bekanntermaßen las Günter Schabowski als Mitglied des Politbüros der SED am 9. November 1989 in einer Live-Übertragung eine Notiz vor: Visa zum Zwecke von Privatreisen ins Ausland könnten in Zukunft ohne Vorliegen der bislang geltenden Voraussetzungen beantragt werden. Ohne offenbar recht zu wissen, was er da vorlas, sah sich Schabowski, der jede Übersicht, ja jeden Halt in irgendeiner höheren Autorität verloren hatte, gezwungen, diese Notiz zu spezifizieren. Auf die Frage schließlich, wann diese Weisung in Kraft trete, stammelte er: »Das tritt nach meiner Kenntnis ... ist das sofort, unverzüglich«. Daraus wurde die Nachrichtenmeldung »DDR öffnet Grenze«, die von den Bürgern, die zu den Grenzposten drängten und die Mauer einzureißen begannen, wörtlich genommen wurde. War die Anpassung der Ausreisebedingungen noch ein letzter Versuch des Politbüros, die Dynamik der Situation lenkend im Griff zu behalten, so war durch Schabowskis Fehlleistung das Gegenteil erreicht: Der Damm war gebrochen und der Beweis erbracht, dass sich die Dynamik der Situation nicht lenken ließ. So individuell Schabowskis Fehlleistung also scheint, in ihren Ursachen und Auswirkungen war sie ausgesprochen kollektiv. Es ist die »objektive Situation«, nämlich die Schwäche des DDR-Staates und seiner Funktionselite im Verhältnis zu einer zunehmend antagonisierten Bevölkerung, die sich hier Bahn brach und aus dem Munde eines hohen Staatsfunktionärs, der sich nicht länger an bekannte Verhaltensregeln und politische Normalabläufe zu halten wusste, nun selbst zu sprechen begann. Allgemeiner: Der Antagonismus, der das Land spaltet, ist die »objektive Bedingung« einer Situation, in der es *das Subjekt* – in Form von Fehlleistungen – zu einem kurzen Auftritt unter den Akteuren der Politik bringt. Schabowski lieh dem Subjekt für einen Augenblick seinen Namen, aber was hier sprach, war nicht Schabowski. Was sprach, war der Mangel selbst, der Mangel an einem Fundament im Objektiven, der durch die Emergenz des Antagonismus, d. h. durch das Politische, reaktiviert worden war.

Diese Beobachtung legt nahe, dass auf ontologischer Ebene eine Korrelation zwischen der Kategorie des Subjekts und der des

Antagonismus besteht – und damit zwischen einer Ontologie des Mangels und einer der Negativität. Mit der Abwesenheit eines subjektiven Fundaments (mit dem Subjekt-des-Mangels) korreliert die kontingente und antagonistische Natur sozialer Objektivität. Lacanianisch gesagt: Nicht nur das Subjekt ist gespalten, auch der große Andere ist gespalten (Stavrakakis 1999). Zwar kann es überhaupt erst zu Identität qua Identifikation im Handeln kommen, weil das Subjekt Mangel ist; aber es gibt diesen Mangel an Subjekt, d.h. die Unvollständigkeit der symbolischen Ordnung, weil diese von einem grundsätzlichen Antagonismus blockiert wird, der sie unterminiert. Damit sind Subjekt und Antagonismus, in ihrem radikalen ontologischen Verständnis, gleichursprünglich.

Erinnern wir uns nur an die Versuche vieler postfundamentalistischer Autoren, dieser Spaltung oder Teilung des Objektiven gerecht zu werden: Claude Lefort (vgl. Kapitel 5) postulierte eine doppelte Teilung von Gesellschaft, einerseits müsse sich Gesellschaft von sich selbst abspalten, um eine – und sei es noch so prekäre – Einheit zu gewinnen. Und darüber hinaus sei jede Gesellschaft von einer inneren Teilung durchdrungen. In dieser Hinsicht konnte Lefort sich direkt auf Machiavelli beziehen und dessen Theorie vom Streit der unversöhnlichen *umori*, der am Grunde eines jeden Gemeinwesens ausgetragen wird. Auch Rancière geht in der Politik vom Faktum eines unversöhnlichen »Widerstreits als Gemeinschaft« (Rancière 2002: 31) aus: »Die Einrichtung der Politik geht in eins mit der Einrichtung des Klassenkampfes« (2002: 30). In dieser postmarxistischen Traditionslinie haben Laclau und Mouffe (Laclau/Mouffe 1991) den Begriff des Antagonismus von allen Resten seiner Klassenbestimmung befreit: Antagonismus beschreibt in *Hegemonie und radikale Demokratie* die Logik der Politik, die in der Artikulation einer Äquivalenzkette aus verstreuten Differenzen besteht, die nur gelingen kann in Abgrenzung gegenüber einem radikal negatorischen Außen. In einer lacanisierenden Variante hat Laclau, inspiriert durch eine wichtige Intervention Žižeks (Žižeks 1998), den Aspekt des Antagonismus schließlich mit dem Realen verglichen, das jeder sozialen Symbolisierungsanstrengung in die Quere kommt, an der somit jedes politische Handeln früher oder später zerbricht. Antagonismus bezeichnet, in diesem wohl konsequentesten Verständnis, also jene Instanz radikaler Negativität, die der Schließung des Sozialen zur Totalität von Gesellschaft entgegensteht.[17]

Es scheint, dass der Begriff des Antagonismus – im Unterschied zu weitgehend apolitischen Namen des Politischen wie »Ereignis« – am engsten auf die konfliktorische Natur der Politik verweist. Vielleicht könnte man Antagonismus daher sogar als den im strengen Sinn *politischen Namen des Politischen* bestimmen. Und zwar deshalb, weil die Kategorie des Antagonismus – wie sie in unterschiedlicher Weise bei Lefort, Laclau, Mouffe oder Rancière theoretisiert wurde – im Unterschied zu anderen Namen des Politischen zwei unabdingbare Minimalbestimmungen von Politik aufruft: *Konfliktualität*, und darin impliziert, *Parteilichkeit*.

Politik ist konfliktorisch, weil sich Gesellschaft zu keiner Totalität schließen lässt – und der ontologische Name dafür ist Antagonismus. Aus diesem Grund ist jede auf Maximierung zielende politische Aktion zum Scheitern verurteilt, denn sie wird nie die Macht über das Ganze erringen können. Darüber hinaus ist in einem offenen Feld jede Aktion immer nur eine unter vielen. Jederzeit kann es zu Kollisionen eines politischen Projekts mit anderen Projekten kommen, die sich ihrerseits einer Unzahl von Widerständen gegenübersehen. Das impliziert, neben der bereits diskutierten Notwendigkeit von Strategie, die Positionalität jedes einzelnen Akteurs: Er wird immer an einer bestimmten – und doch beweglichen – Stelle innerhalb dieses »Stellungskriegs« einander durchkreuzender Projekte lokalisiert sein. Sofern ein Akteur dabei mit Notwendigkeit auf der einen oder anderen Seite eines Antagonismus zu stehen kommt, impliziert der Aspekt der Positionalität zugleich jenen der

17 Ist diese Ontologie der Negativität, so wird man sich fragen, kompatibel mit der Ontologie der Differenz, die im Zentrum unserer Untersuchung stand? Vor dem Hintergrund der Philosophie Heideggers ist sie das in der Tat. Es stimmt natürlich, dass der radikal negative Antagonismusbegriff hegelianisch-marxistische Ursprünge hat (und somit einer dritten Traditionslinie angehört, die neben der Schmitt'schen und der Arendt'schen, verläuft: der marxistischen). Aber bereits die kurze Diskussion Kojèves hat gezeigt, dass diese Ursprünge ihrerseits durch Heidegger vermittelt sind. Der spätere Heidegger anerkennt das innige Verhältnis zwischen Negativität und Differenz (*als* Differenz): zwischen dem radikalen Nichts, das (noch stark von der Daseinsanalytik von *Sein und Zeit* her gedacht) mit der negatorischen Erfahrung der Angst in Verbindung gebracht wird, und jenem *presque-rien* der ontisch-ontologischen Differenz *als* Differenz (Heidegger 1996:123).

Parteilichkeit. Auch in einem pluralen Feld von Antagonismen gibt es – aus Perspektive der Antagonisten – keine neutrale Position. In Situationen verschärfter Konfliktualität wird das deutlich: »*wir* gehen, bis *ihr* geht«, tertium non datur.

10.8. Der politische Name des Politischen (Aktivismus und Attentismus)

Es wurde eingangs gesagt, dass die Erarbeitung von Minimalbedingungen politischen Handelns nicht in der arbiträren Erstellung einer aristotelischen Kategorientafel münden soll. Die »ontischen« Kriterien von Politik müssten mit jenem Begriff des Politischen, den man bevorzugt anzulegen gedenkt, theoretisch kompatibel sein. Mehr noch: Ohne damit sagen zu wollen, dass aus einem bestimmten Politikbegriff ein bestimmter Begriff des Politischen mit logischer Notwendigkeit abgeleitet werden könnte (oder umgekehrt), müssen ontische und ontologische Kategorien in ein Spiel wechselseitiger Bestimmungen treten, das vor dem Hintergrund der jeweils anderen Ebene innere Schlüssigkeit aufweist.[18] Unsere Vorstellung vom Phänomenbereich der Politik wird unseren Begriff des Politischen prägen, die angelegte Kategorie des Politischen unsere Perspektive auf Politik bestimmen. Da mehrere Flexionen des Begriffs des Politischen im Angebot sind, kann uns die Entscheidung für den einen oder anderen Begriff des Politischen nicht abgenommen werden. Von den Spielformen der politischen Differenz, die in Teil II der Untersuchung diskutiert wurden, erscheinen nicht alle einem Politikverständnis angemessen, das resolut am Machiavell'schen Moment des Politischen orientiert ist und politisches Handeln innerhalb eines unübersichtlichen Terrains von Konflikt-, Macht- und Ausschlussverhältnissen verortet. In

18 Es ist offensichtlich, dass dieses Spiel sich der »Gefahr der Zirkularität« aussetzt, nur dass es sich um keine Gefahr handelt, sondern um eine notwendige Implikation des Modells der politischen Differenz: Politik und das Politische können nur auseinander hervorgehen, und doch bleibt jene minimale Differenz der Nichtübereinstimung, die eine Schließung des Zirkels verhindert und jedes Ableitungsdenken verunmöglicht. Deshalb sprechen wir von Plausibilisierung, *phronesis* oder von politischer Urteilskraft als jenen argumentativen Tugenden, die zur Artikulation der beiden Seiten der Differenz erforderlich sind.

Begriffen des politischen Argumentationshintergrunds der Linksheideggerianer wurde daher den machiavellisch-gramscianischen Ansätzen Leforts, Laclaus, Mouffes und teilweise Rancières der Vorzug gegenüber maoistischen (Badiou), stalinistischen (Žižek) oder quasi-anarchistischen (Nancy, Agamben) Ansätzen gegeben. Es hat sich gezeigt, dass die Hypostasierung politischen Handelns zu einem *actus purus* ebenso aus dem Machiavell'schen Moment herausführt wie die monadologische oder pointillistische Auflösung von Politik in eine unendliche Pluralität von Singularitäten.

Schließlich wurde dafür plädiert, einen Begriff des Politischen starkzumachen, der jeder potenziellen Depolitisierung entgegenwirkt und dem Politikverständnis des Machiavell'schen Moments angemessen ist. Antagonismus wurde als ein solch politischer Name des Politischen vorgeschlagen, der schlüssig aus den Machiavell'schen Spielformen des Politischen hervorgeht. Denn die Theorien vom leeren Ort der Macht, um dessen vorübergehende Besetzung gestritten wird (Lefort), von einer unmöglichen Universalität, die nur partielle Inkarnationen findet (Laclau), wie auch von der Einrichtung eines Anteils der Anteillosen, der sich anmaßt, »das Ganze der Gemeinschaft zu sein« (Rancière 2002: 24), scheinen auf einem vergleichbaren theoretischen Modell zu basieren. Extrahiert man die wesentlichen Eckpunkte dieses Modells, so stellt es sich wie folgt dar: Unsere soziale Welt ist ein, gemäß ontologischer Bestimmung, grundlegend offenes, d. h. in seiner Schließung von einem fundamentalen Antagonismus (sowie von einem subjektiven Mangel) blockiertes Terrain. Sofern wir die Option eines psychotischen oder monadologischen Universums ausschließen, wird dieses Terrain Konflikte und Kämpfe – d. h. Antagonismen im Plural – hervorbringen, die auf eine partielle Schließung des Sozialen zu einer (jedoch unmöglich erreichbaren) Totalität zielen. Die vom Begriff des Antagonismus benannte Abwesenheit des Grundes produziert Versuche partieller Grundlegung: *Antagonismen*.[19]

Wie müssen diese sozialen Kämpfe um vorübergehende Schließung des Sozialen beschaffen sein? Die Kategorie der Konfliktualität verwies bereits darauf, dass jede Praxis, die im Zeichen des

19 Umgekehrt führt jede – vorerst – gelungene Grundlegung zu erneuten Entgründungen, da, in Laclaus Terminologie, ältere Sedimente des Sozialen durch neue Institutionen disloziert werden und wiederum alternative Institutionsbemühungen in Gang setzen.

Politischen – des Antagonismus – steht, Position bezieht und darin Parteilichkeit beweist (also ein *wir* gegen ein *sie* setzt). Nun lässt sich zeigen, dass auch die anderen Minimalbedingungen des Majoritär-Werdens, der Strategie, Organisation und Kollektivität mit einer gewissen inneren Schlüssigkeit aufeinander wie auch auf die Kategorie des Antagonismus bezogen werden können: Ein politisches Projekt muss, um eine teilweise Schließung bzw. Neugründung des Sozialen bewerkstelligen zu können, eine Tendenz zur Verallgemeinerung und Majorisierung der eigenen Position aufweisen. Dazu wird es Hindernisse überwinden müssen, die einerseits in den im Sozialen bereits vorgefundenen Macht- und Ausschlussverhältnissen bestehen und andererseits in einer Vielzahl konkurrierender Schließungs- und Neugründungsprojekte. Die unterschiedlichen Schichten sedimentierter Fundamente einerseits, der »Stellungskrieg« hegemonialer Kämpfe andererseits schaffen Widerstände, mit denen es *strategisch* umzugehen heißt. Damit Strategie aber nicht zu einer individuellen Taktik der »Mikropolitik« verkommt, die letztlich keine Majorisierung des eigenen Projekts bewerkstelligen könnte (ja gar kein Projekt formuliert), muss eine minimale Form von Organisation gefunden werden. Diese Organisation muss keineswegs die traditionelle Form der Partei annehmen, obwohl sie ein gewisses Ausmaß an Parteilichkeit erfordert: Denn ohne negatorisches Außen – ohne das Gegenüber eines Antagonisten – gäbe es keine Motivation zum organisatorischen Zusammenschluss. Schließlich mündet ein politisches Projekt, das auf strategisch-antagonistische Weise organisiert werden soll, in einem »Kollektivwillen«, wie er von Gramsci beschrieben wurde. Politische Konflikte sind nicht nur kollektiv, sie *produzieren* zuallererst Kollektive. Und damit schließt sich der Kreis zur ersten Minimalbedingung des Majoritär-Werdens.

Bei den erwähnten Kategorien handelt es sich vor allem deshalb um Minimalbedingungen, weil sie nur in minimaler Dosierung erfüllt sein müssen. Das ist natürlich immer der Fall, wenn von notwendigen Bedingungen die Rede ist. In diesem Fall aber ist mit der Betonung des Minimalen eine Absicht verbunden: Den Phantasmen der »großen Politik« – aber auch den Verkürzungen von Politik auf systemische »Makropolitik« – soll ein Politikbegriff entgegengesetzt werden, der es möglich macht, die politische Natur auch noch der kleinsten und scheinbar ineffektivsten Aktionen hervorzuheben.[20] Noch die geringsten Aktionsformen, die kleinsten Kollektive, die verschwindendsten Demonstrationen, die armseligsten Strategien, die schlechteste Organisation, ja sogar die scheinbar individuellsten Aktionen, sofern sie an etwas breitere Bewegungen und Allianzen gekoppelt auftreten, partizipieren am Politischen, dislozieren die eingeschliffenen Rituale der hegemonialen Formation und rufen den ursprünglichen politischen Gründungsmoment – und damit die Kontingenz des Sozialen – in Erinnerung.

Jedes Handeln wird zu Politik, sobald es vom Antagonismus zumindest *berührt* wird: Dann artikuliert/organisiert sich die Verbindung zu einem politischen »Kollektivwillen«, wie immer dieser geartet sein mag. Jedem politischen Aktivismus geht eine solche Aktivierung durch die Instanz des Politischen – der wir den Namen Antagonismus gegeben hatten – voraus: Deshalb sind wir als Handelnde keine Subjekte dieser Aktivierung, sondern *werden* vom Politischen aktiviert. Kein sozialer Konflikt lässt sich voluntaristisch herbeizwingen. Und doch: Im selben Ausmaß, in dem wir vom Politischen aktiviert werden, aktivieren wir das Politische in unserem Aktivismus, indem wir uns verhalten, *als ob* wir Subjekte unseres Willens wären. So wenig sich ein Antagonismus herbeizwingen lässt, wir schaffen die Möglichkeiten für sein Erscheinen, sobald wir, um mit Arendt zu sprechen, handelnd in das Spiel der Welt eingreifen – was keineswegs selten geschieht. Politik ist der Name für diese paradoxe Unternehmung.

Ist also Aktivismus das Medium minimaler Politik, so ist *Attentismus* die notwendige Folge überzogener Ansprüche »großer

20 Den Verteidigern der Mikropolitik hingegen soll auf der anderen Seite signalisiert werden, dass von Politik sinnvoll nur die Rede sein kann, wenn bestimmte Voraussetzungen erfüllt sind. Um keine Missverständnisse aufkommen zu lassen, ich streite nicht ab, dass soziale Verhältnis durch individuelle Praktiken permanent (re-)artikuliert werden und im Zuge dieses Prozesses Mikroverschiebungen auftreten bzw. die Ordnung des Sozialen durch individuelle Praktiken punktuell in Frage gestellt werden kann. Noch streite ich ab, dass diese Praktiken gleichsam von größeren Antagonismen berührt und geformt werden – so wie etwa der Performanz »individueller« Geschlechtsidentitäten ein Vektor eingebaut ist, der auf hegemonial umkämpfte Formationen z. B. der Zwangsheterosexualität verweist. Ich streite nur ab, dass wir zur Beschreibung solch sozialer Praxen mit dem Begriff der *Politik* gut bedient wären. Politik würde – zusammen mit der Bestimmung des *Majoritär-Werdens* – jede Kontur als kollektive, organisierte, strategische und konfliktuelle Praxis verlieren.

Politik«, »messianischer Befreiung« oder eines »reinen Akts« bzw. »radikalen Bruchs«. Diese Ansprüche führen, da sie sich nicht einlösen lassen, direkt in den Passivismus und Attentismus – und damit zum Ende von Politik überhaupt. Beispiele dafür gibt es auch unter den diskutierten Theoretikern zuhauf. Im Anschluss an eine ähnliche Empfehlung Badious (Badiou 2007: 35) erklärte Žižek: »Besser nichts tun, als sich an vereinzelten Aktionen zu beteiligen, deren Funktion es letztlich ist, das System reibungsloser laufen zu machen (an Aktionen wie etwa der, den Raum für die Vielheit neuer Subjektivitäten bereitzustellen usw.). Die große Gefahr heute ist nicht Passivität, sondern Pseudoaktivität, der Drang ›aktiv zu sein‹, ›teilzunehmen‹, die Nichtigkeit dessen, was geschieht, zu verschleiern« (Žižek 2005: 8). Das wahrhaft Schwierige sei hingegen »der Schritt zurück, der Rückzug« (2005: 8), der »gleichsam den Boden für wahre Aktivität bereitet, für einen Akt, der die Koordinaten der Konstellation wirklich ändert« (9). Auch Agamben ist der Meinung, eine »kommende Politik« werde nicht mehr nach dem Muster von Protestbewegungen funktionieren, sondern Paradigma der kommenden Politik sei »Untätigkeit« (Agamben 2003c: 105). Wie Chantal Mouffe schließlich am Revolutionsmodell von Hardt und Negri beobachtet hat: »Als Negri in einer Videodokumentation gefragt wurde, was zu tun sei, um das zu erreichen, antwortete er: ›Abwarten und Geduld haben‹. Hardt seinerseits antwortete: ›Folgt eurem Begehren‹. Es ist klar, dass ihnen nichts anderes übrig bleibt, als ein messianisches Begehren der *multitude* geltend zu machen. Alle wesentlichen Fragen einer politischen Analyse werden vermieden – etwa Fragen hinsichtlich der Art und Weise, wie die *multitude* zu einem revolutionären Subjekt werden kann« (Mouffe 2005: 33-4).[21]

Ein solches Modell einer Politik der »Untätigkeit« und des »Abwartens« – also letztlich einer Politik ohne Politik – ist vor dem Hintergrund unserer Überlegungen zu minimaler Politik hochgradig

21 In diesem Fall ist der theoretische Hintergrund des Attentismus nicht so sehr in einer messianischen Erlösungshoffnung oder einer dezisionistischen Überhöhung des wahren Akts zu finden, sondern im Ökonomismus des Ansatzes. Denn Hardt und Negri zufolge sei das Ende des Empire mit Heraufkommen der *multitude* besiegelt. Dies erinnert Mouffe »an den Determinismus der Zweiten Internationale und deren Vorhersage, die ökonomischen Widersprüche des Kapitalismus führten notwendigerweise zu dessen Zusammenbruch« (2005: 34).

unplausibel. Nicht nur existiert aus gramscianischer Perspektive so etwas wie das von Žižek gefürchtete »System« nicht, das sofort jede Opposition umstandslos integrieren und neutralisieren könnte, es sind auch gegenhegemoniale Verschiebungen kleinster Größenordnung niemals sinnlos, sofern sie der dominanten Formation Arbeit an der Abdichtung ihrer Hegemonie verursachen. Niemand – nicht einmal Žižek – könnte darüber hinaus vorhersagen, wann und wo sich kleinere Verschiebungen womöglich zu größeren Bruchstellen in der hegemonialen Ordnung akkumulieren und, in Leforts (bzw. Cohn-Bendits) Worten, eine »Bresche« in das dominante Institutionengefüge schlagen und der Legitimation der Machthaber einen Riss zufügen.: »Nur einen Riss?«, so Lefort in Bezug auf den französischen Mai 68, »Vielleicht.... Aber die Spur des Risses wird bleiben, auch nachdem der Schleier neu gewebt worden ist« (Lefort 2008: 43). Die Spur bleibt nicht zuletzt aufgrund der Exemplarität politischen Handelns: »Gewiss haben der Generalstreik und die Besetzung der Betriebe die Struktur der Gesellschaft nicht zerrüttet. Das behaupten wir nicht. Aber dass sie möglich gewesen sind, zeigt die Zerbrechlichkeit des Modells, das manche für unverwundbar hielten« (2008: 44).

Dem Attentismus ist jedes Verhältnis zu dieser Dimension des Aktivismus, wie natürlich auch zu strategischem Handeln verlorengegangen. In machiavellischer Tradition wäre man sich hingegen des Umstands bewusst, dass wir vergeblich auf den einen erlösenden Akt warten werden, weshalb unter sich ständig verändernden Bedingungen und widrigen Umständen agiert werden muss, so dass, wie Hannah Arendt es ausdrückte, »es keine Tat und kein Ereignis geben kann, das die Menschheit oder ein Volk ein für alle Mal erlöst und ihm das Heil bringt« (Arendt 1994: 223). Arendt hatte verstanden, dass Politik überhaupt erst möglich wird, wenn endgültige Erlösung ausbleibt. Ein »authentischer Akt« im Sinne Žižeks ist ausgeschlossen. Weil aber Authentizität in der Politik unmöglich ist, entsteht überhaupt erst ein Spielfeld für strategisches, d. h. »unauthentisches« Agieren. Die Spielräume der Kontingenz oder, mit Machiavelli, der *fortuna* erweitern sich signifikant, gemeinsam mit unserer Fähigkeit, strategisch oder virtuos zu agieren. Am Ende werden wir realisieren müssen, dass die Idee der potenziellen Zerstreuung von Aktionen und Ereignissen über das ganze Register des Sozialen hinweg um vieles radikaler und politisch ermächtigender ist als die romantische Sehnsucht nach dem erlösenden Akt. Hannah Arendt, von Badiou und Žižek zu Unrecht zur Liberalen gestempelt, hat diese Idee mit ihrem Begriff vom Ereignis als »Wunder« ausgedrückt. Wunder freilich nicht im Sinne eines grandiosen Moments des Endes aller Zeiten, sondern als der unterbrechende *Augenblick* des Politischen, der in jedem einzelnen Moment, in dem Menschen zu handeln beginnen, zutage tritt – also dauernd: »Gar nicht abergläubisch aber, sondern nur realistisch ist es, in der Politik mit dem Unvorhersehbaren zu rechnen, auf es gefaßt zu sein und Wunder dort zu erwarten, wo sie tatsächlich dauernd möglich sind« (ebd.).

Das Politische – und sei es in kleinstmöglicher Dosierung – ist in der Tat überall. Doch dieses Überall, wie sofort hinzugefügt werden muss, ist ein seltsamer Ort, der niemandem je zu Gesicht kam. Die Präsenz des Politischen als »ontologischer« Moment der Gründung von Gesellschaft, kann, wie ich deutlich zu machen versuchte, nur aus der Erfahrung der Abwesenheit eines festen Grundes von Gesellschaft erschlossen werden, d. h. aus unserer Erfahrung der Unvollständigkeit des Sozialen, wie sie begrifflich vom Spiel der politischen Differenz indiziert wird. Keinem ist je »das Politische« in aller Reinheit an anderer Stelle begegnet als in den Brüchen und Spalten des Sozialen, die gefüllt, ausgedehnt oder geschlossen werden von: *Politik*. Sofern dies dauernd geschieht, geschieht es auch im Kleinsten. Vielleicht, um eine Metapher Nietzsches aufzunehmen, der nicht nur der Philosoph des Größenwahns war, sondern auch der Philosoph der tänzerischen Leichtigkeit, kommen die großen Veränderungen auf Taubenfüßen.

Kapitel 11
Demokratische Ethik: Die Selbstentfremdung des Sozialen

11.1. Postfundamentalismus und Demokratie

Postfundamentalisten stehen heute, um ein romantisches Bild zu bemühen, inmitten der Ruinen einstmals unerschütterlicher – oder als unerschütterlich geltender – Fundamente. Gibt der Anblick von Ruinen Anlass zu Melancholie oder Besorgnis? Manch konservativer Denker mag sich alarmiert zeigen,[1] andere mögen behaupten, ohne irgendeine Form der Gründung im Normativen lieferten wir uns dem ethischen oder politischen Nihilismus aus. Doch das Gegenteil ist der Fall. Aus der Auflösung des fundamentalistischen Horizonts alleine lassen sich keine pessimistischen, geschweige denn nihilistischen Schlussfolgerungen ziehen. Wie Ernesto Laclau unterstreicht, radikalisiert »die Aufgabe des Mythos der Fundamente«, darunter die Auflösung der Kategorie des Subjekts, »die emanzipatorischen Möglichkeiten, die von Aufklärung und Marxismus eröffnet wurden« (Laclau 1989: 79-80). Damit erinnert uns Laclau daran, dass eine Konsequenz der Schwächung des ontologischen Status aller Fundamente in der Ausweitung der Räume potenzieller Politisierung besteht, einschließlich der Spielräume *emanzipatorischer* Politisierung. Beginnt man zu erkennen, dass die Welt nicht auf einem festen Grund gebaut ist – wie etwa auf Gott, der Vorsehung, der Vernunft, den freien Gesetzen der Marktwirtschaft, den Genen etc. –, wird man das eigene soziale Schicksal als veränderbar betrachten und mit weniger Fatalismus hinnehmen. Freiheit, so ließe sich Rorty (Rorty 1999a: 87) paraphrasieren, ist die Einsicht in die Notwendigkeit von Kontingenz.

Doch bevor Politisierung *tout court* mit emanzipatorischer Politisierung verwechselt wird, sollte man einen Augenblick innehalten. Worauf Laclau hinweist, sind die historischen Ermöglichungsbedingungen emanzipatorischer Politik, nicht mehr. Betrachten wir die aktuelle Entwicklung westlicher Demokratien, wird uns

1 Wenn es auch Ausnahmen gibt, man denke an Oakeshott.

schmerzhaft bewusst, dass die Desintegration des fundamentalistischen Horizonts unsere Gesellschaften nicht zwangsläufig emanzipatorischer macht, dass sie sogar fundamentalistische Neugrundlegungsversuche anstoßen kann. Und wenn Politisierung nicht notwendigerweise Emanzipation im Gepäck trägt, dann sollte man sich vor überhasteten Schlussfolgerungen bezüglich der emanzipatorischen oder demokratischen Natur postfundamentalistischer Positionen hüten. Der »ontologischen« Entgründung der Fundamente entspricht nicht an sich schon eine demokratische Politik. Diese Position wird nicht von allen Postfundamentalisten geteilt. »Jede Politik ist demokratisch«, behauptet etwa Rancière (Rancière 2002: 111), denn jede wahre Politik konfrontiere die Logik der Gleichheit mit derjenigen der Polizeiordnung. Und auch für Derrida fällt das Politische mit dem Demokratischen zusammen: »Das Politische – das heißt in der Offenheit, im freien Spielraum und im gesamten Umfang, in der bestimmten Unbestimmtheit seiner Bedeutung, das Demokratische« (Derrida 2003: 50 f.). Auf diese Weise werden Merkmale eines bestimmten symbolischen Dispositivs – der Demokratie – der quasi-transzendentalen, ontologischen Bestimmung des Politischen unterschoben.[2]

Ein solcher Apriorismus ist natürlich ein klares *non sequitur*, wenn wir die ontologische Differenz zwischen Politik und dem Politischen ernst nehmen wollen. Das Spiel der politischen Differenz kann Politik in die unterschiedlichsten politischen Richtungen führen, und ein demokratisches Resultat wird sich nie vorneweg garantieren lassen. Wie bereits in Kapitel 9 argumentiert, folgt daraus aber nicht, dass nichts folgt. *Was* folgt, ist die Einsicht, dass, sofern jeder Gründungsversuch in letzter Instanz zum Scheitern verurteilt ist, alle politischen Herrschaftsformen letztlich auf ihrer eigenen Ungründbarkeit basieren, gleichgültig ob sie diese nun verleugnen oder nicht. Nur, worin unterscheidet sich dann Demokratie von anderen Herrschaftsformen? Eine relativ simple Ausgangsüberlegung wird uns die Richtung weisen: Will man der Demokratie keinen ontologischen Sonderstatus einräumen, wie dies Rancière, Derrida oder Nancy (Nancy 2008) tun, wird man ihr spezifisches

2 Für Derrida ist selbst eine quasi-transzendentale Bestimmung wie jene der *différance* oder *Spur* per se »demokratisch«: »Wenn jeder Verweis differ*a*ntiell ist – und die Spur ein Synonym für diesen Verweis –, dann gibt es immer Spuren von Demokratie, dann ist jede Spur eine Spur von Demokratie« (2003: 63).

Merkmal nicht im Faktum ultimativer Grundlosigkeit suchen (das auf alle Regierungsformen gleichermaßen zutrifft), sondern in dem spezifischen *Verhältnis*, welches zu diesem Faktum aufgebaut wird. Im Unterschied zu anderen Formen der symbolischen Instituierung des Gemeinwesens – modern vor allem natürlich im Unterschied zu Formen totaler Herrschaft – steht Demokratie zum abwesenden Grund nämlich in keinem Verhältnis der Verleugnung oder gar Verwerfung, sondern in einem institutionalisierter Akzeptanz. Als demokratisch können jene symbolischen Arrangements einer Gesellschaft bezeichnet werden, die das ultimative Scheitern aller Grundlegungsbemühungen akzeptieren helfen und so der Abwesenheit des Grundes symbolische Anwesenheit verschaffen.

Demokratie macht das Scheitern der Gründung zur eigenen Grundlage. Damit begegnet uns im Feld der Demokratietheorie das postfundamentalistische Paradox notwendiger Kontingenz wieder: Demokratie erweist sich als eine Form des Zusammenlebens, in welcher Kontingenz – die Abwesenheit eines letzten Grundes – als *notwendig* erachtet wird.[3] Wo hingegen ungebrochen Mythen vorgeblicher Gesetze der Geschichte oder Marktzwänge das Handeln bestimmen, dort kann im strengen Sinn nicht länger von Demokratie die Rede sein.[4] In diesem Punkt der Paradoxisierung des Demokratiebegriffs stimmen postfundamentalistische Theorien zumeist überein. Demokratie sei »etwas *Spannungsreiches* (Laclau und Mouffe); sie ist ein *Bestreben*; sie hat einen *künftigen* (Derrida) oder *differäntiellen* (Critchley) Charakter – sie ist immer eine Demokratie-*im-Kommen*, sie ist ein *verschwindender Punkt* (Žižek); d. h. etwas, auf das wir uns dauernd *beziehen* müssen, das aber *nie erreicht werden kann* (Mouffe); ihr Wert ist *unbestimmt* (Laclau); und sie hat keine partikularen Ziele (Laclau); kurzum: Sie ist eine

3 Ein Kriterium, das, nebenbei gesagt, nicht auf alle gegenwärtig als »demokratisch« bezeichnete Regierungsformen vollumfänglich zutrifft.

4 Das demokratische Dispositiv ist somit zutiefst im postfundamentalistischen Horizont verankert, ohne dass alle postfundamentalistischen Positionen notwendigerweise demokratisch sein müssten (was, ganz abgesehen vom Fall eines konservativen Skeptizismus, auf der heideggerianischen Linken nicht zuletzt von Badious regelmäßigen antidemokratischen Auslassungen illustriert wird). Kurzum: Wenn auch nicht jede postfundamentalistische Politik demokratisch sein muss, so muss doch jede demokratische Politik postfundamentalistisch sein. Dieses Argument bezüglich des nicht-reversiblen Verhältnisses zwischen Demokratie und Postfundamentalismus wird in größerem Detail in Marchart 2006b ausgearbeitet.

›unmögliche‹ Aufgabe, die radikaldemokratische Verhältnisse möglich macht« (Cholewa-Madsen 1994: 40; vgl. vor allem auch die Beiträge zu »Demokratie als unvollendeter Prozess« in Enwezor et al. 2000). Kurzum, Demokratie ist nur unter Bedingungen ihrer eigenen Ungründbarkeit zu haben.

Wird ein solch paradoxer Begriff einer »ungründbaren« Demokratie akzeptiert, entsteht allerdings ein unüberwindbares Folgeproblem. Denn als historisch bestimmte Form der politischen Instituierung des Sozialen kann sich Demokratie politischen Grundlegungszwängen nicht entziehen. Auch wenn das demokratische Dispositiv letztlich ungründbar bleibt, ändert das nichts daran, dass es, in aller Vorläufigkeit, dennoch politisch *gegründet werden muss*. Wir stehen also vor einer Antinomie. Einerseits ist Demokratie gezwungen, den letzten Grund in seiner Abwesenheit zu supplementieren und zumindest partielle und vorläufige Fundamente zu legen. In dieser Hinsicht handelt es sich um ein politisches Projekt wie jedes andere, das aus sozialen Kämpfen hervorgeht, gegen Widerstände durchgesetzt wird und dessen zerbröckelnde Fundamente abgedichtet werden müssen, soll es weiterhin Bestand haben. Andererseits ist Demokratie gerade dadurch definiert, dass die Unmöglichkeit einer endgültigen Grundlegung – und damit die Unmöglichkeit der endgültigen Verwirklichung des demokratischen Projekts – institutionell akzeptiert wird. Dieselben Institutionen, die Demokratie gründen sollen, müssen also zugleich die Unmöglichkeit dieser Aufgabe signalisieren. Damit besteht die Gefahr, dass Demokratie jene institutionellen Grundlagen unterhöhlt, die ihre eigene Voraussetzung bilden. Die grundlegende Antinomie der Demokratie besteht also darin, dass Demokratie – bzw. eine Politik der Demokratisierung – einerseits ein politisches Projekt mit Durchsetzungsansprüchen ist, andererseits dieses Projekt – aufgrund demokratischer Kontingenzakzeptanz – sich gewissermaßen selbst aus den Angeln zu heben droht.

Es wäre wenig produktiv, wollte man dies, wie es manchmal geschieht, den postfundamentalistischen Theorien als Selbstwiderspruch vorrechnen. Postfundamentalistische Theoretiker mögen zur Vernachlässigung der einen oder anderen Seite dieser Antinomie neigen (Nancy oder Derrida neigen etwa zur Vernachlässigung der Durchsetzungsansprüche des politischen Projekts der Demokratie, Laclau neigt zur Vernachlässigung der normativen Dimension der

Selbstentgründung), doch die Spannung zwischen beiden Seiten – dem Projekt demokratischer Gründung und der Akzeptanz ihrer Unmöglichkeit – bleibt ihrerseits grundlegend für das demokratische Dispositiv. Wie ich in diesem abschließenden Kapitel zeigen möchte, bedeutet dies, dass Demokratie nicht völlig im Politischen aufgehen kann. Wäre Demokratie durch und durch politisch, so würde sie dieses Spannungsverhältnis lösen, die Souveränität ihres Projekts behaupten und das eigene Scheitern weitestmöglich zu verleugnen versuchen. In jenem Ausmaß, in dem davon Abstand genommen wird, eignet Demokratie etwas Unpolitisches.

In Kapitel 9 hatten wir Espositos Begriff des Unpolitischen mit Derridas ethischer Definition des Politischen zusammengebracht und konnten auf diese Weise das Unpolitische mit dem Unbedingten einer Ethik identifizieren, die quer zum politischen Reich des Bedingten steht. Nun ist es an der Zeit, die Möglichkeit einer *politischen Ethik*, die wir dort erst vage angedeutet hatten, am demokratischen Dispositiv zu exemplifizieren. In diesem Schlusskapitel werde ich die politischen und ethischen Einsätze, die eine postfundamentalistische Position ins Spiel bringt, etwas genauer schildern: Die demokratische Ethik, so werde ich argumentieren, ist im Kern eine *Ethik der Selbstentfremdung*, worunter ich eine Ethik der *Anerkennung* der Unbedingtheit des Bedingten bzw. demokratietheoretisch: der Anerkennung der nicht-selbstidentischen Natur jeder sozialen Identität verstehe. Ein kurzer Rekurs auf Axel Honneths Anerkennungstheorie wird uns erlauben, diese These etwas schärfer zu konturieren und schließlich *Solidarität* als jenen Begriff auszuweisen, der das semantische Potenzial besitzt, das ethische Moment der Demokratie innerhalb des politischen Diskurses zu registrieren. Als Ausgangspunkt für diese Überlegungen wird uns die aktuelle Debatte um den fragwürden Zustand gegenwärtiger westlicher Demokratien dienen.

11.2. Was kam vor der »Postdemokratie«?

Angesichts der immer lauter werdenden Debatte um die vorgebliche oder wirkliche Demokratiemüdigkeit der Bevölkerung und die Demokratiedefizite nationaler wie supranationaler Gebilde (beispielsweise der Europäischen Union) lässt sich ein verbreitetes Unbehagen in der Demokratie diagnostizieren. Dieses Unbehagen wurde von dem britischen Politikwissenschafter Colin Crouch (Crouch 2008) auf den Begriff der »Postdemokratie« gebracht. Die Demokratie entwickle sich auf einen Zustand hin, in dem ihre Institutionen nur noch als leere Hüllen fortbestehen. Wahlen würden zwar nach wie vor abgehalten, aber die Wahlprogramme der Parteien ähnelten einander zunehmend, die Politik werde von Lobbyistengruppen beeinflusst und die öffentliche Meinung von PR-Experten gelenkt. Die Bürger würden inzwischen weitgehend in politischer Apathie und Frustration versinken. Die neoliberale Politik der Privatisierung tue ihr Übriges, der Wohlfahrtsstaat werde bis auf ein Minimum abgebaut und wandle sich zum reinen Fürsorgestaat. Die treibende Kraft hinter diesen Entdemokratisierungstendenzen vermutet Crouch in der wachsenden politischen Macht der Unternehmen und der Dominanz ökonomischer Eliten. Und er zieht die pessimistische Schlussfolgerung, der Anbruch der Postdemokratie sei nicht rückgängig zu machen, man könne die Entwicklung bestenfalls abschwächen (2008: 20). In der Politikwissenschaft hat diese Diagnose einiges Aufsehen erregt (Buchstein/Nullmeier 2006), und obwohl die empirische Haltbarkeit einzelner Beobachtungen angezweifelt wurde, kann die Diagnose in ihren Grundzügen wohl kaum als besonders extravagant bezeichnet werden. Sie trifft sich in vielen Punkten mit der öffentlichen Rede vom Demokratiedefizit und der Kritik sozialer Bewegungen an Neoliberalisierung und Demokratieabbau. Allerdings, so meine Vermutung, kann die Frage, ob wir uns einem postdemokratischen Zustand nähern, nicht abschließend beantwortet werden, solange nicht geklärt ist, ob das Unbehagen in der Demokratie ausschließlich exogenen, demokratiefeindlichen Faktoren geschuldet ist. Könnte es nicht sein, dass womöglich etwas am Regime der modernen Demokratie selbst das Unbehagen an ihr erzeugt, dass also unter anderem endogene Gründe für dieses Unbehagen vorliegen? Diese Frage kann von einer empirisch gewonnenen Auflistung der »sieben Plagen« heutiger Demokratien nicht beantwortet werden, sehr wohl hingegen von postfundamentalistischen Demokratietheorien. Untersuchen wir deren Erklärungsangebot etwas genauer, denn bedauerlicherweise drücken sich Crouch und andere um die demokratietheoretische Klärungsarbeit, indem sie ein konventionelles Demokratieverständnis voraussetzen und Postdemokratie schlichtweg als Demokratie im Zustand ihres Niedergangs definieren.

Zweifelsohne stehen Postfundamentalisten, dies vorweggeschickt, unseren »real existierenden Demokratien« (Fraser) alles andere als unkritisch gegenüber. Bei Jacques Rancière, der bereits vor Crouch den Begriff der Postdemokratie geprägt (Rancière 1997) hat, bezeichnet Postdemokratie ein Regime des umfassenden Konsenses, der gouvernemental durch die Regierungspraxen des Staates – die »Polizei« – gelenkt wird. Wie wir sahen, entsteht nach Rancière Demokratie erst dort, wo ein sozialer Akteur den Anspruch der Gleichheit geltend macht und mit der Polizeiordnung konfrontiert. Dies kann nur im »Streit« geschehen, und Postdemokratie sei daher »die Regierungspraxis und begriffliche Legitimierung einer Demokratie *nach dem Demos*, einer Demokratie, die [...] den Streit des Volks liquidiert hat, reduzierbar also auf das alleinige Spiel der staatlichen Dispositive« (Rancière 2002: 111). Chantal Mouffe (Mouffe 2005; Mouffe 2007) sieht in einer solchen Verleugnung des Politischen und vor allem des Antagonismus – wie sie »postpolitische« Projekte à la Blairs »Third Way« betreiben – die größte Gefahr, die den heutigen Demokratien droht. Und Claude Lefort zufolge wird soziale Teilung in den gegenwärtigen Gesellschaften von einem übergreifenden, endlosen medialen Strom okkultiert. Das permanente Rauschen der Kommunikationszeremonie werde zum neuen »Fundament« (Lefort 1986c: 228) und helfe das intolerable Faktum sozialer Teilung zu überschreiben. Jeder Konflikt werde durch die Heraufbeschwörung von *Familiarität* verkleistert,[5] womit eine »Halluzination der Nähe« entstehe, die »jeden Sinn von Distanz, Fremdheit, Unwahrnehmbarkeit, der Zeichen des Außen, der Gegnerschaft, der Andersheit« verabschiede (ebd.). Die Kluft zwischen der Gesellschaft und ihrem Außen werde auf diese Weise von einer »unsichtbaren Ideologie« überbrückt.[6]

Postfundamentalistischen Theoretikern sind die Defizite gegenwärtiger Demokratien also durchaus bewusst. Allerdings würden

5 Ein gutes Beispiel sind politische *Round-Table*-Fernsehdiskussionen: Alle Herrschaftsverhältnisse scheinen zu verschwinden, sofern es der unsichtbaren Ideologie gelingt, jede Opposition zu inkorporieren, indem sie in sich selbst einen Platz für den Opponenten schafft.

6 In einem etwas jüngeren Text spricht Lefort (Lefort 1998: 13) auch von einer »Gesellschaft der Individuen« – der neoliberalen Version der unsichtbaren Ideologie. Der Mythos der Gesellschaft der Individuen präsentiere den Staat als bloßen Verwalter der nationalen Firma, was nicht weniger zum Verlust des Symbolischen führe.

sie das Hauptproblem auf einer fundamentaleren Ebene lokalisieren als die Politikwissenschaft, nämlich in Prozessen der ideologischen Verleugnung des ungegründeten, kontingenten und konfliktuellen Charakters der Gesellschaft. Jene »Demokratiedefizite«, die üblicherweise in Postdemokratiedebatten beklagt werden, sind überhaupt nur *als* Defizite beschreibbar, wenn sie auf ein sehr viel grundlegenderes, durchaus positiv bewertetes »Defizit« bezogen werden: den ontologischen Mangel an letzten Grundlagen. Es ist dieses *ontologische Defizit* – die fundamentale Teilung des Sozialen und die unvollendbare Natur von Demokratie –, das sich als endogene Ursache des Unbehagens in der Demokratie erweist. Bleiben wir vorerst bei Lefort, denn von keinem anderen wurde dieses in der Demokratie selbst verankerte Defizit genauer herausgearbeitet. Zur Erinnerung: Im Unterschied zu einem staatszentrierten Politikverständnis, wie es den Ansatz von Crouch und der Politikwissenschaft im Allgemeinen auszeichnet, ist die Instanz der Macht für Lefort nicht in den Staatsapparaten oder im Funktionssystem der Politik lokalisierbar, sondern sie ist rein symbolisch (siehe Kapitel 5). Ihre Aufgabe ist es, der Gesellschaft ihre Einheit gleichsam zurückzuspiegeln, also die Zugehörigkeit zu ein und demselben Raum für uns intelligibel zu machen. Dem Dispositiv der Demokratie gelingt dies durch einen Symbolisierungsprozess, den ich mit dem Begriff der *Selbstentfremdung* zu bezeichnen vorschlage. Bei Lefort heißt dies: Wurde mit der Entleerung des Ortes der Macht die Verbindung zwischen der Gesellschaft und ihrem transzendenten Legitimationsgrund gekappt, so kann Gesellschaft nur noch durch *Teilung von sich selbst* ihre Einheit symbolisch auf sich zurückspiegeln. Nur sie selbst kann zu ihrem eigenen Grund werden. Doch um den zu setzen, muss sie sich spalten und verliert so wiederum die Stabilität, die sie sucht. Das gesamte symbolische Dispositiv der Demokratie, wie von Lefort beschrieben, wirkt auf diesen Prozess fortgesetzter Selbstentfremdung hin: auf die Entleerung des Ortes der Macht; die Trennung der Sphären des Rechts, der Macht und des Wissens; die Abtrennung einer Zivilgesellschaft vom Staat und die Entstehung einer politischen Öffentlichkeit. All das erzeugt institutionelle Markierungen der Grundlosigkeit des Sozialen: »Die demokratische Gesellschaft begründet sich als gleichsam körperlose Gesellschaft (*societé sans corps*), d.h. als Gesellschaft, die die Vorstellung einer organischen Totalität außer Kraft setzt« (Lefort 1990a: 295).

Akzeptieren wir diese Beschreibung und setzen sie in ein Verhältnis zur These von der »Postdemokratie«, dann drängt sich folgende Schlussfolgerung auf: Wird Demokratie unter dem Aspekt der symbolischen Selbstentfremdung der Gesellschaft betrachtet, dann scheint es nur zu plausibel, dass von dieser Regierungsform ein permanentes Ungenügen produziert wird. Die Abwesenheit eines transzendenten Legitimationsgrundes, die Unmöglichkeit einer substanziellen Verkörperung der Gemeinschaft, die Leere des Ortes der Macht und die gleichzeitige Anerkennung der Legitimität des Konflikts um dessen immer nur vorübergehende Besetzung, all das stellt eine gehörige psychologische Zumutung dar. Deshalb kann nicht überraschen, dass das demokratische Dispositiv konfrontiert ist mit dem beständigen Begehren nach Rückkehr des Transzendenten, nach Wiederverkörperlichung und damit Schließung der Gemeinschaft, sowie nach Abstellung des »politischen Geplänkels«, der Debatten und der Streitereien, mit einem Wort: nach Aufhebung des Zustands demokratischer Selbstentfremdung.

Freilich soll mit dieser These nicht bestritten werden, dass die heutigen Demokratien des Westens eine Vielzahl konkreter Defizite aufweisen. Wir müssen aber unterscheiden zwischen solchen Demokratiedefiziten und jenem konstitutiven, d.h. ontologischen Defizit, das vom Dispositiv der Demokratie symbolisch inszeniert wird: dem Mangel an substanzieller Einheit der Gemeinschaft, der akzeptiert werden muss, selbst wenn dies Anlass zu unablässigem Unbehagen sein sollte. Man könnte es zusammenfassend so formulieren: Demokratie ist nicht allein konjunkturell defizitär (also weil wir, wie von Crouch behauptet, am Ende einer Demokratisierungsparabel stünden und die Hochzeit der Demokratisierung hinter uns läge); sie ist konstitutiv defizitär, weil sie die Unmöglichkeit einer politischen Letztbegründung und damit die Kontingenz jedes Gemeinwesens in ihre institutionelle Form integriert, weshalb, so die Schlussfolgerung, das Unbehagen an der Demokratie zur Demokratie selbst gehört, ja Demokratie dieses Unbehagen fortgesetzt produziert. Auf diese grundlegende Dimension des demokratischen Defizits und des Unbehagens in der Demokratie hinweisen heißt daher nicht, der Kritik an den empirischen Defiziten »real existierender Demokratien« zu widersprechen, es heißt sie philosophisch einordnen und den Begriff der Postdemokratie vor dem Hintergrund des symbolischen Dispositivs der Demokratie genauer bestimmen. Als *post*demokratisch im strengen Sinn würden sich die vielerorts kritisierten Plagen wohl erst dort erweisen, wo sie dieses grundlegende, symbolisch instituierte Defizit der Demokratie verleugnen oder zu beheben vorgeben.

11.3. Der abwesende Souverän der Demokratie

Das ontologische Defizit an gesellschaftlicher Selbstidentität wird von keiner demokratischen Institution deutlicher symbolisiert als von jener der freien und gleichen periodischen Wahlen. Das Unbehagen an dieser Institution wurde bereits von der marxistischen Kritik am »bloß formalen« Charakter bürgerlicher Wahlen, die die realen Macht- und Eigentumsverhältnisse unberührt ließen, formuliert und findet sich bündig im anarchistischen Spruch zusammengefasst: Wenn Wahlen etwas ändern würden, wären sie verboten. In den Postdemokratiedebatten trifft man auf eine ähnliche Skepsis, aber nicht gegenüber der Institution der Wahlen als solcher, sondern in Bezug auf politische Alternativlosigkeit, auf die nicht zur Wahl stehende Macht von Lobbyistengruppen, auf die manipulierende Kraft der *spin doctors* und der Medien, schließlich auf die immer geringer werdende Entscheidungsbefugnis nationaler Parlamente bzw. die nicht allzu große Entscheidungsgewalt des Europäischen Parlaments. Selbst wenn man keinen einzigen dieser Vorwürfe abstreiten möchte, gehen sie doch an der im Wesentlichen symbolischen Funktion demokratischer Wahlen vorbei. Denn was bei Wahlen im Regelfall ansteht, ist natürlich nicht die unmittelbare Reallokation materieller Güter oder die Veränderung des grundsätzlichen Machtgleichgewichts der Gesellschaft. Wahlen garantieren, wie es ein weiteres Mal Claude Lefort beschrieben hat, die periodische Entleerung des *symbolischen* Ortes der Macht, wodurch dessen »Leere« – also die Abwesenheit eines transzendenten Legitimationsgrundes – immer neu in Erinnerung gerufen wird. Und sie heben den sozialen Konflikt auf die symbolische Bühne der Politik. Dies gelingt nur in jenem Ausmaß, in dem der Souverän – in der Demokratie das sogenannte Volk – symbolisch *entkörperlicht wird*, d. h. von jeglicher Substanz entfremdet.

Im Moment der Wahlen wird nämlich, so Leforts überraschende Beobachtung des Offensichtlichen, die Einheit der Gesellschaft in

Zahlenverhältnisse auseinandergebrochen: »Die Zahl tritt an die Stelle der Substanz« (1990a: 295). »Volk« wird zu Zahl. Dadurch wird mit einem Schlag erfahrbar gemacht, dass sich der sogenannte Volks- oder Wählerwille keinem einheitlichen Willenssubjekt zuschreiben lässt. Er ist so fragmentiert wie der demokratische Souverän selbst, was durch den simplen Umstand bewiesen wird, dass er zuallererst ausgezählt werden muss. Lefort zufolge stand historisch daher nichts der Einführung des allgemeinen Wahlrechts so sehr im Wege wie die Angst vor der nackten Zahl und damit der Auflösung des sozialen Bandes. Mit diesem Argument wird die Kritik an Demokratie als »bloß formal« gegen sich selbst gekehrt. Gerade der Formalismus von Wahlen unterläuft jeden identitären Schließungsversuch. Aus dieser Lefort'schen Beobachtung lässt sich folgern, dass demokratische Wahlen vor allem anderen noch die symbolische Funktion erfüllen, gesellschaftliche Selbstentfremdung zu markieren. Der demokratische Souverän existiert nur in den symbolischen Markierungen eines Mangels an Identität mit sich selbst. Das »Volk« existiert nur in den Zeichen seiner Abwesenheit, der *demos* nur im Verschwinden des *ethnos*.[7]

Obwohl der französische Begriff des *peuple* unbelasteter wäre als sein deutsches Äquivalent, ist bei vielen linksheideggerianischen Demokratietheorien eine gehörige Portion Skepsis bezüglich einer unproblematisierten Idee des Volkes bemerkbar, sosehr man zugleich an der demokratischen Idee der Volkssouveränität festhalten möchte. Nahezu analoge Theoretisierungen der Unmöglichkeit eines mit sich selbst identischen Volkes finden sich – bei allen sonstigen Unterschieden – bei Agamben, Rancière und Laclau. Sie alle weisen auf die grundsätzliche *Spaltung* des demokratischen Sou-

7 Das hat eine Reihe von Konsequenzen, von denen nur die wesentlichste angedeutet werden soll: *Repräsentation* erweist sich als unabdingbare Voraussetzung von Demokratie, denn wenn der Wille des Souveräns nicht unmittelbar zugänglich ist, muss er repräsentiert werden. Das bedeutet zugleich, dass der repräsentierte Wille niemals mit dem unmittelbaren Willen, dem man dem Volk womöglich unterstellen möchte, übereinstimmt. Letzterer, sollte es ihn geben, wäre immer durch die Vermittlung eines Repräsentanten »verzerrt«, denn nur ein mit sich selbst identischer Souverän wäre in der Lage, seinen Willen direkt und unvermittelt auszudrücken. Die Notwendigkeit des Repräsentationsprozesses erwächst dem konstitutiven Mangel, der vom symbolischen Dispositiv der Demokratie instituiert wird. Ich habe das Verhältnis von Repräsentation und Souveränität ausführlich diskutiert in Marchart 2005b.

veräns hin. So hat Agamben (Agamben 2001: 35) daran erinnert, dass in den europäischen Sprachen ein und derselbe Begriff »sowohl das konstitutive politische Subjekt als auch die Klasse, die von der Politik zwar nicht ›de jure‹, doch ›de facto‹ ausgeschlossen ist«, bezeichnet. Unter den Begriff »Volk« falle einerseits die Gesamtheit des (Staats-)Volks, andererseits die Gruppe der Deklassierten und Ausgeschlossenen. Auch Rancière spricht von »zwei Körpern« des Volkes: einem »Gesellschaftskörper« und einem Körper, der jede gesellschaftliche Identifizierung verschiebt. Dieser zweite *demos* ist freilich nicht der Souverän, das Willenssubjekt der Demokratie, sondern entspricht bei Rancière eher den Anteillosen, die ihren Anspruch auf Gleichheit demonstrieren. Demokratie wird zum Namen einer »singulären Unterbrechung« der Ordnung der Polizei durch dieses nicht im soziologischen oder ethnischen Sinn bestimmbare Volk: »Das Volk, durch welches es Demokratie gibt, ist eine Einheit, die aus keiner gesellschaftlichen Gruppe besteht, sondern die der Aufrechnung der Teile der Gesellschaft die Tatsache eines Anteils der Anteillosen auferlegt« (Rancière 2002: 109). Einen solchen Demos der Anteillosen bezeichnet wiederum Laclau als *plebs* in Unterscheidung von *populus* (Laclau 2005: 81, dazu Marchart 2005c). Politik besteht genau darin, dass ein Teil (*plebs*) sich zum Repräsentanten des Ganzen (*populus*) aufschwingt. Da das so gebildete Ganze jedoch immer von jenem partikularen Teil gefärbt bleibt, der es inkarniert, bleibt es notwendig gespalten in eine universelle und eine partikulare Dimension, in *populus* und *plebs*, die nie zu vollständiger Überlappung finden.

Für Postfundamentalisten steht der demokratische Souverän also *in Differenz zu sich selbst*. Nur auf dergestalt gebrochene Weise kann seine Souveränität aktualisiert werden, indem jene um Einschluss kämpfen, die sich in der Rolle der Anteillosen oder *plebs* finden, d. h. auf der nicht-souveränen Seite des Souveräns. Solche Inklusionsforderungen in die Kategorie des Souveräns werden überhaupt erst artikulierbar, sobald im Zuge der demokratischen Revolution anerkannt wird, dass der Souverän, das »Volk«, von einem prinzipiellen oder ontologischen Mangel gezeichnet ist. Nur weil der Souverän *nicht-ganz* ist, kann er neue Einschlüsse produzieren. Das »Volk« *muss* also die Rolle des Souveräns einnehmen und *kann sie doch nie einnehmen*. Stattdessen lässt sich im demokratischen Dispositiv der Souveränitätsfunktion des »Volkes« nur gerecht werden, wenn jeder potenzielle Ausschluss hinterfragt wird, ohne dass man deswegen schon dem identitären Phantasma vollständiger Inklusion erliegen würde.[8]

Der demokratische Souverän besitzt also die allgemeine Form des politischen Subjekts (des Mangels), wie wir sie in Kapitel 10 beschrieben hatten. Nur dass dieses *demokratische* Subjekt mit einem sehr viel größeren Handicap zu ringen hat. Das politische Subjekt-des-Mangels, so sagten wir, wird zum Akteur, indem es sich der metaphysischen Illusion des *Als ob* hingibt: Es agiert, *als ob* es Willenssubjekt, *als ob* es Herr des eigenen Willens (und nicht ein bloßer Mangel an Willen) wäre – ansonsten würde es in passivem Nihilismus versinken und nie zur Politik finden. Dem demokratischen Subjekt ist der Ausweg einer solchen Illusion verbaut, denn die Institutionen des demokratischen Dispositivs erinnern es unaufhörlich daran, dass sein Mangel unüberwindbar ist. Der demokratische Souverän ist ein vom eigenen Willen abgeschnittenes Willenssubjekt.[9] In dieser Hinsicht signalisiert das demokratische Subjekt den Ruin des politischen Subjekts. Es kann keine Politik im strengen Sinne vorantreiben. Dem demokratischen Souverän wird vielmehr zugemutet, den eigenen *Mangel-an-Sein* einzugestehen, sich selbst (im symbolischen Spiegel des demokratischen Dispositivs) als Subjekt des Mangels wiederzuerkennen – mit allen Gefahren potenzieller Selbstentwaffnung oder Lähmung, die dieses Eingeständnis mit sich bringen kann. Demokratie besteht in der Anerkennung der fundamental selbstentfremdeten Natur jeder so-

8 Diese radikale Idee einer in sich gespaltenen Volkssouveränität widerspricht selbst Demokratiedefinitionen, die keineswegs als fundamentalistisch zu bezeichnen sind. So besteht etwa für Hauke Brunkhorst (Brunkhorst 2002: 97 f.) moderne demokratische Volkssouveränität – im Unterschied zu griechischer Volksherrschaft – gerade in der *Identität* der Herrscher mit den Beherrschten, und sei dies auch nur idealtypisch. Die meisten postfundamentalistischen Denker setzen eine geradezu umgekehrte normative Pointe der *Differenz des souveränen Volkes zu sich selbst*.

9 Darin besteht eine der Quellen des Unbehagens in der Demokratie. Ein Unbehagen, dem viele politische Diskurse Abhilfe zu schaffen versprechen. Denn der politische Diskurs kann sich unmöglich damit abfinden, dass er auf nichts gebaut ist; ständig ist er auf der Suche nach Akteuren, Ursachen und Gründen. Politik ist ein zutiefst metaphysisches Geschäft. Und daher wird das demokratische Subjekt-des-Mangels vom politischen Diskurs ständig im Gewand eines metaphysischen Willenssubjekts porträtiert – etwa wenn in Wahl-Sondersendungen von Experten der »Wählerwille« erklärt wird, als gäbe es so etwas wie ein metaphysisches Kollektivsubjekt des Wählers. Zahl wird wieder zu Substanz.

zialen Identität, einschließlich jener des demokratischen Souveräns. In dieser Hinsicht, so die These, besitzt das demokratische Dispositiv eine unpolitische, nämlich *ethische* Dimension, in der sich die entfremdete Natur eines jeden Selbst rückhaltlos bestätigt.

11.4. Die demokratische Ethik der Selbstentfremdung

Die Bewegung der Selbstzurücknahme, die dem politischen Durchsetzungsanspruch der Demokratie entgegenarbeitet, deutet also darauf hin, dass dem demokratischen Dispositiv ein *Moment des Unpolitischen* eingebaut ist (siehe Kapitel 9.7.).[10] Im demokratischen Regime wird konfliktuelle Politik nicht verbannt und unterdrückt, sondern wird dem Unpolitischen Raum gegeben, wird die der Politik abgewandte Seite des Politischen nach vorne gekehrt und symbolisch markiert. Diese Behauptung wird vielleicht verständlicher, wenn wir uns die Verwandtschaft des Unpolitischen mit dem Ethischen vor Augen halten. Für Postfundamentalisten beginnt Ethik, wie wir bereits in Kapitel 9 diskutiert hatten, wo das Reich des Bedingten zum Unbedingten hin überstiegen wird. Eine kompromisslerische Ethik, darin würden Levinas, Lacan und Derrida übereinstimmen, wäre keine. Es kann keine Ethik geben, die nicht einen wie auch immer gearteten Kontakt zum Unbedingten hält (etwa im Sinne unbedingten Respekts oder unbedingter Verantwortung). Damit aber erweist sich Ethik als im Kern unpolitisch, denn sie bringt ein der Politik – dem Bedingten – gegenläufiges Element ins Spiel. Das kann unerwünschte Folgen in Form des Ethizismus (einer Pseudo-Politik des Singulären) mit sich bringen, ja sogar katastrophale in Form des Fanatismus (einer Pseudo-Politik des Absoluten). Aus diesem Grund hatten wir die Idee einer ethischen, also unbedingten und bedingungslosen Politik zurückgewiesen. Politik, so wurde entwickelt, ist immer von einschränkenden Bedingungen geprägt – darunter solche des Majoritär-Werdens, der Strategie, der Organisation, der Kollektivität, der Konfliktualität und der Parteilichkeit. Eine »ethische Politik«, gäbe es sie (anders

10 Das Unpolitische im Sinne Espositos, man erinnert sich, darf nicht mit dem Antipolitischen verwechselt werden. Im Unterschied zum totalitären Dispositiv ist das demokratische alles andere als antipolitisch, da es die konstitutive Natur des politischen Konflikts anerkennt, die antipolitische Regime verleugnen.

denn phantasmatisch), müsste auf all dies verzichten und also auf Politik als solche. Die Möglichkeit einer *politischen Ethik* hatten wir indes offengehalten. Eine politische Ethik würde die Bedingungen aller Politik und also den Primat des Politischen respektieren. Sie bezöge damit ein Verhältnis der Anerkennung gegenüber der *Unbedingtheit des Bedingten.*

Das ist kein Sophismus. Denn es hatte sich ja gezeigt, dass eine solch politische Ethik in der Wirklichkeit der demokratischen Institutionen operiert, ja von diesen hervorgebracht wird. Demokratie ist jenes Regime, so hatten wir festgestellt, das die Notwendigkeit der Kontingenz und also die Unbedingtheit des Bedingten in ihren Institutionen symbolisch zum Vorschein bringt. Im Unterschied zu allen anderen Regimen – mit Ausnahme vielleicht noch eines postfundamentalistisch konzipierten Republikanismus (Marchart 2006c; Niederberger 2009) – wird in der Demokratie akzeptiert, dass Demokratie nicht bedingungslos gegründet werden kann. Immer wieder verweist etwa Derrida darauf, dass die (unmögliche) Verwirklichung von Demokratie ihrer Abschaffung gleichkäme, dass Demokratie als Versprechen *im Kommen* bleiben muss (auch wenn man sich um ihre Realisierung im Hier und Jetzt zu bemühen habe). Für Postfundamentalisten ist die Verwirklichung der Demokratie nicht etwa aufgrund empirischer Hindernisse oder ungünstiger exogener Faktoren unerreichbar, sondern aus dem konstitutiven Grund ihrer Ungründbarkeit (Mouffe 2008). Sofern das demokratische Regime dies anerkennt, nimmt es, wie gesagt, den eigenen Durchsetzungsanspruch freiwillig wieder zurück. Deshalb haftet an demokratischer Politik – zu ihrem Wohl oder Wehe – ein Moment des Unpolitischen, mithin des Ethischen.

Lässt sich diese demokratische Ethik genauer bestimmen? Vieles an dem bisher Gesagten deutet darauf hin, dass es sich um eine *Ethik der Selbstentfremdung* handeln muss. Jede soziale Identität kann die Bedingungen ihrer Möglichkeit nur außerhalb ihrer selbst finden (vgl. hierzu Staten 1985). Eine demokratische Ethik würde darauf abzielen, dieser Tatsache zur Anerkennung zu verhelfen. Das bedeutet, dass wirklich demokratische Verhältnisse ein Verhältnis der Anerkennung gegenüber der unbedingt bedingten, sprich: notwendig entfremdeten Natur eines jeden Selbst etablieren. Diese These lässt sich in unterschiedliche Lexika des Postfundamentalismus übersetzen. Lacanianisch reformuliert hieße dies, wie bereits angedeutet, den Seinsmangel eines jeden politischen Subjekts (Lacan spricht von der »radikale[n] Exzentrität« des Menschen »sich selbst gegenüber«, Lacan 1991: 50), aber auch jeder sozialen Ordnung (des »großen Anderen«) anzuerkennen. In diesem Sinne wurde von Lacanianern, allen voran von Slavoj Žižek, die Ethik der Psychoanalyse (Lacan 1996) oder »Ethik des Realen« in die Demokratietheorie übersetzt.[11] Im Unterschied zu anderen Gesellschaften erzeuge Demokratie, wie Yannis Stavrakakis ausführt, gerade keine Illusion harmonischen Zusammenlebens. Stattdessen werde die innere Spaltung des Sozialen akzeptiert. Demokratie sei »auf der Anerkennung des Mangels im Anderen gegründet. Statt Subjektivitäten zu harmonisieren, werden die Spaltung der Identitäten der Bürger und das Fließende ihrer politischen Überzeugungen anerkannt« (Stavrakakis 1999: 129).[12] In der Dekonstruktion findet sich bei Derrida ein analoges Argument:

> Was der Demokratie fehlt, ist eben genau der eigentliche Sinn, der Sinn des Selben selbst (*ipse, metipse, metipissimus, meisme, même*), das, was sie selbst ist, das Selbe, das wahrhaft Selbe ihrer selbst [le soi-même, le même, le proprement même de soi-même]. Dieser Sinn definiert die Demokratie und selbst das Ideal der Demokratie durch diesen Mangel des Eigenen und Selben (Derrida 2003: 59-60).

In diesen Zitaten begegnen wir einer normativen Umwertung der Entfremdungstheoreme (Jaeggi 2005), in denen sich Zivilisationskritiker von rechts wie links seit jeher treffen konnten. Was immer am demokratischen Dispositiv uns von unseren Wurzeln abschneidet, unsere Fundamente untergräbt und unserer Substanz, »Eigentlichkeit« oder Selbigkeit beraubt, wird hier nicht beklagt. Es wird begrüßt. In ihrer *Kritik der ethischen Gewalt* hat Judith Butler im Anschluss an Lacan und (unausgewiesen) Derrida die ethischen

11 Žižek selbst wird sich später davon im Zuge seiner »Selbstkritik« distanzieren (vgl. Žižek 2008; dazu Heil 2006).

12 Chantal Mouffe betont in ihrer Demokratietheorie ebenfalls diesen Aspekt der psychoanalytischen Ethik: »Als Ethik, die darauf zielt, zwischen uns eine neue Form des Bandes zu erzeugen, eines Bandes, das uns als geteilte Subjekte anerkennt, ist die psychoanalytische »Ethik des Realen« (Žižek) meines Erachtens besonders für eine pluralistische Demokratie geeignet. Sie träumt von keiner unmöglichen Versöhnung, da sie nicht nur anerkennt, dass die Vielfältigkeit der Vorstellungen vom Guten irreduzibel ist, sondern auch anerkennt, dass Antagonismus und Gewalt unauslöschbar sind« (Mouffe 2008: 134).

Konsequenzen identitärer Selbstentfremdung auszubuchstabieren versucht. Zu Recht weist sie darauf hin, dass unsere Undurchsichtigkeit für uns selbst zur ethischen Ressource werden kann (Butler 2002: 34). Ein gespaltenes Subjekt, »das nicht selbst-begründend ist« (2002: 77), erfährt die Notwendigkeit eines Anderen – eines »konstitutiven Außen« – zur Formierung seiner selbst. Das kann dieses Subjekt dazu anhalten, im Analogieschluss die Nicht-Selbstidentität des Anderen zu vermuten und diesem auf Basis *geteilter* Selbstentfremdung mit Anerkennung, Verantwortlichkeit und, wie Butler ebenfalls sagt, »Geduld« und »Toleranz« zu begegnen. Vor allem aber könnte es uns von jenem Akt »ethischer Gewalt« abhalten, den Anderen in die Selbstidentität zwingen zu wollen:

> Die Einsicht, dass man nicht jederzeit ganz der ist, der man zu sein glaubt, könnte umgekehrt zu einer gewissen Geduld gegenüber Anderen führen, so dass wir zunächst einmal von der Forderung ablassen, dass der Andere jederzeit selbstidentisch zu sein hat. Die Aussetzung der Forderung nach Selbstidentität oder genauer nach vollständiger Kohärenz, so scheint mir, stellt sich einer gewissen ethischen Gewalt entgegen, die verlangt, dass wir jederzeit unsere Selbstidentität vorführen und aufrechterhalten und von Anderen dasselbe verlangen (54-5).

Die dekonstruktive Überlegung, dass der Andere auf Basis geteilter Selbstentfremdung und nicht auf Basis geteilter Identität Anerkennung findet, klingt postfundamentalistisch aufs Erste plausibel, greift aber zu kurz, solange man auf der Ebene individualethischer Überlegungen verbleibt und sie nicht politisch produktiv macht. Zwar ließe sich mit Butler behaupten, dass das ethische Band sich in jenem Moment zu knüpfen beginnt, in dem ich feststelle, dass mein Formungsprozess einen Anderen in mir impliziert (95), und daraus schließe, dass jeder Andere seinerseits einen Anderen in sich impliziert. Aber wenn man bedenkt, dass ich meine Entfremdung (wie die Selbstentfremdung des Anderen) ebenso gut verleugnen könnte, dann muss ich fragen: Welche äußeren Bedingungen erlauben mir, die eigene Selbstentfremdung anzuerkennen, diese Erkenntnis zu verallgemeinern und schließlich den Anderen in seiner Selbstentfremdung anzuerkennen? Um aber erklären zu können, unter welchen institutionellen Bedingungen die Wahrscheinlichkeit ethischer Kontingenz- und Selbstentfremdungsakzeptanz sinkt oder steigt, ist ein zusätzlicher Schritt vonnöten: der Schritt zur politischen Ethik, letztlich zur Demokratietheorie. Rein ethische Argumente tendieren dazu, den Blick auf das Politische – die symbolisch instituierten *Bedingungen* des Ethischen – zu verstellen.[13] Aus der Perspektive einer politischen Ethik ginge es daher nicht um Anerkennungsfragen zwischen Subjekten, sondern um die Konstitution des symbolischen Dispositivs, welches Raum für die Anerkennung der Nicht-Selbstidentität jeder Identität schafft, sei sie nun individuell oder kollektiv.

Der Primat des Politischen, von dem wir nicht ablassen, verwandelt Fragen der Ethik in Fragen der symbolischen Institution des Sozialen. Die demokratische Ethik der Selbstentfremdung übersteigt daher individualethische Fragestellungen in zumindest drei Richtungen: Zum Ersten werden Fragen der Anerkennung von Selbstidentität im Medium des *Rechts* bestimmt. Schon der Begriff des Rechtssubjekts, so trivial dies erscheinen mag, hat dessen notwendige Selbstidentität zur Prämisse – ansonsten könnte dieses Subjekt weder Verträge schließen noch Rechte einklagen oder juristisch zur Verantwortung gezogen werden (kognitive oder affektive Selbstentfremdung wird nur im Ausnahmefall der Unzurechnungsfähigkeit anerkannt). Eine Reihe der sozial bestimmenden Identitäten – vom Geschlecht bis zur Staatsbürgerschaft – wird Individuen oder Kollektiven auf rechtlichem Wege zu- bzw. aberkannt. Zweitens wird die Verleihung oder der Entzug eines an Selbstidentität gebundenen Rechtsstatus durch polizeiliche Identifizierungspraxen abgestützt. Der Begriff der *Polizei* ist, ganz so wie bei Rancière, durchaus weit zu fassen. »Polizeiliche« Identitätskontrollen finden überall und dauernd statt; von der Grenzkontrolle bis zum elektronischen Fingerprint, den wir hinterlassen, legt sich ein Identifizierungsraster über das Soziale, mit dessen Hilfe Individuen und deren Netzwerke trianguliert und so ihre Position auf unterschiedlicher Ebene – sei es geographisch, sei es innerhalb sozialer Funktionssysteme – allzeit bestimmt werden kann. Drittens finden identitäre Zuschreibungen und Selbstzuschreibungen unzweifelhaft in den ritualisierten und performativen Praxen des Alltags, auf den Repräsentationsflächen der Medien und im All-

13 Dass die sozialen und politischen Bedingungen individueller Subjektivierung in Butlers Ethik-Vorträgen (im Unterschied zu anderen Texten) nur äußerst vage und abstrakt ins Bild kommen, mag am unreflektierten Diskursdruck des Sprachspiels »Ethik« liegen, der auf ihren Vorträgen lastet.

tagsverstand (Gramsci) statt, also im Medium der *»Kultur«* (Marchart 2008a).

Welche politischen und demokratietheoretischen Schlussfolgerungen würde eine demokratische Ethik in Bezug auf diese – sich wechselseitig stützenden und voraussetzenden – Achsen der Identifikation nahelegen? Auf der Ebene der Kultur muss die demokratische Ethik sich in einem entsprechenden *Ethos* der Selbstentfremdung sedimentär niederschlagen. Dies beinhaltet nicht nur die kulturelle und soziale Einübung von Akzeptanz gegenüber der emphatisch-modernen Grunderfahrung seit Rimbaud und Freud, dass Ich ein Anderer ist. Es heißt zugleich die Tatsache anerkennen, dass jede Identität am Kreuzungspunkt einer Unzahl miteinander inkompatibler Identitätsachsen entsteht. Keinem Subjekt, auch nicht dem mit einer »weißen«, »männlichen«, »heterosexuellen« Dominanzidentität ausgestatteten, wird es je gelingen, die identitären Anrufungen, denen es ausgesetzt ist, miteinander in Übereinstimmung zu bringen.[14] Doch selbst wenn wir nur von einer einzigen Identität bestimmt wären, wären wir nicht mit uns selbst identisch. Jede Identität ist im Fluss und wird von ihrem Außen durchdrungen. Das bedeutet unter anderem, dass ein kulturelles Ethos der Selbstentfremdung das genaue Gegenbild zur immer wieder gerne beschworenen Phantasmagorie einer »Leitkultur« darstellt. Eine »Leitkultur« kann es im normativen Sinn nicht geben. Nicht etwa deshalb, weil in Wahrheit der Multikulturalismus im Recht wäre und sich Gesellschaft, gleichsam nach dem Baukastenmodell, aus einer Mehrzahl von in sich geschlossenen oder wohldefinierbaren Identitäten zusammensetzen würde,[15] sondern weil die Grenzen *jeder* Kultur porös und deren Dominanzansprüche ungegründet sind. In einer Demokratie wird diesem Umstand Anerkennung gezollt.

Darüber hinaus erzwingt eine demokratische Ethik die unnachgiebige Problematisierung der Ordnung »polizeilicher« Identitäts-

14 Aufbrechende Identitätskrisen, vom Verlust der Berufsidentität durch Langzeitarbeitslosigkeit bis zur Entdeckung des schwulen Begehrens eines Familienvaters, sind unvermeidlich und können zur weitergehenden Dislozierung des instabilen Gleichgewichts der Gesamtidentität einer Person oder Gruppe führen.

15 Die Idee der Inklusion identitär gegebener Gruppen in den »Körper« des Volkssouveräns gehorcht weiterhin dem Phantasma nicht-selbstentfremdeter kultureller Identität – nur diesmal im Plural. Eine demokratische Ethik der Selbstentfremdung würde darauf verweisen, dass auch ein als »Karneval der Kulturen« angelegtes Volk kein Volk ist und damit auch kein Souverän seiner selbst.

prüfung. Darunter lassen sich Praktiken verstehen, durch welche Identität über eine amtliche Instanz zugewiesen oder abgefragt wird. Diese Funktion beschränkt sich, wie gesagt, nicht auf staatliche Polizeiorgane. Auch andere Berufsgruppen übernehmen die Funktion amtlicher Identifizierungsorgane. So z. B. Ärzte, wo sie sich etwa in den Dienst der Geschlechtsbestimmung (»es ist ein Junge!«) bzw. der operativen Geschlechtsfestlegung stellen, sollte, wie im Fall von Intersexuellen, die Identitätszuweisung Schwierigkeiten machen; oder wo sie amtsärztlich – z. B. durch Untersuchung des Knochenbaus – das biologische Alter von Flüchtlingen festzustellen behaupten, um Volljährige von Minderjährigen zu trennen. Polizeiliche Praktiken der Identitätsprüfung setzen sich schließlich in unendlicher Verästelung in die subtilsten Formen der Kontrolle und Überwachung hinein fort – mit dem Ziel möglichst umfassender Erstellung von Datensätzen zum Zwecke der Bildung von Identitätsprofilen. Eine demokratische Ethik der Selbstentfremdung bietet Forderungen nach Nicht-Festlegung sozialer und biologischer Identitäten, nach Entknüpfung von Datensätzen und nach einem allgemeinen Recht auf Anonymität normativen Rückhalt. In ihrer radikalstmöglichen Umsetzung würden Praktiken der Ent-Identifizierung zur Auflösung der polizeilichen Ordnung führen. Auch wenn dieser Tag nicht allzu bald kommen dürfte, so steht dennoch in jeder Gesellschaft *der Grad* polizeilicher Identifikation zur Verhandlung.

Schließlich ist evident, dass solche Forderungen innerhalb des demokratischen Dispositivs nicht nur aus ihrer Verankerung im kulturellen Ethos schöpfen, sondern auch auf Verankerung im Medium des Rechts zielen müssen. Die demokratische Ethik legt normativ einen Rechtsanspruch auf Desidentifikation, auf die Nichtfestlegung von Identität (wie im Fall von Intersexuellen), ja womöglich sogar ein Recht auf Nicht-Identität (Anonymität im weitesten Sinne) nahe.[16] Wo also gruppenspezifische Sonderrechte

16 Man dürfte dieses negative Recht nicht als Ausnahmerecht verstehen, das man »abweichenden« Minderheiten zugestehen müsste, sondern als grundlegendes Recht, das jedem Recht auf selbstbestimmte Identität vorausgeht. Erst aufgrund der Heteronomie und Nicht-Selbstidentität eines jeden Subjekts sollte dessen Autonomie eingefordert werden, ansonsten würde man nur die metaphysischen und fundamentalistischen Dominanzerzählungen weiterbefördern, die ja die Selbstidentität eines jeden Subjekts unentwegt einfordern.

eingefordert werden, dort kann dies nicht mit den Argumenten partikularistischer *identity politics* geschehen. Die Behauptung eines vorgeblich stabilen Identitätskerns einer sozialen oder kulturellen Gruppe ist im demokratischen Dispositiv kein gültiges Argument. Ohnehin müssen in Demokratien solche Forderungen – wie etwa die nach Anerkennung gleichgeschlechtlicher Partnerschaften in rechtlichen Begriffen der Ehe – zumeist auf ein verallgemeinertes Recht auf gleiche Rechte rekurrieren, und nur mit dem in sich problematischen Argument des »Minderheitenschutzes« ließen sich gruppenspezifische Sonderrechte einfordern. Jüngste *postidentitäre* soziale Bewegungen wie die *Queer*-Bewegung (Engel 2002) und die Prekarisierungsbewegung *EuroMayDay* (Riedmann 2006) haben allerdings gezeigt, dass sich um Rechte und Anerkennung kämpfen lässt, ohne die eigene Identität als stabil vorauszusetzen, ja die Identität sogar konstant zu hinterfragen und damit dem rechtlichen (wie kulturellen und polizeilichen) Druck auf Identitätsfestlegung zu entziehen. Die Argumentationskraft postidentitärer Bewegungen wird gestärkt (und könnte exemplarische Wirkung auch für andere soziale Bewegungen entfalten), sobald vollumfänglich akzeptiert wird, dass dem Recht auf selbstbestimmte Identität ein fundamentaleres Recht vorausgeht: das Recht, nicht an die »eigene« – d. h. von außen zugewiesene – Identität gefesselt zu werden, da niemand in einer Demokratie der Zumutung ausgesetzt sein darf, mit sich selbst identisch sein zu müssen.

Diese drei Dimensionen des Rechts, der Polizei und der Kultur durchziehen jeden gesellschaftlichen Teilbereich, daher berührt auch die demokratische Ethik tendenziell alle gesellschaftspolitischen Fragen. Man muss nur an Kategorien wie Geschlecht, Gesundheit, Aufenthaltsstatus oder Alter denken, um den normativen bzw. demokratischen Anspruch formulieren zu können, nicht in Übereinstimmung mit einer rechtlich, polizeilich oder kulturell zugeschriebenen Identität leben zu müssen. Dies erfordert selbstverständlich ein Umdenken auf breiter Front, eine Revolutionierung der »Denkungsart«. Denn *terminus primus* solcher Forderungen wäre nicht länger das mit sich selbst identische Subjekt, sondern die unausweichliche Differenz jedes Subjekts zu sich selbst. Nicht der Staatsbürger, der sich mit dem Souverän verwechselt, wäre das Leitbild dieses Modells, sondern, um einen Gedanken Agambens aufzugreifen, der Flüchtling, der für das Aufnahmeland das Extraterritorialprinzip verkörpert. Agamben plädiert für ein Europa, das zwischen Ansässigen und Fremden, Bürgern und Flüchtlingen nicht unterscheidet, sondern gleichsam die Selbstentfremdung jedes Einzelnen zu ihrem Fundament erhebt. Ein solches Europa müsse als aterritorialer oder extraterritorialer Raum vorgestellt werden, »in dem alle in den europäischen Staaten ansässigen Personen (Staats-Bürger und Nicht-Bürger) sich in der Situation eines Exodus oder eines Refugiums befänden und wo der Status des Europäers ein (selbstverständlich auch immobiles) ›Im-Exodus-Sein‹ des Bürgers bedeutet« (Agamben 2001: 30 f.).[17]

11.5. Eine postfundamentalistische Theorie der Anerkennung

Agamben rechnet nicht mit den Bedingungen konkreter EU-Politik, sondern entwirft ein unbedingt ethisches Verhältnis zu Territorialität und Souveränität an sich. Dass an solchen Vorschlägen etwas Unpolitisches haftet, ist kaum zu leugnen – dieses Unpolitische war ja auch gerade der Ausgangspunkt unserer Überlegungen. Dennoch bin ich nicht der Ansicht, dass Forderungen nach Radikalisierung der »real existierenden Demokratien« entlang den Prinzipien einer Ethik der Selbstentfremdung etwas Utopisches hätten. Und zwar kann deshalb von Utopismus keine Rede sein, weil diese Ethik der Struktur des existierenden demokratischen Dispositivs eingeschrieben ist, so sehr man dies politisch auch zu verleugnen versucht. Die oben angedeuteten Forderungen nach Entidentifizierung führen al-

17 Zur Lösung des Territorialkonflikts zwischen Israel und den Palästinensern schlägt Agamben beispielsweise vor, Jerusalem ohne Gebietsaufteilung zur Hauptstadt zweier unterschiedlicher Staatengebilde zu erklären, was eine »paradoxe Lage wechselseitiger Exterritorialität (oder besser Aterritorialität)« zur Folge hätte. »Anstatt zweier, durch umstrittene und drohende Grenzen voneinander getrennter nationaler Staaten ließen sich auch zwei politische Gemeinschaften vorstellen, die auf ein und demselben Gebiet bestehen, im Exodus die eine in der anderen, über eine Reihe wechselseitiger Extraterritorialitäten ineinander verschränkt.« Die Lösung bestünde also darin, dass sich keine der beiden Entitäten mit dem eigenen Territorium identifiziert bzw. es zugleich als Territorium der anderen anerkennt, womit die Exterritorialität des eigenen Territoriums anerkannt würde: »wie bei einer Leidener Flasche oder einem Möbiusband, wo Außen und Innen einander unbestimmbar machen« (2001: 30 f.).

so nur radikalisiert weiter, was in den Institutionen der Demokratie bereits normativ angelegt ist, gesetzt, wir verstehen unter Demokratie ein Regime der symbolischen Repräsentation der Grundlosigkeit von Gesellschaft. Das heißt, Forderungen nach Aufhebung des Identifikationszwangs können sich legitimatorisch auf die demokratische Revolution als Moment der Entkörperlichung des Sozialen rückbeziehen. Um dies effektiv zu tun, müssen sie allerdings wiederum die Passage in die Politik wagen, also ein radikaldemokratisches politisches Projekt formulieren. Bevor ich abschließend die Konturen eines solchen Projekts zumindest andeute, soll die These, wonach Nicht-Selbstidentität im demokratischen Dispositiv politisch, rechtlich und kulturell *anerkannt* werde, nochmals anhand eines Theorievergleichs erläutert werden. Die kurze Evaluation von Axel Honneths viel diskutierter Anerkennungstheorie wird uns dann zu jener Kategorie führen, die sich als eine Art *missing link* zwischen Politik und Ethik erweisen könnte: die Kategorie der Solidarität.

Wie Christoph Menke zu Recht angemerkt hat, ist Axel Honneths Anerkennungstheorie konstitutionstheoretisch gebaut. Der systematische Anspruch dieser Theorie ziele seit *Kampf um Anerkennung* (1992) darauf, »die normative Forderung nach Anerkennung an die Gesellschaft darin zu begründen, dass die – jede – Gesellschaft bereits eine Anerkennungsordnung *ist*: Anerkennung konstituiert Gesellschaft – und kann nur deshalb von ihr gefordert werden« (Menke 2009: 89). In ihrem konstitutionstheoretischen Anspruch trifft sich die Anerkennungstheorie Honneths mit einer postfundamentalistischen Theorie der Anerkennung. Letztere würde freilich die normative Anerkennung sozialer Grundlosigkeit durch die Demokratie nicht in den ontologischen Bestimmungen der Gesellschaftskonstitution selbst verorten, ja die Idee als *non sequitur* zurückweisen. Doch selbst wenn man dies einmal vernachlässigt, bleiben Unterschiede des Anerkennungsbegriffs erkennbar. Sie entstehen nicht zuletzt aufgrund differenter Weichenstellungen im Theoriebau. So bemüht sich Honneth darum, seine These von der fundamentalen Notwendigkeit von Anerkennungsbeziehungen auf der Moralpsychologie G.H. Meads zu gründen, während wir uns auf das psychoanalytische Subjektmodell Lacans bezogen. Diese Entscheidung zwischen Intersubjektivitätspsychologie und Psychoanalyse hat erhebliche Folgewirkungen.

Komprimiert dargestellt: Nach Mead sozialisiert sich ein Subjekt durch die Verinnerlichung von Handlungsnormen, die an das Subjekt von einem »generalisierten Anderen« herangetragen werden. Es findet zur »Identität eines sozial akzeptierten Mitglieds seines Gemeinwesens« durch Übernahme der Normen und Ansprüche des generalisierten Anderen im intersubjektiven Austausch, den Mead wie Honneth mit dem Begriff »wechselseitiger Anerkennung« belegen: »In dem Maße, in dem der Heranwachsende seine Interaktionspartner auf dem Weg der Verinnerlichung ihrer normativen Einstellungen anerkennt, kann er sich selbst als ein Mitglied ihres sozialen Kooperationszusammenhangs anerkannt wissen« (Honneth 1992: 126). Damit wird zugleich postuliert, ein Subjekt könne prinzipiell zur Identität mit sich selbst, zu einem »affirmative[n] Selbstverhältnis« (1992: 41) finden, sobald es in ungestörte Anerkennungsbeziehungen eintrete. Unter dieser Vorbedingung gelungener Anerkennung in den Dimensionen der Liebe, des Rechts und der sozialen Wertschätzung sieht Honneth, gestützt auf Mead, »die Möglichkeit einer ungestörten Selbstbeziehung« (8). Ja, wenn das Individuum ausreichend Zuspruch vonseiten seiner Interaktionspartner finde, sei es »zu einer vollständigen Identifikation mit sich selbst in der Lage« (41).

Es dürfte auf der Hand liegen, dass eine postfundamentalistische Anerkennungstheorie ihr Ziel nicht in der Idee »einer unverzerrten und entschränkten Anerkennung« (274) ausmachen kann. Folgende Gründe sprechen dagegen: So wurde unter anderem darauf hingewiesen, dass die These von der Reziprozität oder wechselseitig stützenden Symmetrie von Anerkennungsbeziehungen unhaltbar ist, da die Identität, die durch Anerkennung bestätigt werden soll, zumindest zum Teil erst durch dieselbe Bewegung der Anerkennung gestiftet wird. Deshalb sei dem »Anerkennen eine Differenz eingebaut, die man – mangels Besseren – ›Verkennung‹ nennen kann« (Bedorf 2009: 76).[18] Anerkennung im Honneth'schen Sinne

18 Wie Thomas Bedorf erläutert, bestehe diese Spannung darin, »dass eine Identität einerseits *bereits bestehen* muss, damit sie überhaupt erst Anspruch auf Anerkennung erheben kann (das Selbstverständnis der politischen oder kulturellen Gruppierung), und sie andererseits *erst* durch die Anerkennung *gestiftet* wird (die Fremdzuschreibung ebendieser Gruppierung). Daraus folgt, dass die eine – vorausgesetzte – und die andere – zu stiftende Identität nicht identisch sind. Die Spannung der Anerkennung impliziert daher eine Spaltung oder eine *Verdopplung der Identität. Als was* etwas oder jemand anerkannt wird, versteht sich nicht

müsse die Identität einer anzuerkennenden Gruppe voraussetzen, die aufgrund der konstitutiven Natur der Anerkennungsbeziehung doch erst qua Anerkennung bestimmt werde. Will man dieses Argument postfundamentalistisch zu Ende zu führen, so heißt dies, dass nicht die Beziehung der Anerkennung (vorgeblich bereits existierender Identitäten) konstitutiv ist, sondern die der *Verkennung*: Ich werde den Anderen niemals als den anerkennen können, der er ist, sofern seine Identität mit sich selbst ja gerade in Frage steht. Darin besteht zugleich der wesentliche Unterschied zwischen einer auf die intersubjektivitätstheoretische Moralpsychologie und einer auf die Psychoanalyse gestützten Anerkennungstheorie. Der Mangel eines Subjekts kann nicht einfach durch geglückte Anerkennungserfahrungen behoben werden, auch nicht approximativ, denn für Lacan ist das Subjekt der Name des Mangels – wo kein Mangel, dort kein Subjekt. Ähnlich ist der »große Andere« Lacans (die symbolische Ordnung) im Unterschied zum »generalisierten Anderen« Meads *Nicht-Alles*, d.h. sozialtheoretisch reformuliert: Er ist konstitutiv blockiert (»gebarrt«) vom Realen des Antagonismus.[19] Der Mead'sche »generalisierte Andere« ist vom Lacan'schen »großen Anderen« also ähnlich weit entfernt wie das Mead'sche Individuum vom Lacan'schen Subjekt. Aus lacanianischer Perspektive ist symmetrische Reziprozität weder zwischen Subjekt und großem Anderen, noch zwischen einzelnen Subjekten denkbar.

Dieser Vergleich lässt nun die Konturen des postfundamentalistischen Anerkennungsbegriffs nochmals deutlicher zum Vorschein kommen. Das Ziel der Anerkennung ist nicht die Wiederherstellung eines »affirmativen Selbstverhältnisses«, wenn darunter der Versuch des Subjekts verstanden sein soll, zu Identität mit sich selbst zu finden. Angestrebt wird die anerkennende Affirmation des Mangels im Kern der eigenen Identität und des Antagonismus im Herzen des »generalisierten Anderen«. Psychoanalytisch hieße dies, dass nicht im normativen Ideal der Rückkehr zu einer vermeintlich unbeschadeten Identität Zuflucht gesucht werden sollte, sondern die Unmöglichkeit dieser Rückkehr durchgearbeitet werden muss.

von selbst, sondern steht vielmehr in der Anerkennung auf dem Spiel« (Bedorf 2009b: 75).

19 Aus diesem Grund hatten wir auf der Seite des Objektiven den Antagonismus bestimmt als den (politischen) Namen des Politischen und damit der unaufhebbaren Blockade von Gesellschaft.

Demokratietheoretisch bedeutet es, dass der konstitutiven Natur sozialer Ungründbarkeit institutionell Anerkennung gezollt werden muss. Aufgabe einer demokratischen Ethik wäre es, hierin der Psychoanalyse nicht unähnlich, den Kern sozialer Nicht-Selbstidentität freizulegen und, wenn schon nicht handhabbarer zu machen, so doch einen bewussteren, d. h. politisch produktiveren Umgang mit ihm zu ermöglichen.

Ist dies, und hiermit kehren wir zurück zur Antinomie zwischen demokratischer Ethik und Durchsetzungsanspruch der Demokratie, ohne Passage durch die Politik überhaupt möglich? Der Durchsetzungsanspruch des politischen Projekts der Demokratie verschwindet nicht. Er bleibt schon deshalb bestehen, weil ein Regime, das auf Anerkennung der Nicht-Selbstidentität des Souveräns und der konstitutiven Teilung des Gesellschaftskörpers angelegt ist, unausweichlich mit fundamentalistischen oder sonstwie antidemokratischen Formen der Verleugnung und Verwerfung der ungründbaren Natur des Sozialen konfrontiert wird.[20] Wäre also eine rein ethische oder *absolute* Demokratie, wie sie mancherorts eingefordert wird (Hardt/Negri 2004), überhaupt denkbar? Die Antwort lautet klarerweise: nein. Die vollständige Institution des ethischen Anerkennungsverhältnisses wäre nicht nur empirisch unwahrscheinlich, sie ist aus logischen Gründen ausgeschlossen. Keine Gesellschaft könnte im ethischen Register gänzlich selbstentfremdet sein – so wie keine Gesellschaft im ontologischen gänzlich entgründet sein könnte. Der Name für einen solchen Zustand wäre nicht Demokratie, sondern Psychose. (Darin ist impliziert, dass es so etwas wie das radikal Andere nicht gibt. Weil ich mir *nie gänzlich* entfremdet bin, ist mir auch der Andere *nie gänzlich* fremd. Es gibt also keine »Fremden« im buchstäblichen Sinn, da auch die Ansässigen nichts anderes sind als vormals zugewanderte »Fremde«).

20 Darüber hinaus ist kaum bestreitbar, dass unsere real existierenden Demokratien selbst ein Gehöriges zu dieser Verleugnung und Verwerfung beitragen (man denke nur an die oben erwähnten Versuche der Re-Identifizierung in den Registern der Kultur, der Polizei und des Rechts), weshalb es kühn wäre, behaupten zu wollen, das ethische Anerkennungsverhältnis gegenüber dem abwesenden Grund sei in unseren Demokratien bereits vollständig instituiert. Honneths Neubestimmung des Begriffs der *Verdinglichung* als »Anerkennungsvergessenheit« (Honneth 2005: 71) könnte auch für real existierende Demokratien einschlägig werden. Nur dass unter Verdinglichung postfundamentalistisch *Selbstentfremdungsvergessenheit* verstanden werden müsste.

Daraus kann nur folgen, dass die Ethik der Selbstentfremdung einen konstanten Prozess des *Verhandelns* zwischen Identifizierung und Entfremdung kommunitärer Identität(en) impliziert und deshalb wiederum auf Politik – als dem Medium dieser Verhandlung – angewiesen bzw. auf den Primat des Politischen rückverwiesen ist. Unser Weg hat uns also wieder zur Politik geführt. Nun stellt sich die Frage: Wie müsste eine Politik beschaffen sein, die den Ansprüchen einer demokratischen Ethik der Selbstentfremdung so weit wie möglich genügt? Und in welcher Hinsicht lässt sich die Ethik der Selbstentfremdung nicht nur in das institutionelle Dispositiv der Demokratie integrieren (wie anhand der Wahlen beschrieben), sondern darüber hinaus in ein demokratisches *Projekt* – also die, und sei es aporetische, Konstruktion eines demokratischen Kollektivwillens?

11.6. Solidarität und radikale Demokratie

Halten wir in Übereinstimmung mit vielen Postfundamentalisten fest, dass die heutigen real existierenden Demokratien den demokratischen Ansprüchen, die ihre eigenen Institutionen verkünden, nicht gerecht werden. Aus Perspektive einer Ethik der Selbstentfremdung ist das demokratische Projekt alles andere als verwirklicht. Seine zumindest annäherungsweise Umsetzung kann nur im Medium der Politik erfolgen. Zwar kann Demokratie nicht endgültig gegründet werden, aber wir können uns, wie Laclau sagt, einer demokratischeren Gesellschaft »durch eine Pluralität von Demokratisierungsakten nähern« (Laclau 2002: 120). Die Institutionen des demokratischen Dispositivs mögen den normativen Anknüpfungspunkt dafür bereitstellen, sie sind jedoch ihrerseits darauf angewiesen, dass – wie Hannah Arendt in Bezug auf die Republik formuliert – ständig »Neuanfänge« in die konstituierte Demokratie »nachströmen« (siehe hierzu ausführlich Marchart 2005a). Es ist für den Fortbestand des demokratischen Dispositivs unabdingbar, dass dessen institutionelle Struktur, sofern sie die ethische Anerkennung der ontologischen Struktur der Grundlosigkeit betrifft, immer aufs Neue mit Leben erfüllt wird, dass Demokratie reaktualisiert, erweitert und radikalisiert wird. Damit wird die politische Seite der fundamentalen Antinomie von Demokratie schlagend, ist das entfremdende Moment demokratischer Ethik doch ohne das gründende Moment demokratischer Politik nicht zu haben. Der Durchsetzungsanspruch des politischen Projekts der Demokratie mag von ihrem ethischen Moment unterhöhlt werden, er löst sich dadurch aber nicht auf, sondern kehrt in radikaldemokratischer Form wieder: als Projekt der Demokratisierung von Demokratie.

Die Rede von »radikaler Demokratie« (Trend 1996; Mouffe 1992) empfiehlt sich, um dieses Projekt von der teils ernüchternden Wirklichkeit unserer »Postdemokratien« abheben zu können. Letzteren scheint ja oftmals an der Verengung des demokratischen Horizonts zu einem minimalen Gerüst an Rechten und Institutionen gelegen, was – Hand in Hand mit der Ökonomisierung, Privatisierung und folglich Entdemokratisierung immer weiterer Bereiche – zur Verringerung von Partizipationschancen und zum Ausschluss breiter Bevölkerungsgruppen führt. Zunächst würde ein Projekt radikaler Demokratie daher, folgen wir Laclaus und Mouffes Definition, auf die Vertiefung von Freiheits- und Gleichheitseffekten in immer weiteren Sektoren der Gesellschaft zielen (Laclau/Mouffe 1991; zusammenfassend Marchart 2007c). Einem solchen Projekt ginge es darum, die Ausweitung des egalitären Horizonts qua Inklusion vormals Ausgeschlossener anzutreiben – bei geringstmöglicher Beschädigung der Autonomie der Inkludierten. Deshalb impliziert die Ausweitung des Horizonts der Gleichheit die des Horizonts der Freiheit.[21] Allerdings bedeutet Radikalisierung von Demokratie nicht nur, wie ich weiterführend argumentieren würde, dass die egalitäre Tradition der Volkssouveränität und die liberale der Freiheitsrechte intensiviert fortgesetzt werden. Radikalisierung bedeutet, dass Demokratie zu ihren »Wurzeln« zurückverfolgt werden muss, indem der Prozess der Entgründung des Sozialen offengelegt und Akzeptanz dafür geschaffen wird. Ein

21 Diese beiden Horizonte können jedoch nur partiell zu Überlappung gebracht werden. So spricht Mouffe (Mouffe 2008) im Anschluss an C.B. Macpherson und Norberto Bobbio davon, dass unsere moderne Demokratie auf dem Paradoxon der Verbindung der liberalen Tradition, die individuelle Freiheits- und Menschenrechte sowie die Idee des Rechtsstaats betont, mit der demokratischen Tradition beruhe, deren Werte der Gleichheit und Volkssouveränität quer zur liberalen stünden. Die liberale Tradition sei nicht notwendigerweise demokratisch und die demokratische nicht notwendigerweise liberal – und trotz ihrer Unvereinbarkeit müssen beide miteinander verbunden werden.

politischer Begriff ist wie kein anderer dazu geeignet, den Kontakt zwischen dieser Sphäre einer demokratischen Ethik der Selbstentfremdung und dem politischen Diskurs der Demokratie zu halten: der Begriff der *Solidarität*.

Der Begriff der Solidarität geht weder in dem der Gleichheit noch in dem der Freiheit auf. Historisch handelte es sich gewissermaßen um das Stiefkind innerhalb der revolutionären Trias, mit dem man nichts so recht anzufangen wusste, entstammte es doch weder der egalitären noch der liberalen Tradition. Seine klassische Fassung als »Brüderlichkeit« oder »*fraternité*« deutet eher auf die ständische Tradition von Mönchsorden, Zünften und anderen Bruderschaften zurück (Zoll 2000). Damit brachte Solidarität eine ursprünglich kommunitaristische, wenn nicht familiaristische Komponente in den politischen Diskurs. Im 19. Jahrhundert wurde Solidarität noch vornehmlich als soziales Bindemittel und Kohäsionsgarant einer zunehmend dislozierten Gesellschaft definiert. Im Wesentlichen war darunter Solidarität *innerhalb* eines sozialen Verbandes zu verstehen, also Solidarität unter Gleichen. Selbst noch die im Marxismus beschworene »internationale Solidarität« überstieg den nationalen Verband nur, um eine höhere Solidarität unter Gleichen zu beschwören, nämlich zwischen den Proletariern aller Länder, die bekanntlich aufgerufen waren, sich zu vereinigen. In einen Solidarverband solcher Natur kann nur eintreten, wer bereits darin ist, wer also ein und dieselbe soziale Position z. B. innerhalb der Produktionsverhältnisse einnimmt. Erstaunlicherweise vertritt selbst Richard Rorty noch einen Solidaritätsbegriff, der an diese veraltete substanzialistische Gebrauchsweise anschließt. Unser Solidaritätsgefühl sei am stärksten, »wenn die, mit denen wir uns solidarisch erklären, ›zu uns‹ gehören« (Rorty 1999: 308). Dieses »wir«, innerhalb dessen Solidarität geübt wird, sollte Rorty zufolge ausweitbar sein, wenn auch nicht bis zur Ebene der Menschheit. Dennoch handelt es sich nach wie vor um eine Form der Binnensolidarität, deren Stärke sich am Maßstab der Ähnlichkeit und gemeinsamen Zugehörigkeit bemisst. Rortys Solidaritätsbegriff ist nicht auf der Höhe seines Kontingenz- und Ironiebegriffs.

Axel Honneths Konzept posttraditionaler Solidarität im Sinne der »symmetrischen Wertschätzung zwischen individualisierten (und autonomen) Subjekten« (Honneth 1992: 209) ist zwar weitaus moderner, weist aber zumindest zwei Schwierigkeiten auf: Zum

Ersten ist, wie bereits bemerkt, die These eines *symmetrischen* Anerkennungsverhältnisses problematisch; und zweitens setzt Honneth zusammen mit der Autonomie des anzuerkennenden Individuums einen positiven Kern der Besonderheit voraus, den es zu affirmieren gelte. Jene Beziehungen seien solidarisch zu nennen, die »nicht nur passive Toleranz gegenüber, sondern affektive Anteilnahme an dem individuell Besonderen der anderen Person wecken: denn nur in dem Maße, in dem ich aktiv dafür Sorge trage, daß sich ihre mir fremden Eigenschaften zu entfalten vermögen, sind die uns gemeinsamen Ziele zu verwirklichen« (1992: 210). Das mag unterstützenswert klingen, doch mit dieser Positivierung der Identität des Anderen sind nicht weniger Gefahren verbunden als bei Rorty. Die Unterstellung, der Andere besäße wertzuschätzende Eigenschaften, die es zu fördern gilt, droht Solidarität eine paternalistische Färbung zu geben.[22] Auch der Kulturalismus schreibt den Anderen feststehende Eigenschaften zu, die zwar positiv kodiert sein mögen, aber nichtsdestoweniger typisierend und – mit Honneth – »verdinglichend« wirken können. Der Multikulturalismus schließlich, der bei Rorty anklingt, wenn er die Erschaffung »eines immer größeren und bunteren ethnos« (Rorty 1999: 319) einfordert, pluralisiert nur einen substanzialistischen Begriff kultureller Identität zu einer Art Benetton-Modell von Solidarität.

Will man diese Gefahren ausschließen, muss die demokratische Ethik in den Diskurs des politischen Projekts radikaler Demokratie übersetzt werden. Dazu wird man von der Unterstellung einer spezifischen kulturellen Identität – sei diese nun »wertvoll« oder nicht – ablassen und stattdessen an der Hypothese festhalten, dass keine Kultur mit sich identisch ist (Derrida 1992; dazu Marchart 2006d). Genau dies politisch zu markieren, darin liegt das eigentliche Potenzial eines postfundamentalistischen Solidaritätsbegriffs, der über die Begriffe von Freiheit und Gleichheit hinausweist. Tatsächlich ist dem modernen politischen Begriff der Solidarität nämlich die Dimension der Selbstentfremdung bereits eingebaut. Denn posttraditional macht der Begriff nur dort Sinn, wo man sich solidarisch erklärt mit anderen, die nicht ohnehin Teil derselben

22 Darüber hinaus besteht natürlich die Gefahr, dass diese Einschätzung zurückgenommen und das Anerkennungsverhältnis unterbrochen wird, sollte sich herausstellen, dass der Andere meinen wohlwollenden Projektionen nicht genügen kann.

Gemeinschaft sind. Wäre dies der Fall, handelte es sich nicht um Solidarität, sondern um bloße Interessenspolitik einer Gruppe zu eigenen Gunsten. Der Begriff meint heute etwas anderes als die Solidarität derer, die dasselbe Schicksal teilen (wie im Fall der Binnensolidarität der Arbeiterklasse): Solidarisch kann ich nur mit jemandem sein, dessen Position sich von meiner unterscheidet – wie etwa im früheren Fall weltweiter Solidarität mit dem Anti-Apartheid-Kampf des ANC. Dies hat nun aber eine zentrale Voraussetzung: Um überhaupt solidarisch mit jemandem sein zu können, der meine Position gerade nicht teilt, muss ich von der Identifikation mit meiner eigenen Position teilweise abrücken und mich von der Gemeinschaft, zu der ich gezählt werde, entsolidarisieren. Bedingung der Solidarität mit dem Anderen ist die Entsolidarisierung mit dem Eigenen. Aus Sicht des Eigenen hat Solidarität daher immer etwas von Verrat – Verrat an den Interessen der eigenen Gemeinschaft durch Beförderung »uneigentlicher«, fremder, ja womöglich den eigenen Interessen zuwiderlaufender Forderungen.[23]

Ein solch moderner Begriff von Solidarität ist strikt inkompatibel mit dem traditionalen und folglich immer wieder Denunziationen ausgesetzt. Mit einer treffenden Formulierung wurde bereits 1844, in der Hegel-Biographie von Karl Rosenkranz, vor der Aushöhlung des substanzialistischen Solidaritätsbegriffs gewarnt: ein »Volk« sei eine »innere solidarische Einheit«, sei es auch »noch so in sich gegen sich selbst verausländernd« (zit. in Zoll 2002: 22). Die Bedrohung der sogenannten inneren solidarischen Einheit kommt hier nicht von außen, sie besteht in der Selbstentfremdung des »Volkes«. Dieses wendet sich »in sich gegen sich selbst«, es wird sich gleichsam selbst zum Fremden. Wider Willen gibt Rosenkranz mit dieser Wendung die genaue Definition des demokratischen Souveräns, des von sich selbst entfremdeten Volkes, wie zugleich eine genaue Definition posttraditionaler Solidarität. So erstaunt es nicht, wenn heute gesagt wird, Solidarität würde in modernen Gesellschaften mit dem Begriff der Demokratie zusammenfallen (Brunkhorst 2002: 7). Als politischer Begriff registriert Solidarität die demokra-

23 Daran zeigt sich, dass Solidarität kein rein politischer Begriff sein kann, da er das eigene politische Projekt auf Kosten der Schlagkraft gegenüber heterogenen Forderungen öffnet – dies der Unterschied zu einer klassischen Bündnispolitik (etwa im Sinne der Lenin'schen Klassenallianz), die nur auf Erhöhung der Schlagkraft durch Ausweitung der eigenen Äquivalenzkette abzielt.

tische Ethik der Selbstentfremdung und macht sie übersetzbar in die Sprache politischer Forderungen.[24]

Akzeptiert man das eben Gesagte, so gewinnen Solidaritätsadressen an gleichwelche Anderen eine notwendig anti-paternalistische Form. Sie zielen nicht länger darauf ab, das Ausgeschlossene oder Fremde zu »integrieren« (und damit in Wahrheit zu assimilieren und auszulöschen), sondern lassen ihm Raum, indem sie die Selbstentfremdung des eigenen politischen Gemeinwesens einklagen. Was aus dieser Perspektive zuallererst anerkannt werden müsste, wäre, simpler formuliert, nicht der vorgeblich »Andere« (oder seine wie auch immer positivierten Differenzen mir gegenüber), sondern jener Andere, der ich mir selbst bin, sofern mein Ich zuallererst von einer Spaltung konstituiert wurde. Das bedeutet, dass wir das minimale Kriterium demokratischer Solidarität nicht so sehr in der Konstruktion einer Fremdbeziehung als in der Dekonstruktion der Selbstbeziehung suchen müssen. Sobald ich anerkenne und einsehe, dass der Mangel, der mich bestimmt, *konstitutiv* ist, kann ich von Versuchen ablassen, mein vermeintlich Eigenes gegen das vermeintlich Fremde um jeden Preis beschützen oder verteidigen zu wollen. Und wird solidarisch von Versuchen abgelassen, das Eigene zu verteidigen oder aus dessen Position heraus für den Anderen sprechen zu wollen (denn Fürsprache ist nur ein Modus der Borniertheit), so bleibt dem Anderen Raum, für sich selbst zu sprechen, ohne dass dessen Selbst deshalb schon umgekehrt mit Identitätserwartungen belästigt werden müsste. Moderne demokratische Souveränität wäre dann weder Solidarität *unter* Fremden – wie im Fall der funktionalen »Solidarität« zwischen Ärzten und Patienten, auf die Hauke Brunkhorst (Brunkhorst 1997) abhebt –, noch die einfache Solidarität *mit* Fremden (Zoll 2000:167), die immer Gefahr läuft, paternalistisch oder benettonistisch zu werden. Moderne demokratische Solidarität hieße vor allem anderen: Anerkennung des Anderen auf Grundlage der eigenen Selbstentfremdung.[25] Denn ist

24 Es braucht nicht allzu viel Fantasie, um sich zu vorzustellen, wie vor diesem normativen Hintergrund beispielsweise die demokratische Antwort auf die Frage nach dem Kruzifix im Klassenzimmer lauten würde.

25 Um Missverständnissen entgegenzuwirken, sei nochmals unterstrichen: Hierbei handelt es sich selbstverständlich um die quasi-transzendentale Struktur solidarischer Anerkennung, nicht um deren soziale Wirklichkeit. Der Andere, der mir konkret gegenübertritt, kann nie (wie etwa bei Levinas) der *ganz Andere* sein.

Letztere einmal anerkannt, wird man weiters unterstellen können, dass auch der Fremde ein Fremder seiner selbst ist – und ihn nicht an die Ketten seiner mutmaßlichen Identität legen.[26]

Doch worauf stützt sich diese Unterstellung? Was hält uns dazu an, die Erfahrung der Nicht-Selbstidentität mit uns selbst zu verallgemeinern? Auch Judith Butler würde der These zustimmen, dass durch Akzeptanz der Nicht-Identität mit sich selbst die Wahrscheinlichkeit »ethischer Gewalt« – der Fixierung anderer auf ihre vorgebliche Identität – sinkt. Nur könnte ich ja genauso gut die ontologische Bestimmung der Nicht-Selbstidentität verleugnen. Wenn ich stattdessen eine Anerkennungsbeziehung gegenüber der eigenen Nicht-Selbstidentität aufbaue, so ist dies kein Ergebnis meiner individuellen Einsicht oder moralischen Größe. Es gibt keinen Automatismus, der von einer ontologischen Bedingung zur deren ethischer Anerkennung führt. Äußere, »ontische« Voraussetzungen müssen gegeben sein, die mich ständig an meine ontologische Kondition erinnern und mit der Fragilität meiner (kollektiven) Identität konfrontieren. Ein symbolisches Dispositiv muss instituiert sein, das alle Subjekte auf ihren nichtidentischen Kern zurückverweist, gleichgültig ob es sich um das Subjekt des Souveräns/»Volkes« handelt oder um irgendeine andere beliebige Kollektivität. Wir nannten dieses Dispositiv Demokratie. Und schließlich muss dieses symbolische Dispositiv, soll es operativ bleiben und nicht zur »leeren Hülle« (Crouch) verkommen, immer aufs Neue gegründet werden – durch Projekte radikaler Demokratisierung.

Damit würde die demokratische Ethik zur Theologie. Wer immer mir gegenübertritt, ist weniger als ganz anders, und immer auch mir selbst ähnlich, wenn auch nicht mit mir identisch. Zugleich bin ich mir selbst niemals, außer eben im Fall der Psychose, völlig entfremdet.

26 Das solidarische Verhältnis wird dadurch dennoch nicht symmetrisch. Im Unterschied zu einer rein politischen Bündnis- oder Allianzpolitik, die auf gegenseitiger Stärkung (und wechselseitigem Verdacht) basiert, ist Solidarität eben kein reziprokes Anerkennungsverhältnis. Wenn ich Solidarität mit einer Position übe, die nicht die meine ist, kann ich keinen Anspruch darauf ableiten, dass diese Position umgekehrt mit mir solidarisch sein müsste (es gibt keinen Grund, warum der ANC solidarisch mit seinen Unterstützern im Westen hätte sein müssen).

11.7. Fazit

Ein Projekt der Radikalisierung von Demokratie wird notwendigerweise den Minimalbedingungen jeder Politik gehorchen: Majoritär-Werden, Strategie, Organisation, Kollektivität, Konfliktualität, Parteilichkeit. Sofern es aber die demokratische Ethik in Begriffen der Solidarität in sich aufnimmt, problematisiert es zugleich diese Bedingungen des eigenen Handelns. Nicht etwa, indem sich Radikaldemokraten aus dem solcherart bedingten Reich der Politik stehlen würden, um sich ausschließlich auf normative Argumente oder rechtsstaatliche Prozeduren zu verlassen. Ein Projekt radikaler Demokratie, wie wir es ansatzweise beschrieben haben, muss sich der Antinomie von Durchsetzungsanspruch und Selbstentfremdung stellen. Das bedeutet unter anderem, dass aus der notwendigen Bedingung des Majoritär-Werdens kein naturgegebener Dominanzanspruch abgeleitet werden darf; dass strategisch Handelnde sich der Partikularität und Veränderbarkeit ihrer Ziele bewusst bleiben müssen; dass die Form der politischen Organisation oder Organisiertheit nicht hierarchisch verfestigt wird und die konstruierte Kollektivität auf keinen unverhandelbaren Exklusionen beruht; dass schließlich politische Parteilichkeit nicht im imaginären Phantasma eines extremen Freund/Feind-Gegensatzes mündet und Konflikte somit nicht auf die endgültige Zerstörung eines Feindes ausgerichtet sind, sondern immer auch Anschlusskonflikte ermöglichen müssen. Emanzipatorischer Politik ist deshalb ein Motiv konstanter Infragestellung der eigenen Praxis eingeschrieben, das sich im Besonderen dort beobachten lässt, wo die selbst produzierten Ausschlüsse zum Thema gemacht werden – wo gefragt wird: Welches »wir« konstituieren wir? Für wen sprechen wir? Wer ist dabei, wer fehlt, wer wurde vergessen, wer wurde ausgeschlossen, wer will aus welchen Gründen womöglich nicht dabei sein? Solche Fragen können nur dann ernsthaft gestellt werden, wenn zugleich jede Idee eines identitär verfestigten »wir«, »Eigenen« oder »Selben« in Frage steht.

Nicht jede Politik stellt solche oder ähnliche Fragen. Eine Politik aber, die sich der Selbstinfragestellung verweigert, mag nach wie vor Politik heißen, es würde aber schwerfallen, sie als *demokratische* Politik zu bezeichnen. Deshalb lautet das Rezept gegen die »Postdemokratisierung« der heutigen Demokratien nicht etwa mehr Gemeinsinn, sondern mehr Sinn für die Heterogenität der eigenen Identität und die Fragilität der eigenen Fundamente, also mehr Selbstentfremdungssinn. Demokratie ist, um zur Grundfrage unserer Untersuchung zurückzukommen, auf der Anerkennung jener Grundlosigkeit gegründet, die sich im Feld der Philosophie symptomatisch in der Erfindung der konzeptuellen Differenz zwischen Politik und dem Politischen niederschlägt.

Allerdings: Wer diese Differenz anerkennt, wird auch anerkennen müssen, dass nichts mit Gewissheit aus ihr folgt – auch keine demokratische Ethik. Nicht jedes postfundamentalistische Denken ist demokratisch im engeren Sinn, man denke an Oakeshott auf der skeptizistischen Rechten und Badiou auf der maoistischen Linken. Aber demokratisches Denken ist immer postfundamentalistisch. Zwar steht es in niemandes Macht, die Gesellschaft oder das Denken mit einem letzten Fundament auszustatten, aber wir können diesem Umstand entweder mit Verleugnung oder mit Anerkennung begegnen. Wird der zweite Weg gewählt, so heißt dies auch, dass *Verantwortung* übernommen werden muss für die Ausschlüsse, die jede Politik, und für die Kurzschlüsse, die jedes Denken produziert. Postfundamentalistisches Denken, das sich dem demokratischen Moment verschreibt, muss folglich Verantwortung für jene Konsequenzen tragen, die es zieht, ohne sie aus der Abwesenheit des Grundes ableiten zu können. Anders gesagt, eine demokratische Ethik der Philosophie würde darin bestehen, die *regulierten Inkonsequenzen* (siehe Kapitel 9.1.), die das eigene Denken notwendig produziert, offenzulegen, sie, soweit möglich, zu plausibilisieren und Verantwortung selbst noch für jenen unplausibilisierbaren Rest zu übernehmen, der immer bleiben wird. Im Sinne einer solch regulierten Inkonsequenz haben wir im vorangegangenen Kapitel dafür plädiert, am Machiavell'schen Moment – dem Moment des Bedingten – unbedingt festzuhalten. Ein Begriff von Politik, der die Machtverformtheit des Sozialen und die Bedingungen politischen Handelns in Rechnung stellt, sperrt sich gegen die Wunschbilder, denen ethizistische oder philosophistische Ansätze erliegen.

Doch auch die Seite des Politischen bleibt nicht unberührt von dieser Entscheidung. Denn in Wahrheit kann der Verleugnung der Grundlosigkeit des Sozialen nur effektiv begegnet werden, wenn der Primat des Politischen gegenüber Gesellschaft und dem Sozialen verteidigt wird. In Kapitel 9 wurde deshalb vorgeschlagen, dass diese Anerkennung mir der Aufwertung der politischen Philosophie zu einer Philosophie des Politischen, mithin zur politischen Ontologie verbunden ist. Aus Perspektive einer solchen politischen Ontologie ist nicht alles politisch im Sinn von Politik, aber alles ist in der Tat politisch, sofern es vom instituierenden/destituierenden Moment *des Politischen* subvertiert wird, wie er sich im Spiel der politischen Differenz zeigt. Und es ist gerade die Unabstellbarkeit dieses Spiels, die garantiert, dass die totalitäre Absorption des sozialen Seins durch Politik nie gelingen wird – genauso wenig übrigens wie die Absorption des sozialen Seins durch ein wie auch immer ausgeschildertes Politisches, das gegenüber Politik undifferenziert bliebe. Nicht »Alles ist politisch«, sondern der Grund/Abgrund von allem ist *das Politische in Form der Differenz von Politik*. Dann aber, so wurde argumentiert, kann die politische Ontologie – und sei es als »Hantologie« – den Anspruch auf die traditionelle Rolle einer *prima philosophia* anmelden.

Wenn wir uns der philosophischen und politischen Implikationen der politischen Differenz voll bewusst werden, dann kann uns das helfen, in Theorie und Praxis mit dem eigentümlichen Umstand umgehen zu lernen, dass Gesellschaft zwar ohne Grund ist, die Dimension des Grundes aber dennoch nicht spurlos verschwindet. Es ist wahr, dass die metaphysischen Figuren der Vergangenheit sich in Auflösung befinden, doch trifft es genauso zu, dass wir gezwungen sind, mit ihren Gespenstern zu leben. Postfundamentalistisches politisches Denken gibt das metaphysische Terrain der Grundlegung nicht auf, sondern zielt auf dessen politische Durcharbeitung und Redefinition. Vielleicht sind wir damit an dem Punkt angekommen, an dem die berühmte Levinas'sche Frage nach der fundamentalen Rolle von Ontologie (Levinas 1998b) wieder aufgenommen werden kann, doch diesmal aus politischer Perspektive. Ist also *das Politische* fundamental? Vor dem Hintergrund des postfundamentalistischen politischen Denkens, dem wir im Rahmen dieser Untersuchung begegnet sind, kann die Antwort auf diese Frage nur folgendermaßen lauten: Ja, das Politische kann als *Grund* gelten, so wie es als *Ursache* und als *Bedingung* des sozialen Seins in seiner Gesamtheit gelten kann. Doch ist dies ein Grund, der nie erreicht werden kann und dennoch den Status eines Fundaments geltend macht, eine Ursache, die nichts bestimmt und dennoch Effekte ihrer Abwesenheit produziert, und eine transzendentale Bedingung, deren Entstehen selbst historisch bedingt ist und dennoch über-historische Geltung beanspruchen darf.

Bibliographie

Adorno, Theodor W. (2006) *Metaphysik. Begriff und Probleme*, Frankfurt/M.: Suhrkamp.

Adorno, Theodor W. (2008) *Ontologie und Dialektik*, Frankfurt/M.: Suhrkamp.

Agamben, Giorgio (1998) *Bartleby oder die Kontingenz, gefolgt von Die absolute Immanenz*, Berlin: Merve.

Agamben, Giorgio (2001) *Mittel ohne Zweck. Noten zur Politik*, Freiburg und Berlin: diaphanes.

Agamben, Giorgio (2002) *Homo sacer. Die souveräne Macht und das nackte Leben*, Frankfurt/M.: Suhrkamp.

Agamben, Giorgio (2003a) *Was von Auschwitz bleibt. Das Archiv und der Zeuge*, Frankfurt/M.: Suhrkamp.

Agamben, Giorgio (2003b) *Idee der Prosa*, Frankfurt/M.: Suhrkamp.

Agamben, Giorgio (2003c) *Die kommende Gemeinschaft*, Berlin: Merve.

Agamben, Giorgio (2004a) *Ausnahmezustand*, Frankfurt/M.: Suhrkamp.

Agamben, Giorgio (2004b) »Interview with Giorgio Agamben – Life, a Work of Art Without an Author: The State of Exception, the Administration of Disorder and Private Life«, *German Law Journal* Nr. 5 (1. Mai 2004), als elektronisches Dokument unter ⟨http://www.germanlaw journal.com⟩.

Agamben, Giorgio (2005) *Profanierungen*, Frankfurt/M.: Suhrkamp.

Agamben, Giorgio (2006) *Die Zeit, die bleibt. Ein Kommentar zum Römerbrief*, Frankfurt/M.: Suhrkamp.

Ansén, Reiner (1997) *Zeitlichkeit und Politik*, Wien: Turia+Kant.

Arditi, Benjamin (1994) »Tracing the Political«, *Angelaki* 1/3, S. 15-28.

Arditi, Benjamin (1995) *Politics, Publicness and Difference*, PhD-thesis, University of Essex, Department of Government.

Arditi, Benjamin und Jeremy Valentine (1999) *Polemicization: The Contingency of the Commonplace*, New York: New York University Press.

Arendt, Hannah (1993) *Was ist Politik?*, hgg. von Ursula Ludz, München und Zürich: Piper.

Arendt, Hannah (1994) *Zwischen Vergangenheit und Zukunft. Übungen im politischen Denken I*, München und Zürich: Piper.

Arendt, Hannah (2004) *Eichmann in Jerusalem. Ein Bericht von der Banalität des Bösen*, München und Zürich: Piper.

Badiou, Alain (1985) *Peut-on penser la politique?*, Paris: Éditions du Seuil.

Badiou, Alain (1988) *L'être et l'événement*, Paris: Éditions du Seuil.

Badiou, Alain (1989) *Manifeste pour la philosophie*, Paris: Éditions du Seuil.

Badiou, Alain (1990) »L'entretien de Bruxelles«, *Les Temps Modernes*, 526 (Mai), S. 1-26.
Badiou, Alain (1991) *D'un désastre obscur. Droit, État, Politique*, La Tour d'Aigues: Éditions de l'Aube.
Badiou, Alain (1992) *Conditions*, Paris: Éditions du Seuil.
Badiou, Alain, (1994) »Being by Numbers«, *Artforum International* (Oktober), S. 84-124.
Badiou, Alain (1997) *Saint Paul. La foundation de l'universalisme,* Paris: PUF.
Badiou, Alain (1998) »Politics and Philosophy. An Interview with Alain Badiou«, *Angelaki* 3/3, S. 113-133.
Badiou, Alain (1999) »Philosophy and politics«, *Radical Philosophy* 96 (Juli/August), S. 29-32.
Badiou, Alain (2000) »Of Life as a Name of Being, or, Deleuze's Vitalist Ontology«, in *Pli* 10 (2000), S. 191-199.
Badiou, Alain (2002) »One Divides into Two!«, *Culture Machine*, 4, als elektronisches Dokument unter ⟨http://culturemachine.tees.ac.uk/Articles/badiou.htm⟩.
Badiou, Alain (2003a) *Über Metapolitik*, Zürich und Berlin: diaphanes.
Badiou, Alain (2003b) *Ethik. Versuch über das Bewusstsein des Bösen*, Wien: Turia+Kant.
Badiou, Alain (2005) *Das Sein und das Ereignis*, Zürich und Berlin: diaphanes.
Badiou, Alain (2006) *Das Jahrhundert*, Zürich und Berlin: diaphanes.
Badiou, Alain (2007) *Dritter Entwurf eines Manifests für den Affirmationismus*, Berlin: Merve.
Balibar, Etienne (1993) »Le Politique, La Politique: De Rousseau à Marx, de Marx à Spinoza«, *Studia Spinozana* 9 (1993), S. 203-215.
Balibar (2006) *Der Schauplatz des Anderen. Formen der Gewalt und Grenzen der Zivilität*, Hamburg: Hamburger Edition.
Balibar, Etienne (2008) *Spinoza and Politics*, London und New York: Verso.
Ball, Terence (1988) *Transforming Political Discourse. Political Theory and Critical Conceptual Change*, Blackwell: Oxford.
Barthes, Roland (2002) *Die Körnung der Stimme*, Frankfurt/M.: Suhrkamp.
Bauman, Zygmunt (1996) »Morality in the Age of Contingency«, in Paul Heelas, Scott Lash, Paul Morris (Hg.), *Detraditionalization*, Oxford: Blackwell, S. 49-58.
Bauman, Zygmunt (1999) *In Search of Politics*, Cambridge: Polity.
Beardsworth, Richard (1996) *Derrida & the Political*, London/New York: Routledge.

Beck, Ulrich (1993) *Die Erfindung des Politischen*, Frankfurt/M.: Suhrkamp.

Bedorf, Thomas (2007) »Bodenlos. Der Kampf um den Sinn des Politischen«, *Deutsche Zeitschrift für Philosophie* 55 (2007) 5, S. 689-715.

Bedorf, Thomas (2009) »Orte der Anerkennung«, in Thomas Bedorf, Gerhard Unterthurner (Hg.), *Zugänge, Ausgänge, Übergänge. Konstitutionsformen des sozialen Raums*, Würzburg: Königshausen & Neumann, S. 71-82.

Bedorf, Thomas, Kurt Röttgers (Hg.) (2010) *Das Politische und die Politik*, Frankfurt/M.: Suhrkamp.

Benjamin, Walter (1991) »Über Sprache überhaupt und die Sprache der Menschen«, in *Gesammelte Schriften*, Bd II.1, hgg. von Rolf Tiedemann und Hermann Schweppenhäuser, Frankfurt/M.: Suhrkamp, S. 140-157.

Birmingham, Peg (1991) »The Time of the Political«, *Graduate Faculty Philosophy Journal* 14/2 und 15/1, S. 25-45.

Blanchot, Maurice (2007) *Die uneingestehbare Gemeinschaft*, Berlin: Matthes & Seitz.

Bock, Gisela (1990) »Civil discord in Machiavelli's *Istorie Fiorentine*«, in Gisela Bock, Quentin Skinner und Maurizio Viroli (Hg.), *Machiavelli and Republicanism*, Cambridge: Cambridge University Press.

Bonacker, Thorsten (2000) *Die normative Kraft der Kontingenz. Nichtessentialistische Gesellschaftskritik nach Weber und Adorno*, Frankfurt/M. und New York: Campus.

Bröckling, Ulrich, Robert Feustel (Hg.) (2010) *Das Politische denken: Zeitgenössische Positionen*, Bielefeld: transcript.

Brunkhorst, Hauke (2002) *Solidarität. Von der Bürgerfreundschaft zur globalen Rechtsgenossenschaft*, Frankfurt/M.: Suhrkamp.

Brunkhorst, Hauke (1997) *Solidarität unter Fremden*, Frankfurt/M.: Fischer.

Buchstein, Hubertus, Frank Nullmeier (Hg.) (2006) »Die Postdemokratie-Debatte«, *Forschungsjournal Neue Soziale Bewegungen* 4 (2006), S. 16-22.

Buden, Boris (2009) *Zone des Übergangs. Vom Ende des Postkommunismus*, Frankfurt/M.: Suhrkamp.

Burke, Peter (1992) *The Fabrication of Louis XIV*, New Haven und London: Yale University Press.

Butler, Judith (1992) »Contingent Foundations: Feminism and the Question of ›Postmodernism‹«, in Judith Butler, J.W. Scott (Hg.), *Feminists Theorize the Political*, New York und London: Routledge, S. 3-21.

Butler, Judith (2003) *Kritik der ethischen Gewalt*, Frankfurt/M.: Suhrkamp.

Carver, Terrell, Matti Hyvärinen (Hg.) (1997) *Interpreting the Political. New Methodologies*, London und New York: Routledge.
Castoriadis, Cornelius (1991) *Philosophy, Politics, Autonomy*, hgg. von David Ames Curtis, New York und Oxford: Oxford University Press.
Celikates, Robin (2008) »Communitas – Immunitas – Bíos: Roberto Espositos Politik der Gemeinschaft«, in Janine Böckelmann, Claas Morgenroth (Hg.), *Politik der Gemeinschaft. Zur Konstitution des Politischen in der Gegenwart*, Bielefeld: transcript, S. 49-67.
Cholewa-Madsen, Michael (1994) »Enacting the Political«, *Angelaki* 1/3, S. 29-42.
Condren, Conal (1994) *The Language of Politics in Seventeenth-Century England*, Haundmills, Basingstoke, London: Macmillan.
Connolly, William E. (1995) *The Ethos of Pluralization*, Minneapolis und London: University of Minnesota Press.
Coujou, Jean-Paul (2006) *Philosophie politique et ontologie. Remarques sur la fonction de l'ontologie dans la constitution de la pensée politique*, Bd. 1, Paris: L'Harmattan.
Critchley, Simon (1992) *The Ethics of Deconstruction. Derrida and Levinas*, Oxford und Cambridge, MA: Blackwell.
Critchley, Simon (1993) »Re-tracing the political: politics and community in the work of Philippe Lacoue-Labarthe and Jean-Luc Nancy«, in David Campbell, Michael Dillon (Hg.), *The Political Subject of Violence*, Manchester: Manchester University Press, S. 73-93.
Critchley, Simon (2000) »Demanding Approval. On the Ethics of Alain Badiou«, *Radical Philosophy* 100 (March/April), S. 16-27.
Critchley, Simon (2005) »›Fault Lines‹: Simon Critchley in Discussion on Alain Badiou«, *Polygraph* 17, S. 295-308.
Crouch, Colin (2008) *Postdemokratie*, Frankfurt/M.: Suhrkamp.
Cusset, François (2003) *French Theory. Foucault, Deleuze, Derrida & Cie et les mutations de la vie intellectuelle aux États-Unis*, Paris: La Découverte.

Dallmayr, Fred (1987) »Politics and conceptual analysis. Comments on Vollrath«, *Philosophy and Social Criticism* 13/1, S. 31-7.
Dallmayr, Fred (1988) »Hegemony and Democracy: On Laclau and Mouffe«, *Strategies* 30 (Herbst), S. 29-49.
Dallmayr, Fred (1993) *The Other Heidegger*, Ithaca, NY: Cornell University Press.
Dallmayr, Fred (1993b) »Politics and Power: Ricœur's Political Paradox Revisited«, in David E. Klemm, William Schweiker (Hg.), *Meanings in Texts and Actions. Questioning Paul Ricœur*, Charlottesville und London: University Press of Virginia, S. 176-194.
Dallmayr, Fred (1997) »An ›Inoperative‹ Global Community? Reflections

on Nancy«, in Darren Sheppard, Simon Sparks, Colin Thomas (Hg.), *On Jean-Luc Nancy. The Sense of Community*, London und New York: Routledge, S. 174-196.

Dastur, Françoise (2008) »Heidegger, Derrida et la question de la différence«, in Marc Crépon, Frédéric Worms (Hg.), *Derrida, la tradition de la philosophie*, Paris: Galilée, S. 87-108.

Debord, Guy (1995) *Die Gesellschaft des Spektakels*, Berlin: Edition Tiamat.

De Certeau, Michel (1988) *Kunst des Handelns*, Berlin: Merve.

Deleuze, Gilles (1992) *Differenz und Wiederholung*, München: Fink.

Deleuze, Gilles (1993) *Logik des Sinns. Aesthetica*, Frankfurt/M.: Suhrkamp.

Deleuze, Gilles (1994a) »Philosophie und Minorität«, in Joseph Vogl (Hg.), *Gemeinschaften. Positionen zu einer Philosophie des Politischen*, Frankfurt/M.: Suhrkamp, S. 205-7.

Deleuze, Gilles (1994b) *Bartleby oder die Formel*, Berlin: Merve.

Deleuze, Gilles (2000) *Die Falte. Leibniz und der Barock*, Frankfurt/M.: Suhrkamp.

Deleuze, Gilles, Félix Guattari (1997) *Tausend Plateaus*, Berlin: Merve.

Derrida, Jacques (1976) *Die Schrift und die Differenz*, Frankfurt/M.: Suhrkamp.

Derrida, Jacques (1992) *Das andere Kap. Die vertagte Demokratie. Zwei Essays zu Europa*, Frankfurt/M.: Suhrkamp.

Derrida, Jacques (1994) »Politik und Freundschaft. Ein Interview mit Michael Sprinker«, in Henning Böke, Jens Christian Müller, Sebastian Reinfeldt (Hg.), *Denk-Prozesse nach Althusser*, Hamburg: Argument, S. 103-62.

Derrida, Jacques (1995) *Marx' Gespenster*, Frankfurt/M.: Fischer.

Derrida, Jacques (1997) *Einige Statements und Binsenweisheiten über Neologismen, New-Ismen, Post-Ismen, Parasitismen und andere kleine Seismen*, Berlin: Merve.

Derrida, Jacques (1999) »Bemerkungen zu Dekonstruktion und Pragmatismus«, in Chantal Mouffe (Hg.), *Dekonstruktion und Pragmatismus. Demokratie, Wahrheit und Vernunft*, Wien: Passagen, S. 171-95.

Derrida, Jacques (2001) *Limited Inc.*, Wien: Passagen.

Derrida, Jacques (2002) *Politik der Freundschaft*, Frankfurt/M.: Suhrkamp.

Derrida, Jacques (2003) *Schurken. Zwei Essays über die Vernunft*, Frankfurt/M.: Suhrkamp.

Descartes, René ([1641] 1992) *Meditationen über die Grundlagen der Philosophie*, Hamburg: Meiner.

Dillon, Michael (1996) *Politics of Security. Towards a Political Philosophy of Continental Thought*, London und New York: Routledge.

Doucet, Marc G. (1999) »Standing Nowhere(?): Navigating the Third Route on the Question of Foundation in International Theory«, *Millennium: Journal of International Studies* 28/2, S. 289-310.

Dreyfus, Hubert L. (1996) »Being and Power: Heidegger and Foucault«, *International Journal of Philosophical Studies* 4(1), S. 1-16.

Dyrberg, Torben Bech (1997) *The Circular Structure of Power. Politics, Identity, Community*, London und New York: Verso.

Dyrberg, Torben Bech (2004) »The political and politics in discourse analysis«, in Oliver Marchart, Simon Critchley (Hg.), *Laclau: A Critical Reader*, London und New York: Routledge, S. 241-55.

Engel, Antke (2002) *Wider die Eindeutigkeit. Sexualität und Geschlecht im Fokus queerer Politik und Repräsentation*, Frankfurt/M.: Campus.

Enwezor, Okwui et al. (Hg.) *Demokratie als unvollendeter Prozess*, Ostfildern: Hatje Cantz.

Esposito, Roberto (1999) *Categorie dell'impolitico*, Bologna: il Mulino.

Esposito, Roberto (2007) »Vom Unpolitischen zur Biopolitik«, Vortrag am Kongress *Das Politische und die Politik*, Kulturwissenschaftliches Institut Essen, 21. 9. 2007, unpubliziertes Manuskript.

Fairlamb, Horace L. (1994) *Critical Conditions. Postmodernity and the Question of Foundations*, Cambridge: Cambridge University Press.

Farr, James (1989) »Understanding conceptual change politically«, in Terence Ball, James Farr (Hg.), *Political Innovation and Conceptual Change*, Cambridge, NY, und Melbourne: Cambridge University Press, S. 24-49.

Ferry, Luc, Alain Renaut (1987) *Antihumanistisches Denken. Gegen die französischen Meisterphilosophen*, München und Wien: Hanser.

Fiske, John (2001) *Die Fabrikation des Populären. Der John Fiske-Reader*, hgg. von Rainer Winter und Lothar Mikos, Bielefeld: transcript.

Flach, Werner (1994) *Grundzüge der Erkenntnislehre. Erkenntniskritik, Logik, Methodologie*, Würzburg: Königshausen & Neumann.

Flügel, Oliver, Reinhard Heil, Andreas Hetzel (Hg.) (2004) *Die Rückkehr des Politischen. Demokratietheorien heute*, Darmstadt: Wissenschaftliche Buchgesellschaft.

Flynn, Bernard (1984) »The Question of an Ontology of the Political: Arendt, Merleau-Ponty, Lefort«, *International Studies in Philosophy* XVI/1, S. 1-24.

Flynn, Bernard (1992) *Political Philosophy at the Closure of Metaphysics*, New Jersey: Humanities Press.

Flynn, Bernard (2005) *The Philosophy of Claude Lefort. Interpreting the Political*, Evanston: Northwestern University Press.

Foucault, Michel (2005) *Schriften in vier Bänden. Dits et Ecrits*, Bd. 4, Frankfurt/M.: Suhrkamp.
Fraser, Nancy, Axel Honneth (2003) *Umverteilung oder Anerkennung? Eine politisch-philosophische Kontroverse*, Frankfurt/M.: Suhrkamp.
Freund, Julien (1965) *L'Essence du politique*, Paris: Sirey.
Freund, Julien (1995) »Schmitt's Political Thought«, *Telos. A Quarterly Journal of Critical Thought* 102 (Winter), S. 11-42.
Frye, Charles E. (1966) »Carl Schmitt's Concept of the Political«, *The Journal of Politics*, 28/4, S. 818-830.
Fynsk, Christopher (1991) »Foreword. Experiences of Finitude«, in Jean-Luc Nancy: *The Inoperative Community*, Minneapolis: University of Minnesota Press, S.vii-xxxv.

Gasché, Rudolphe (1986) *The Tain of the Mirror. Derrida and the Philosophy of Reflection*, Cambridge, MA, und London: Harvard University Press.
Gasché, Rudolphe (1994) *Inventions of Difference. On Jacques Derrida*, Cambridge, MA: Harvard University Press.
Gauchet, Marcel (1990) »Die totalitäre Erfahrung und das Denken des Politischen«, in Ulrich Rödel (Hg.), *Autonome Gesellschaft und libertäre Demokratie*, Frankfurt/M.: Suhrkamp, S. 207-238.
Gauchet, Marcel (1991) *Die Erklärung der Menschenrechte. Die Debatte um die bürgerlichen Freiheiten von 1789*, Reinbek bei Hamburg: Rowohlt.
Gaus, Daniel (2004) »Demokratie zwischen Konflikt und Konsens. Zur politischen Philosophie Claude Leforts«, in Oliver Flügel, Reinhard Heil, Andreas Hetzel (Hg.), *Die Rückkehr des Politischen. Demokratietheorien heute*, Darmstadt: Wissenschaftliche Buchgesellschaft, S. 65-86.
Gehring, Petra (2004) »Wäre der Widerstreit politikfähig? Lyotards Kritik des Rechtsstreits und die Frage des Politischen in *Le différend*«, in Oliver Flügel, Reinhard Heil, Andreas Hetzel (Hg.), *Die Rückkehr des Politischen. Demokratietheorien heute*, Darmstadt: Wissenschaftliche Buchgesellschaft, S. 149-163.
Gilbert-Walsh, James (2000) »Broken Imperatives. The Ethical Dimension of Nancy's Thought«, *Philosophy & Social Criticism* 26/2, S. 29-50.
Goldmann, Lucien (1975) *Lukács und Heidegger*, Darmstadt und Neuwied: Luchterhand.
Goldmann, Lucien (1985) *Der verborgene Gott. Studie über die tragische Weltanschauung in den ›Pensées‹ Pascals und im Theater Racines*, Frankfurt/M.: Suhrkamp.
Gramsci, Antonio (1991 ff.) *Gefängnishefte*, Hamburg: Argument.
Guattari, Félix, Suely Rolnik (2007) *Micropolitiques*, Paris: Seuil.

Habermas, Jürgen (1990) *Strukturwandel der Öffentlichkeit*, Frankfurt/M.: Suhrkamp.

Habermas, Jürgen (1998) *Philosophisch-politische Profile*, Frankfurt/M.: Suhrkamp.

Hallward, Peter (1998) »Generic Sovereignty. The Philosophy of Alain Badiou«, *Angelaki* 3/3, S. 87-111.

Hallward, Peter (2002) »Badiou's Politics: Equality and Justice«, *Culture Machine*, 4, als elektronisches Dokument unter ⟨http://culturemachine.tees.ac.uk/Articles/hallward.htm⟩.

Hallward, Peter (2003) *Badiou. A Subject to Truth*, Minneapolis: University of Minnesota Press.

Hardt, Michael, Antonio Negri (2001) *Empire*, Cambridge, MA, und London: Harvard University Press.

Hardt, Michael, Antonio Negri (2004) *Multitude. Krieg und Demokratie im Empire*, München: Campus.

Hauptmann, Emily (2004) »A local history of ›the political‹«, *Political Theory* 32 (Februar) 1, S. 34-60.

Heidegger, Martin (1954) *Vorträge und Aufsätze*, Stuttgart: Cotta.

Heidegger, Martin (1957a) *Der Satz vom Grund*, Stuttgart: Neske.

Heidegger, Martin (1957b) *Identität und Differenz*, Stuttgart: Neske.

Heidegger, Martin (1961) *Nietzsche*, Bd. 1, Stuttgart: Neske.

Heidegger, Martin (1973) *Kant und das Problem der Metaphysik*, Frankfurt/M.: Vittorio Klostermann.

Heidegger, Martin (1983) *Die Grundbegriffe der Metaphysik. Welt – Endlichkeit – Einsamkeit*, Frankfurt/M.: Vittorio Klostermann.

Heidegger, Martin (1984) *Was heißt Denken?*, Tübingen: Niemeyer.

Heidegger, Martin (1990) *Die Selbstbehauptung der deutschen Universität. Das Rektorat 1933/34* (1933/1945), Frankfurt/M.: Klostermann.

Heidegger, Martin (1991) *Grundbegriffe*, Gesamtausgabe Bd. 51, Frankfurt/M.: Klostermann.

Heidegger, Martin (1994) *Beiträge zur Philosophie (Vom Ereignis)*, Gesamtausgabe Bd. 65, Frankfurt/M.: Vittorio Klostermann.

Heidegger, Martin (1996) *Wegmarken*, Frankfurt/M.: Vittorio Klostermann.

Heidenheimer, Arnold J. (1986) »Politics, Policy and Policey as Concepts in English and Continental Languages: An Attempt to Explain Divergences«, *The Review of Politics* 48/1, S. 3-30.

Heil, Reinhard, Andreas Hetzel (Hg.) (2006) *Die unendliche Aufgabe. Kritik und Perspektiven der Demokratietheorie*, Bielefeld: transcript.

Heil, Reinhard (2006) »Slavoj Zizeks Kritik des radikaldemokratischen Diskurses«, in Reinhard Heil, Andreas Hetzel (Hg.), *Die unendliche Aufgabe. Kritik und Perspektiven der Demokratietheorie*, Bielefeld: transcript, S. 237-252.

Heller, Agnes (1991) »The Concept of the Political Revisited«, in David Held (Hg.), *Political Theory Today*, Cambridge: Polity Press, S. 330-43.

Herzog, Don (1985) *Without Foundations. Justification in Political Theory*, Ithaca/London: Cornell University Press.

Hetzel, Andres (2004) »Politik als Wahrheitsereignis. Alain Badiou«, in Oliver Flügel, Reinhard Heil, Andreas Hetzel (Hg.), *Die Rückkehr des Politischen. Demokratietheorien heute*, Darmstadt: Wissenschaftliche Buchgesellschaft, S. 211-229.

Hirsch, Michael, Rüdiger Voigt (Hg.) (2009) *Der Staat in der Postdemokratie. Staat, Politik, Demokratie und Recht im neueren französischen Denken*, Stuttgart: Franz Steiner Verlag.

Honig, Bonnie (1992) »Toward an Agonistic Feminism: Hannah Arendt and the Politics of Identity«, in Judith Butler, J.W. Scott (Hg.), *Feminists Theorize the Political*, New York und London: Routledge, S. 215-35.

Honig, Bonnie (1993) *Political Theory and the Displacement of Politics*, Ithaca und London: Cornell University Press.

Honneth, Axel (1992) *Kampf um Anerkennung. Zur moralischen Grammatik sozialer Konflikte*, Frankfurt/M.: Suhrkamp.

Honneth, Axel (2005) *Verdinglichung*, Frankfurt/M.: Suhrkamp.

Howard, Dick (1988a) *The Marxian Legacy*, second edition, Minneapolis: University of Minnesota Press.

Howard, Dick (1988b) *The Politics of Critique*, Minneapolis: University of Minnesota Press.

Howard, Dick (1989) *Defining the Political*, London: Macmillan.

Howard, Dick (1996) *Political Judgements*, Boston: Rowman & Littlefield.

Howarth, David (1993) »Reflections of the Politics of Space and Time«, *Angelaki* 1/1, S. 43-56.

Jaeggi, Rahel (2005) *Entfremdung. Zur Aktualität eines sozialphilosophischen Problems*, Frankfurt/M.: Campus.

Janicaud, Dominique (2001) *Heidegger en France*, 2 Bde., Paris: Bibliothèque Albin Michel.

Jankélévitch, Vladimir (2005) *Erste Philosophie. Einleitung in eine Philosophie des »Beinahe«*, Wien: Turia+Kant.

Kantorowicz, Ernst (1957) *The King's Two Bodies*, Princeton, NJ: Princeton University Press.

Kemper, Peter (Hg.) (1993) Die Zukunft des Politischen: Theoretische Ausblicke auf Hannah Arendt, Frankfurt/M.: Fischer.

Klein, Reimar (2003) »Experimentum linguae. Zum Denken Giorgio Agambens«, in Giorgio Agamben, *Idee der Prosa*, Frankfurt/M.: Suhrkamp, S. 153-172.

Kojève, Alexandre (1988) *Hegel. Eine Vergegenwärtigung seines Denkens*, Frankfurt/M.: Suhrkamp.

Kolb, David (1986) *The Critique of Pure Modernity. Hegel, Heidegger, and After*, Chicago und London: University of Chicago Press.
Koselleck, Reinhart (1973) *Kritik und Krise: eine Studie zur Pathogenese der bürgerlichen Welt*, Freiburg/München: Karl Alber.
Koselleck, Reinhart (1973) »Einleitung«, in Otto Brunner, Werner Conze, Reinhart Koselleck (Hg.), *Geschichtliche Grundbegriffe*, Bd. 1, Stuttgart: Klett, S. XIII-XXVII.
Koyré, Alexandre (1997) *Vergnügen bei Platon*, Berlin: Wagenbach.
Krause, Ralf, Marc Rölli (2004) »Politik auf Abwegen. Eine Einführung in die Mikropolitik von Gilles Deleuze«, in Oliver Flügel, Reinhard Heil, Andreas Hetzel (Hg.), *Die Rückkehr des Politischen. Demokratietheorien heute*, Darmstadt: Wissenschaftliche Buchgesellschaft, S. 257-292.

Lacan, Jacques (1991) *Schriften II*, Berlin: Quadriga.
Lacan, Jacques (1996) *Die Ethik der Psychoanalyse*, Berlin: Quadriga.
Laclau, Ernesto (1989) »Politics and the Limits of Modernity«, in Andrew Ross (Hg.), *Universal Abandon?*, Minneapolis: University of Minneapolis Press, S. 63-82.
Laclau, Ernesto (1990) *New Reflections on the Revolution of Our Time*, London und New York: Verso.
Laclau, Ernesto, Chantal Mouffe (1991) *Hegemonie und radikale Demokratie. Zur Dekonstruktion des Marxismus*, Wien: Passagen.
Laclau, Ernesto (1994) »Introduction«, in Ernesto Laclau (Hg.), *The Making of Political Identities*, New York und London: Verso, S. 1-8.
Laclau, Ernesto, Lilian Zac (1994) »Minding the Gap: The Subject of Politics«, in Ernesto Laclau (Hg.), *The Making of Political Identities*, London und New York: Verso, S. 11-39.
Laclau, Ernesto (1999a) »Dekonstruktion, Pragmatismus, Hegemonie«, in Chantal Mouffe (Hg.), *Dekonstruktion und Pragmatismus. Demokratie, Wahrheit und Vernunft*, Wien: Passagen, S. 111-154.
Laclau, Ernesto (1999b) »Hegemony and the Future of Democracy: Ernesto Laclau's Political Philosophy«, in Lynn Woshma und Gary S. Olson (Hg.), *Race, Rhetoric, and the Postcolonial*, Albany: SUNY Press, S. 129-164.
Laclau, Ernesto (2000) »Identity and Hegemony: The Role of Universality in the Constitution of Political Logics«, in Judith Butler, Ernesto Laclau, Slavoj Zizek, *Contingency, Hegemony, Universality. Contemporary Dialogues on the Left*, London und New York: Verso, S. 44-89.
Laclau, Ernesto, Slavoj Zizek, Judith Butler (2000) *Contingency, Hegemony, Universality. Contemporary Dialogue on the Left*, London und New York: Verso.
Laclau, Ernesto (2002) *Emanzipation und Differenz*, Wien: Turia+Kant.
Laclau, Ernesto (2005) *On Populist Reason*, London und New York. Verso.

Lacoue-Labarthe, Philippe, Jean-Luc Nancy (Hg.) (1981a) *Les fins de l'homme: A partir du travail de Jacques Derrida*, Paris: Galilée.
Lacoue-Labarthe, Philippe, Jean-Luc Nancy (Hg.) (1981b) *Rejouer le politique*, Paris: Galilée.
Lacoue-Labarthe, Philippe, Jean-Luc Nancy (Hg.) (1983) *Le retrait du politique*, Paris: Galilée.
Lacoue-Labarthe, Philippe (1990) *Die Fiktion des Politischen: Heidegger, die Kunst und die Politik*, Stuttgart: Edition Patricia Schwarz.
Lacoue-Labarthe, Philippe, Jean-Luc Nancy (1997) *Retreating the Political*, ed. by Simon Sparks, London und New York: Routledge.
Lacoue-Labarthe, Philippe (2002) *Heidegger. La politique du poème*, Paris: Galilée.
Lahrem, Stephan, Olaf Weißbach (2000) *Grenzen des Politischen. Philosophische Grundlagen für ein neues politisches Denken*, Stuttgart und Weimar: J.B. Metzler.
Lecercle, Jean-Jacques (1999) »Cantor, Lacan, Mao, Beckett, *même combat*. The Philosophy of Alain Badiou«, *Radical Philosophy* 93 (January/February), S. 6-13.
Lefort, Claude (1978) *Sur une colonne absente. Écrits autour de Merleau-Ponty*, Paris: Gallimard.
Lefort, Claude (1979) »Préface«, in *Élements d'une critique de la bureaucratie*, second edition, Paris: Gallimard.
Lefort, Claude (1981) *L'invention démocratique. Les limites de la domination totalitaire*, Paris: Fayard.
Lefort, Claude (1986a) *Essais sur le politique. XIXe-XXe siècles*, Paris: Seuil.
Lefort, Claude (1986b) *Le travail de l'œuvre Machiavel*, Paris: Gallimard.
Lefort, Claude (1986c) *The Political Forms of Modern Society. Bureaucracy, Democracy, Totalitarianism*, ed. by John B. Thompson, Cambridge, MA: MIT Press.
Lefort, Claude (1990a) »Die Frage der Demokratie«, in Ulrich Rödel (Hg.), *Autonome Gesellschaft und libertäre Demokratie*, Frankfurt/M.: Suhrkamp, S. 281-297.
Lefort, Claude (1990b) »Menschenrechte und Politik«, in Ulrich Rödel (Hg.), *Autonome Gesellschaft und libertäre Demokratie*, Frankfurt/M.: Suhrkamp, S. 239-280.
Lefort, Claude (1990c) »Machiavelli: History, Politics, Discourse«, in David Carroll (Hg.), *The State of Theory*, New York: Columbia University Press, S. 113-124.
Lefort, Claude (1992) *Écrire à l'épreuve du politique*, Paris: Calmann-Lévy.
Lefort, Claude (1998) *Die demokratische Gesellschaft ist keine Gesellschaft von Individuen*, Vortrag anläßlich der Verleihung des Hannah-Arendt-Preises für politisches Denken, Bremen, unpubliziertes Manuskript.

Lefort, Claude (1999) *Fortdauer des Theologisch-Politischen?*, Wien: Passagen.
Lefort, Claude (2008) *Die Bresche. Essays zum Mai 68*, Wien: Turia+Kant.
Lefort, Claude, Marcel Gauchet (1990) »Über die Demokratie: Das Politische und die Instituierung des Gesellschaftlichen«, in Ulrich Rödel (Hg.), *Autonome Gesellschaft und libertäre Demokratie*, Frankfurt/M.: Suhrkamp, S. 89-122.
Levinas, Emmanuel (1998a) *Éthique comme philosophie première*, Paris: Éditions Payot & Rivages.
Levinas, Emmanuel (1998b) »Ist die Ontologie fundamental?«, in ders., *Die Spur des Anderen: Untersuchungen zur Phänomenologie und Sozialphilosophie*, hgg. von Wolfgang Nikolaus Krewani, München: Alber, S. 103-119.
Loraux, Nicole (1994) »Das Band der Teilung«, in Joseph Vogel (Hg.) *Gemeinschaften. Positionen zu einer Philosophie des Politischen*, Frankfurt/M.: Suhrkamp, S. 31-64.
Löwenthal, Richard (1982) »Die Widerstandsgruppe ›Neu Beginnen‹«, in *Beiträge zum Widerstand* 20, Informationszentrum Berlin.
Luhmann, Niklas (1996), »Complexity, Stuctural Contingencies and Value Conflicts«, in Paul Heelas, Scott Lash, Paul Morris (Hg.), *Detraditionalization*, Oxford: Blackwell, S. 59-71.
Lyotard, Jean-François (1989) *Der Widerstreit*, München: Fink.

Machiavelli, Niccolò (1978) *Der Fürst*, Stuttgart: Kröner.
Macpherson, C.B. (1980) *Die politische Theorie des Besitzindividualismus*, Frankfurt/M.: Suhrkamp.
Makropoulos, Michael (1997) *Modernität und Kontingenz*, München: Fink.
Mansbridge, Jane (1996) »Using Power/Fighting Power: The Polity«, in Seyla Benhabib (Hg.), *Democracy and Difference. Contesting the Boundaries of the Political*, Princeton, NJ: Princeton University Press, S. 46-66.
Marchart, Oliver (1997) »Nasilni silogizmi, Rancière, Blanqui in neformalna logika akcije«, *Acta Philosophica* XVIII 3/1997, S. 151-162.
Marchart, Oliver (1998) »Gibt es eine Politik des Politischen? *Démocratie à venir* betrachtet von Clausewitz aus dem Kopfstand«, in Oliver Marchart (Hg.), *Das Undarstellbare der Politik. Zur Hegemonietheorie Ernesto Laclaus*, Vienna: Turia+Kant, S. 90-120.
Marchart, Oliver (2002a) »On Drawing a Line. Politics and the Significatory Logic of Inclusion/Exclusion«, *Soziale Systeme* 8/1, S. 69-87.
Marchart, Oliver (2002b) »Enacting the Unrealized. Political Theory and the Role of Radical Democratic Activism«, in Okwui Enwezor et al. (Hg.), *Democracy Unrealized*, Ostfildern: Hatje Cantz, S. 253-66.

Marchart, Oliver (2003a) »The Other Side of Order: Towards a Political Theory of Terror and Dislocation«, *Parallax* 9/1, S. 97-113.
Marchart, Oliver (2003b) »Der durchkreuzte Ort der Partei«, in Gerald Raunig (Hg.), *Transversal. Kunst und Globalisierungskritik*, Wien: Turia + Kant, S. 204-210.
Marchart, Oliver (2004) »Politics and the ontological difference. On the ›strictly philosophical‹ in Laclau's work«, in Oliver Marchart, Simon Critchley (Hg.), *Laclau: A Critical Reader*, London und New York: Routledge, S. 54-72.
Marchart, Oliver (2005a) *Neu Beginnen. Hannah Arendt, die Revolution und die Globalisierung*, Vienna: Turia+Kant.
Marchart, Oliver (2005b) »Don Alejandros Problem. Vom Verhältnis von Souveränität, Repräsentation und radikaler Demokratie«, in Demo-PunK, Kritik und Praxis Berlin (Hg.), *Indeterminate! Kommunismus. Texte zu Ökonomie, Politik und Kultur*, Münster: Unrast, S. 68-95.
Marchart, Oliver (2005c) »In the Name of the People. Popular Reason and the Subject of the Political«, *Diacritics* 35 (Herbst) 3, S. 3-19.
Marchart, Oliver (2006a) »Melville – Thoreau – Gramsci. Protestsubjektivierung zwischen Aktivismus und Passivismus«, in Oliver Marchart, Rupert Weinzierl (Hg.), *Stand der Bewegung? Protest, Globalisierung, Demokratie – Eine Bestandsaufnahme*, Münster: Westfälisches Dampfboot, S. 194-208.
Marchart, Oliver (2006b) »The Absence at the Heart of Presence. Radical Democracy and the ›Ontology of Lack‹«, in Lars Tonder, Lasse Thomassen (Hg.), *On Radical Democracy: Politics Between Abundance and Lack*, Manchester: Manchester University Press.
Marchart, Oliver (2006c) »Ein revolutionärer Republikanismus – Hannah Arendt aus radikaldemokratischer Perspektive«, in Reinhard Heil, Andreas Hetzel (Hg.), *Die unendliche Aufgabe. Kritik und Perspektiven der Demokratietheorie*, Bielefeld: transcript, 2006, S. 151-168.
Marchart, Oliver (2006d) »Distorted Universals. Europe, Translation, and the Universalism of the Other«, *EUROSTUDIA. Revue transatlantique de recherche sur l'Europe* 2/1 (September 2006), S. 78-86.
Marchart, Oliver (2007a) »Ein unbedingter Rationalismus. Derrida, die kommende Aufklärung und der Antisemitismus«, in Georg Chr. Tholen, Hans-Joachim Lenger (Hg.), *Mnema. Derrida zum Andenken*, Bielefeld: transcript, 2007, S. 135-156.
Marchart, Oliver (2007b) »Acting and the Act. On Slavoj Zizek's Political Ontology«, in Paul Bowman, Richard Stamp (Hg.), *The Truth of Zizek*, London: Continuum, 2007, S. 99-116.
Marchart, Oliver (2007c) »Eine demokratische Gegenhegemonie. Zur neo-gramscianischen Demokratietheorie bei Laclau und Mouffe«, in

Andreas Fischer-Lescano, Sonja Buckel (Hg.), *›Hegemonie gepanzert mit Zwang‹. Zivilgesellschaft und Politik im Staatsverständnis von Antonio Gramsci*, Baden-Baden: Nomos, 2007, S. 105-120.

Marchart, Oliver (2007d) »Die List des Konflikts. Protest in der Weltzivilgesellschaft«, *polylog. Zeitschrift für interkulturelle Philosophie*, 18, S. 45-54.

Marchart, Oliver (2008a) *Cultural Studies*, Konstanz: UVK.

Marchart, Oliver (2008b) *Hegemonie im Kunstfeld. Die documenta-Ausstellungen dX, D11, d12 und die Politik der Biennalisierung*, Köln: Verlag der Buchhandlung Walter König.

Marchart, Oliver (2010, im Erscheinen), *Ästhetik des Öffentlichen. Eine politische Theorie künstlerischer Praxis*, Wien: Turia+Kant.

Marty, Éric (2007) *Une querelle avec Alain Badiou, philosophe*, Paris: Gallimard.

Mattéi, Jean-François (1995) »The Heideggerian Chiasmus or the *Setting Apart* of Philosophy«, in Dominique Janicaud, Jean-François Mattéi, *Heidegger. From Metaphysics to Thought*, transl. by Michael Gendre, Albany: SUNY Press, S. 39-150.

McClure, Kirstie (1992) »The Issue of Foundations: Scientized Politics, Politicized Science, and Feminist Critical Practice«, in Judith Butler, J.W. Scott (Hg.), *Feminists Theorize the Political*, New York und London: Routledge, S. 341-68.

McGuigan, John (1992) *Cultural Populism*, London und New York: Routledge.

Melville, Herman (2001) *Bartleby der Schreiber*, München: Ullstein.

Menke, Christoph (2009) »Das Nichtanerkennbare. Oder warum das moderne Recht keine ›Sphäre der Anerkennung‹ ist«, in Rainer Forst, Martin Hartmann, Rahel Jaeggi, Martin Saar (Hg.), *Sozialphilosophie und Kritik*, Frankfurt/M.: Suhrkamp, S. 87-108.

Merleau-Ponty, Maurice (1974) *Die Abenteuer der Dialektik*, Frankfurt/M.: Suhrkamp.

Merleau-Ponty, Maurice (1994) *Das Sichtbare und das Unsichtbare*, München: Fink.

Merleau-Ponty, Maurice (1996) *Die Prosa der Welt*, München: Fink.

Meyer, Thomas (1994) *Die Transformation des Politischen*, Frankfurt/M.: Suhrkamp.

Meyer, Thomas (2000) *Was ist Politik?*, Opladen: Leske+Budrich.

Milchman, Alan, Alan Rosenberg (Hg.) (2003) *Foucault and Heidegger. Critical Encounters*, Minneapolis: University of Minnesota Press.

Miller, Jacques-Alain (1989) »Jacques Lacan: Bemerkungen über sein Konzept des Passage à l'acte«, *Wo Es War* 7-8, S. 39-49.

Mouffe, Chantal (Hg.) (1992) *Dimensions of Radical Democracy. Pluralism, Citizenship, Community*, London und New York: Verso.

Mouffe, Chantal (1993) *The Return of the Political*, London und New York: Verso.
Mouffe, Chantal (1999a) »Introduction: Schmitt's Challenge«, in Chantal Mouffe (Hg.), *The Challenge of Carl Schmitt*, London/New York: Verso, S. 1-6.
Mouffe, Chantal (1999b) »Dekonstruktion, Pragmatismus und die Politik der Demokratie«, in dies. (Hg.), *Dekonstruktion und Pragmatismus. Demokratie, Wahrheit und Vernunft*, Wien: Passagen, S. 11-36.
Mouffe, Chantal (2005) *Exodus und Stellungskrieg. Die Zukunft radikaler Politik*, Wien: Turia + Kant.
Mouffe, Chantal (2007) *Über das Politische. Wider die kosmopolitische Illusion*, Frankfurt/M.: Suhrkamp.
Mouffe, Chantal (2008) *Das demokratische Paradox*, Wien: Turia+Kant.
Müller, Gini (2008) *Possen des Performativen. Theater, Aktivismus und queere Politiken*, Wien: Turia+Kant.
Müller, Jan (1997) »Preparing for the Political: German Intellectuals Confront the ›Berlin Republic‹«, *New German Critique* 72, S. 151-176.

Nancy, Jean-Luc (1988) *Die undarstellbare Gemeinschaft*, Stuttgart: Edition Schwarz.
Nancy, Jean-Luc (1991) »Preface«, in ders., *The Inoperative Community*, ed. by Peter Connor, Minneapolis und Oxford: University of Minnesota Press, S. xxxvi-xli.
Nancy, Jean-Luc (1993) *The Experience of Freedom*, Stanford: Stanford University Press.
Nancy, Jean-Luc (1994) »Das gemeinsame Erscheinen. Von der Existenz des ›Kommunismus‹ zur Gemeinschaftlichkeit der ›Existenz‹«, in Joseph Vogel (Hg.), *Gemeinschaften. Positionen zu einer Philosophie des Politischen*, Frankfurt/M.: Suhrkamp, S. 167-204.
Nancy, Jean-Luc (1998) »The Surprise of the Event«, in Stuart Barnett (Hg.), *Hegel after Derrida*, London und New York: Routledge, S. 91-104.
Nancy, Jean-Luc (2004) *Singulär Plural Sein*, Berlin: diaphanes.
Nancy, Jean-Luc (2007) *Die herausgeforderte Gemeinschaft*, Berlin: diaphanes.
Nancy, Jean-Luc (2008) *Vérité de la démocratie*, Paris: Galilée.
Negri, Antonio (1991) *The Savage Anomaly: The Power of Spinoza's Metaphysics and Politics*, Minneapolis: University of Minnesota Press.
Negri, Antonio (2004) *Subversive Spinoza. (Un)Contemporary Variations*, Manchester: Manchester University Press.
Negri, Antonio (2007) *Political Descartes. Reason, Ideology and the Bourgeois Project*, London und New York: Verso.
Negt, Oskar (1993) »Zum Verständnis des Politischen bei Hannah Arendt«,

in Peter Kemper (Hg.), *Die Zukunft des Politischen. Ausblicke auf Hannah Arendt*, Frankfurt/M.: Fischer, S. 55-68.

Negt, Oskar, Alexander Kluge (1992) *Maßverhältnisse des Politischen: 15 Vorschläge zum Unterscheidungsvermögen*, Frankfurt/M.: Fischer.

Neu, Daniela (1997) *Die Notwendigkeit der Gründung im Zeitalter der Dekonstruktion: zur Gründung in Heideggers ›Beiträgen zur Philosophie‹ unter Hinzuziehung der Derridaschen Dekonstruktion*, Philosophische Schriften, Bd. 20, Berlin: Duncker & Humblot.

Niederberger, Andreas (2004) »Aufteilung(en) unter Gleichen. Zur Theorie der demokratischen Konstitution der Welt bei Jacques Rancière«, in Oliver Flügel, Reinhard Heil, Andreas Hetzel (Hg.), *Die Rückkehr des Politischen. Demokratietheorien heute*, Darmstadt: Wissenschaftliche Buchgesellschaft, S. 129-146.

Niederberger, Andreas (2009) »Republikanismus jenseits der Republik? Zur symbolischen Funktion der Demokratie bei Marcel Gauchet, Claude Lefort, Jacques Rancière und Pierre Rosanvallon«, in Michael Hirsch, Rüdiger Voigt (Hg.), *Der Staat in der Postdemokratie. Staat, Politik, Demokratie und Recht im neueren französischen Denken*, Stuttgart: Franz Steiner Verlag, S. 93-114.

Nietzsche, Friedrich (1980) *Kritische Studienausgabe*, hgg. von Giorgio Colli und Mazzino Montinari, Bd. 15, München: dtv/de Gruyter.

Norris, Andrew (2000) »Jean-Luc Nancy and the Myth of the Common«, *Constellations* 7/2, S. 272-95.

Oakeshott, Michael (1991) *Rationalism in Politics and Other Essays*, Indianapolis: Liberty Fund.

O'Neill, Basil (1993) »Truth as Fundamental or Truth as Foundational«, in Hugh J. Silverman (Hg.), *Questioning Foundations. Truth/Subjectivity/Culture*, London/New York: Routledge, S. 29-43.

Palonen, Kari (1985) *Politik als Handlungsbegriff. Horizontwandel des Politikbegriffs in Deutschland 1890-1933*, The Finnish Society of Sciences and Letters: Commentationes Scientiarium Socialium 28.

Palonen, Kari (1989) *Die Thematisierung der Politik als Phänomen. Eine Interpretation der Geschichte des Begriffs Politik im Frankreich des 20. Jahrhunderts*, The Finnish Society of Sciences and Letters: Commentationes Scientiarium Socialium 38.

Palonen, Kari (1993) »Introduction: from policy and polity to politicking and politicization«, in Kari Palonen, Tuija Parvikko (Hg.), *Reading the Political. Exploring the Margins of Politics*, The Finnish Political Science Association, S. 6-16.

Palonen, Kari (1998) *Das ›Webersche Moment‹. Zur Kontingenz des Politischen*, Opladen: Westdeutscher Verlag.

Palonen, Kari (1999a) *Politics as Activity. Toward a Rhetorical History of the (Re-)Conceptualization of a Concept*, paper given at the Conference of the History of Political and Social Concepts Group, Ecole Normale Supérieure de Fontenay-Saint-Cloud, typescript.

Palonen, Kari (1999b) *The Englishman as a Political Animal? Preliminary Observations on the British Mode of Talking about Politics*, typescript.

Palonen, Kari (2007) »Politics or the political? An historical perspective on a contemporary non-debate«, *European Political Science* 6, S. 69-78.

Pateman, Carole (1989) *The Disorder of Women. Democracy, Feminism and Political Theory*, Cambridge: Polity Press.

Pitkin, Hannah Fenichel (1972) *Wittgenstein and Justice*, Berkeley/Los Angeles: University of California Press.

Pitkin, Hannah Fenichel (1998) *The Attack of the Blob. Hannah Arendt's Concept of the Social*, Chicago und London: University of Chicago Press.

Pocock, J.G.A. (1973) »Verbalizing a Political Act: Toward a Politics of Speech«, *Political Theory* 1/1, S. 27-44.

Pocock, J.G.A. (1975) *The Machiavellian Moment. Florentine Political Thought and the Atlantic Republican Tradition*, Princeton, NJ: Princeton University Press.

Poltier, Hugues (1997) *La découverte du politique*, Paris: Michalon.

Poltier, Hugues (1998) *Passion du politique. La pensée de Claude Lefort*, Geneva: Labor et Fides.

Rancière, Jacques (1995a) »Politics, Identification, and Subjectivization«, in John Rajchman (Hg.), *The Identity in Question*, London und New York: Routledge, S. 63-72.

Rancière, Jacques (1997) »Demokratie und Postdemokratie«, in Rado Riha (Hg.), *Politik der Wahrheit*, Wien: Turia+Kant, S. 94-122.

Rancière, Jacques (1998) *Aux bords du politique*, Paris: La Fabrique-Éditions.

Rancière, Jacques (2002) *Das Unvernehmen. Politik und Philosophie*, Frankfurt/M.: Suhrkamp.

Rancière, Jacques (2005) *La haine de la démocratie*, Paris: La Fabrique-Éditions.

Rancière, Jacques (2008) *Zehn Thesen zur Politik*, Berlin: diaphanes.

Rasch, William (1997) »Locating the Political: Schmitt, Mouffe, Luhmann, and the Possibility of Pluralism«, *International Journal of Sociology – Revue Internationale de Sociologie* 7/1, S. 103-115.

Rasch, William (2002) »A Completely New Politics, or, Excluding the Political?«, *Soziale Systeme* 8/1, S. 38-53.

Rasch, William (2005) *Konflikt als Beruf. Die Grenzen des Politischen*, Berlin: Kulturverlag Kadmos.

van Reijen, Willem (1992) »Das Politische – eine Leerstelle. Zur politischen Philosophie in Frankreich«, *Transit. Europäische Revue* 5 (1992/1993), S. 109-122.
Richir, Marc (1991) *Du sublime en politique*, Paris: Éditions Payot.
Ricœur, Paul (1974) *Geschichte und Wahrheit*, München: List.
Ricœur, Paul (1998) *Critique and Conviction. Conversations with François Azouvi and Marc de Launay*, London: Polity Press.
Riedmann, Sylvia (2006) »Lasset uns beten!... MayDay-Mobilisierung zwischen Kultur und Politik«, in Oliver Marchart, Rupert Weinzierl (Hg.), *Stand der Bewegung? Protest, Globalisierung, Demokratie – eine Bestandsaufnahme*, Münster: Westfälisches Dampfboot, S. 45-60.
Revault d'Allonnes, Myriam (1998) »Qui a peur de la politique? Réponse à Alain Badiou«, in *Esprit* 12 (Dezember), S. 236-42.
Revault d'Allonnes, Myriam (1999) *Le dépérissement de la politique. Généalogie d'un lieu commun*, Paris: Flammarion.
Rorty, Richard (1979) *Philosophy and the Mirror of Nature*, Princeton: Princeton University Press.
Rorty, Richard (1999a) *Kontingenz, Ironie und Solidarität*, Frankfurt/M.: Suhrkamp.
Rorty, Richard (1999b) *Stolz auf unser Land. Die amerikanische Linke und der Patriotismus*, Frankfurt/M.: Suhrkamp.
Rosanvallon, Pierre (2003) *Pour une histoire conceptuelle du politique*, Paris: Seuil.
Rubinstein, Nicolai (1987) »The history of the word *politicus* in early-modern Europe«, in Anthony Pagden (Hg.), *The Language of Political Theory in Early-Modern Europe*, Cambridge, New York, Melbourne: Cambridge University Press, S. 41-56.

Sartori, Giovanni (1973) »What is ›Politics‹«, *Political Theory* 1/1, S. 5-26.
Sartre, Jean Paul (1962) *Das Sein und das Nichts*, Hamburg: Rowohlt.
Sallis, John (2001) »Grounders of the Abyss«, in Ch. E. Scott, S. M. Schoenbohm, D. Vallega-Neu und A. Vallega (Hg.), *Companion to Heidegger's Contribution to Philosophy*, Bloomington: Indiana University Press, S. 181-197.
Sarasin, Philipp (2003) »Agamben – oder doch Foucault?«, *Deutsche Zeitschrift für Philosophie*, Nr. 51, S. 248-353.
Schmitt, Carl (1963) *Der Begriff des Politischen*, Berlin: Duncker & Humblot.
Schürmann, Reiner (1990) *Heidegger. On Being and Acting: From Principles to Anarchy*, Bloomington: Indiana University Press.
Schürmann, Reiner (2003) *Broken Hegemonies*, Bloomington: Indiana University Press.

Sellin, Volker (1978) »Politik«, in Otto Brunner (Hg.), *Geschichtliche Grundbegriffe*, Bd. 4, Stuttgart: Klett, S. 789-874.
Skinner, Quentin (1988) »Some problems in the analysis of political thought and action«, in James Tully (Hg.), *Meaning and context. Quentin Skinner and his critics*, Cambridge: Polity Press, S. 197-118.
Skinner, Quentin (1989) »Language and political change«, in Terence Ball und James Farr (Hg.), *Political Innovation and Conceptual Change*, Cambridge, NY, und Melbourne: Cambridge University Press, S. 6-23.
Skinner, Quentin (2008) *Freiheit und Pflicht. Thomas Hobbes' politische Theorie*, Frankfurt/M.: Suhrkamp.
Skinner, Quentin (2009) *Visionen des Politischen*, Frankfurt/M.: Suhrkamp.
Sparks, Simon (1997) »Editor's introduction: Politica ficta«, in Philippe Lacoue-Labarthe, Jean-Luc Nancy, *Retreating the Political*, ed. by Simon Sparks, London und New York: Routledge, S.xiv-xxviii.
Spivak, Gayatri (1993) »Foundations and Cultural Studies«, in Hugh J. Silverman (Hg.), *Questioning Foundations. Truth/Subjectivity/Culture*, New York und London: Routledge, S. 153-175.
Stäheli, Urs (2000) *Sinnzusammenbrüche. Eine dekonstruktive Lektüre von Niklas Luhmanns Systemtheorie*, Weilerswist: Velbrück.
Staten, Henry (1985) *Wittgenstein and Derrida*, Oxford: Blackwell.
Stavrakakis, Yannis (1999) *Lacan & the Political*, London/New York: Routledge.
Stavrakakis, Yannis (2007) *The Lacanian Left. Psychoanalysis, Theory, Politics*, Edinburgh: Edinburgh University Press.
Strathausen, Carsten (2006) »A Critique of Neo-Left Ontology«, in *Postmodern Culture*, 16/3.
Strathausen, Carsten (Hg.) (2009) *A Leftist Ontology: Beyond Relativism and Identity Politics*, Minneapolis: University of Minnesota Press.

Thompson, John B. (1986) »Editor's Introduction«, in Claude Lefort, *The Political Forms of Modern Society. Bureaucracy, Democracy, Totalitarianism*, ed. by John B. Thompson, Cambridge, Massachusetts: MIT Press, S. 1-27.
Thoreau, Henry David (1973) *Über die Pflicht zum Ungehorsam gegen den Staat und andere Essays*, Zürich: Diogenes.
Torfing, Jacob (1999) *New Theories of Discourse. Laclau, Mouffe and Zizek*, Oxford: Blackwell.
Trend, David (1996) *Radical Democracy. Identity, Citizenship, and the State*, New York und London: Routledge.
Tully, James (1988) »The pen is a mighty sword: Quentin Skinner's analysis of politics«, in James Tully (Hg.), *Meaning and context. Quentin Skinner and his critics*, Cambridge: Polity Press, S. 7-28.

Villa, Dana R. (1996) *Arendt and Heidegger. The Fate of the Political*, Princeton, NJ: Princeton University Press.
Viroli, Maurizio (1992) »The Revolution in the Concept of Politics«, *Political Theory* 20/3, S. 473-95.
Vollrath, Ernst (1987) »The ›rational‹ and the ›political‹. An Essay in the semantics of politics«, *Philosophy and Social Criticism* 13/1, S. 17-29.
Vollrath, Ernst (1989) »Politisch, das Politische«, in Joachim Ritter, Karlfried Gründer (Hg.), *Historisches Wörterbuch der Philosophie*, Basel: Schwabe & Co, S. 1071-75.
Vollrath, Ernst (1993) »Hannah Arendts ›Kritik der politischen Urteilskraft‹«, in Peter Kemper (Hg.), *Die Zukunft des Politischen. Ausblicke auf Hannah Arendt*, Frankfurt/M.: Fischer, S. 34-54.
Vollrath, Ernst (1995) »Hannah Arendt: A German-American Jewess Views the United States – and Looks Back to Germany«, in Peter Graf Kielmansegg, Horst Mewes, Elisabeth Glaser-Schmidt (Hg.), *Hannah Arendt and Leo Strauss. German Emigrés and American Political Thought After World War II*, Cambridge: Cambridge University Press, S. 45-60.
Vollrath, Ernst (2003) *Was ist das Politische? Eine Theorie des Politischen und seiner Wahrnehmung*, Würzburg: Königshausen & Neumann.

Walzer, Michael (1994) *Exodus und Revolution*, Frankfurt/M.: Fischer.
White, Stephen K. (2000) *Sustaining Affirmation. The Strengths of Weak Ontology in Political Theory*, Princeton und Oxford: Princeton University Press.
Wieland, Wolfgang (1992) *Die aristotelische Physik*, Göttingen: Vandenhoeck & Ruprecht.
Wigley, Mark (1995) *The Architecture of Deconstruction. Derrida's Haunt*, Cambridge, MA und London: MIT Press.
Williams, James (2000) *Lyotard & the Political*, London/New York: Routledge.
Williams, Raymond (1983) *Keywords: A Vocabulary of Culture and Society*, London: Fontana.
Wolff, Christian ([1730] 2005) *Erste Philosophie oder Ontologie*, übersetzt und hgg. von Dirk Effertz, Hamburg: Felix Meiner.
Wolin, Richard (2001) *Heidegger's Children. Hannah Arendt, Karl Löwith, Hans Jonas, and Herbert Marcuse*, Princeton, NJ: Princeton University Press.
Wolin, Sheldon (1960) *Politics and Vision. Continuity and Innovation in Western Political Thought*, Boston: Little, Brown and Company.
Wolin, Sheldon (1990) »Hannah Arendt: Democracy and The Political«, in Reuben Garner (Hg.), *The Realm of Humanitas. Responses to the Writing of Hannah Arendt*, New York, Bern, Frankfurt, Paris: Peter Lang, S. 167-86.

Wolin, Sheldon (1996) »Fugitive Democracy«, in Seyla Benhabib (Hg.), *Democracy and Difference. Contesting the Boundaries of the Political*, Princeton, NJ: Princeton University Press, S. 31-45.

Yar, Majid (2000) »Arendt's Heideggerianism, Contours of a ›Postmetaphysical‹ Political Theory?«, *Cultural Values* 4/1, S. 18-39.

Žižek, Slavoj (1991) *For they know not what they do. Enjoyment as a political factor*, London und New York: Verso.
Žižek, Slavoj (1998) »Jenseits der Diskursanalyse«, in Oliver Marchart (Hg.), *Das Undarstellbare der Politik. Zur Hegemonietheorie Ernesto Laclaus*, Wien: Turia+Kant, S. 123-31.
Žižek, Slavoj (1999) ›Carl Schmitt in the Age of Post-Politics‹, in Chantal Mouffe (Hg.), *The Challenge of Carl Schmitt*, London und New York: Verso, S. 18-37.
Žižek, Slavoj (2001a) Die Tücke des Subjekts, Frankfurt/M.: Suhrkamp
Zizek, Slavoj (2001b) *Did Somebody Say Totalitarianism? Five Interventions in the (Mis)Use of a Notion*, London und New York: Verso.
Žižek, Slavoj (2002) *Die Revolution steht bevor. Dreizehn Versuche über Lenin*, Frankfurt/M.: Suhrkamp.
Žižek, Slavoj (2005) *Die politische Suspension des Ethischen*, Frankfurt/M.: Suhrkamp.
Žižek, Slavoj (2008) *Der Mut, den ersten Stein zu werfen. Das Genießen innerhalb der Grenzen der bloßen Vernunft*, Wien: Turia+Kant.
Zoll, Rainer (2000) *Was ist Solidarität heute?*, Frankfurt/M.: Suhrkamp.

Namenregister